HSRC PRESS

中国非洲研究院文库·学术译丛

南非和解事实的再思考

Rethinking Reconciliation Evidence from South Africa

［南非］凯特·莱夫科·埃弗雷特（Kate Lefko-Everett）
拉詹·戈文德（Rajen Govender） /主编
唐纳德·福斯特（Donald Foster）

杨晓华　田春霖　/译

中国社会科学出版社

图字:01-2023-0079 号

图书在版编目（CIP）数据

南非和解事实的再思考/（南非）凯特·莱夫科·埃弗雷特，
（南非）拉詹·戈文德，（南非）唐纳德·福斯特主编；杨晓华，
田春霖译. —北京：中国社会科学出版社，2023.12
（中国非洲研究院文库. 学术译丛）
书名原文：Rethinking Reconciliation Evidence from South Africa
ISBN 978-7-5227-2630-4

Ⅰ.①南… Ⅱ.①凯… ②拉… ③唐… ④杨… ⑤田…
Ⅲ.①社会变迁—研究—南非 Ⅳ.①D747

中国国家版本馆 CIP 数据核字（2023）第 184699 号

出 版 人	赵剑英	
责任编辑	高　歌	
责任校对	王佳玉	
责任印制	戴　宽	

出　　版	中国社会科学出版社	
社　　址	北京鼓楼西大街甲 158 号	
邮　　编	100720	
网　　址	http://www.csspw.cn	
发 行 部	010-84083685	
门 市 部	010-84029450	
经　　销	新华书店及其他书店	

印　　刷	北京君升印刷有限公司	
装　　订	廊坊市广阳区广增装订厂	
版　　次	2023 年 12 月第 1 版	
印　　次	2023 年 12 月第 1 次印刷	

开　　本	710×1000	1/16	
印　　张	27.5		
插　　页	2		
字　　数	453 千字		
定　　价	156.00 元		

充分发挥智库作用　助力中非友好合作
——《中国非洲研究院文库总序言》

　　当前，世界之变、时代之变、历史之变正以前所未有的方式展开。一方面，和平、发展、合作、共赢的历史潮流不可阻挡，人心所向、大势所趋决定了人类前途终归光明。另一方面，恃强凌弱、巧取豪夺、零和博弈等霸权霸道霸凌行径危害深重，和平赤字、发展赤字、治理赤字加重，人类社会面临前所未有的挑战。

　　作为世界上最大的发展中国家，中国始终是世界和平的建设者、国际秩序的维护者、全球发展的贡献者。非洲是发展中国家最集中的大陆，是维护世界和平、促进全球发展的重要力量之一。在世界又一次站在历史十字路口的关键时刻，中非双方比以往任何时候都更需要加强合作、共克时艰、携手前行，共同推动构建人类命运共同体。

　　中国和非洲都拥有悠久灿烂的古代文明，都曾走在世界文明的前列，是世界文明百花园的重要成员。双方虽相距万里之遥，但文明交流互鉴的脚步从未停歇。进入21世纪，特别是中共十八大以来，中非文明交流互鉴迈入新阶段。中华文明和非洲文明都孕育和彰显出平等相待、相互尊重、和谐相处等重要理念，深化中非文明互鉴，增强对彼此历史和文明的理解认知，共同讲好中非友好合作故事，为新时代中非友好合作行稳致远汲取历史养分、夯实思想根基。

　　中国式现代化，是中国共产党领导的社会主义现代化，既有各国现代化的共同特征，更有基于自己国情的中国特色。中国式现代化，深深植根于中华优秀传统文化，体现科学社会主义的先进本质，借鉴吸收一切人类优秀文明成果，代表人类文明进步的发展方向，展现了不同于西方现代化模式的新图景，是一种全新的人类文明形态。中国式现代化的新图景，为包括非洲国家在内的广大发展中国家发展提供了有益参考和借鉴。近年来，非洲在自主可持续发展、联合自强道路上取得了可喜进步，从西方眼中"没有希望的大陆"变成了"充满希望的大陆"，成为"奔跑的雄狮"。非洲各国正在积极探索适合自身国情的发展道路，非洲人民正在为实现《2063 年议程》与和平繁荣的"非洲梦"而努力奋斗。中国坚定支持非洲国家探索符合自身国情的发展道路，愿与非洲兄弟共享中国式现代化机遇，在中国全面建设社会主义现代化国家新征程上，以中国的新发展为非洲和世界提供发展新机遇。

中国与非洲传统友谊源远流长，中非历来是命运共同体。中国高度重视发展中非关系，2013 年 3 月，习近平担任国家主席后首次出访就选择了非洲；2018 年 7 月，习近平连任国家主席后首次出访仍然选择了非洲；6 年间，习近平主席先后 4 次踏上非洲大陆，访问坦桑尼亚、南非、塞内加尔等 8 国，向世界表明中国对中非传统友谊倍加珍惜，对非洲和中非关系高度重视。在 2018 年中非合作论坛北京峰会上，习近平主席指出："中非早已结成休戚与共的命运共同体。我们愿同非洲人民心往一处想、劲往一处使，共筑更加紧密的中非命运共同体，为推动构建人类命运共同体树立典范。"2021 年中非合作论坛第八届部长级会议上，习近平主席首次提出了"中非友好合作精神"，即"真诚友好、平等相待，互利共赢、共同发展，主持公道、捍卫正义，顺应时势、开放包容"。这是对中非友好合作丰富内涵的高度概括，是中非双方在争取民族独立和国家解放的历史进程中培育的宝贵财富，是中非双方在发展振兴和团结协作的伟大征程上形成的重要风范，体现了友好、平等、共赢、正义的鲜明特征，是新型国际关系的时代标杆。

随着中非合作蓬勃发展，国际社会对中非关系的关注度不断提高。一方面，震惊于中国在非洲影响力的快速上升；一方面，忧虑于自身在非洲影响力的急速下降，西方国家不时泛起一些肆意抹黑、诋毁中非关系的奇谈怪论，诸如"新殖民主义论""资源争夺论""中国债务陷阱论"等，给发展中非关系带来一定程度的干扰。在此背景下，学术界加强对非洲和中非关系的研究，及时推出相关研究成果，提升中非双方的国际话语权，展示中非务实合作的丰硕成果，客观积极地反映中非关系良好发展，向世界发出中国声音，显得日益紧迫和重要。

以习近平新时代中国特色社会主义思想为指导，中国社会科学院努力建设马克思主义理论阵地，发挥为党和国家决策服务的思想库作用，努力为构建中国特色哲学社会科学学科体系、学术体系、话语体系作出新的更大贡献，不断增强我国哲学社会科学的国际影响力。中国社会科学院西亚非洲研究所是遵照毛泽东主席指示成立的区域性研究机构，长期致力于非洲问题和中非关系研究，基础研究和应用研究双轮驱动，融合发展。

以西亚非洲研究所为主体于2019年4月成立的中国非洲研究院，是习近平主席在中非合作论坛北京峰会上宣布的加强中非人文交流行动的重要举措。自西亚非洲研究所及至中国非洲研究院成立以来，出版和发表了大量论文、专著和研究报告，为国家决策部门提供了大量咨询报告，在国内外的影响力不断扩大。遵照习近平主席致中国非洲研究院成立贺信精神，中国非洲研究院的宗旨是：汇聚中非学术智库资源，深化中非文明互鉴，加强中非治国理政和发展经验交流，为中非和中非同其他各方的合作集思广益、建言献策，为中非携手推进"一带一路"高质量发展、共同建设面向未来的中非全面战略合作伙伴关系、构筑更加紧密的中非命运共同体提供智力支持和人才支撑。

中国非洲研究院有四大功能：一是发挥交流平台作用，密切中非学术交往。办好三大讲坛、三大论坛、三大会议。三大讲坛包括"非洲讲坛""中国讲坛""大使讲坛"，三大论坛包括"非洲留学生论坛""中非学术翻译论坛""大航海时代与21世纪海峡两岸学术论坛"，三大会议包括"中非文明对话大会""《（新编）中国通史》和《非洲通史（多卷本）》比较研究国际研讨会""中国非洲研究年会"。二是发挥研究基地作用，聚焦共建"一带一路"。开展中非合作研究，对中非共同关注的重大问题和热点问题进行跟踪研究，定期发布研究课题及其成果。三是发挥人才高地作用，培养高端专业人才。开展学历学位教育，实施中非学者互访项目，扶持青年学者和培养高端专业人才。四是发挥传播窗口作用，讲好中非友好故事。办好中国非洲研究院微信公众号，办好中英文中国非洲研究院网站，创办多语种《中国非洲学刊》。

为贯彻落实习近平主席的贺信精神，更好汇聚中非学术智库资源，团结非洲学者，引领中国非洲研究队伍提高学术水平和创新能力，推动相关非洲学科融合发展，推出精品力作，同时重视加强学术道德建设，中国非洲研究院面向全国非洲研究学界，坚持立足中国，放眼世界，特设"中国非洲研究院文库"。"中国非洲研究院文库"坚持精品导向，由相关部门领导与专家学者组成的编辑委员会遴选非洲研究及中非关系研究的相关成果，并统一组织出版。文库下设五大系列丛书："学术著作"系列重在推动学科建设和学科发展，反映非洲发展问题、发展道路及中非合作等某一学科领域的系统性专题研究或国别研究成果；"学术译丛"系列主要把非洲学者以及其他方学者有关非洲问题研究的学术著作翻译成中文出版，特别注重全面反映非洲本土学者的学术水平、学术观点和对自身发展问题的见识；"智库报告"系列以中非关系为研究主线，中非各领域合作、国别双边关系及中国与其他国际角色在非洲的互动关系为支撑，客观、准确、翔实地反映中非合作的现状，为新时代中非关系顺利发展提供对策建议；"研究论丛"系列基于国际格局新变化、中国特色社会主义进入新时代，集结中国专家学者研究非洲政治、经济、安全、社会发展等方面的重大问题和非洲国际关系的创新性学术论文，具有基础性、系统性和标志性研究成果的特点；"年鉴"系列是连续出版的资料性文献，分中英文两种版本，设有"重要文献""热点聚焦""专题特稿""研究综述""新书选介""学刊简介""学术机构""学术动态""数据统计""年度大事"等栏目，系统汇集每年度非洲研究的新观点、新动态、新成果。

期待中国的非洲研究和非洲的中国研究在中国非洲研究院成立新的历史起点上，凝聚国内研究力量，联合非洲各国专家学者，开拓进取，勇于创新，不断推进我国的非洲研究和非洲的中国研究以及中非关系研究，从而更好地服务于中非高质量共建"一带一路"，助力新时代中非友好合作全面深入发展，推动构建更加紧密的中非命运共同体。

中国非洲研究院

2023 年 7 月

目　录

1

第五部分　身份认同

绪论　衡量南非的社会变迁

凯特·莱夫科·埃弗雷特（Kate Lefko-Everet）
拉詹·戈文德（Rajen Govender）
唐·福斯特（Don Foster）

　　2014 年 4 月，南非庆祝首次不分种族选举和民主转型 20 周年，纪念活动引起了国内外对南非在政治生活、治理方式、经济结构和运作等领域的生活是否有所改进的广泛关注［见 Booysen 2014；2014 年 4 月 25 日《邮政卫报》（*Mail & Guardian*）；《总统》（*Presidency*）2014①；2014 年 5 月 6 日《卫报》（*The Guardian*）］②。当然，在经历了数百年的殖民主义和 46 年种族隔离之后，南非国内的社会关系和民族和解状况成为焦点。

　　许多人在民主时期的日常生活中找到了有关南非生活变化程度的答案。于大多数人而言，民主过渡带来的巨大变化显而易见。许多学校、街区、工作场所均实现种族融合。自 1994 年以来，领导反种族隔离解放运动的政党——非洲人国民大会（the African National Congress，ANC），历届全国选举中均以压倒性优势获胜。在接受司法与和解研究所（the Institute for Justice and Reconciliation，IJR）关于社会变化迹象的采访时，南非人认为，"在郊区，不同种族的儿童都在一起玩耍""人们已经原谅彼此""全国 98% 的人团结一致，不再互相歧视"而且"即使你认为自己地位低，其他人地位高，你仍然可以出人头地"。③

---

　　① Gandhi E，《民主 20 年：改变良多，任重道远》，访问日期：2016 年 9 月，mg. co. za/article/2014 - 04 - 24-twenty-years-of-democracy-much-has-changed-but-not-enough.

　　② Malala J，《南非选举：20 年的民主之路真的改变了国家吗?》，访问日期：2016 年 9 月，www. theguardian. com/world/2014/may/06/south-africa-elections-20-years-democracy-apartheid.

　　③ 引文源于南非司法与和解研究所于 2011 年 5 月委托的定性焦点组访谈文本。上述具体的文本来自自由州（Free State）的沃登（Warden）、夸祖鲁纳塔尔（KwaZulu-Natal）的拉迪马斯（Ladysmith）和东开普省（Eastern Cape）的乌姆塔塔（Umtata）。

然而，南非的生活也每天提醒着人们，一些地方和人民根本没有改变，种族隔离的遗留问题和"未了之事"依然顽固不化。近期发生过相关事端，比如：2015 年斯泰伦博斯大学（Stellenbosch University）反对改革（通过"开放斯泰伦博斯运动"）及豪登省（Gauteng）鲁德普拉（Roodeplaat）特库罗基金会学校（Curro Foundation School）实行分离教室——声称是迫于学生家长的压力而为之［2015 年 5 月 15 日 IOL 新闻（IOL News）］①。

同样，种族主义、种族定性（racial profiling）和出于种族动机的暴力行径在许多曾实行种族隔离的居民区依然存在。2014 年，在开普敦，有人发现哈菲尔德村居民协会脸书页面出现该协会对郊区街道上行人进行种族定性的相关信息，引起全国轰动。尽管该社区被认为包容且团结，但当地居民出于安全顾虑开发了用于指导安全监视详细信息的暗号："查理"（Charlie）指代有色人种，"布拉沃"（Bravo）指代黑人。该社区论坛是一个封闭的脸书群组，正如居住在该地区的一名人权律师所发现的那样，他将此议题搬上媒体，该论坛极力禁止任何成员对这一主导话语提出异议。凡是反对此主导言论的居民被禁止加入脸书群组，并受到网络欺凌。网络上的恶意和愤怒不可避免地蔓延到现实世界。

这仅是开普敦郊区众多涉及种族关系紧张和暴力事件中的一桩。仅在一年多的时间里（2013 年 11 月至 2015 年 1 月），南郊温伯格治安法院就受理了 16 起涉及种族和种族主义的案件，省级平等法院受理了 38 起。其中包括：

- 南非国防部队（South African National Defence Force）一名白人成员认为一名黑人家政工作者是性工作者因而对其进行攻击（《目击者新闻》，2015 年 1 月 20 日）；
- 一名白人男性路人认为一名疾驰的马拉维年轻男子在逃离犯罪现场，因而对其进行鞭打，而后证实该年轻男子跑步是因为要赶工上班。（《IOL 新闻》，2014 年 11 月 12 日）；
- 五名白人大学生在购物中心停车场攻击该购物中心的 52 岁女性清洁工［《时报现场》（Times Live），2014 年 11 月 24 日］；

---

① Monama T：《库罗学校涉嫌种族歧视》，访问日期：2016 年 9 月，www. iol. co. za/news/south-africa/gauteng/curro-school-found-guilty-of-racism-1. 1858792#. VWHexhcx78c.

● 一名青年白人男性在夜总会阳台上向一名黑人出租车司机撒尿（《IOL新闻》，2014年11月15日）。

或许更值得注意的是一桩涉及青年白人女性殴打和言语攻击他人的案件。该女子年仅23岁，没有任何关于种族隔离社会化过程的真实记忆或经历，她攻击一名年长的有色人种女性，二人在停车场发生争执，引发肢体冲突："你最好把你的车开走，否则我就用点击枪把你赶出去……你不属于这里。滚回你自己的地方。"（《开普时报》，2015年1月16日）尽管这些事件使得举国聚焦开普敦，但类似的事件在全国均有发生。

本书目的

在我们日常生活的不同经历中，在一个国家，我们可能会面临定期的巨大发展和停滞不前所带来的矛盾迹象，因此很难衡量南非在和解和改变社会关系方面进行到何种程度。对这一进程的评估往往过于依赖偏见、轶事、刻板印象和误解。

本书旨在回答这样一个关键问题，即在后种族隔离时期的南非人是否已经和解，或至少公众认为和解是否已经发生。为此，本书依据司法与和解研究所自2003年以来通过《南非和解晴雨表》（South African Reconciliation Barometer，SARB）调查收集的10年全国民意数据，进而讨论吉布森（James L Gibson）教授于2004年在南非人文科学研究理事会（Human Sciences Research Council，HSRC）出版社出版的早期作品《克服种族隔离：真理能使一个分裂的国家和解吗?》，吉布森分析了2000年至2001年《南非和解晴雨表》调查的一系列初期试点，为当前的研究提供基准。

本书所有论文均为司法与和解研究所公开征集。论文作者从不同的学科，以独特新颖的视角分析和解释《南非和解晴雨表》数据。他们首先提出关于社会变化的基本问题，而后通过对这些结果的定量数据分析和解释寻找答案。我们认识到理解和解进展所包含的内容宽泛，定量分析民意数据仅是其中一面。尽管如此，我们认为这仍然是关键的一部分。从一开始，至关重要的是要承认我们的初衷并非实证主义的或排他性的。

我们认识到这样实属坐井观天。但我们同时认为，推动更广泛的和解项目中的一部分至关重要。

定义和解

首先，厘清和解的概念复杂性十分重要。和解这一概念适用于后冲突社会，因此无论是南非国内抑或国际社会，就这一术语的含义而言，人们很难达共识。David Bloomfield，Teresa Barnes 和 Luc Huyse（2003：12）认为这种复杂性源于和解既是一个目标也是一个过程：

> 和解的目标是一个未来愿景，一个重要的前进方向，甚至是打造心往神驰的理想国。然而这一进程在很大程度上是以现在时的方式处理问题，建立和解进程是努力的途径，切实有效，朝着最终目标前行，这一进程本身价值非凡。

国际司法研究所创始主任查理斯·维拉－维森西奥（Charles Villa-Vicencio，2004：6－8）提出，和解涉及多个过程和参数：和解中断了既定的事件模式；和解可能包括原谅，却不尽然；和解需要"社会各阶层认真倾听和深入对话"；和解需要理解；和解需要时间和空间悲伤和疗愈；和解包括承认真理；和解有关记忆和追求正义；和解也包括赔偿。

其他学者在定义此复杂概念时也有突破。Daniel Bar-Tal 和 Gemma Bennink（2004）综合了和解的 14 个定义后将其定义为："在正式达成和解决议之后，在卷入棘手冲突的社会之间形成或恢复真正的和平关系。"（Nets-Zuhngut 2007：55）Louis Kriesberg（2007：2）将和解描述为在敌人或前敌对团体间建立相互和解的过程，和解通常是指朝着相对合作和友好关系发展的过程，这种关系通常是在涉及关系中的一方或多方受到严重伤害而导致关系破裂后建立的。

尽管这些定义并非详尽无遗，但对概念化和解而言，提供了一个良好的开端。

南非和解项目

理解和解的意义和确定和解进展需要回顾过去。20世纪90年代末，显而易见，种族隔离现状无以为继，作为向民主"协商式转型"的一部分，成立真相与和解委员会的议题应运而生。这一提议于谈判桌上的任何主要参与方而言，未必称心如意。可以说，种族隔离制度的主要支持者和实施者，即南非国民党（the National Party）及其支持者是特赦的最大受益者。相反，非洲人国民大会及其盟友可能更倾向于会招致起诉的政治审判。然而，由于要求结束协商式转型的压力日益加剧，1993年颇具约束力的临时宪法在结语中增加了最后关头的妥协，形成了有利于推进和解和重建而使大赦成为可能的条款。

真相与和解委员会通过1995年第一届民主议会颁布的《促进民族团结与和解法案》而合法成立。以"完全披露"与完全大赦（既非刑事责任也非民事责任）进行交换换取真相（Sarkin 2005）。南非在真相与和解委员会内部非常制度化的和解办法，其基础是讲真话的重要性，这是实现充分理解种族隔离时代暴行、促进宽恕和国家团结以及最终获得特赦资格的必要步骤。有别于第二次世界大战后的纽伦堡审判，南非采取的是恢复性司法，而非报复性司法。正如 Rosemary Nagy（2002：324）所描述，真相与和解委员会强调"理解并非报复""补偿并非反击"和"乌班图（ubuntu）并非伤害"的重要性。委员会"尽可能完整汇编这些事件和违规行为"。名誉大主教德斯蒙德·图图（Archbishop Emeritus Desmond Tutu）主持该委员会的工作，并在真相与和解委员会发表的五份报告的第一份前言中描述了其中的一些事件：

> 所有南非人都知道，近期发生一些骇人听闻的事件，如沙佩维尔（Sharpeville）和兰加（Langa）屠杀、索韦托（Soweto）起义、教堂街爆炸、马古（Magoo）酒吧和阿曼济姆托蒂（Amanzimtoti）温皮酒吧爆炸、圣詹姆斯教堂（St James' Church）屠杀、博伊帕通（Boipatong）和瑟布肯（Sebokeng）。我们还知道史蒂夫·比科（Steve Biko）、尼尔·阿格特（Neil Aggett）等人在拘留期死亡；在东兰德（East Rand）和夸祖鲁–纳塔尔省（KwaZulu-Natal）发生的割喉及"黑对黑"暴力事件，起因为卡塔自由党（Inkatha Freedom

Party）、联合民主阵线（United Democratic Front）及后来的南非非洲
人国民大会间的对峙。我们的国家浸染在不同种族不同政治信仰的
人民的血泊之中。（TRC 2003）

真相与和解委员会由三个委员会组成：第一，人权侵犯委员会（the
Human Rights Violations Committee），该委员会收到 22000 名受害者和证
人的陈述；第二，大赦委员会（the Amnesty Committee），该委员会能够
大赦揭露政治暴行者（最终批准大赦 7116 名申请人中的 849 名）；第
三，赔偿和复权委员会（the Reparation and Rehabilitations Committee），主
要就政策和救济款项提出建议。重要的是，真相与和解委员会也有传唤
权，但其工作范围在调查具有政治性质的严重侵犯人权行为之内。调查
范围仅限于沙佩维尔大屠杀前夕（1960 年 3 月 1 日）至临时宪法生效之
日（1993 年 3 月 5 日）之间所犯的罪行。

Martin Coetzee（2003）指出，绝大多数特赦申请者均无法表现出其
政治动机，所以其中大部分被法庭以技术理由驳回（共计 5442 个申请被
驳回）。仅有 1647 项符合审查的所有要求。其中有关南非安全部队成员
仅有 293 项——与如此长时间的暴行相比，此数量之少令人悲恸。事实
上，大多数大赦申请者并不是种族隔离制度的支持者和犯人，而是许多
泛非主义者议会（Pan Africanist Congress）、阿扎尼亚人民解放军（the
Azanian People's Liberation Army）、非洲人国民大会及其武装派别民族之
矛（Umkhonto we Sizwe）的成员。这一进程结束时，90% 的非洲人国民
大会和国家申请者获得大赦，78% 的合格申请者获得大赦（Coetzee
2003；Foster，Haupt & De Beer 2005：21）。基本没有未获赦免的个人遭
起诉。

聚焦受害者和幸存者证词和故事的公开听证会在媒体播出，尽管电
视画面只播放了从受害者那里收集的大约 10% 的资料，树立了真相与和
解委员会程序的主导形象。大部分证据源自 400 多名训练有素的记录员
组成的团队，他们使用一份相当简洁的官方表格收集记录有关侵害事实
的标准化信息（见 Wilson 2001）。截至真相与和解委员会程序完成，共
计 21769 名个体受害人。其中，唯有经真相与和解委员会特别指明的人
士方有资格获得赔偿。真相与和解委员会过程的结果和发现记录在包含
一系列卷宗的报告中。前五卷于 1998 年 10 月送交时任总统尼尔森·曼

德拉（Nelson Mandela），另外两卷由大赦委员会、赔偿和复权委员会汇编 2003 年提交。

真相与和解委员会进程未能逃脱诟病，溯及既往，批评的声音有增无减。衡量其成功与否是基于这样一个事实：现在没有南非人可以说他们对种族隔离制度下犯下的暴行一无所知；这本身就是一项重大贡献。然而，以下诟病尤为突出：一方面，在如此狭窄的职权范围内，许多诸如强迫迁移、通过法律、未经审讯羁留、形形色色的歧视等种族隔离时代的滥用行为均被排除在调查之外。另一方面，许多高级政治和军事领导人，例如前总统波塔（PW Botha），拒绝参加委员会的工作。黑人觉醒运动（Black Consciousness Movement）领袖史蒂夫·比科（Steve Biko）批评这一过程缺乏公正。

回顾性批评的另一个观点，也是本卷许多论著的出发点，后真相与和解委员会时期，政府在推进和解方面的明确工作有限。一些遭受严重侵权的受害者获得了赔款，但真相与和解委员会报告的许多建议仍未得到执行和实现。推动和解或执行这些建议的任务显然不属于任何政府部门或机构。所以真相与和解委员会在政府政策议程上的中心地位迅速减弱，而且可以说已经被其他话语和优先事项所取代，比如促进"社会凝聚力"［霍夫迈尔（Hofmeyr）采访］。

衡量和解的进程

2000 年，在真相与和解委员会调查缔结之后，司法与和解研究所成立，旨在以民间团体和非政府人士的角度审视委员会建议的实施情况。研究所的创始目标之一是通过一项全国代表性调查衡量和解在一段时间内的进展情况，最终成为"和解晴雨表"项目。

起初，《南非和解晴雨表》项目被构想为纵向研究，专门衡量和解进程。项目的初期进展始于司法与和解研究所在 2003 年进行的一项探索性研究，该研究调查了"南非人赋予和解概念的意义和联想"；和解进程的地点和方式问题；国家领导水平评价；以及对该国为"处理未尽事宜"试图做出的评价（Lombard 2003b：3）。

重要的是，这项研究以开放式问题的形式调查南非人民如何理解和解的意义。3491 名调查参与者中近 30% 的人没有回答这个问题，其他调查参与者的回答包括以下几点：宽恕（23%）、统一（16%）、和平

（13%）、种族融合（10%）、遗忘（9%）、合作（5%）、处理遗留问题（5%）、处理差异（5%）、社会经济发展（4%）、价值观（63%）、结束种族主义（2%）、人权（2%）（Lombard 2003b：5）。

另外一个封闭式问题也得到了类似的回答。被问及和解的含义时，绝大多数受访者表示：和解是指原谅过去的行为（32%）、不同种族的人生活在同一个国家（24%）或愿意与其他种族的人建立关系（18%）。相比之下，仅8%的人认为和解是指"立即解决经济不平等"，7%的人认为是社会和经济发展（Lombard 2003b：7）。

基于这些初期研究，Gibso（2004）提出，和解包括"至少四个具体的、甚至是独立的子概念"。这些概念构成了本书理解和解的基础：

- 跨种族和解——不同种族的人愿意信任彼此，抛弃对其他种族的成见，逐渐和睦相处；
- 政治宽容——承诺相互忍受，甚至那些他们深恶痛绝对方的政治思想的人；
- 支持人权原则（抽象和具体）——包括严格遵守法治并致力于法律普遍性；（及）
- 合法性——特别指承认和接受新南非主要政治机构权威的倾向（2004：4）。

表1　　　　　　　　原始《南非和解晴雨表》的假设和指标

假设	指标
人类安全：如果公民不再感受到威胁，他们更可能与彼此和解，也更可能与更大的体系和解	人身安全；经济安全；文化安全
新政治体制的合法性：如果公民认为新体制的制度、领导层和文化是合法和可问责的，和解就更有可能取得进展	法外诉讼的公正性；领导层的合法性；议会的合法性；尊重法治
交叉的政治关系：如果公民能够形成有效的跨分歧的政治关系，就更有可能实现和解	致力于国家统一；致力于多种族政党的存在
对话：如果公民致力于深入对话，就更有可能推进和解	致力于建立更多的对话

续表

假设	指标
面对历史：如果公民能够直面和解决过去的问题，他们就更有可能向前迈进和解	承认种族隔离的不公；原谅；降低仇恨程度
对社会经济发展的承诺：如果公民能够致力于变革和纠正，国家的和解关系进程就更有可能有进展	妥协让步的意愿
种族关系：如果不同种族的公民对彼此的负面看法较少，他们就更有可能形成融洽的关系，从而促进和解	跨种族接触；跨种族偏见；对其他种族的宽容

资料来源：Lombard（2003a：3 - 4；2004）。

探索性研究结果和 Gibson 分析工作的成果形成了早期《南非和解晴雨表》调查旨在检验的七条主要假设。这些假设和相应的指标如表 1 所示。最初的七条假设于 2004 年被缩减为六个假设（"对社会经济发展的承诺"的假设被删除）。

《南非和解晴雨表》研究方法，2003—2013 年

在 2003 年初进行了初步探索性研究以及制定经修订的一套假设之后，《南非和解晴雨表》的调查于 2003 年底再次进行，2004 年进行了两次。此后，从 2005 年至 2013 年每年进行一次调查。2014 年，进行了广泛的有效性和可靠性测试，并更新了调查，以便从 2015 年开始进行新的迭代。这些测试的结果在本章的后续部分中得到实质性论证。

2003—2013 年，《南非和解晴雨表》调查采用定量问卷进行，问卷包含约 100 个项目，大多数采用李克特量表五点选项（Likert scales）。在此期间，部分调查项目稍有改动，这通常由于试点测试期间，被调查者不理解某些具体问题的措辞。有几个条目被直接删去，并在随后的几轮调查中增加了一些针对当前问题的条目。例如，《南非和解晴雨表》的

早期几轮调查中测试了南非人是否认为抗议正当合理。在 2011 年增添问题项，测试直接参与抗议。然而在 2003 年至 2013 年间，大多数调查条目保持不变，以便产生纵向的可比较数据。

在此期间，作为两年一度的重点调查社会和政治趋势的哈亚布斯（Khayabus）调查的一部分，益普索（Ipsos）（前身为益普索·马基内（Ipsos Markinor）进行了实地调查。每轮调查中，益普索都从 16 岁及以上的南非人中挑选具有全国代表性的样本，每个样本包括大约 2000 名南非城市人口和 1500 名非城市人口，男女比例均等。抽样框架基于人口普查人员的地区编制。每轮调查前均会先行进行问卷调查，并在三月至五月期间开展实地考察（2003—2004 年的第一轮调查亦是如此，而同年的第二轮调查则在第三季度及第四季度进行）。

所有《南非和解晴雨表》的实地考察由面对面采访组成。根据受访者的喜好，采访采用六种语言：英语、南非荷兰语（Afrikaans）、伊苏鲁语（isiZulu）、塞索托语（Sesotho）、伊塞科萨语（isiXhosa）和茨瓦纳语（Setswana）。益普索为确保准确性和一致性，至少反向检查每名实地工作人员至少 20％ 的采访工作。所有参与均采取自愿原则，不向受访者提供奖励。

司法与和解研究所一般在每年 12 月 16 日——恰逢南非全国和解日（South Africa's National Day of Reconciliation）——公布年度调查结果。为确保结果能反映所有南非人的看法，通常对结果进行加权。大都市样本按种族、城市、性别和年龄加权，非大都市样本按社区规模、年龄、性别和省份加权。

为方便本书分析，本书略去了 2003 年及 2004 年进行的《南非和解晴雨表》的第二轮调查。这样便可以对每年的趋势进行一致性分析，比较每年同一时间收集的调查数据。表 2 展示了 2003—2013 年取得的未加权样本，以及益普索报告的置信区间和误差幅度。所有数据、研究报告和技术报告均可通过开普敦大学数据中心①免费公开下载。表 3 显示了2013 年全国人口统计的大致情况。

---

① 见 www.datafirst.uct.ac.za.

表2　　　　　　　　　2003—2013 年取得的未加权样本

	2003	2004	2005	2006	2007	2008	2009	2010	2011	2012	2013
总计	3498	3354	3490	3484	3479	3490	3487	3553	3560	3565	3590
置信区间*（%）	—	—	—	—	—	95	95	95	95	95	95
采样误差**（%）	2.3	2.3	1.6	1.7	—	1.7	1.7	1.7	1.7	1.7	1.7
女性	1750	1684	1745	1743	1742	1691	1744	1776	1772	1778	1802
男性	1748	1670	1745	1741	1737	1649	1743	1777	1772	1787	1788
黑人	2000	1999	2454	2507	2523	2473	2626	2670	2604	2716	2635
有色人种	391	390	393	290	358	379	385	361	439	395	299
印度裔	170	171	114	144	165	106	113	127	154	145	116
白人	937	939	529	543	433	382	363	395	347	309	540
≤24	854	768	739	773	894	696	954	838	877	805	764
25—34	838	784	842	818	759	813	756	854	835	930	1010
35—49	955	961	1037	1044	922	956	890	963	1021	1022	1016
50 +	851	841	872	849	904	875	887	898	811	808	800

注：该表不包括 2003 年和 2004 年进行的第二轮调查。

* 这些是指采样，并非始终由益普索技术报告提供。后来的报告一致表明置信区间为95%，误差幅度约为 1.7%。

** 研究中，由于成本和物流方面的考虑，通常无法调查全部相关人群，因此选择样本作为代表人群。在所有情况下，目标均为获得总体人群参数的估计值，即态度和行为等相关变量。从群体中抽取的每个样本都将返回该群体参数的估计值。该估计值在某种程度上不够精确，因为仅代表人口子集。因此，多个样本返回相同群体参数的估值略有不同，样本估值与实际群体参数之间的差异称为抽样误差。

资料来源：益普索。

表3　　　　　　　2013 年南非全国人口，按种族和性别划分

	男性（人）	女性（人）	总计（人）	人口占比（%）
黑人	20607800	21676300	42284100	79.8
有色人种	2306800	2459400	4766200	9.0
印度裔	669200	660100	1329300	2.5
白人	2239500	2362900	4602400	8.7
总计	25823300	27158700	52982000	100

资料来源：南非统计局（2014 年）。

测量的完整性

　　本节简要概述和讨论与《南非和解晴雨表》相关的度量和度量充分性的关键内容。在本书中，"条目"指的是调查中的单个问题。问题以各种形式呈现，如要求提供人口信息，衡量态度和信念；以及思想、行为或活动发生的频率。除另有说明，所有条目均指《南非和解晴雨表》调查中的特定问题。本书也参考其他数据来源，如"国家收入动态调查"（the National Income Dynamics Survey）、"非洲晴雨表"（Afrobarometer）和世界价值观调查（the World Values Survey）。

　　量表是旨在测量相同基础的潜在变项/构造的条目集合。因此，有关正义的量表包括若干单独条目，每个条目调查正义概念的不同维度。量表的经验价值在于它能够以不降低复杂性的方式测量复杂构造，因为每个条目均利用了公共构造的不同含义。通过三角测量法，测量中充分体现了构造意义的复杂性。在所有调查研究中，条目和测量量表逻辑相关，在公共舆论和感知调查中尤为突出，因为这些调查通常以最初抽象和多维性质的构造的测量为特征。

测量潜在构造

　　如上所述，所有《南非和解晴雨表》条目和问题（显变量/观测变量）均为衡量各种基本理论概念和与该国民族和解话语相关的构造。这些概念或构造之所以是潜在的，是因为它们无法直接观测，而是要通过使用显性变量衡量。从逻辑上来讲，这些显性变量可以被认为是由潜在构造派生而来。当应用到调查问卷条目的具体形式时，显性变量就可以恰如其分地衡量潜在构造。

　　由于这些测量变量经过设计、概念化和操作过程，由显性变量测量潜在构造不可避免地会产生一定程度的误差。出于种种原因，测量得到的变量或许无法充分代表潜在构造。

　　他们只能捕捉到潜在构造的有限方面，从而淡化构造意义的复杂性。这与当前《南非和解晴雨表》案例一样，在绝大多数被测量的构造，如和解、民主和公平，本质上意义抽象、复杂且微妙的情况下。这一点尤为适用。

潜在构造意义的复杂性尚不能轻易转化为适当的调查条目。虽然被测变量可以充分捕捉复杂潜在构造的多维意义，但将这些被测变量转化成受访者能够阅读、理解并且适当回应的实际调查项目时，极易扭曲并混淆潜在构造的原意。当调查样本和人群在语言和教育背景迥然不同时，例如南非，情况尤甚。

这种测量方式也容易受抽样过程和抽样误差的影响。受诸多因素的影响，尤其是调查施行中概念变化的所有演变含义、问题措辞的变化以及用于单个调查项目回应格式的变化，不同调查迭代可能产生不同的测量质量，这可能是由差分样本或亚群体造成的。如果说人类冲突史为后世有所启示，那便是完全相同的概念的含义或许天差地别，取决于不同个体或群体的经历和特征。

因此，测量潜在构造的量表可能对个体或一组个体行之有效，而对另一个体或一组个体却收效甚微。这种度量完整性上的变化问题纷繁复杂，因为在跨样本调查时，通用的测量方式难以应用，进而使得对比工作步履维艰。

效度和信度

与所有的定量调查一样，效度和信度是《南非和解晴雨表》条目和量表测量完整性的两个基本属性。这两种属性被称为测量的心理测量属性，对测量量表在研究和实证工作中的开发、测试和应用至关重要。简而言之，效度是指量表测量其所要测量的内容的程度，而信度是指这种测量在重复的迭代和应用中保持一致的程度，效度和信度在逻辑上相互联系。

效度通常分化为表面效度（face validity）（为测量潜在构造"表面价值"而测量的变量）、内容效度（content validity）（测量变量提供了与潜在构造相关的重要内容域的充足覆盖范围）、聚合效度（测量变量以可预测方式对应部分的独立指标）和建构效度（测量变量充分捕获和测量潜在变量的概念意义）。在心理测量学分析中，建构效度意义重大，因为实现建构效度通常可以确保其他三种效度的实现。

信度研究量度工具是否能重复显示同一个结果或数值。信度是效度的必要但不充分条件：变量可能一直测量相同的事物，但所谓"相同的事物"可能与实际心仪的潜在构造几乎没有对应关系。相反，建构效度是信度的充分条件：如果所测条目对某些潜在变量具有高度指示性，那么二者在变量的重复应用中将保持一致。

在实证研究中，心理测量验证通常采用因子分析等统计技术进行，该技术检查在何种程度上显性或被观察变量（问卷项或问题）能准确综合地测量部分与所关注的理论建构相对应的一些潜在维度。一旦确定该显变量能够测量此潜变量或因素，就可使用内部一致性测试来检查量表的可靠性，这些测试测量个体项在不同规模应用中持续衡量潜在因素。

《南非和解晴雨表》的心理计量学验证

在过去的 12 年里，《南非和解晴雨表》主要在社会、政治、经济和其他利益构造的概念构思屡经改进和调整，同样，SARB 对这些变量的测量方式也进行了各种改进和修改。然而，直到 2014 年才对调查项和量表进行了正式的心理测量验证。

鉴于该国普遍存在的社会政治环境以及关于民族和解话语演变的更广泛的背景，2014 年《南非和解晴雨表》的心理计量验证工作源自并被置于司法与和解研究所的一项对调查模型、调查形式、目的和相关性的审查的更广泛的背景。审查的目的是考虑并发展能够认识这一不断演变的和解话语，并适当调整其概念构思和涵盖构成这一话语的关键问题和构造的《南非和解晴雨表》。为此，司法与和解研究所进行了一系列不同的活动：

- 通过一系列专题讨论会和定性研究，回顾和解的话语演变；
- 考虑数据和信息的更广泛的环境，裨益于更全面地认识该国和解问题，例如贫穷和不平等数据、人权委员会与种族有关的申诉数据、司法部关于仇恨犯罪和涉及种族主义的案件的数据；
- 审查现行的《南非和解晴雨表》调查工具，改善调查问卷的概念和测量方法。

审查的总体目标是启动一个最新、更广泛、更全面的调节晴雨表，其中载有来自 SARB 的感性数据以及从多个来源三角测量的经验数据。除统计资源和参考文献外，2014 年《南非和解晴雨表》心理测量验证工作利用了一系列的资源（调查）助力确定标量测量的完整性，并提出改进建议和/或向《南非和解晴雨表》引入新的构想与条目，旨在学习其他地区在相关构造概念化和测量方面的经验实践。使用并参考了以下调查：

"非洲晴雨表调查"（The Afrobarometer Survey）——一项在南非和非洲大陆其他 33 个国家进行的关于政治态度、信仰和意见的民意调查。非洲晴雨表目前正在进行第六次迭代，得益于其众多测量项目和量表的广泛验证。

- "南非社会态度调查"（The South African Social Attitudes Survey）是"全球社会态度调查"的本地版本，由人类科学研究理事会（The Human Sciences Research Council）定期进行。
- "全国选举研究"（The National Election Study）——一项由美国的旨在了解政治思想和行为诸方面的调查，已有四十逾年历史。
- "一般社会调查"（The General Social Survey）——同样由美国实施，是一项整体社会态度调查。该调查已有数十年历史，并受益于多次验证研究和改进。
- "欧洲晴雨表"（The Eurobarometer）——相当于非洲晴雨表，在许多的欧盟国家进行了多轮调查。
- "欧洲价值观调查"（The European Values Survey）——世界价值观调查的欧洲格式，定期开展，定期验证。
- "荷兰公民展望晴雨表"（The Dutch Citizens Outlook Barometer）——由荷兰社会研究所（Netherlands Institute for Social Research）开展的一项纵向民意调查，旨在记录该国现有和新兴的政治和社会趋势。

验证研究成果

对《南非和解晴雨表》的修订尚在编写之中，因此无法最终说明验证研究对该过程的影响。尽管如此，《南非和解晴雨表》的心理计量验证研究的结果可以简要总结如下：

- 大多数核心理论结构具有充分的衡量完整性，但是最近对问卷调查表的一些修订对特定次级构造的测量完整性有所减弱；
- 大多数标量测量都足够有效，但在许多情况下仍有改进的空间。这丝毫没有降低量表的现行效力，也未限制其在实证研究中的适用性；
- 大部分量表均确凿无误，但少数量表的信度在不同的调查迭代中发生变化，这表明需要通过开发增加新条目改进量表。

总体而言，验证研究为《南非和解晴雨表》的大多数构造，特别是民族和解话语的核心构造，提供了可靠的测量完整性实证依据，在指出和提出修订时，这些修订更多地反映了对测量持续改进的需求，并非任何可能导致《南非和解晴雨表》量表不适用的有效性和可靠性的不足。

总之，验证工作确定，《南非和解晴雨表》中的多种量表和条目的测量完整性足以允许在实证研究中采用这些措施，但前提是要适当考虑复合变量的拟订及其应用的有效性和可靠性因素。如本卷各章所述，在这种可变组合有必要和适用的情况下，所有作者均适当遵守了这一禁令。

《南非和解晴雨表》历年调查成果

本书各章对2003—2013年的《南非和解晴雨表》调查结果进行了深入的分析和阐释。大多数作者集中分析了此时期的部分精选调查条目。为此，有必要简要回顾此时期内出现的部分主要趋势。

我们所观察到的一个最深刻的变化是对和解前景与经济变革认识之间的联系。尽管自1994年以来，南非在扶贫方面取得了进展，但南非仍然是赤贫、失业和收入不均的代名词（DPME 2014）。研究员 Karen Lombard（2003b）在2003年撰写的探索性调查结果中指出，和解与社会经济正义（如赔偿、财务补偿或社会经济发展）之间的关联之低，令人大跌眼镜。她建议，"和解与'更困难的'的社会经济救济问题之间缺乏直接联系的事实可以解释为，这些问题在大多数南非人的脑海中并非占据要位"（2003b：7）。最近几轮调查显示，经济不平等现在被视为南非一大社会断层线，也是导致分裂最紧迫的原因之一。2013年，58%的南非黑人认为，在因种族隔离而处于不利地位的人民仍然贫穷的情况下，和解是无稽之谈，仅29%的南非白人持同样看法。这些调查结果暗示着若无法达成更好的经济平等，对和解的呼声实际上可能会下降。

《南非和解晴雨表》调查数据证实，南非身份作为取代其他身份来源的身份时，吸引力有限。卡琳·亚伯拉罕斯（Caryn Abrahams）在本卷第12章中对此进行了更为详尽的讨论。我们在反复进行的调查中发现，与拥有共同的民族认同相比，南非人更容易与其他拥有共同母语或种族的人交往。2009 年和 2010 年，仅大约 14% 的人认为"南非人身份优先"，凌驾于其他身份之上，到 2013 年，这一比例已降至 7%。统一国家是否要求个人拒绝所有其他形式的身份，而只拥护单一的国家身份，仍然存在疑问。与此同时，《南非和解晴雨表》的数据还显示就建立统一国家的意愿达成的共识总体上有所下降，从 2003 年的 73% 下降至 2013 年的 55%。

　　本书中由唐·福斯特（Don Foster）和金·威尔（Kim Wale）、欧文·克兰肖（Owen Crankshaw）撰写的几个章节细致研究了南非后种族隔离时期跨种族接触问题。有证据表明，尽管变化缓慢渐进，但出现了积极的变化。例如，2004 年《南非和解晴雨表》发现，仅有大约 41% 的南非人在平日与另一历史界定的种族群体的人交谈。随着民族融合程度的提高及城市化进程的持续，这一比例在 2013 年升至 56%。然而，跨越历史种族鸿沟建立更为紧密的关系，可谓是衡量进步的更重要的指标。尽管有类似的上升趋势，但仅 43% 的南非人表示，他们经常在家或在朋友家与其他种族的人交往（2004 年这一比例为 23%）。把交往和社交数据与经济和生活水平指标一同分析时，南非富人之间的互动与融合显然呈上升趋势，换言之，这些南非富裕家庭生活在多人种的城市地区，在正式部门就职，将子女送去多民族学校接受教育。

　　《南非和解晴雨表》数据分析还揭示了一些关涉南非人如何理解和记忆该国种族隔离史的颇具挑战，甚至令人困扰的问题。在民主制度推行后的第一个十年和在真相与和解委员会程序结束后不久所进行的早期调查中，《南非和解晴雨表》在聚焦过去所采取的措施上达成了高度一致和相对共识。2003 年，87% 的南非人认为种族隔离是危害人类的罪行，77% 的人认为国家对反种族隔离者犯下暴行。在调查期间，总体平均水平有所下降，2013 年上述两数据分别降至 76% 和 72%。然而，更令人忧虑的是，少数民族群体中数据下降。尽管 70% 的南非白人在 2003 年同意种族隔离是反人类罪，但 10 年后这一比例降至 53%。在其他有色人种中对这一问题的认同率也急剧下降（从 92% 降至 70%），印度裔南非人的认同率从 89% 将至 70%。另据年龄的分析显示，保守主义和深度怀疑过去"真相"者往往是年轻的南非白人——所谓的"生而自由"的一代，怀疑和保守程度远超上一代人。

运用种族

本书的出版和《南非和解晴雨表》的制定，引发了一系列在由非种族主义宪法规定支配下民主背景下的使用种族隔离种族类别的持续性的重要问题。然而，同等重要的是，我们须承认，种族在南非社会中的诸多领域（如果不是大多数）仍然处于中心地位，如上所述的种族主义攻击，个人和文化认同的复杂因素，以及作为补偿和纠正战略的基础。此外，正如唐·福斯特和金·威尔在本书中所述，"种族"的社会建构已经成为几个世纪以来一直在此基础上被"分类、隔离、诽谤、压迫，在某些情况下被起诉"的南非人的现实。因此，本卷对社会趋势的分析采用历史上定义的种族群体。当这些数据用来指代人群而非描述符，这也反映了使用反映所有公民意见的国家代表性数据，而不仅仅是调查对象的意见，但此种对种族类别的使用也并非不置可否。

本书内容及前瞻

本书所有作者均使用《南非和解晴雨表》的结果来回答南非人在经历了 20 多年民主之后是否和解这一关键问题。当然，对于这样一个复杂而微妙的问题，没有简单直接、实证主义的答案。但是，对这一问题的一些方面已经为今后政策和规划提供了重要指导和明确的答案。

第一部分聚焦过渡时期的司法问题。乌戈·范德梅韦（Hugo van der Merwe）和凯瑟琳·森莎巴（Kathleen Sensabaugh）回顾真相与和解委员会讲真话的最终目的以及委员会是否为南非人过去和现在应该如何实现和解提供了足够的指导。谈及南非以外的过渡时期司法和解途径，科里·维纶加（Cori Wielenga）就《南非和解晴雨表》和《卢旺达和解晴雨表》（Rwandan Reconciliation Barometer）的概念发展做了比较。苏伦·皮莱（Suren Pillay）就这一主题做出回应，对后殖民国家的公民角色提出了质疑。

第二部分着力分析南非后种族隔离时期的社会关系。欧文·克兰肖

（Owen Crankshaw）认为，自向民主过渡以来，种族间的接触逐渐增加，但其程度仍然从根本上受到种族、职业和就业状况的影响。唐·福斯特（Don Foster）和金·威尔（Kim Wale）利用戈登·奥尔波特（Gordon Allport）（1954）闻名遐迩但富有争议的接触理论，也发现了社会接触增强的证据。然而，由于许多南非人长期深受种族和阶级隔离，其影响在种族态度的改变方面受到了极大限制，其和解作用无奈微乎其微。饶勒拉·芒库（Xolela Mangcu）为回应这一主题，在黑人意识运动中找到了未来的和解方向。

第三部分着眼社会经济转型及进程。杰里米·西金斯（Jeremy Seekings）批判地审视后种族隔离时代的南非社会阶层以及人们对经济变化和不平等的看法。他探讨了后种族隔离时代的种族融合与和解是否在精英阶层中取得了更迅速的进展以及这对未来扶贫政策议程的意义。雅克·德威特（Jacques de Wet）分析了公众对平权行动的看法，发现尽管存在普遍误解和不同的种族观点，但仍存在诸多共识。他利用哈贝马斯模型，确定了未来转型对话的重要条件。克里斯蒂·范德韦斯特休森（Christi van der Westhuizen）认为，种族和经济排斥的持续合力意味着和解只有在转型成功时才可能出现。菲西·古梅德（Vusi Gumede）回应本部分的主题，呼吁要实现和解，就要采取更为激进的转变方式。

第四部分聚焦政治参与和政府机构。公众对民主治理机构合法性的信心是 Gibson（2004）和解假说的关键组成部分。卡罗尔·默森（Carol Mershon）探讨了具有挑战性的正式普世权利与严重的经济不平等等社会问题。默森的分析表明，与民主巩固的进展相一致，后种族隔离时期的公共机构从根本上支持和解。但是，由于在克服不平等方面取得纠正或进展的迹象相对较少，公民可能对这些机构的和解效果并未有所察觉。此外，科勒特·舒尔茨-赫森伯格（Collette Schulz-Herzenberg）和阿曼达·古斯（Amanda Gouws）认为，政治信任似乎正在下降，对这些民主机构以及更广泛意义上的和解项目的支持可能会产生不良后果。兹维勒图·祖罗博（Zwelethu Jolobe）采取了略微不同的策略：尽管他认为在民主的南非民众逐渐参与抗议活动的势头日益增长，但这实际上可能意味着在地方政府领域，更多的公民投资和更广泛的参与。朱迪斯·菲比（Judith February）回应这一主题时，回顾了在大学校园铺天盖地的抗议、公共机构的不平等加剧以及公众信任度下降的背景下，维护和实现宪法价值观的重要性。

　　特别是在民主过渡的最初几年，政策话语关注促进国家统一和认同的目标，最终实现图图（Tutu）团结的"彩虹国家"（rainbow nation）愿景。然而，在第五部分中，卡琳·亚伯拉罕斯（Caryn Abrahams）发现了一个几乎相反的趋势：南非人似乎日益怀疑是否需要或如何认同国家集体，这也导致了社会失范的日益加剧。虽然这一发现可能适用于全国人口，但罗伯特·马特（Robert Mattes）发现，实际上，与共同的南非认同观念的联系，特别是在少数族裔群体中，实际上可能正在加深。尽管最近出现了不同程度的争论，但沙梅拉·西达特（Shameela Seedat）回应这一主题时对南非人民继续致力于民族团结抱有希望。

　　最后，吉米特里·伊拉斯谟（Zimitri Erasmus）和哈利·加鲁巴（Harry Garuba）通过提出批判性问题作结，问题涉及通过调查研究能回答的现象、不能回答的现象、数据与日常生活所见之间时而存在的鸿沟、使南非变成"更加人道的社会"还需做出的集体工作。

　　综上所述，本书的贡献在于对未来的道路提出了具有挑战性的问题。本书表明，虽然在和解方面取得了一些进展，但截至目前，和解项目的成功仍然受限。和解是否应成为后真相与和解委员会时期的明确政策重点？它是否仍应是一项重点？在尚未从根本上克服不平等的情况下，有可能实现进一步的和解吗？我们未来在和解方面的国家目标是什么？若有可能，我们如何知道何时实现这些目标？本书各章或许无法明确回答这些问题，但为有见地的辩论和决策提供了成熟的、基于证据的基础。

参考文献

Allport G（1954）*The Nature of Prejudice*. Reading，MA：Addison-Wesley.

Bar-Tal D & Bennink GH（2004）The Nature of Reconciliation as an Outcome and as a Process. In Y Bar-Siman-Tov.（Ed.）*From Conflict Resolution to Reconciliation*. Oxford：Oxford University Press.

Bloomfield D，Barnes T & Huyse L（Eds.）（2003）Reconciliation after Violent Conflict：A Handbook. Stockholm：IDEA International. Accessed September 2016，www. idea. int/publications/ reconciliation/upload/reconciliation_ full. pdf.

Booysen S（2014）Twenty Years of South African Democracy：Citizen Views of Human Rights，Governance and the Political System. Accessed September 2016，freedomhouse. org/sites/ default/files/Twenty Years of South African Democracy. pdf.

Coetzee M（2003）An Overview of the TRC Amnesty Process. In C Villa-Vicencio & E Doxtader（Eds. ）The Provocations of Amnesty. Cape Town：David Philip.

DPME（Department of Planning，Monitoring and Evaluation）（2014）Development indicators 2014. Accessed September 2016，www. thepresidency-dpme. gov. za/news/Documents/ DEVELOPMENT% 20INDICATORS1% 202014% 20FOR% 20WEB. pdf.

Foster D，Haupt P & De Beer M（2005）The Theatre of Violence：Narratives of Protagonists in the South African Conflict. Cape Town：HSRC Press.

Gibson JL（2004）Overcoming Apartheid：Can Truth Reconcile a Divided Nation? Cape Town & New York：HSRC Press & Russell Sage Foundation.

Kriesberg L（2007）Reconciliation：Aspects，Growth and Sequences. International Journal of Peace Studies. 12（1）：1 – 21.

Lombard K（2003a）Report of the First Round of the SA Reconciliation Barometer Survey. Cape Town：Institute for Justice and Reconciliation.

Lombard K（2003b）Revisiting Reconciliation：The People's View. Research Report of the Reconciliation Barometer Exploratory Survey. Cape Town：Institute for Justice and Reconciliation. Accessed September 2016，sabarometerblog. files. wordpress. com/2009/09/ exploratory-survey-report. pdf.

Lombard K（2004）Opportunities and Obstacles：The State of Reconciliation. Report of the Second Round of SA Reconciliation Barometer Survey. Cape Town：Institute for Justice and Reconciliation.

Nagy R（2002）Reconciliation in Post-Commission South Africa：Thick and Thin Accounts of Solidarity. Canadian Journal of Political Science. 35（2）：323 – 346.

Nets-Zuhngut R（2007）Analysing the Reconciliation Process. International Journal on World Peace. 24（3）：53 – 81.

Presidency（Republic of South Africa）（2014）Twenty Year Review：South Africa 1994 – 2014. Accessed September 2016，www. safricaun. ch/20YearReview. pdf.

Sarkin J（2005）Carrots and Sticks：The TRC and the South African Amnesty Process. Amsterdam：Intersentia.

Statistics South Africa（2014）Mid-year Population Estimates 2013. Statistical release P0302. Accessed September 2016，www. statssa. gov. za/publications/P0302/P03022013. pdf.

TRC（Truth and Reconciliation Commission）（2003）TRC Final Report. Accessed September 2016，www. justice. gov. za/trc/report/.

Villa-Vicencio C（2004）Reconciliation. In C Villa-Vicencio & E Doxtader（Eds. ）Pieces of the Puzzle：Keywords on Reconciliation and Transitional Justice. Cape Town：Institute for Justice and Reconciliation.

Wilson RA（2001）The Politics of Truth and Reconciliation in South Africa. Cambridge：Cambridge University Press.

采访

霍夫迈尔·J（Hofmeyr J），司法与和解研究所政策与分析项目负责人，Skype 对话，2015 年 7 月 9 日。

第一部分

转型正义

真相、补偿与和解：人民发起的转型正义评估

乌戈·范德梅韦（Hugo van der Merwe）
凯瑟琳·森莎巴（Kathleen Sensabaugh）

南非应对其种族隔离历史问题所采用的南非模式由（部分）独特的真相与和解机制构成。南非真相与和解委员会试图通过公开听证会、调查报告和建立正式侵犯档案的方式寻求应对这一历史遗留问题。许多人对指导这一方法和具体实施方式的假设持怀疑态度。就是否公开播放骇人听闻的虐待行为，从而鼓励关于和解和宽恕的论战、建立官方历史叙述裨益于共同回忆和对正义和民主社会的集体承诺，对这一问题仍然争议不休。

公开正视大规模系统性侵犯历史的国际共识正在达成，这也是近年才有的现象。绝大多数人认为这一共识是一种普遍规范，但对这种进程如何造福社会这一问题尚不清楚。过渡司法程序（真相委员会就是突出的例子）为受害者、国家机构改革乃至整个社会提供了一系列福利；《南非和解晴雨表》为拓展社会视野开启了一扇窗，特别是南非民众如何应对由于真相与和解委员会的干预而与过去对抗的长期趋势。

一般而言，涉及正视过去的进程是后冲突社会的基本要求，但哪些历史片段应当被铭记在心（相对于应被遗忘的那些部分），哪些类型的过渡司法程序最为有益，依然存在着严重问题。虽然许多南非人或许认为真相与和解委员会是国家的有效方案，但其形成的相关细节引发了激烈的争论（Sapa 1997；Theissen & Hamber 1998）。许多其他后冲突社会则选择了截然不同的方式直面历史。真相与和解委员会的视界有限，主要侧重于严重侵犯人权的行为，忽略了与"真相"相关的更为广泛的议题，例如，大规模侵犯社会经济权利、系统性不平等、基于性别的暴力和国家腐败。因此，南非的历史叙事遭人为扭曲，盲点重重。

真相与和解委员会置身于包括重建与发展计划（Reconstruction and Development Programme）、土地回归和平权行动的经济转型和补救措施的更广泛的政治议程中，同时处于名誉大主教德斯蒙德·图图倡导的"彩虹之国"的论述中，这一论述将该国对未来的愿景描绘为具有多元文化但却拥有共同国家认同感的国家。然而，这一比喻的准确性和得体性又如何呢？在历史的种族冲突，持续的政治论战和巨大的阶级分化的背景下，我们不能指望像真相与和解委员会这样的短期干预能够异乎寻常地就我们的问题或其他问题达成共识，这是一个长期的过程，必须随着时间的推移而发生。

然而，这一进程的一个重要方面是要了解南非人对过去和未来持有共同的核心信念和价值观的程度。一些问题可以通过《南非和解晴雨表》的成果来解答。本章首先分析了后转型的南非公众感知数据方面的变化，聚焦过去的真相，补偿与和解问题，进而根据不同的人口统计特征观察研究了这些趋势的变化。接下来的内容由三部分构成：第一部分探讨成立真相与和解委员会前公众的看法，第二部分着眼于公众对真相与和解委员会过程的反应，第三部分则反映了最近关于真相与和解委员会的有效性和对解决当前社会和政治挑战的相关性的回顾性意见。

直面过去的阻力

调查公众对后真相与和解委员会时期时的真相、补偿与和解的看法之前，回顾委员会成立之前的背景及其在南非人民中激起的反应至关重要。在对现状做出严苛的评判之前，我们先需要审视真相与和解委员会受命修复的历史分裂这一严重的遗留问题。

20 世纪 80 年代末、90 年代初，由于种族隔离显然难以维持，多党政治谈判就广泛的问题进行了磋商，这些问题关涉民主宪法的内容以及过渡机构和进程可能采取的形式。如何处理和理解历史事件显然是谈判过程中最棘手的决定之一，并有可能使谈判进程完全脱轨（Hamber 1998；Maharaj 2008）。"谈判过渡"时期，执政党南非国民党（National Party）断然拒绝在政治权力上退步，除非新政府保证不会起诉其官员。就在长达 11 小时的会谈和大多数谈判伙伴被排除在外的最后一刻，非洲人国民大会（非国大）和南非国民党政府才就旨在指导真相与和解进程的 1991 年《临时宪法》达成了理想化（却相当模糊）的后续。①

真相与和解委员会是通过《促进民族团结与和解法》（Promotion of National Unity and Reconciliation Act）（1995 年第 34 条）合法设立的。然而，在该项立法通过之前的漫长的谈判中，就如何处理过去这一问题的政治分歧不断显现。南非国民党虽然投支持票，但似乎该党、其保守的白人选区或南非白人媒体从未真正支持真相与和解委员会的想法。当大主教德斯蒙德·图图被委任领导委员会，在听证会开始时，委员会就招致了南非国民党和其他反对派团体的严厉批评。这些批评并非挑战真相与和解委员会采取的具体措施，而是提出了对过往之事不去追究，更不应该着手处理的更深层次的意见。

正如 Gunnar Theissen（2009）的分析，真相与和解委员会在筹备前进行了一些民意调查。这些意见在政治和种族上均存在分歧。南非民主替代方案研究所（Institute for a Democratic Alternative in South Africa）1994 年开展的调查发现，65％的黑人受访者支持成立委员会调查种族隔离期间犯下的罪行，而仅 39％的白人受访者持相同意见（Theissen 1999）。1995 年在委员会成立后，但在委员会工作开始之前进行的一项研究发现，人民对委员会确定过去真相能力的信心存在严重分歧，63％的白人怀疑真相与和解委员会能否担当此任，而 72％的黑人则抱有信心（Theissen 1999）。

Theissen 发现，即使真相与和解委员会工作一旦启动，民意不会发生太大改变。事实上，随后的调查表明，唯一的重大变化是白人的态度会变得更加强硬（Theissen 2009：197）。根据 1997 年对白人受访者进行的电话采访，Theissen 指出，对真相与和解委员会的强硬反对态度反映了更广泛的白人后种族隔离综合征，对委员会的反对是"为了消解对过往政治秩序合法性和对被调查者作为一个正直体面、道德高尚、行为规范、倡导正义的公民诚信的质疑的挑战"（Theissen 2009：201）。Theis-

---

① 《临时宪法》后序特别指出，"对于与政治目标有关并在过去冲突中犯下的行为、不作为和罪行，应给予大赦。为此目的，根据本宪法，议会应采取法律确定明确的截止日期，该日期应在 1990 年 10 月 8 日至 1993 年 12 月 6 日之间，并规定机制、标准、程序，包括在法律通过后的任何时刻可处理大赦的法庭（如果存在）"。

sen 进一步指出，白人对真相与和解委员会的态度显然是拒绝新政府设立的机构和规划。因此，反对不仅是对真相与和解委员会形式和程序的断然拒绝，同时是对新政府的疑惑和疑虑的申明。

真相与和解委员会的工作始于 1996 年，经两年运作，1998 年开展的公众调查发现，57% 的南非人认为真相与和解委员会对国家有所裨益（Theissen 2009：44）。然而，根据种族分析结果，绝大多数南非白人（72%）认为真相与和解委员会于国家不利。对其他研究结果的分析也表明了类似分歧，这些分歧甚至在委员会诞生之前就存在。1996—2000年，对以大赦换取充分披露真相的总体支持率从 49% 上升至 72%，但白人对此的支持率依旧较低（39%）。南非黑人对未来起诉的支持率颇高，达 50%—67%，而白人支持率仅 26%（Theissen 2009：45）。

对真相与和解委员会的回应

真相与和解委员会的工作于 1998 年结束。[①] 然而，该机构依旧高度政治化，其最终报告受到非洲人国民大会和反对党的强烈反对和合法性质疑。因此，公众对其成就的看法也存在分歧。真相与和解委员会的核心目标之一是曝光过去侵犯人权的事实真相。调查发现，39% 的南非白人认为真相与和解委员会未能完成这一中心任务，而南非黑人仅有 5%（Theissen 2009：207）。关于未来是否有必要继续执行还原真相的任务，仍然充满争议，56% 的南非黑人支持建立后续机制，三分之二的白人反对此项措施。

即使委员会机构支持制定为大众所接受的、公认的历史叙述项目，但支持开放并直面过去仍然是敏感话题。许多南非人重视真相与和解委员会在此方面的贡献，但也有人担心南非可能会过分关注过去。

尽管先前民意调查存在分歧，司法与和解研究所在 2002 年开展的一项调查发现，不同种族之间还是达成了一些共识，近乎四分之三（73%）的受访者认同南非应该"遗忘过去，继续前行"。其中绝大多数

---

　　① 真相与和解委员会的大赦委员会继续运作了四年，报告的最后一卷于 2003 年才得以问世。

南非白人（80%），多数南非黑人（69%），印第安人（90%）和其他有色人种（76%）均赞同此观点（Lombard 2003：7，12）。这一发现似乎与 Theissen（2009）所援引的南非黑人毅然支持进一步还原真相的研究有所矛盾。鉴于不计其数的历史性虐待事件（大量尘封的细节和殖民主义与种族隔离的复杂形态）和对共存的迫切需求，或许尘封过去实属上策。长期背负种族隔离恐怖的沉重负担实在不可取。在不断受种族隔离后遗症侵袭的环境下，选择性回忆和遗忘也许能慰藉心灵。由此看来，真相还原需要与忘记或至少远离种族隔离历史齐头并进。选择性记忆和遗忘的可接受性，以及这些记忆的轮廓，显然在后真相与和解委员会时期仍备受争议。在此意义上来讲，委员会努力填补集体知识和记忆方面的空白，确认真相的一些版本，并对历史事件提出新的视角（主要以受害者为中心）。这一进程还须谨慎掌舵，解决种族分歧，权衡遗忘和记忆之间的复杂关系。

此外，真相与和解委员会并没有为种族隔离虐待罪行画上句号。委员会为事实、个人叙述和官方历史奠定了基础，为深入研究、调查和历史辩论提供了实质性参考。同时引入了接触过去的新工具和新形式，并助力于转变文化框架，在社区之间回忆令人惊骇的虐待暴行并展开对话。这两个要素，即记忆的实质和过程，在南非仍然颇具争议。

理解过去

尽管真相与和解委员会的目标和调查结果受到公开的政治质疑，但就历史事实问题和解决种族隔离遗留问题而言，仍然有望达成共识。对真相与和解委员会的强烈抵制并不意味着它不会促成视角的某些转变。特别是考虑到真相与和解委员会引发了媒体的疯狂报道，塑造了政治辩论，并最终通过书籍、纪录片和历史教科书渗透到公共文化之中，因此，追踪真相与和解委员会结束以来的辩论至关重要。

发展共同的记忆或叙述

面对历史问题，关键是要研究南非人如何铭记种族隔离，该国所有群体是否创造和分享共同的记忆与认识。种族隔离以蓄意分离为前提，既是经济和政治机会的分离，又是社会现实和参照点的分离。南非不同种族群体之间，甚至同一群体内部，不同的经历和记忆造成了深刻的社会裂痕。这是真相与和解委员会寻求解决的一项主要问题。21年的民主史中，南非人是否着手创造共同记忆？就这个问题有不同的答案。在此，我们研究一下《南非和解晴雨表》在这一点上民意数据提供的一些见解。

对过去直接的、基于经验的记忆无法被重塑或再次创造。但是，对过去关键事件、故事和广泛叙述的普遍认识却可以分享，这些会日益成为对历史、审视历史和评判历史方式的新的共识的一部分。真相与和解委员会的进程通过公开听证会和媒体每日的大量报道与南非公众直接接触，即便如Theissen（2009）所言，该节目在南非黑人观众中的收视率也是白人的三倍。

真相与和解委员会建立的最常见的共识或真相之一是种族隔离政府对竭力改变制度者犯下了令人发指的暴行。《南非和解晴雨表》在2013年的调查结果表明，真相与和解委员会工作结束十余年后，79%的南非黑人仍相信此事为真，仅59%的南非白人同意种族隔离政府犯下了十恶不赦的罪行（见图1）。尽管这一事实仍然得不到肯定，令人费解，但对这一事实的拒绝或许反映了许多白人的看法，即真相与和解委员会提供的真相失之偏颇、带有偏见。

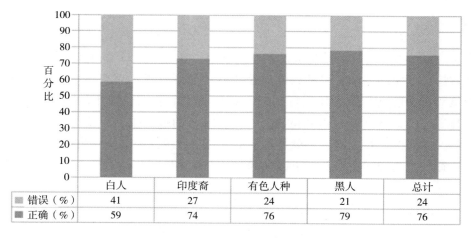

	白人	印度裔	有色人种	黑人	总计
错误（%）	41	27	24	21	24
正确（%）	59	74	76	79	76

图1 种族隔离政府针对种族隔离斗争者犯下的可怕罪行，依据种族划分，2013年

注：由于四舍五入取整，总计百分比之和不等于100%。

资料来源：作者对2013年《南非和解晴雨表》调查的分析。

如果我们纵观2003—2013年就同一事实的数据走势，会发现种族分化极其鲜明。如图2所示，白人对前政府对反种族隔离活动分子的暴行事实总持更强烈的抵制态度。有趣的是，尤其是近年来，所有种族群体对这一说法的认同度均有所下降。

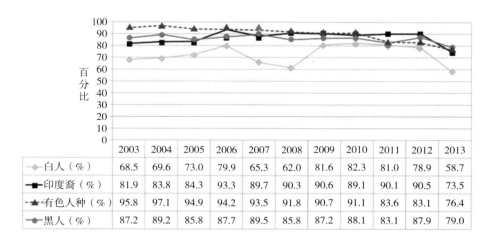

	2003	2004	2005	2006	2007	2008	2009	2010	2011	2012	2013
白人（%）	68.5	69.6	73.0	79.9	65.3	62.0	81.6	82.3	81.0	78.9	58.7
印度裔（%）	81.9	83.8	84.3	93.3	89.7	90.3	90.6	89.1	90.1	90.5	73.5
有色人种（%）	95.8	97.1	94.9	94.2	93.5	91.8	90.7	91.1	83.6	83.1	76.4
黑人（%）	87.2	89.2	85.8	87.7	89.5	85.8	87.2	88.1	83.1	87.9	79.0

图2　种族隔离政府针对种族隔离作斗争者犯下的可怖罪行，依据种族划分，2003—2013年（正确，百分比）

资料来源：作者对《南非和解晴雨表》2003年到2013年调查结果分析。

1966年，联合国大会宣布种族隔离为危害人类罪，真相与和解委员会的工作重申了这一点。

真相与和解委员会主要利用道德话语而非法律话语对种族隔离罪行作出了清晰明确的（或许是意料之中的）判断。尽管有批评真相与和解委员会的声音，指责他们以同一标准评判冲突双方的侵犯人权行为，真相与和解委员会的立场依旧十分明确，建立种族隔离制度是造成持久人权侵犯行为的基本罪行。2013年，《南非和解晴雨表》调查发现，61%的南非白人同意种族隔离是危害人类罪，而黑人、有色人种和印度裔南非人群体的认同率则降至80%左右（见图3）。相当一部分白人不同意这一说法已经令人担忧，但更令人吃惊的是，17%的黑人也不同意这一说法。

图4显示了十年中对种族隔离的感知呈波动状态。2003年，92%的南非黑人认为种族隔离是危害人类罪，但截至2013年，这一比例下降至

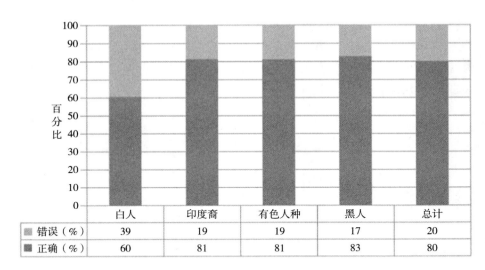

图3 种族隔离是危害人类罪吗？依据种族划分，2013年（百分比）

资料来源：作者对 2013 年《南非和解晴雨表》的结果分析。

	白人	印度裔	有色人种	黑人	总计
错误（%）	39	19	19	17	20
正确（%）	60	81	81	83	80

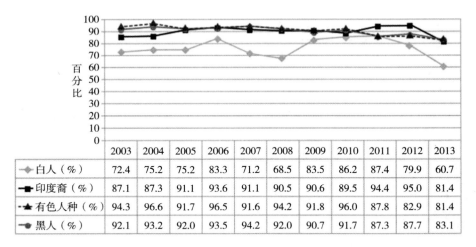

	2003	2004	2005	2006	2007	2008	2009	2010	2011	2012	2013
白人（%）	72.4	75.2	75.2	83.3	71.2	68.5	83.5	86.2	87.4	79.9	60.7
印度裔（%）	87.1	87.3	91.1	93.6	91.1	90.5	90.6	89.5	94.4	95.0	81.4
有色人种（%）	94.3	96.6	91.7	96.5	91.6	94.2	91.8	96.0	87.8	82.9	81.4
黑人（%）	92.1	93.2	92.0	93.5	94.2	92.0	90.7	91.7	87.3	87.7	83.1

图4 种族隔离是危害人类罪吗？依据种族划分，
2003—2013年（正确所占百分比）

资料来源：作者对《南非和解晴雨表》2003 年到 2013 年调查结果分析。

83%。同期，认为种族隔离是危害人类罪的南非白人比例从 72% 下降至 60%。如果把这种对种族隔离的判断理解为国民公认的真理，那么自

2010/2011 年以来，以及从 2003 年到 2013 年的整个时期内，所有种族群体对种族隔离是危害人类罪认同率的下降趋势令人忧心忡忡。在所有种族群体中呈现的波动也引发了一些重要问题，即这些观点是否会因政治事件和事态发展而改变，譬如，对历史解放运动的支持率降低。同样值得注意的是，白人的认同水平一度达到高峰，甚至与南非黑人的认同率持平。然而，2003 年和 2013 年，在种族隔离是否为危害人类罪的问题上，双方的认同率相差 20% 。

表 1　种族隔离是危害人类罪吗？2003 年和 2013 年
（确实正确/可能正确所占百分比）　（单位:%）

	2003 年	2013 年	变化
种族			
白人	72.4	60.7	－11.7
印度裔	87.1	81.4	－5.7
有色人种	94.3	81.4	－12.9
黑人	92.1	83.1	－9.0
生活水准测量			
1—3 级	93.2	76.2	－17
4—7 级	89.7	83.3	－6.4
8—10 级	77.6	71.8	－5.8
年龄			
17—19 岁	86.9	84.5	－2.4
20—34 岁	88.3	81.2	－7.1
35—49 岁	88.2	77.9	－10.3
50—64 岁	83.4	76.8	－6.6
65 岁及以上	83.4	81.0	－2.4
总计	87.0	79.8	－7.2

资料来源：作者对《南非和解晴雨表》2003 年和 2013 年调查的分析。

表 1 显示，对种族隔离是危害人类罪说法的认同率随着时间而变化，研究使用了三个不同的人口统计变量：种族、生活水准测量（Living Standards Measure，LSM）和年龄。生活水准测量（LSM）低（从 1 级至

10 级）与收入水平低下相关联。① 显而易见，不同种族群体间的意见分歧（2003—2013 年）最大。虽然不同生活水平群体的南非人间存在差异，但不明显。值得注意的是，对于种族隔离是危害人类罪这一事实，南非所有种族、不同生活水平群体和不同年龄阶层的认同程度均有所下降。

南非有色人种、生活水准测量 1—3 级范围内和 35—49 岁成年人的认可度大幅下降，要解释这种跌落及其细微差异绝非易事；是对背景因素（如对雅各布·祖马政府或更广泛的政治气候的幻想破灭）的临时反应？抑或是与种族隔离历史显著性降低相关的长期趋势的一部分？这是一个重要问题。

数据显示，大多数来自所有种族群体的南非人均同意这些关于过去的关键事实，但认同水平（和波动）为总体的共同叙述提供的基础略显薄弱。正是从这个意义上说，即记忆的破裂和共识的断层，我们需要理解如何解决种族隔离的遗留问题。

理解当下：社会经济补偿

上一节集中讨论过去的真相，现在我们转向应对当下的真相。公众如何理解当下？当下是否被视为过去的延续？我们当下的问题是否被视为尚未解决的种族隔离遗留问题未能澄清的恶果？

社会经济不平等和贫困程度居高不下，是当今南非社会面临的一个最为突出的种族隔离遗留问题。在《南非和解晴雨表》的调查中，被问及南非最大的分歧时，绝大多数南非人（2003 年为 30.3%，2013 年为 29.4%）认为是贫富差距。直至 2003 年，种族问题才上升至第三大分歧，2013 年又跌为第四，这意味着（至少可以解释社会分化）种族问题或许不是当今南非人最紧迫的问题。目前的不平等和贫困水平是否由种族隔离直接导致，仍然有待商榷。显而易见，深层次的结构性不平等在实行民主的 20 年里无法得以解决，公众对这一问题的看法仍然存在分歧。

---

① 该指数是几个变量的综合得分，包括住房类型、获得不同技术和其他生活方式变量。

从这场辩论的诸多方面均可看到种族分歧。首先，问题是在和解进程中，贫穷和经济不平等是否被视为应优先关注的问题。

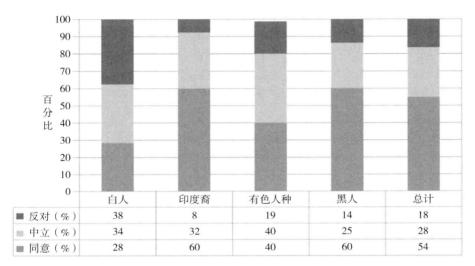

	白人	印度裔	有色人种	黑人	总计
反对（％）	38	8	19	14	18
中立（％）	34	32	40	25	28
同意（％）	28	60	40	60	54

图 5　只要种族隔离下弱势群体依旧贫穷，就无法实现和解，依据种族划分，2013 年

注：由于四舍五入取整，总计百分比之和不等于100%。

资料来源：作者对 2013 年《南非和解晴雨表》调查的分析。

图 5 显示，只要在种族隔离下弱势群体依旧贫穷，公众通常就会认为南非和解是不可能的，但当这些数据按种族划分时，却有很大差异。把消除贫穷作为首要政策似乎不是一个共同目标，至少与解决种族隔离遗留问题无关。

这场辩论的第二个方面是人们察觉出的种族隔离和当今不平等之间的关联。目前的不平等是历史遗留问题已成共识？还是民主政府的政策引发的新难题？从根本上来说，谁该为新南非持续的不平等背锅？

种族歧视最显著的遗留问题之一是南非白人和黑人在教育机会、教育质量和教育成就方面存在着巨大差距。Johnson（2014）提到，在种族隔离盛行之际，白人学生平均获得的政府资助金额是黑人学生的 9 倍。后种族隔离补偿政策不大可能对大多数在种族隔离时期受教育的人产生深远影响。当南非人被问及现在的收入差异是否因为白人在种族隔离制度下接受了更好的教育时，他们的意见总体上一致，而且随着时间的推移一直保持一致（总体超过80%，见图6）。

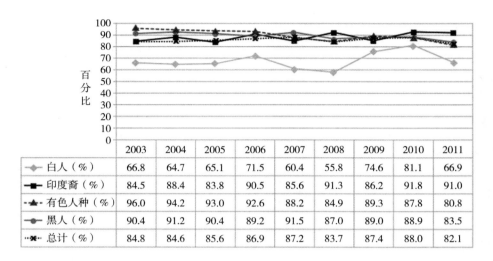

	2003	2004	2005	2006	2007	2008	2009	2010	2011
白人（%）	66.8	64.7	65.1	71.5	60.4	55.8	74.6	81.1	66.9
印度裔（%）	84.5	88.4	83.8	90.5	85.6	91.3	86.2	91.8	91.0
有色人种（%）	96.0	94.2	93.0	92.6	88.2	84.9	89.3	87.8	80.8
黑人（%）	90.4	91.2	90.4	89.2	91.5	87.0	89.0	88.9	83.5
总计（%）	84.8	84.6	85.6	86.9	87.2	83.7	87.4	88.0	82.1

图6　南非当前收入差异之大源于过去黑人和白人受教育程度不同，依据种族划分，2003—2011年（赞同所占百分比）

资料来源：作者对《南非和解晴雨表》2003年至2011年调查的分析。

　　按种族分列时，印度裔、有色人种和南非黑人的数据相当稳定（高于80%），而认同当今不平等与种族隔离下受教育机会的差别有关的白人比例则明显较低，且各不相同（56%—81%不等）。这些结果表明，被调查者一致认为，种族隔离教育制度具有歧视性，并导致不平等的遗留问题。显然，白人难以否认也难以接受这一基本事实。波动的认同水平或许反映了人们对承认即使明显正确的事件的抵触。确证这一事实实质上是承认白人从种族隔离中不劳而获的特权。[①] 大多数南非人却认为种族隔离下存在教育歧视的事实，但在解决不平等、扶贫和种族补偿方面是否取得了进展仍存在分歧。

　　过去20年里，有关不平等程度的官方统计数据描绘了一幅黯淡的南非景象。基尼系数（衡量贫富不均的程度）的变化表明，1994年以后，收入不平等现象呈上升趋势，从2000年的0.70增加到2005年的0.72

---

　　① 然而，2014年司法与和解研究所和解晴雨表报告显示，当南非白人被问及是否同意"种族隔离导致当今许多南非黑人贫困"的说法时，往往持更加消极的观点。

和 2009 年的 0. 70（DPME 2014：29）。然而，这已被社会发展补助（养老金、儿童补助金等）的广泛覆盖范围所抵消，这对最贫困的家庭产生了直接影响。然而，公众对不平等的感知却是另外一幅图景。

表 2 显示，2007—2013 年，同意 1994 年以来贫富差距有所改善的南非人数呈上升趋势。① 2007 年，24. 8% 的人认为贫富差距有所改善，而 2013 年这一数字攀升至 30. 8%。按种族分析，这一增长似乎完全由黑人的积极判断所致，而有色人种、印度裔和白人在 2013 年的判断则更为消极。虽然事实（基尼系数）基本上未有变化，但认为不平等现象是严重的国家问题的观点日益增多。黑人做出更积极的判断或许是拓宽获得社会补助金途径所产生的改善效果。

表 2　　　　自 1994 年以来，贫富差距是有所改善还是保持不变？

依据种族划分，2007 年和 2013 年　　　　　　（单位：%）

种族	2007		2013	
	有所提高	保持不变	有所提高	保持不变
白人	20. 5	37. 4	19. 6	27. 9
印度裔	34. 8	30. 4	27. 9	35. 1
有色人种	19. 8	31. 2	14. 1	33. 4
黑人	25. 7	35. 2	35. 1	31. 2
总计	24. 8	34. 8	30. 8	31. 0

资料来源：作者对《南非和解晴雨表》2007 年到 2013 年调查结果分析。

表 3　　　黑人经济振兴法案（Black Economic Empowerment，BEE）于

黑人参与经济而言有效，依据种族划分，2012 年　　　（单位：%）

种族	同意	不确定	不同意
白人	37	39	24
印度裔	45	29	25
有色人种	43	41	17
黑人	58	25	18
总计	54	28	18

资料来源：作者对《南非和解晴雨表》2012 年调查结果分析。

---

① 和解晴雨表仅在 2007 年开始跟踪这一数据。

同样，表3也显示一个或许出人意料的共识。2012年，约54%的南非人同意，黑人经济振兴法案（BEE）是确保更多黑人参与经济的有效政策。尽管南非黑人中认同率最高（58%），但在所有种族群体中同意这一声明的南非人数多于不同意者。

对严重侵犯人权的补救

如上所述，南非的和解具有基本的社会经济维度，掩盖了社会中严重的种族分歧。然而，真相与和解委员会的工作仅侧重于过去种族隔离的一个特定领域：严重侵犯人权行为。委员会的工作范围涉及谋杀、谋杀未遂、酷刑和严重虐待。这些十恶不赦的罪行被曝光并成为追究个人责任和指导补救的重点。

真相与和解委员会拥有调查真相和揭露侵权行为的重大权力，但其以起诉和赔偿形式直接伸张正义的能力受到严重限制。首先，根据法律（根据《宪法》的要求），委员会的责任是给予大赦，换取充分揭露罪行。第二，委员会无权对拒绝申请大赦或拒绝大赦的人提起法律诉讼。第三，委员会仅有权就受害者的赔偿问题向国家提出建议，而且直接援助受害者的资源非常有限。

由于真相委员会被赋予的权力有限，最终导致国家未能有效解决转型正义问题。严重侵犯人权行为的受害者仅得到3万兰特①（约为真相委员会建议的赔偿额的四分之一）的小额一次性赔偿，而且没有受到委员会提议的诸如教育补助金和医疗援助等其他措施的援助。刑事问责也未曾落实，真相与和解委员会向国家检察机关（National Prosecuting Authority，NPA）提交了300件可供起诉的案件，但其中仅有少数案件能上法庭［《商报现场报道》（*Business Day Live*），2015年5月22日］。最近的一起案件是1989年被国家宣判缓刑的前警察部长阿德里安·弗拉克（Adriaan Vlok）伙同其四位同事蓄意谋杀直言批评种族隔离的南非教会理事会（South African Council of Churches）秘书长弗兰克·奇凯恩（Frank Chikane）牧师的案件。此外，国家努力赦免那些在种族隔离期间犯虐待罪者，其中一些被真相与和解委员会的赦免拒之门外。

总体上，种族隔离期间严重侵犯人权的肇事者和受害者在南非总人

———————
① 2016年约等于2120美元。

口中所占比例相对较小：真相与和解委员会查明约有 17000 名受害者，如前所述，有 300 起案件移交至国家检察机关（NPA）。但是这些案件在国家叙述中的象征意义却意味深远。通过查明和分别标注种族隔离罪行的受害者和肇事者，并在公开听证会期间在国家舞台上讲述他们的故事概貌，进而移交司法和诉讼具有特定的象征意义。此外，这些案件为国家提供了一个以透明、公正和负责的方式处理侵犯人权案件的良机。

公众如何看待种族隔离侵犯人权的遗留问题？又如何看待国家在解决悬而未决的正义问题时所履行的责任？《南非和解晴雨表》的调查结果为这一问题提供了一些重要的卓识远见。

被问及政府是否应该为种族隔离制度下侵犯人权行为的受害者提供支持时，调查结果再次反映了种族间的差异（图7）。2013 年，仅约三分之一（34%）的南非白人同意政府应支持侵犯人权的受害者，而黑人和印度裔南非人的支持率约三分之二。真相与和解委员会试图使人对受害者的苦难产生恻隐之心，并将这种同情转化为实质性的补救措施，但南非白人似乎并未因此而触动。

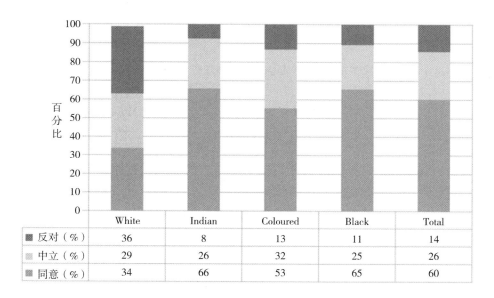

	White	Indian	Coloured	Black	Total
反对（%）	36	8	13	11	14
中立（%）	29	26	32	25	26
同意（%）	34	66	53	65	60

图7　政府应该支持受害者吗？依据种族划分，2013 年

注：由于四舍五入取整，百分比之和不等于一百。

资料来源：作者对《南非和解晴雨表》2013 年调查数据的分析。

《南非和解晴雨表》的调查结果显示，就"政府已经做了足够的工作起诉种族隔离罪行的肇事者"这一陈述，不同种族表现出较高的一致性（图8）。2011年，南非黑人、白人、有色人种和印度裔间的认同率在48%—61%之间波动。这似乎表明南非人可能认为真相与和解委员会的工作充分解决了追究种族隔离肇事者责任的问题。

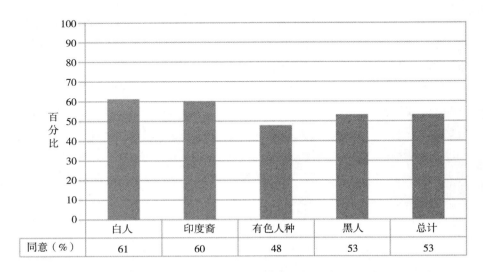

	白人	印度裔	有色人种	黑人	总计
同意（%）	61	60	48	53	53

图8 政府已做了充分的工作起诉种族隔离罪行的实施者，依据种族划分，2011年（赞同所占百分比）

资料来源：作者对《南非和解晴雨表》2013年调查数据的分析。

2011年的《南非和解晴雨表》还询问是否应该释放在真相与和解委员会期间没有供认种族隔离罪行的肇事者。南非黑人和印度裔不大可能支持释放施罪者，而白人则赞成赦免。

不平等背景下的和解

上一节触及真相与和解委员会的持久影响，以及公众对委员会影响的认识。本节重点讨论南非人如何看待该国在解决和解问题上的总体进展。真相与和解委员会或许对此认识产生了间接影响，但充其量可被视为为进一步干预提供工具奠定基础和和解话语。

2011 年，约半数南非人称在生活中经历过和解，这一结果较为温和。然而，倘若没有真相与和解委员会，我们仅能推测。他们的亲朋好友经历和解的百分比总体相似。然而，图 9 显示，个人是否感觉亲历过和解，与对亲友是否经历和解的认识比较来看，不同种族存在着较大差异。不同受访者（或许不同的种族群体）对和解经历的解释只能靠猜测。此种经历或许包括人际互动或政治象征性的过程或事件。对同一事件的描述可能会因人而异（一千个人眼里有一千个哈姆雷特）。虽然如此，南非白人和黑人之间的悬殊，尤其是个体就和解经验而言的悬殊，引发了一些关注。56% 的南非黑人承认他们亲历过和解，但仅 34% 的南非白人表达了同样的看法。

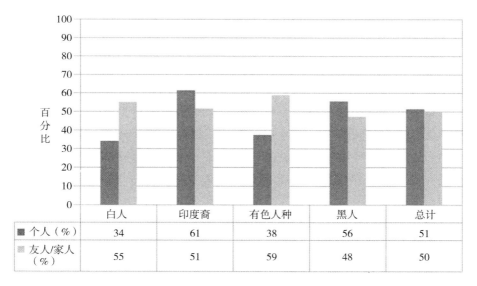

	白人	印度裔	有色人种	黑人	总计
■ 个人（%）	34	61	38	56	51
▨ 友人/家人（%）	55	51	59	48	50

图 9　个人和亲友经历的和解过程，以种族划分，2011 年（赞同所占百分比）
资料来源：作者对《南非和解晴雨表》2011 年调查数据的分析。

图 10 显示南非人对南非和解的看法。约 65% 受访者认为，自种族隔离结束以来，和解取得了进展，所有种族群体（甚至白人）的认同率接近 50%。

和解取得的进展不能完全归因于真相与和解委员会。事实上，随着

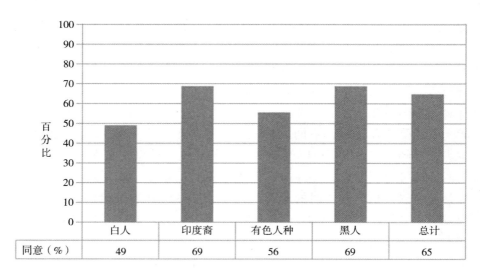

图10 自种族隔离结束以来，南非在和解方面已取得进展，
以种族划分（赞同所占百分比）

资料来源：作者对《南非和解晴雨表》2011年调查数据的分析。

委员会本身逐渐成为历史，持续的社会变革进程中其他因素和事件在塑造和解观念中变得愈发重要。尽管真相与和解委员会象征着该国将和解政治置于优先地位，但目前紧张的政治局势和分裂的经济却对和解话语形成反击，或至少对该项目产生了严重怀疑。和解目标仍然转瞬即逝，似乎是随着南非国际运动队的命运，而非民主国家的政治成就而起伏。这也许是植根于大多数南非人心中的愿望，时而被滋养，时而被践踏。

记忆与认同

如前所述，就种族而言，南非人对过去、现在、未来极具纷争。对建立国家认同感需要什么关于这个问题争论不休。民族认同是否建立在对过去共同记忆之上？是否建立在对一套共同的国家符号和机构的承诺之上？抑或一组共同的价值观？鉴于上述种族分歧，目前尚不清楚何物方能增强民族凝聚力。

证据表明，对过去的看法是按种族划分的（图1—图4），因此没有一个能够将南非人作为整体团结起来的共同记忆。正如金·威尔（Kim Wale）写到，记忆和民族身份密切相关。她指出，"对过去意义的对话可能……为塑造共同的南非身份奠定基础，这一身份基于参与，而非否认，种族隔离的历史及其对现在的影响"［《商报现场》2014 年 12 月 4 日］①。这些研究结果使我们倍加关注共同记忆的存在（或者不存在）。这反过来又对我们需要采取什么行动修复过去的认识产生重要影响。最令人不安的是，这些观点因种族不同而不同。种族分界线的持续存在提出了一个创造或巩固民族认同、取代种族隔离的种族和族裔分类的严重问题。

2013 年，受访者被问及南非人的原始认同时，23% 的人回答说这基于他们的第一语言，其次是人种（13%）、族裔（11%），最后是南非国籍（7%）（图 11）。虽然 2009 年与南非认同的主要联系到达峰值，占 14%，但随后几年这样回答问题的受访者所占的百分比却稳步下降。因此，强烈的民族认同作为国家统一的基石似乎仍然难以捉摸。

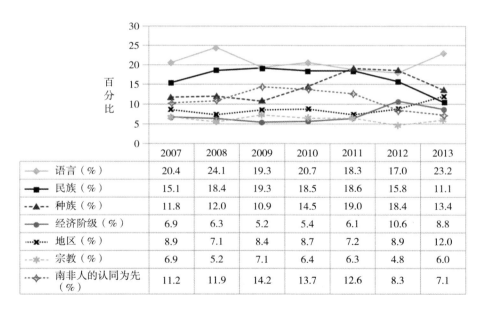

	2007	2008	2009	2010	2011	2012	2013
语言（%）	20.4	24.1	19.3	20.7	18.3	17.0	23.2
民族（%）	15.1	18.4	19.3	18.5	18.6	15.8	11.1
种族（%）	11.8	12.0	10.9	14.5	19.0	18.4	13.4
经济阶级（%）	6.9	6.3	5.2	5.4	6.1	10.6	8.8
地区（%）	8.9	7.1	8.4	8.7	7.2	8.9	12.0
宗教（%）	6.9	5.2	7.1	6.4	6.3	4.8	6.0
南非人的认同为先（%）	11.2	11.9	14.2	13.7	12.6	8.3	7.1

图 11　主要认同联系，2007 年至 2013 年

资料来源：作者对《南非和解晴雨表》2007—2013 年调查数据的分析。

---

① 《我们必须记住过去才能完全和解》，刊登日期：2016 年 9 月，网址：www. bdlive. co. za/opinion/2014/12/04/ we-must-remember-the-past-to-fully-reconcile。

虽然民族认同感没有预期的那样强烈，无法形成持久的民主，但其他形式的高度认同并不一定与民族认同产生直接矛盾。受访者可能强烈认同自己的主要语言群体身份和国籍。目前民族认同关联度水平较低，或许表明亚群体认同程度更强，而不是民族认同关联度降低。民族认同的实质也需谨慎对待。强烈的民族认同或许产生排他性——一种一致对外的统一战线的态度。南非在后 1994 时期的仇外历史可能是此种排他性民族主义的表现。从这个意义上说，即使是民主的南非产生了民族认同，也不能简单地看作是进步。

能否预测未来？

本文进行的数据分析并非意在说明未来趋势。此外，公众舆论的回顾性变化似乎呈现出渐进、试探性变化，这种变化与 20 年民主时期的具体政治、社会或其他变化没有明显联系。意识形态界限模糊，政党内部动荡不定，在处理过去的种族隔离问题上，政治纲领并未发生根本性改变。经济自由斗士党（Economic Freedom Fighters）步入政坛，参与选举，呼吁进行更多革命性的变革，解决种族隔离的遗留问题，这为国家辩论提供了一个潜在的新轨迹。

然而，非洲人国民大会百折不回的斗争传统，及其对选民的弹性控制，是一种以静制动的力量，这很可能限制南非在如何应对历史问题的政策转变机会（除非非国大发生重大的内部变革）。政治和代际更迭或许是促使国家转变如何面对历史问题的关键。在拉丁美洲，特别是阿根廷和智利，各种政治力量耗费 20 余载才充分实现转变，才将独裁者和相关罪行的肇事者绳之以法。国家对人权原则的新承诺、军队和司法部门的代际更迭，受害者和人权组织永不言弃的承诺，使沉睡多年的过去重回国家舞台。

在几个世纪以来的殖民和种族隔离压迫和各种形式的人权侵犯背景下，随着新的窗口为受害者声称权利和政治机会主义者利用未议决的主张谋取私利而开启，种族隔离遗留问题可能会在不同时期复活。

结　　论

真相与和解委员会在南非推广了和解概念，但似乎未能澄清和解的含义和为未来制定明确的共同议程。委员会一方面将和解的意义个性化，将和解与个人的同情与宽恕过程相关联；同时寻求和解与社会正义和经济赋权问题之间的联系。这一信息似乎在政治姿态、受害者的高调报道、媒体辩论以及个体的残忍或宽恕特定行为的关注中被淹没。最终，受害者和肇事者的个人故事、骇人听闻的虐待事件的曝光，以及对真相的政治斗争，形成了一种极不平衡的和解语言——与宽恕思想紧密相连的语言，这使南非公众对到底应该遗忘什么、铭记什么、引向"彩虹之国"的将是一条什么样的道路更加困惑。

参考文献

DPME（Department of Planning，Monitoring and Evaluation）（2014）*Development Indicators* 2014. Accessed September 2016，www. thepresidency-dpme. gov. za/news/Documents/ DEVELOPMENT％ 20INDICATORS1％ 202014％20FOR％20WEB. pdf.

Hamber B（1998）*Who Pays for Peace？ Implications of the Negotiated Settlement for Reconciliation，Transformation and Violence in a Post-apartheid South Africa.* Public Lecture at the Annual General Meeting of the Catholic Institute for International Relations，London Voluntary Sector Resource Centre，30 October. Accessed September 2016，www. csvr. org. za/index. php/publications/1709-who-pays0for-peace-implications-of-the-negotiated-settlement-for-reconciliation-transformation-and-violence-in-a-post-apartheid-south-africa. html.

Johnson A（2014）*Inventing the Nation：South Africa.* London：Bloomsbury Academic.

Lombard K（2003）*Revisiting Reconciliation：The People's View.* Research Report of the Reconciliation Barometer Exploratory Survey. Cape Town：Institute for Justice and Reconciliation. Accessed September 2016，sabarometerblog. files. wordpress. com /2009/09/ exploratory-survey-report. pdf.

Maharaj M（2008）*The ANC and South Africa's Negotiated Transition to Democracy and Peace.* Berghof Transitions Series No. 2. Berlin：Berghof Research Centre for Constructive Conflict Management. Accessed September 2016, www. berghof-foundation. org/fileadmin /redaktion/ Publications/Papers/Transitions_ Series/ transitions_ anc. pdf.

Theissen G (1999) *Common Past, Divided Truth: The Truth and Reconciliation Commission in South African Public Opinion*. Paper presented at a workshop on Legal Institutions and Collective Memories. Accessed September 2016, wiredspace. wits. ac. za/bitstream/ handle/10539/8099/HWS-410. pdf ? sequence = 1.

Theissen G (2009) Object of Trust and Hatred: Public Attitudes Toward the TRC. In A Chapman & H van der Merwe (Eds.) *Truth and Reconciliation in South Africa: Did the TRC Deliver?* Philadelphia, PA: University of Pennsylvania Press.

Theissen G & Hamber B (1998) *A State of Denial: White South Africans' Attitudes to the Truth and Reconciliation Commission*. Accessed September 2016, www. csvr. org. za /wits/articles/ artgtbh. htm.

南非与卢旺达和解晴雨表对比

科里·维纶加（Cori Wielenga）

　　和解、转型正义和愈合进程是全球议程的重要议题，但如何衡量这些进程的有效性问题仍然充满挑战（Brouneus 2007）。总部设在南非开普敦的司法与和解研究所（IJR），开展了一项衡量该国关于和解公众舆论的调查。《南非和解晴雨表》在 2003 年至 2014 年间开展年度调查，衡量人民对南非和解进展的看法。2010 年，卢旺达也制定并实施了和解晴雨表。

　　《卢旺达和解晴雨表》（The Rwandan Reconciliation Barometer，RRB）由民族团结与和解委员会（National Unity and Reconciliation Commission，NURC）与司法与和解研究所、卢旺达地方非政府组织（Nongovernmental Organisation，NGO），和解与对话促进和平研究所（Institute for Reconciliation and Dialogue for Peace，IRDP）协同发起实施。民族团结与和解委员会（NURC）是 1999 年成立的政府机构，是第一批受宪法保护的常设机构之一，其具体任务是促进国家和解进程。

　　《南非和解晴雨表》源于南非真相与和解委员会，正如本章将讨论的内容，它是在社会政治和和解是如何被概念化的特殊背景下发展起来的。卢旺达在制定《卢旺达和解晴雨表》时，这一点尤为明显。无论是在公共场所还是在官方政府和民族团结与和解委员会（NURC）语境内，《卢旺达和解晴雨表》对和解有着截然不同的观点。真相与和解委员会和南非政府以及民族团结与和解委员会和卢旺达政府对和解概念化方式上的差异在晴雨表文书中显而易见。

　　两个晴雨表之间使用的指标因情形而异，因此对其结果无法进行直接比较。相反，本章探讨了不同的情境以便深入了解《卢旺达和解晴雨表》如何、为什么适应卢旺达语境，以及对每一种和解情形的调查结果，这一探索有助于展开对和解是否可以衡量的辩论，以及和解晴雨表如何增强我们对国家和解进程的认识。

南非和卢旺达的背景

在种族隔离的南非，18000 人被杀害，80000 名国家反对者被拘留，其中 6000 人遭受酷刑（Graybill 2004：1117）。结构性暴力存在于社会各个领域，政策和法律导致数百万人由于族裔变得惨绝人寰。真相与和解委员会的成立旨在调查南非 1960—1994 年的人权践踏行为，赦免个人，换取充分披露其过去的罪行。在林恩·格雷比尔（Lyn Graybill）看来，委员会的任务是"尽可能全面描述这一时期发生的人权侵犯行为，重点关注'杀害、绑架、酷刑或严重虐待'的严重侵犯人权行为"（2004：1117）。7000 人申请赦免，大约有 16% 的案件获准；20000 人希望在真相与和解委员会中作证，但只有十分之一最终作证。但是，真相与和解委员会的程序不是为了听取所有涉及种族隔离的人的声音，而是为所有南非人提供认识所发生事件复杂性的机会（Villa-Vicencio 2000），优先考虑那些从未讲述其经历，尤其是那些极度受创的人。

真相与和解委员会程序最终形成了一份七卷本的报告，记录了数千个故事（Foster 2006）。但是委员会的工作并没有随着听证会的结束而告终。在 2003 年向时任总统塔博·姆贝基（Thabo Mbeki）提交最后报告后，议会商定了一揽子赔偿方案，其中包括对个人的赔偿、修建纪念碑和奋斗象征、社区重建以及向受害者及其家属提供医疗和教育福利（Foster 2006）。

真相与和解委员会同时遭到诟病和褒扬。委员会因涵盖了重要的公众辩论、获得广泛的媒体宣传以及实现过程的地方所有权而得到广泛认可（Boraine，Levy&amp；Scheffer，1997），但同时因未能达到建立之初时提出的期望，批评的声音也此起彼伏（Van der Merwe 1999）。特里斯坦·安妮·伯勒（Tristan Anne Borer 2004）认为，这是因为真相与和解委员会未能促进愈合和宽恕。也有人认为，委员会利用个人作为国家政治进程中的"棋子"（Hamber，Nageng & O'Malley 2000）。

1994 年 4 月，即南非人民欢庆种族隔离后第一次民主选举投票的同一个月，近 100 万图西族人（Tutsi）和政治温和派胡图族人（Hutu）在种族灭绝中丧生。在此之前，卢旺达历史上多次发生胡图族和图西族之间的暴力事件，数千名卢旺达人被杀害。1994 年以后，刚果民主共和国大约有 200 万难民死亡，其中大多数是胡图人（Pottier 2002）。

1994 年的卢旺达大屠杀在由图西族流亡者组成的称为卢旺达爱国阵线（RPF）的军事组织推翻了政府并接管了该国的权力之时才告终。但那时，卢旺达的资源已经被洗劫一空。政府金库空空如也，几乎每个卢旺达人要么在国内流离失所，要么流落他乡（Prunier 1995）。当时没有司法系统，新政府不得不从头开始重建国家，而数十万被指控犯有种族灭绝罪的人锒铛入狱，监狱人满为患，画地为牢（Khan 2000）。

作为回应，政府求助于卢旺达传统的司法系统"gacaca"（意思是"在草地上"），通过该系统，100 多万人在其社区接受审判，由德高望重的地方领导人担任法官（Molenaar 2005）。除了努力从种族灭绝的废墟中拼凑出一个运转良好的社会之外，政府的主要优先事项之一是打击激励如此众多的普通卢旺达民众参与种族灭绝的强大意识形态（Molenaar 2005）。

全国团结与和解委员会（NURC）是负责卢旺达和解的主要机构。它的任务是通过教育、研究、出版物和社区对话"编制和协调促进民族团结与和解的国家方案"（IJR 2005）。与南非真相与和解委员会一样，全国和解委员会因其在和解进程中所扮演的角色而受到批评和赞扬。支持者赞扬其在社区中采取的全面和持续的做法，而反对者则认为，这种做法建立在一个错误的前提下，即可以通过否认群族性形成统一的卢旺达同一性（Clark 2010）。

和解的定义与衡量

正如鲍尔（Borer 2004）在一次关于南非和解的讨论中所说的，如果提问者对和解的理解方式不明确，那么"南非人和解了吗？"这一问题就毫无意义。同样，除非我们清楚地了解晴雨表所依据的和解概念，否则晴雨表无法衡量卢旺达人或南非人和解的程度。

每一期《南非和解晴雨表》（SARB）年度报告以及《卢旺达和解晴雨表》（RRB）报告均探讨和解的定义，描述了界定和衡量这一概念的难度。《卢旺达和解晴雨表》报告指出，"尽管人们对于和解的必要性和渴望有着强烈的共识，但学术界对它的定义却鲜有共识，这使在卢旺达这样的社会中衡量和解之任务更加复杂"（NURC 2011：14）。

　　大卫·克罗克（David Crocker 1999）认为，和解的各种定义可以从"薄"、微言/极简主义/最低纲领主义概念到"稍厚"或最高纲领主义来理解。"薄"定义认为和解仅仅是和平共处，或者，正如路易斯·克里斯伯格（Louis Kriesberg）（2001：48）所言，"经历过压迫性关系或破坏性冲突的各方为了达到或恢复他们认为最低限度可接受的关系而采取的步骤"。相比之下，约翰·莱德拉赫（1997：26）的定义将冲突各方的人相互交往描述为"人际关系中的人"，并通过愈合和宽恕弥合破裂的关系。

　　这种定义序列有益处，但也存在问题，因为它对人际和解和民族和解、或者对和解的法律、心理或政治理解未能进行区分。例如，安德鲁·夏普（Andrew Schaap）（2003）提出，对和解的神学理解将涉及通过认罪和宽恕来恢复社区。在国家政治层面上，和解完全是另外一幅图景。其他学者认为，民族和解是在公民之中和公民与国家机构之间建立信任（Bosire 2006；De Greiff 2008；Govier&amp；Verwoerd 2002），或国家建设和社会凝聚力（Wilson 2003），与人际和解截然不同（Doxtader 2003；Schaap 2003）。

　　司法与和解研究所在制定《南非和解晴雨表》及其指标时所采用的和解定义在很大程度上借鉴了真相与和解委员会（TRC）本身以及 James Gibson 的论著。[①] Gibson（2004：4）认为，和解可以从"至少四个具体的、甚至可能是独立的子概念"来研究，这些子概念影响了为衡量有关和解的公众舆论而制定的指标，这些指标包括种族间和解、群际信任、摒弃旧习、政治容忍、支持人权原则（抽象和适用）和承认与接受民主南非的政治机构。通过采用 Crocker 的"和解谱"（spectrum of reconciliation），我发觉真相与和解委员会的和解话语要比 Gibson 的概念化"更扎实"（Bloomfield，Barnes & amp；Huyse 2003；Doxtader 2003；Govier & amp；Verwoard 2002；Schaap 2003）。研究和解的另一个途径是 Gibson 的

---

　　① Gibson 是司法与和解研究所的协理人，对《南非和解晴雨表》发展做出了实质性贡献。晴雨表作为纵向调查，保留了许多原始指标，以衡量随着时间的推移而发生的变化。2015 年重新设计更新了《南非和解晴雨表》调查。

社会政治路向，而真相与和解委员会则更侧重精神宗教特性。

《南非和解晴雨表》和《卢旺达和解晴雨表》的报告均提及 Rose-mary Nagy。Nagy（2002：324）援引南非《临时宪法》的说法并写道："支撑真相与和解委员会在后种族隔离下南非和解方法的原则包括要'理解而非报复''补偿而非反击'和'乌班图（ubuntu）而非伤害'。和解进程被视作恢复性司法形式，将犯罪者、受害者和广大公众聚集在一起，目的是纠正不平衡，通过愈合、协调与和解恢复破裂的关系。"（Nagy 2002：324）对和解的这一定义反映了已故前总统纳尔逊·曼德拉（Nelson Mandela）和名誉大主教德斯蒙德·图图（Desmond Tutu）等知名公众人物在后种族隔离时期下的南非（Graybill 2004）占主导地位的和解话语。

然而，对和解的如此理解并非毫无争议。许多学者含蓄地指出，维持国家政治和解进程"过于华丽"、神圣严正、雾里看花、踌躇满志（Van der Merwe 1999）。学者们认为，对和解的人际理解与民族和解进程混为一谈、宗教与政治混为一谈，使人们对政府和国家进程能够实现的目标产生了不切实际的期望（Hamber，Nageng & O'Malley 2000；Van der Merwe 1999；Wilson 2001）。两个晴雨表的薄弱之处或许是缺乏区分和解的单一性和复杂性的维度，以及对人际和国家进程之间的区分①。两个晴雨表均承认此类局限性，《卢旺达和解晴雨表》报告特别描述了其自身的缺点，譬如："为了可测性需要，过度简化和解进程的某些维度，仅关注这一复杂和多维概念的精挑点……冒简化论之险。"（NURC 2011：21）报告显示，该研究结果是"浮光掠影"，而非长久趋势。

引人注目的是，尽管在和解定义上缺乏共识，但《南非和解晴雨表》和《卢旺达和解晴雨表》均强调衡量和解的必要性，特别是因为这些数据裨益于政策决策和社会行动（Borer 2004；Nagy 2002）。在由司法与和解研究所与《南非和解晴雨表》共同开展的一次性专家调查中，参与者特别强调了衡量和解对政策制定者和指导直接社会行动的价值，以及作为查明社会和政治不稳定根源和防止未来侵犯人权行为手段的价值（Lefko-Everett，Lekalake，Penfold & Rais 2010）。

---

① Borer（2004）在和解相关文献中将其描述为一个问题，特别是在试图评估真相与和解委员会的成功时。

正如我在本章所讨论的，我赞成以下看法，尽管和解仍然是一个形而上、模棱两可的术语，且各自的工具存在诸多局限性，但此类舆论数据为深入研究和辩论与对话创造了基础和出发点。

南非和卢旺达两国各自的和解

如《南非和解晴雨表》2010 年报告所述，晴雨表项目定位于真相与和解委员会的成就、成果和建议之中，并落实委员会的建议，即民间社会应与政府一道积极致力于建设"没有种族主义、仇外心理和相关偏狭现象的社会"（Lefko-Everett et al. 2010：9）。其目的是衡量"公民对政治和社会经济转型的态度以及这些态度对后种族隔离南非的民族团结与和解的影响"（2010：9）。晴雨表项目于 2003 年首次实施，最初两年每半年进行一次，之后每年进行一次。2010 年报告称，晴雨表已经"成为跟踪社会政治趋势的重要资源，被决策者、学者和研究人员以及民间社会组织采用"（2010：9）。

《卢旺达和解晴雨表》发轫于 2010 年，该项目以为卢旺达可比和解晴雨表为前提，但它根据该国的具体国情进行了调整，并与民族团结与和解委员会的工作相一致。项目包括民族团结与和解委员会用来指导卢旺达"统一与和解进程"的原则（NURC 2011：17 - 18）：提升"卢旺达认同精神"，将国家利益置于首位，打击种族灭绝及其意识形态，促进国家建设中的相互依存和协同作用，努力实现自我决策和对工作的热情；最后，"努力治愈彼此的身心创伤，同时建立未来的基于讲真话、忏悔和宽恕的人际信任"。《卢旺达和解晴雨表》的宗旨是"让全国和解委员会能够就该国民族和解方案的成果和缺陷征求意见，并充当社会摩擦潜在来源的预警系统"（2011：17 - 18）。与南非不同，司法与和解研究所不发布晴雨表报告，而是与和解与对话促进和平研究所一同担任顾问。民族团结与和解委员会（NURC）在收集数据一年后于 2011 年 10 月独立发布晴雨表报告，旨在使《卢旺达和解晴雨表》每两年实施一次，尽管自 2010 年以来未曾进行过任何调查。

这揭示了两个晴雨表的产生背景截然不同。《南非和解晴雨表》源自为推进真相与和解委员会的工作而设立的非政府组织，而《卢旺达和解晴雨表》则源自民族团结与和解委员会本身。尽管表面上与司法与和解研究所的理论和意识形态基础相同，但《卢旺达和解晴雨表》采取了不同的形式，其本身揭示了南非和卢旺达两国在民族和解方面采取的不同做法。

《南非和解晴雨表》将南非通过真相与和解委员会进程所体现的和解方式描述为"从根本上强调讲真话的重要性，强调宽恕和大赦的价值，以充分、诚实披露暴行，以此承认过去，同时规划一个共同的未来和统一的国家"（Lefko-Everett et al. 2010：9）。相比之下，民族团结与和解委员会将和解定义为

> 具有共同国籍，享有共同文化和平等权利的公民共识实践；公民以信任，宽容，尊重，平等，互补/依存，真诚，互相愈合历史创伤为特性，以为可持续发展奠定基础为目标。（2007：6-7）

南非强调宽恕与供认，国家人权委员会则采用更加以公民身份为导向的话语，指的是共识实践、信任、平等权利，等等。

1994年后，南非的核心问题关系到纠正种族隔离错误、增强脆弱的种族关系、在种族隔离施害者和受害者之间共享权力的背景下重建一个分崩离析、摇摇欲坠的国家。每一个转折点都需要精心的战略部署和磋商（Tutu 2000）。这一现实，加上图图将所有南非人都视为受伤者且需要疗愈的包容性言论，意味着绝大多数南非人从未被明确确定为种族隔离的"受害者"或"施害者"。

然而，卢旺达界线分明。卢旺达爱国阵线（Rwandan Patriotic Front，RPF）是在后种族大屠杀时期执政的十足"胜利者"，和解进程伊始就非常清楚谁是施害者，谁是幸存者。1994年后的卢旺达亦着重强调重建一个分崩离析、摇摇欲坠的国家，但同时面临着基础设施和社会制度的礼崩乐坏。卢旺达有别于南非，南非仅有少数人参与直接暴力，而卢旺达则有相当一部分人是种族大屠杀的凶犯，显然，确保此种暴力行径不再发生迫在眉睫。

每个国家的不同背景和领导层采取的不同做法以截然不同的方式塑造不断演变的和解话语。卢旺达和解话语显得单薄一些，侧重于团结而非和解本身（Buckley-Zistel 2006）。事实上，不谈"团结"，"和解"一词也无从谈起。Borer（2004）认为，在解释人际和解和民族和解之间的

差异时，民族和解通常更注重团结，但同时也有成为民族主义，甚至独裁主义者之嫌。她认为，在民族团结实际上是民族主义、独裁计划一部分的情形下，就需要积极消除对团结的威胁。相比之下，民族团结作为和解项目的一部分，涉及容忍、公开辩论、解决冲突等。或许有人会认为，卢旺达更倾向于采用民族主义的独裁方式促进民族团结，而南非则倾向于采用更和解的方式，但这一论断需要足够的实证研究来支持。

《南非和解晴雨表》调查

《南非和解晴雨表》是为衡量随着时间的推移人民对和解的态度而设计的纵向研究（Lefko-Everett et al. 2010）。《南非和解晴雨表》和《卢旺达和解晴雨表》均采用全国人口抽样调查的方法。《南非和解晴雨表》测量工具大约由 100 个问题组成，多数问题使用五点回答量表，每年对大约 2000 名城市人口和 1500 名非城市人口进行调查研究，男女比例均等，采用南非 11 种官方语言中的 6 种语言进行面对面采访。《卢旺达和解晴雨表》采用结构化问卷，对 3000 名成年人以基尼亚卢旺达语（Kinyarwanda）进行面对面访谈，卢旺达语与英语是卢旺达的官方语言，在全国各地通用。采访者与当地领导人一道和通过当地领导确保每两次采访均有一名女性参与。

正如《卢旺达和解晴雨表》所述，值得一提的是，卢旺达国土面积狭小，人口稠密，全国人口约 820 万，而南非则是一个幅员辽阔、约 5000 万人口的国家。《卢旺达和解晴雨表》的报告还提道，"截至 2007 年，仅 18% 的卢旺达人口被联合国定性为城市人口，尽管 2005 年至 2010 年间高达 4.2% 的城市人口增长率远超同期 2.4% 的农村人口增长率"（NURC 2011：22）。而同年南非"城市"人口已达三分之二（SAIRR 2010）。

就南非而言，《南非和解晴雨表》的样本框架基于人口普查区域。随机选择受访者，因此"调查结果能够映射南非人口，总体上与南非成人态度和看法趋势呈镜像关系"（Lefko-Everett et al. 2010：12）。此背景下，由于种族关系是种族隔离分歧的中心，对和解至关重要，因此种族类别的作用不容低估。2010 年，大多数受访者是南非黑人（75.2%），其次为白人（13.4%）、有色人种（8.8%）和印度裔（2.6%）。

卢旺达的情况略显复杂。虽然种族大屠杀和其他历史性冲突的根源可追溯至胡图族（Hutu）和图西族（Tutsi）之间的分裂，但二者操同一种语言、共享同一文化，这些身份类别存在争议。卢旺达身份的历史发展错综复杂，一些卢旺达人极力根据某个特定族裔识别自我，卢旺达政府采取了反对歧视政策，该政策未明确禁止使用族群，但已被许多人如此解读①。这一政策饱受学界和业界的诟病。②

尽管如此，认识衡量卢旺达人对冲突不同方面的意见十分重要，为此，《卢旺达和解晴雨表》在抽样和数据分析中使用了以下类别：

- "大屠杀幸存者"，包括（通常指）图西族；③
- 蒂吉斯特（Tigistes），是指公益劳动（替代监禁）（Travaux d'Interet General，TIG）参与者。蒂吉斯特指为忏悔种族大屠杀罪行④施害者提供社区服务的一种形式。这一类别还包括"施害者亲属"，主要包括胡图族人。
- "旧案难民"，通常指在 20 世纪 50 年代至 70 年代间因种族暴力而成为难民，在卢旺达爱国阵线掌权时，种族大屠杀之后返回卢旺达的图西族人。
- "新案难民"，主要指在种族大屠杀期间和之后成为难民并于 20 世纪 90 年代末返回卢旺达的胡图族人。
- "历史上被边缘化的人"，主要指少数特瓦族人（Twa）。
- 选择不以上述分类识别自我的受访者。

这些类别不一定被用于卢旺达的文学作品或日常用语中，但是大多数卢旺达人或许理解其含义，用来间接称呼历史族群。

《卢旺达和解晴雨表》报告还明确提到，在实地调查中，"受访者通

---

① 2001 年 12 月第 47 号，法律规定对"分裂主义"和宗派主义罪行的惩罚："宗派主义的做法是可能引发人民之间的冲突、争端的任何口头或书面表达的任何分裂行为所犯下的罪行。"（Human Rights Watch 2008）

② 批评卢旺达否认种族者。

③ 2008 年，卢旺达"议会支持对提及'卢旺达种族大屠杀'的法律修正案，在宪法和纪念活动中将其更名为'图西种族灭绝'或'反图西人大屠杀'，尽管宪法一直禁止提及族裔"。

④ 据刑法改革国际（Penal Reform International）报告，蒂吉斯特被安排进入劳工营、重建房屋、为道路采石、加强梯田系统。该地蒂吉斯总数有望在 30 万到 50 万之间，刑法改革国际组织（Penal Reform International 2007）认为，从蒂吉斯特及其家庭的角度来看，或许难以区分这种形式的"社区服务"和监禁，因为蒂吉斯特远离家人，仍在劳工营中从事苦役。

常不愿坦率地回应与种族相关的问题。许多研究参与者告诉田野考察者，对诸如胡图族、图西族或特瓦族族群的指称'目前遭政府禁止'"。在民族团结与和解委员会发布的最终报告（NURC 2011：3）中，一整页专门用粗体字说明以下内容："注意'族群'术语的用法：这一术语被用来指胡图族、图西族和特瓦族，但就科学依据而言，卢旺达的胡图族、图西族和特瓦族并非族群。"这揭示了在和解进程中，至少在某种程度上，涉及历史性族群调和，但正通过努力消除那些族群类别进入和解进程的背景下，和解话语十分困难。①

据上述分类，《卢旺达和解晴雨表》调查中的受访者自我身份识别如下：大屠杀幸存者（16.4%）；蒂吉斯特或施害者亲属（26.7%）；旧案难民（3.2%）；新案难民（19.7%），历史上被边缘化的人（1.0%）。值得注意的是，近三分之一（32.6%）的人选择不归入任何类别。②

《南非和解晴雨表》指标和发现

如前所述，卢旺达和南非的情形大相径庭，因此，两国晴雨表制定了不同的变量和指标——尽管两国晴雨表反映了司法与和解研究所界定和衡量和解的方式。表1比较了2010年实施的《南非和解晴雨表》和《卢旺达和解晴雨表》中的变量和指标。

表1　《南非和解晴雨表》和《卢旺达和解晴雨表》的假设和指标

《南非和解晴雨表》		《卢旺达和解晴雨表》	
假设	指标	假设	指标
人类安全：如果公民不感到受威胁，则更可能彼此和解，置于更大体系之中	人身安全；经济安全；文化安全	人类安全：如果公民（物质，身体和文化方面）感到安全，他们便更愿致力于民族和解进程	人身安全；经济安全；待遇平等/获得机会；一般安全；憧憬明天；言论自由

---

① 本章不讨论把否认种族作为和解和国家建设战略所产生的影响；Ingalaere（2010）和 Buckley Zistel（2006）对此进行了详细讨论。

② 根据《卢旺达和解晴雨表》报告中提供的数据，这里的百分比合计为99.6%，0.4%的人未收入统计。

续表

《南非和解晴雨表》		《卢旺达和解晴雨表》	
假设	指标	假设	指标
政治文化：如果公民认为新系统的机构，领导和文化合法负责，和解便更可能取得进展	法律外行动的正当性；领导的合法性；议会的合法性；遵守法治	政治文化：如果公民认为政治结构，制度，价值观和领导力合法有效，和解便更可能发生	信任公共机构；信任领导；尊重法治和法院
跨部门政治关系：如果公民能够形成跨部门的工作政治关系，和解就更有可能推进	致力于民族团结；承诺多种族政党	公民身份和认同：共同的民族认同感，包容性公民意识，容忍度提高能促进民族和解事业	国家身份；个人身份；国籍；共同的文化价值观
历史对抗：如果公民能够面对和解决历史问题，那么便可能向前看、获得和解	承认种族隔离的不公正；饶恕；复仇降维	了解过去：如果卢旺达人能够面对其历史社会分歧的根源，则更可能实现和解，特别是在种族灭绝期间发现自己处于不同立场者之间时	承认事实；以史明鉴
种族关系：如果不同种族的公民彼此之间的负面看法更少，便更可能形成可行的关系，从而促进和解	异族接触；种族偏见；种族容忍	社会凝聚力：如果卢旺达公民间，尤其是种族灭绝事件的不同方面之间的信任增加，和解更可能发生	社会距离；容忍；信任
对话：如果公民致力于深入对话，和解便更可能有所提高	致力于更多对话	正义转型：如果冲突各方都能经历正义转型，便很可能和解	真相；惩罚；赔偿；饶恕；个人康复

资料来源：Lefko-Everett（2010）；NURC（2011）。

2010 年《南非和解晴雨表》报告描述了司法与和解研究所在 2003 年如何进行探索性研究以了解南非人如何理解和解。这项研究结果被用作"研制《南非和解晴雨表》调查旨在测试的七个主要假设"（Lefko-Everett et al. 2010：11）。到 2004 年，7 个假设被缩减至 6 个，此后一直不变。表 1 显示，这些假设与 Gibson 的四种和解子概念遥相呼应（种族间和解，包含群体间信任和摒弃陈见；政治容忍；支持人权原则；认可与接受民主南非的政治机构），而不是真相与和解委员会使用的丰富的和解语言。这些假设似乎更注重国家、政治和社会方面的和解，并非疗愈人际关系。

如表 1 所示，《卢旺达和解晴雨表》的假设和指标在许多情况下不尽相同。在第一个变量"人类安全"中，南非包括物质、经济和文化安全指标；卢旺达包括"待遇、机会平等""一般安全""憧憬未来"和"言论自由"。"待遇、机会平等"反映了民族团结与和解委员会对结束种族偏袒的重视。人民期望在"政治文化"下找到"言论自由"，原因可能与言论自由在卢旺达是一个极具争议性的问题这一事实有关（Reyntjens 2011）。虽然是猜测，但民族团结与和解委员会或许不希望将"言论自由"作为政治问题加以探讨，因为它可能会对当前的政治政策产生负面影响。

《南非和解晴雨表》在人类安全领域最重要的成果之一是，人民对和解的认识从宽恕转向社会经济平等。在卢旺达，受访者表示物质和经济安全水平相对较高，但《卢旺达和解晴雨表》报告指出，相当一部分受访者认为该国资源分配不公。这表明社会经济因素（以及资源的公平分配）在后冲突国家和解进程中愈发重要，并且对两国国情的研究形成挑战。

尽管南非和卢旺达的概念化有所不同，两个晴雨表均衡量了对"政治文化"维度的看法。《南非和解晴雨表》聚焦和解与民主化之间的关系、民主代理人和机构"合法性和问责制"的重要性，而非政府主导的和解举措本身或者其部分内容（Lefko-Everett et al. 2010：11）。《卢旺达和解晴雨表》未使用"民主"一词，而是聚焦机构"管理社区间普通冲突"和有效、公平、稳定运作的能力（NURC 2011：36）。两个指标均包含人民对公共机构的信任程度。在 Gibson（2004）看来，承认和接受该国的政治机构是国家和解的核心。

《卢旺达和解晴雨表》中，超过 90% 的受访者表示信任政治领导人和政府机构，而《南非和解晴雨表》中，这一数字仅为 58%。粗浅的分析表明，卢旺达人比南非人更信任其国家领导人。然而，如后文所述，这些数据之间的重大差异归于诸多因素。

《南非和解晴雨表》中与跨领域政治关系相关的衡量指标在《卢旺达和解晴雨表》中被"公民身份和认同"所取代。在南非，跨领域政治关系指南非人形成"逾越历史鸿沟的工作政治关系"的能力和包括有关民族团结的态度措施。在卢旺达，公众场合激烈的政治辩论和对立多半会被劝阻，因而，卢旺达共和国审查委员会包括与"共同民族身份"和"共同文化价值"相关的指标。这反映了民族团结与和解委员会对建立统一的卢旺达身份的热切关注，其基本依据是分裂会诱发暴力，团结可能维持和平。调查结果同时表明，卢旺达人在国家和解进程中阔步前行，衡量共同价值观和共同民族身份的各项指标百分比均很高。在南非，尽管《南非和解晴雨表》显示对民族团结的支持程度相对较高，但与跨领域政治关系相关的调查数据则相对较低。

　　《卢旺达和解晴雨表》纳入了"了解过去"的分析，而《南非和解晴雨表》则分析了"历史对抗"。《南非和解晴雨表》之所以如此，是因为南非和解同时涉及特别是南非白人是否认识到并承认种族隔离的不公正。如前所述，在卢旺达，已经就种族大屠杀问题形成了有望所有卢旺达人接受的非常明确的叙述（Molenaar 2005）。所以对民族团结与和解委员会而言，可通过"承认种族大屠杀事实"指标衡量"理解过去"。

　　将《南非和解晴雨表》的"历史对抗"与《卢旺达和解晴雨表》的"正义转型"进行比较，或许更为准确，因为两者均关涉悔恨、宽恕和赔偿问题。然而在南非，《南非和解晴雨表》则是在真相与和解委员会解散几年后成立，《卢旺达和解晴雨表》则是在卢旺达民众法庭（gacaca）活跃时期开展工作，因而正义转型问题成为中心问题。这些变量指标反映卢旺达在国家和解话语中强调对大赦或宽恕所犯罪行的个人罪责。

　　就这些举措和维度而言，《南非和解晴雨表》和《卢旺达和解晴雨表》的结果均表明，虽然大多数受访者认为过去已经得到充分承认（例如，2010 年，87％的《南非和解晴雨表》受访者同意种族隔离是危害人类罪），然而，施害者并未表现出懊悔不已，幸存者也未得到充分补偿。在《卢旺达和解晴雨表》中，特别是那些自称是"种族大屠杀幸存者"的受访者尤其可能认为未能得到充分赔偿。如前所述，这与和解进程中对社会经济问题和资源的公平分配日益关切的问题引起共鸣。

　　在《南非和解晴雨表》中，"种族关系"的衡量侧重于依据种族隔离界定的族群对他人的感知和对和解的直接影响。有趣的是，这项调查并未直接测试人民对陈规旧习或直接经历的态度，而是关注不同种族间的互动程度。值得注目的是，尽管越来越多的受访者反映在工作中和学校常常跨种族互动，但族群间的社交活动仍然很少。2010 年，62% 的受访者称其他族群的生活方式和习俗不可思议。

《卢旺达和解晴雨表》中的"社会凝聚力"指标强调宽容和信任。尽管受访者在讨论种族问题时犹豫不决，但调查问题却出人意料地开门见山，直接触及关于种族歧视的经历。近三分之一的受访者表示，卢旺达人仍然根据种族刻板印象评判对方（NURC 2011）。调查结果还显示，尽管受访者报告说在日常生活中与他人的互动相对舒心，然而种族大屠杀幸存者和旧案难民（主要指图西族人）发现很难信任那些"种族大屠杀期间站在冲突的另一方"。总体来说，相当百分比的受访者回答到，冲突各方之间的关系有所缓和。这些发现似乎与其他文献研究成果相吻合，卢旺达人在工作和社会环境中的积极互动令人欣喜（见 Thomson 2013）。有人认为，这是因为卢旺达大部分乡村地区需要相互依存（Wielenga 2014）[①]。同样与其他文献相一致的是，《卢旺达和解晴雨表》中无所不在的种族刻板印象证实企图完全否认种族并不一定能消除卢旺达人的种族认同（Dorf 2004）。

最后，《南非和解晴雨表》测量了"对话"维度，这一点在《卢旺达和解晴雨表》中被省略，但有"正义转型"项目。在《南非和解晴雨表》中，"对话"措施反映了南非优先为公共领域的辩论声音创造空间，《南非和解晴雨表》注重在不同种族之间就种族问题展开对话，在公共领域进行具体的与种族相关的互动与交流。一些人认为这是对脆弱的种族关系的威胁；另一些人则认为，这些尝试已经将南非人私下的想法公开进行探讨和争辩（Ndlovu-Gatsheni 2011）。2010 年，《南非和解晴雨表》近三分之一（32%）的受访者表示乐于与其他族群谈论与种族相关问题，与往年相比这一数字略有增长。显然，在目前法律背景下，衡量卢旺达人在公共领域谈论种族问题程度的可比变量并不适用。

---

① Thomson（2013）发现，于卢旺达的乡村贫困人口而言，种族并非"个人身份的最突出方面"，强调种族往往出于政治目的、从战略角度出发，并非作为研究内容的一部分，即卢旺达人的现实生活。

讨论与结论

我在本章指出，卢旺达的和解概念强调共识与同一性，而南非的路径则是求同存异。由此看来，《卢旺达和解晴雨表》衡量社会凝聚力、共同价值观和单一民族身份；《南非和解晴雨表》则注重政治文化、族群关系和对话。有趣的是，真相与和解委员会使用的和解话语"较为浓厚"，卢旺达和南非晴雨表均未采用，他们衡量和解"较为单薄"的维度，关注国家层面，而非人际关系。

仅对比百分比就可得出这样的结论：卢旺达和解比南非和解更为"成功"。例如，更高比例的卢旺达人对国家领导力和机构表示信任，绝大多数人对自己目前的状况表示满意。但是，如前所述，对两项研究结果不能直接进行比较，卢旺达百分比相对较高，可能存在以下几个原因。首先，卢旺达人并不习惯此种调查，因创伤和暴力可能使卢旺达处于极度的恐惧之中。从更悲观的角度来看，卢旺达人可能因为存在有关种族与"否认种族大屠杀"言论的严格法律而感到胆怯。

《卢旺达和解晴雨表》报告在讨论实地调查时也提及，当地领导人的出席可能会影响结果。该报告显示，"公民和地方领导人时常对政府规划和政策十分敏感，并参与其中，通过评估奖励表现最佳者"，这意味着"许多地方领导人不愿意其管辖的城镇或村庄被视作有关和解计划的负面舆论发源地"（NURC 2011：27 – 28）。这很有可能造成了卢旺达调查结果虚高。

抛开虚高的数字不谈，本章认为两个晴雨表衡量的并非同一种"和解"。如果和解是求同存同，《卢旺达和解晴雨表》或许做出了正确评估，即卢旺达和解有特定高度。《南非和解晴雨表》则是在评估另一种涉及对话、容忍等的不同的和解。当截然不同的和解语境影响测量工具和最终结果时，如何"计算"？因此，二者的结果无法对比，但的确为了解独特的和解语境提供了真知灼见。

测量工具反映语境的事实可以从正反两方面来解读。一方面可以认为，在不同的语境中应该保持测量工具的一致性；另一方面，和解概念难以界定，且可能由其语境所塑造。因此，衡量和解的方式反映特定语境中人们对和解的认识与和解"实现"方式之间似乎相互关联。倘若在其独特的语境下考量，两个晴雨表对特定现实的映射准确且意义非凡。然而，除了深入理解语境之外，两种结果无法轻而易举地加以比较和引证。特别是在卢旺达，异常高的百分比并不一定意味着卢旺达的和解进程比南非"更好"。事实上，卢旺达未来调查中百分比的下降可能意味着受访者的信任和坦诚程度更高，表明和解过程有所改进。考虑到这些因素，就很难解释和使用《卢旺达和解晴雨表》的调查结果。

本章借鉴 Borer 的观点，即对和解过程的评估方式取决于对和解概念化的方式。笔者通过将《南非和解晴雨表》与《卢旺达和解晴雨表》进行比较，探讨此问题。研究结果表明，两种语境中和解话语的差异导致了不同的测量工具和研究结果。由于测量指标差异过大，无法直接就两种情形的调查结果作比较。然而，对指标和调查结果差异的分析的确告诉我们，在每一种语境中，和解之事意义重大。

在纵向使用时，晴雨表的有效性显著提高。和解仍然是一种捉摸不透的现象。如同所有此类工具一般，晴雨表所测量的是对某一特定现象的感知。因此，这些工具的价值在于随着时间的推移而出现的感知的变化以及这些变化对某一特定群体（例如南非人）与现象（例如和解）之间关系的评价。即便调查仅实施一次（如卢旺达），它至少为深入研究创造了基础，成为辩论与对话的出发点。

参考文献

Bloomfield D，Barnes T & Huyse L（Eds.）（2003）*Reconciliation after Violent Conflict：A Handbook*. Stockholm：IDEA International. Accessed September 2016，www. idea. int/pubiications/ reconciliation/upload/reconciliation_full. pdf.

Boraine A，Lexy J & Scheffer R（1997）*Dealing with the Past：Truth and Reconciliation in South Africa*. Cape Town：Idasa.

Borer TA（2004）Reconciling South Africa or South Africans? Cautionary notes from the TRC. *African Studies Quarterly* 8（1）：19 – 38.

Bosire L（2006）*Overpromised，under Delivered：Transitional Justice in Sub-*

Saharan Africa. Occasional Paper Series. New York：International Center for Transitional Justice.

Brouneus K （2007） *Reconciliation and Development*. Occasional Paper 37. Berlin：Friedrich-Ebert-Stiftung.

Buckley-Zistel S （2006） Dividing and Uniting：The Use of Citizenship Discourses in Conflict and Reconciliation in Rwanda. *Global Society* 20 （1）：101 – 113.

Clark JN （2010） National Unity and Reconciliation in Rwanda：A flawed approach? *Journal of Contemporary African Studies* 28 （2）：137 – 154.

Crocker D （1999） Reckoning with Past Wrongs：A Normative Framework. *Ethics and International Affairs* 13 （1）：43 – 64.

De Greiff P （JOOS） The Role of Apologies in National Reconciliation Processes：On Making Trustworthy Institutions Trusted. In M Gibncy, RF Howard-Hassnwnn, JM Coicaud & N Steiner （Eds） Die age 0/ opo/ogv：faring up to the past. Philadelphia, PA：University of Pennsylvania Press.

Port MC （2004） Can Ethnic Hatred he Eliminated by Eliminating Ethnicity? The Rwanda Experiment. Accessed October 2016. wTit. ncws. findljw. com/ dorf/200401 I4. html.

Doxtadcr F （2003） Reconciliation：A Rhetorical Concept/ion. Quarterly Journal of Speech. 89 （4）：267 – 292.

Foster D （2006） Evaluating the Truth and Reconciliation Commission of South Africa. Social Justice Research 19 （4）：527 – 540.

Gibson IL （2004） Ovrrromtny Apartheid：Can Truth Reconcile a Divided Nation? Cape Town & New York：HSRC Press & Russell Sage Foundation.

Goner T & Verwoerd W （2002） Trust and the Problem of National Reconciliation. Philosophy of the Social Sciences 32 （2）：17S – 205.

Graybill L （2004） Pardon, Punishment, and Amnesia：Three African Post-conflict Methods. Third World Quarterly 25 （6）：1117 – 1130.

Himber B Nageng D & O'Malley G （2000） "Telling it like it is. . ."：Understanding the Truth and Reconciliation Commission from the Perspective of Survivors. Psychology in Society 26 （1）：18 – 42.

Human Rights Watch （2005） Loh-and vcalit：Progress in Judicial Reform in

Rwanda. Accessed September 2016, www. hrw. org/reports/2008/rwanda0708/rwanda0708 web. pdf.

Ibreck RA (2012) Time of Mourning: The Politics of Commemorating the Tutsi Genocide in Rwanda. In P Lee & P Ninan Thomas (Eds) Public Memory, Public Media, and the Politics of Justice. New York Palgrave Macmillan.

I JR (Institute for Justice 2nd Reconciliation) (2005) Evaluation and Impact assessment of the National Unity and Reconciliation Commission (NURC): Final report December. Accessed November 2014, www. nurc. gov. rw/index. php? id = 70&tx_ drblob_ pil% 5BshowUid% 5D = 16&tx_ drblob_ pi 1 % 5BbackPid% 5D = 70&cHash = el3dfe7c26d9 6b9cdc 19d7531 ba78bfe.

Ir. galaere B (2010) Peasants, Power and Ethnicity: A Bottom-up Perspective on Rwanda's Political Transition. African Affairs. 109 (435): 273 – 292.

Khan SM (2000) The Shallow Graves of Rwanda. London: I. B. Tauris.

Knesberg L (2001) Changing Forms of Coexistence. In M Abu-Nimer (Ed) Reconciliation, Justice, and Coexistence: Theory and Practice. Lanham: Lexington Books.

Lederach JP (1997) Building Peace: Sustainable Reconciliation in Divided Societies. Washington, DC; US Institute of Peace.

Lefko-Eseretl K, Lekalake R, Penfold E & Rais S (2010) 2010 Reconciliation Barometer Survey Report. Cape Town; Institute for Justice and Reconciliation.

Molenaar A (2005) Gacaca. Grassroots Justice after Genocide. Leiden: African Studies Centre.

Nagy R (2002) Reconciliation in Post-Commission South Africa: Thick and Thin Accounts of Solidarity. Canadian Journal of Political Science 35 (2): 323 – 346.

Ndlovu-Gatsheni SJ (2011) The World Cup, Vuvuzelas, Flag-waving Patriots and the Burden of Building South Africa. Third World Quarterly 32 (2): 279 – 293.

NURC（National Unity and Reconciliation Commission，Republic of Rwanda）（2007）Hie National Policy on Unity and Reconciliation. Kigali. -NURC.

NURC（2011）Rwanda Reconciliation Barometer. Kigali NURC.

Penal Reform International（2007）Monitoring and Research Report on Thegacaca Community service（TIG）Areas of Reflection. Accessed September 2016，wwwessex. ac. uk/armedcon/ story_ id/000875. pdf.

Pottier J（2002）Re Imagining Rwanda. Cambridge：Cambridge University Press.

Prunier G（1995）The Rwanda Crises：History of a Genocide. London Hurst and Company.

Reyntjens F（2011）Constructing the Truth，Dealing with Dissent，Domesticating the World：Governance in Post-genocide Rwanda. African Affairs. 110（438）：1 – 54.

SA1RR（South African Institute of Race Relations）（2010）South Africa Survey Anime 2010/2011：Demographics. Accessed September 2016. jrr. org. za/reportsand-pubhcation. s/south-africa-survey/south-africa-survey-online-2010 – 2011.

Schaap A（2003）The Time of Reconciliation and the Space of Politics CAPPE Working Paper 2003/8. Melbourne：University of Melbourne，Centre for Applied Philosophy and Public Ethics.

Thomson S（2013）Whispering Truth to Power：Everyday Resistance to Reconciliation in Rwanda. Madison：University of Wisconsin Press.

Tutu D（2000）No Future without Forgiveness. New York：Random House.

Van der Merwe H（1999）Reconciliation Commission and Community Reconciliation：An Analysis of Competing Strategies and Conceptualizations. PhD dissertation，George Mason University. Fairfax，Virginia.

Villa-Vicencio C（2000）The Limitations of Academic History：The Quest for Truth Demands both More and Less. In W lames & L van der Vijver（Eds）After the TRC Reflections on truth and reconciliation in South Africa. Cape Town：Rustica Press.

Wielenga C（2014）Lived Identities in Rwanda. Beyond Ethnicity? African Insight 44（1）：122 – 136.

Wilson RA（2001）The Politics of Truth and Reconciliation in South Africa：Legitimizing the Postapartheid State. Cambridge：Cambridge University Press.

Wilson RA（2003）Anthropological Studies of National Reconciliation Processes. Anthropological Theory 3（3）：367.

对转型正义主题的回应

为什么 1994 年至关重要：南非和卢旺达和解之再思考

苏伦·皮莱（Suren Pillay）

多年来，对道德和学术的坚守催生了解决大规模暴行和暴力后果的新模式。不同于第二次世界大战后定义的纽伦堡模式胜利者正义，世界现在有了另一种方式思考冲突后重建社会的问题。我特别提到南非真相与和解委员会的持久影响及其在问责制与有罪不罚之间道路上的领航能力。通过大赦的概念调解两种选择，它提供了一种减少问责制或有罪不罚的零和条款的方法①。也许正是这种想法——确定真相将使得和解出现，借鉴神学和世俗逻辑——仍然是世界各地许多过渡时期司法机制的愿景和目标，这些机制在真相与和解委员会中找到了灵感。

和解或许是希望的规范基础。和解意味着交战双方不再相互窝藏或携带武器，人民相互和解，社会与历史和解。和解同时是集体的、个体的和象征的。因此，显然，将其转化为能够决定社会是否、如何以及在多大程度上"和解"的社会科学的衡量指标仍然是一个复杂的概念。对南非和卢旺达来说，仍是具有挑战性的概念：虽然困难重重，但正如本书中的研究所显示，并非不可能。《南非和解晴雨表》调查结果是经过十年整理的知识体系，并试图衡量"和解"的进展、倒退或偏离，希望这一知识能够为公共、政治和政策领域的主张提供依据。

这一短期的观察并不意味着质疑那些希望将实证主义知识与道德实践相结合以创造更好的政治未来的学者们的意愿，也并非在警告我们不

---

① 参见 Adam Sitze（2013）了解大赦的概念家谱以及在殖民地使用"赔偿"这一司法概念的过程。

要背弃我们希望创造的未来。但我想表达我的保留意见，与其说这些研究告诉了我们什么，不如说它们无法告诉我们什么。考虑到此次观察的粗略之处，我的想法仅是管中窥豹，无法如同其他方式一般详尽。最后，我将把讨论的重点重新放在南非和卢旺达间类比的一个重要方面——公民权的历史问题上。这在很大程度上倾向于我们在正义转型中，特别是在定量分析中所发现的概念性思维的悖论。

南非和卢旺达过渡时期正义研究中心的两个错误通常是"种族隔离期间犯下的罪行"和1994年的种族大屠杀。种族隔离罪行得到处理了吗？有人承认或否认吗？是否已确认肇事者和受害者？受害者是否得到了公正的对待，肇事者要付出什么代价？

正义常常被认为是个人的赔偿。在如同卢旺达国际刑事法庭（International Criminal Tribunal for Rwanda）等刑事审判而言，所要付出的代价可能是监禁。就卢旺达民众法庭而言，这可能通过一段时间的隔离或社区工作补偿。在真相与和解委员会，这一代价来自寻求大赦带来的耻辱；这些往往是我们在评估和解进展程度时提出的问题。但是这些问题模糊了什么呢？两个问题立刻浮现在脑海之中。

首先，我们不能忽视真相与和解委员会受到的由 Terreblanche（2002）和 Mamdani（2002a）撰写的重要批评。这些批评表明，如果不思考种族隔离本身就是犯罪的事实，那么关注在种族隔离期间犯下的罪行在政治上和概念上都令人惴惴不安。正如乌戈·范德梅韦（Hugo van der Merwe）、和凯瑟琳·森莎巴（Kathleen Sensabaugh）在前文中所承认的，联合国宣布种族隔离为反人类罪；尽管真相与和解委员会承认这一点，但其调查任务仅限于种族隔离时期犯下的侵犯人权行为，而不是种族隔离罪行本身。这给我们留下了关于侵犯人权的肇事者和受害者的故事，而非关于种族隔离的犯罪者和受害者的事迹。Terreblanche 和 Mamdani 认为，结果是我们缺乏能够构建由更多受害者身份而非受益人身份决定的正义项目的政治叙事。事实上，个人化受害者阻止了关于集体正义的对话。如果种族隔离的受害者和施暴者是个人，那么合法化集体正义的政治项目的真相如何会成为霸权主义？因此，和解需要的是与亟须纠正的不公正相适应的正义。

第二个挑战涉及卢旺达。正如科里·维纶加（Cori Wielenga）指出的，将南非的和解概念转移至卢旺达语境举步维艰。此外，1994年的种族大屠杀进一步加剧了这一挑战，这表明受害者和施暴者之间存在着明显的界限。但是，这难道不掩盖卢旺达遭受过社会动荡和政治暴力的受害者们要求司法公正的合法性吗？例如，我们如何看待1959年社会革命的事件？如何看待1962年至1967年发生的10起导致近50万卢旺达人成为邻国难民的重大暴力事件？在卢旺达历史上，受害者和施暴者曾易位（见Revntjens 2006）。然而，正是1994年骇人听闻的种族大屠杀，在很大程度上消除了正义转型思想对卢旺达暴力的更长远的看法。

因此，如同和解问题的定量回答一般，衡量当前主观性的第一个挑战是历史挑战：既是对过去的记忆，也是对当前历史的记忆。自尼采和柯林伍德以来，批评历史学家们一直认为，我们对过去的回忆由当前的推测所塑造。记忆扎根于政治危机之中。因此，主观性必须通过分析思维理论化和处理，这样我们才能理解它们。不应该仅停留于表面价值。如果如同调查一般将主观性作为在特定空间和时间形成的意见，我们如何才能对记忆有历史性的理解？这是实证主义知识在处理历史和记忆时的困惑，而不是仅涉及某一特定时期。

在我们理解和解是否为解决问题的方式时，这一历史问题再次显现。就这一问题而言，正义转型术语——人权标志、大规模暴行、种族灭绝——并不能使我们更接近持久的解决办法，即冲突的群体可以生活在一起。① 也并未提供可以想象的正义以解决在特定时间段内引起冲突的历史和结构复杂性的方式。这一问题是明确的融合——对这一问题的命名即为解释。因此，从真相与和解委员会的角度来看，南非问题成为一项"严重侵犯人权"的问题。在卢旺达，通过为暴力命名的概念和司法工具，"种族大屠杀"成为问题。然而，这些术语并不能解释暴力，也无法给我们关于其成长时期里的演变的可想象的描述。然而，如果我们要为冲突后生活在和平中的敌对各方努力，避免进一步的战争或暴行，我们当然必须花心思理解为什么会发生此种情况？换言之，我们需要把这个问题历史化。

这让我想到南非和卢旺达最重要的经验教训以及那些往往不属于依靠主观性的定量调查的经验教训。从正义转型以外的角度来看，南非和

---

① 欲了解关于人权崛起通过命名当代世界的苦痛的霸权话语的尤为受用的论述，请参见Samuel Moyn（2010）。

卢旺达的问题实际上是殖民问题。这两个国家都经历过被殖民的历史，这些历史被转移到当地少数民族。南非在少数白人的统治下成为定居者殖民地。比利时和法国殖民统治下的卢旺达为有权力的少数群体让位。在这两种情况下，少数民族均被定义为来自其他地方的种族——南非的白人和卢旺达的图西族人都被认为源于他所（Mamdani 2002b）。

种族隔离的罪行体现在试图通过剥夺大多数黑人的国籍，使其成为移民、外国人和下等公民，从而为大多数白人带来殖民希望（Pillay 2013）。南非变成了白人公民之国，也包括亚洲人和有色人种。卢旺达的历史，特别是1959年之后，一直处于多数土著群体和据说是外国人的少数群体间的对峙之中。卢旺达面临的挑战仍是如何创造新的公民身份、转变记忆使所有生活在卢旺达的人都有权成为卢旺达人，在这种情况下，出身远不及居所重要。从后殖民非洲政治的角度来看，南非的主要成就是解决了政治归属问题：白人定居者成为未来国家的一部分，而不是作为外国人拥有共同的公民身份。这种做法不同于许多其他将独立视为一个解决问题的时刻的非洲国家，他们给予底层者机会实现阶级跨越，并最终引发旷日持久的归属问题及伦理政治多数群体下长期受迫害的少数群体问题。

从这个角度来看，真相与和解委员会实际在解决公民权问题上不如南非引人注目。如果研究和解意在确定未来暴力或和平的前景，我们应该聚焦于一个涵盖所有人的富有抱负的政治共同体的命运问题。为此，我们需要知识，而不一定有关知识和数字的知识，而是历史思维的持久性、政治理论的理论解释和民族志浸入的微妙之处。到那时，我们可能会更好地了解南非和卢旺达是否正在朝着解决种族化和族裔化公民身份的历史困境迈进。

参考文献

Mamdani M （2002a） Amnesty or Impunity? A Preliminary Critique of the Report of the Truth and Reconciliation Commission of South Africa. *Diacritics* 32 （3-4）：33-59.

Mamdani M （2002b） *When Victims Become Killers：Nativism and the Genocide in Rwanda.* New Jersey： Princeton University Press.

Moyn S （2010） *The Last Utopia： Human Rights in History*， Cambridge， MA： Harvard University Press.

Pillay S （2013） Anxious Urbanity： Xenophobia， the Native Subject and the Refugee Camp. *Social Dynamics： A Journal of African Studies* 39 （1）： 75 – 91.

Reyntjens F （2006） Post-1994 Politics in Rwanda： Problematizing "Liberation" and "Democratization"， *Third World Quarterly* 27 （6）： 1103 – 1117.

Sitze A （2013） *The Impossible Machine： A Genealogy of South Africa's Truth and Reconciliation Commission.* Ann Arbor， MA： University of Michigan Press.

Terreblanche S （2002） *A History of Inequality 1652 – 2002*， Durban： University of KwaZulu-Natal Press.

第二部分

社会关系

接触与和解

唐·福斯特（Don Foster）　　金·威尔（Kim Wale）

　　种族间接触是否有助于促进南非和解？如今跨种族接触进展如何？发生了怎样的接触？这些是我们在本章中提出的一些问题。本章从《南非和解晴雨表》（SARB）以及更广泛的学术研究中提供证据，找到合理的答案。众所周知，1948—1994 年，南非实行种族隔离的国家立法，禁止人民在工作场所之外的几乎所有生活场所跨种族接触。种族隔离制度下，南非社会是一个典型的"非接触"社会（Foster & Finchilescu 1986）。自 1994 年南非开展第一次民主选举以来，该国所有有关种族隔离的法律、壁垒和禁令在法律上均已被废除。1996 年《南非共和国宪法》中的南非《权利法案》保护了种族多样性及人民结社自由。简而言之，只要有意愿，所有南非人均可以自由与任何人往来。然而，非接触种族隔离秩序的遗留问题是什么？法律或许不再阻止人民接触，但人民的风俗、习惯、空间布局、旷日持久的偏见或许是另一番情景。经历了20 多年的自由之后，南非人民在克服数百年的分离、"疏离"和正式的种族隔离政策遗留下来的影响方面取得了多大进展？

关于"种族"的说明

　　在种族隔离制度消亡二十年后，我们是否应该继续使用种族类别？如果我们谈论种族接触，那么我们就必须假设有"种族"这个概念。我们希望在这个问题上尽可能地清晰明确：在生物或物理术语中，不存在"种族"这样的东西。没有任何潜在生物本质允许一个叫做"种族"的群体。也没有任何测量手段或标准来标记"种族"差异。所谓的种族类别被称为离散类别：即你若不属于此类别就属于其他类别。然而所有人在肤色和其他身体属性（所谓的"种族"）方面均沿着一个属性各自发生变化。这些属性连续而并非离散的变量；一系列连续变量中，除任意施加的变量外，没有其他方法可找到断点。

然而，在人类历史长河中，人们一直被打上种族的烙印。几个世纪以来，在"种族"的名义下，人们被分类、分离、诽谤、压迫和起诉。有过如此遭遇的人可能会有一种共同的命运感，会休戚与共、同仇敌忾、想要改变此番境遇，也或许会产生优越感，乐于享受权利和特权。"种族"的划分主观臆断，人为虚构，产生了意义和目的，从而成为现实。这就是种族的社会建构。"种族"作为一种社会建构，通过日常生活和语言使用等多重过程，成为真实的体验。这就是本章使用"种族"的意义。严格说来，我们应该继续使用"种族主义"或"种族主义者"一词以惊醒读者和我们自己，种族的存在是一种从未间断的建构。我们应该一直谈论"种族化的接触"而非"种族间的接触"来反驳"种族"的持续建构这一观念，然而这样一来情况就可能相当尴尬，令人恼火。因此，只要牢记我们在本章中所说的"种族"和"种族"的含义，我们有时可以摒弃政治正确。对于大多数人而言，同样是我们的生活空间依旧被种族隔离所建立的界线严重分隔，种族在日常生活中仍占据相当重要的地位（Christopher 2001，2005）。西金斯（西金斯 2008）阐述了南非维持"种族"和种族身份的一系列突出原因。

接触假说

长期以来，我们知道，遇见其他群体的成员或许会使我们与该群体的关系进一步恶化。接触或许会印证我们最深的恐惧，从而滋生偏见与歧视。这确实是种族隔离的一部分理由。Allport（1954）被称赞发展了接触理论的积极版本，假定群体间的关系会随着接触而得到改善。他的实际措辞如下：

> 为了追求共同目标，多数群体和少数群体以平等地位进行接触可以减少偏见。如果这种接触得到制度上的支持（比如通过法律，

习俗或当地民风等手段），并且导致两个群体成员之间对共同利益和共同人性的感知共鸣，接触的效果将大大增强。（Allport 1954：281）

在 Allport《偏见的本质》（*The Nature of Prejudice*）出版 50 周年之际（参见 Dovidio，Glick & Rudman 2005），接触假说的相关研究如雨后春笋般涌现而出。Pettigrew 和 Tropp（2006）联合发表了一篇关于接触理论的重要综述和元分析测验，涵盖了 1940—2000 年开展的 515 项个人研究，涉及来自 38 个国家的 25089 人。这些研究中，约半数侧重于研究种族或种族类别，其研究结果有力地支持了接触假说。接触与偏见的平均反比关系（inverse relation）为 r = 0.21，约有 94% 的样本反映出这种逆效应，接触与减少偏见的措施有关。研究越严谨，效应量（effect size）越大。真实实验的平均效应值结果为 0.34，效应值较大。研究表明，人们发现偏见减少可推广到更广泛的成员类别，显示出"比通常认为的推广性更为广泛"（2006：759）。另外，研究结果显示偏见持续减少。接触假说的应用远远超越种族群体，在同性恋群体和残疾人群体中也产生了更大的影响。而其最重要的发现在于，在 Allpor 提出的那四个条件下接触能减少偏见。① 因为其他样本仍然影响重大，所以尽管其他理想条件（主要是权威支持情景）可以加强接触和减少偏见之间的关联性，却都不是最重要的因素。总体看来，大量证据均支持接触有助于减少偏见、改善群体间关系这一观点。

理论思考表明，有许多调解接触和改善群体之间关系的途径。首先是知识，在接触中，知识有可能提高人民对他人的准确认识，并取代原先消极的刻板化印象。其次，裨益于建立友谊和调动积极情绪（如同情心）的因素（Swart，Hewstone，Christ & Voci，2011），也给接触提供了重要途径。我们或许更愿意原谅那些和我们关系好的人。最后，挑战与外部群体接触时产生的威胁和焦虑的过程是另一种调解的途径。换言之，群体间的焦虑可能会阻碍接触，助长偏见。对"他人"产生焦虑可能是由元刻板印象引起的，即想象别人对我们持有的刻板化印象。例如，白人可能害怕黑人将他们视为种族主义者。事实上，在模拟研究中，Fin-

---

① 这四个条件分别是平等的地位、群体间的合作、共同目标以及社会和当局的支持。

chilescu（2010）发现，元刻板印象是群体间焦虑的重要预兆。

过去十年中出现的一项研究进一步明确表明，多数族裔和少数族裔地位群体的接触过程不同。采用上文提及的相同元分析研究方法，Tropp 和 Pettigrew（2005）发现，虽然所有的案例中接触与偏见均有明显关联，二者关系的程度仍有显著差异。仅就种族/民族样本而言，少数群体样本的关联度 r = 0.18，多数群体关联度 r = 0.24，二者在统计学上存在显著差异。而即使控制了一系列方法变量，这些差异仍然存在，并可能反映这两个群体如何看待彼此的关系。由于意识到他们过去不受重视，拥有权利较少的群体可能会继续对密切关系保持警惕性。同样，Dixon，Trop，Durrheim 和 Tredow（2010）在南非的一项调查研究中发现了历史上占据优势和劣势样本间的差异。然而特别是从少数群体或属于从属类别群体的角度出发，人民对接触中所涉及的动态因素了解甚少。

人们越来越意识到群体间接触的"矛盾"效应，并对此进行了研究佐证。一方面，有证据证实这一系列积极的成果明显适用于两种群体，并在更大程度上促进了群体间的和谐、和平、协调，甚至（通过重新分类的主题）促成了未来新的、更为包容的"我们"身份。这样的想法固然乐观，但受到一些研究结果的挑战（Durrheim，Jacobs & Dixon 2014），认为减少偏见或许会对弱势群体和从属群体产生"镇静"的效果。这使得弱势群体不大可能意识到或质疑其遭受的不平等及不公正的待遇。例如，在南非的电话调查研究中（Dixon，Durrheim & Tredoux 2007），和白人能够和谐相处的黑人受访者不大可能支持旨在纠正种族隔离遗留问题的政策和做法，例如平权运动和土地改革。这样一来，可能会阻碍黑人发挥集体运动的潜力。

近年来，人们日益认识到推动社会变革或转型的两条不同途径。第一种途径是 Allport 的接触理论，可以称为"减少偏见"变革模型。该模型的固有假设是：如果我们更加喜欢彼此，拥有积极的心态和同理心，那么社会秩序将会变得更好。第二种途径被称为"集体行动"变革模型，主张人民必须齐心协力，动员整个集体，采取各种行动，从而实现变革。此模型也是以更加公正和平等的社会秩序为目标的模式。人们必须为正义而战，而不必喜欢彼此。相反，斗争活动很可能包括对抗当局、反抗现状、厌恶特权阶级。该模式提出了有关减少偏见的干预问题，如接触理论（见 Dixon & Levine 2012；Dixon，Levine，Reicher&Durhemim

2012；Durrheim，Jacobs & Dixon 2014）。如果将接触和群体间和谐放在首位，只会令更广泛的社会制度毫发无损、维持现状、维护持续的不平等。这样一来，我们的社会的确会更加和谐，却缺乏公正。因此，虽然接触理论有可靠的实证支持，但现在对其假设和政治含义却产生了更多的疑问。

南非的接触理论

1994 年以前，可能由于种族隔离政策将种族群体间的任何接触降至最低限度，有关接触理论的研究比较鲜见。种族隔离包括三个层面的合法化：宏观层面上，涉及独立的公民和国家 ［"黑人家园"政策或前称"班图斯坦"（bantustan）政策］；中观层面上，涉及《种族区域法》（Group Areas Act）（1950 年第 41 号），及学校、医院等独立机构；微观层面上，包括人际关系和亲密关系的隔离，如禁止异族通婚、禁止异族人发生性关系，禁止共享设施，如公园长椅（独立便民设施）。尽管 20 世纪90 年代中期，上述立法均被废除，然而历史的车轮仍然留下了痕迹。比如，许多居民区和前"黑人家园"领地仍相差无几。然而，尽管研究有限，仍有部分观点支持 Allport 的接触假说（Foster & Finchilescu 1986）。

继续行文之前，不妨先了解南非各方因素相互作用的背景。就收入和其他经济指标而言，南非社会极其不平等。例如，2008 年南非的基尼系数（Gini coefficient）为 0.70，从 1993 年的 0.66 上升至 2000 年的0.68，该系数值 0 表示平等，1 表示最不平等（Leibbrandt，Woolard，Finn & Argent 2010：33）。白人的基尼系数为 0.50，非洲人的基尼系数高达 0.62。Leibbrandt 与其同事的报告显示"种族内部的收入不平等的情况比种族间的不平等严重得多"（2010：33）。长期以来，不平等的程度居高不下，愈演愈烈（Seekings & Nattrass 2005），如下文所述，社会等级制度和不平等与接触密切相关。对南非进行任何社会分析时，我们都必须考虑到其物质不平等的程度。值得注意的是，《南非和解晴雨表》的结果也验证了这一观点，因为在六个选项中，收入不平通常被选为（约占 2013 年样本比例的 30%）导致社会分化的罪魁祸首。

在南非的民主时代，直至 2000 年后，接触研究才真正得以展开。后文将探讨三个领域：接触—偏见关联的证据、接触的微观生态学和接触的"悖论"。

接触—偏见联系

接触—偏见联系是 Allportian 提出的关于接触与偏见的反比关系的假说。简言之，该假说的结果极大地支持了 Allport 的观点。首次重要研究是 Gibson 于 2000 年 11 月至 2001 年 2 月开展的关于接触偏见联系的全国代表性调查研究（n = 3727）。该研究就提出了四个以下互动场景中的相关问题：工作接触，工作外接触，共同用餐，真正的友谊。非洲人会被问及有关白人的问题，而白人、有色人种和印度裔则会被问及有关黑人的问题。Gibson 还建立了九项种族间态度的具有明显一维结构特征的"和解指数"，"工作接触"这一问题对结果几乎没有影响。三项"接触指数"与"和解指数"呈现出很强的相关性（这对所有种族群体都具有重要意义），相关系数如下：非洲人 0.28，有色人种 0.43，印度裔 0.47，白人 0.52。接触越频繁、越深入，和解就越积极，换句话说，越能减少种族歧视。就整体的衡量标准而言，研究发现"黑人最有可能持不和解种族态度"（Gibson 2004：129），而白人、有色人种和印度裔最容易接受和解。[①]

Gibson 和 Claassen（2010）在 2004 年开展了另一项全国代表性调查研究（n = 4108）。研究发现，人民在整体和解的态度上发生了更严重的两极分化，即白人、有色人种和印度裔南非人的得分均较高，而南非黑人的种族和解程度更低。2000/2001 年和 2004 年两段时期，接触与和解间的关系表现除了一致性，显示出几乎相同程度的显著正相关。同样，弱势黑人群体的相关性较弱。该研究再次表明，工作接触和种族和解间没有任何关系。值得注意的是，在过去四年中，不同种族在工作环境之外的接触有所增加。然而，这两项研究也发现，南非黑人种族隔离程度明显高于其他群体。例如，第一份调查显示，76% 的黑人受访者称与南非白人"没有联系"或"几乎没有工作之外的联系"。仅 3% 的黑人会和白人"经常一起用餐"，仅 2% 的黑人受访者表示有真正的南非白人朋友。如果正如这些研究表明，种族间的接触确实重要，缺乏接触将在某种程度上是解释黑人样本中种族和解程度不高的原因。然而，总的来说，这两项调查研究极有力地支持了接触理论，包括认为优势群体和劣势群体的种族接触过程大相径庭的观点。

---

① 欲了解对 Gibson 研究结果的总结和评价，参见 Don Foster（2006）。

其他各项研究也发现了对南非接触理论的支持理据。一项针对开普敦综合高中的研究发现，所有群体均支持接触假说，对白人受访者的影响最强（Holtman，Louw，Tredoux & Carney 2006）。另一项在大开普敦种族混合高中（n = 337，14—19 岁，性别人数相等）的研究发现，种族多样性的增加和接触与更积极的社会行为有关（Burns 2012）。研究者还发现，在种族混合学校上学更易获得种族间的友谊。Tredoux 和 Finchilescu（2010）在南非四所大学的黑人和白人学生样本（n = 2599）中在这个问题上发现了很强的相关性（平均 r = 0.35），其中，白人学生的相关性比黑人学生更强。同样，群体间的焦虑也发挥了很强的调解作用。以采用更复杂的三波纵向设计探究下的斯泰伦博斯（Stellenbosch）地区的高中为例，Swart 等人（2010，2011）在该高中内发现了强烈的接触效果，并且由于采用了纵向设计，显示出调解焦虑与同情的效果。由于采用了三波设计，即使接触与偏见减少之间的关系基本上是双向的，接触可以减少偏见的说法也得到了支持。综上所述，这为南非的接触理论提供了强有力的支撑。

微观接触生态学

一项基于观察和访谈的新研究却得出了截然不同的结论。该研究发现，尽管南非有了新的政治体制，持续的非正式种族隔离在南非仍是常态。这一连串的调查提出了新的问题，将众人关注的焦点转移至空间问题（毕竟种族隔离涉及空间控制），并利用话语工具，为"接触假说提供了现实检验"（Dixon，Durrheim & Tredoux 2005：697）。

1996 年，首次此类研究以德班（Durban）的一所新成立的种族混合高中为观察对象，研究发现，种族隔离仍未停止，其中包括一个种族群体的成员对其他种族群体的成员的辱骂和不分青红皂白的污蔑，跨种族友谊几乎不存在。在采访中，学生们否认这些与种族或种族主义有关的选择是种族隔离的再现，与种族或者种族主义无关，声称这些选择由个人对音乐、服装和娱乐的偏好决定，通常引用国外发源的风格，是一种全球青年文化。无论如何，这仍是非正式的种族隔离的表现。《南非心理学杂志》（*South African Journal of Psychology*）2005 年特刊引入的"微生态学"的概念，也发现了同样的模式①。尽管大学为接触创造了良好

① 参见福斯特（Foster 2005）对这些研究的总结。

条件，但在对食堂、教室和开放空间等场所进行的观察和拍摄的研究发现，非正式的种族隔离依然存在。可能的解释有提到元刻板印象、群体间的焦虑和地方认同概念。该杂志也介绍了一种在相互作用序列中建立主体—空间—时间理论的新途径。

Durrheim 和 Dixon（2005）分别于 1999/2000 年 2001/2002 年暑假期间在德班南部的斯科特堡（Scottburgh）研究海滩上的游客，研究堪称一流。第一，在两个时期中，大约 99% 的遮阳伞下的游客都属于同一种族。第二，不同种族会习惯性地待在某一特定区域，比如黑人区域，印度裔区域。在这种不均匀的空间分布上，两个时间段的 D 统计分别为 0.73 和 0.70（数值在 0—1 不等，0 表示融合，1 表示完全隔离），种族隔离显而易见。第三，群体影响与群体离开。白人先于黑人到达海滩，然而黑人到来后，白人便离开。Durrheim 和 Dixon 介绍了接触"工作模型"，即参与者可利用上述想法或者理论预测和理解接触这一概念。对白人的采访暗示一种"工作模式"，强调嘈杂的音乐、不知所措和对数字的恐惧，他们认为，离开海滩成了唯一合理且恰当的反应。

此论点在修辞学意义而言似乎颇有道理，声称种族隔离是自然发生，普遍存在的趋势。然而采访的海滩黑人游客却有不同的回答，黑人认为开放性的海滩之所以受欢迎在于能接纳曾被否定的群体，成为自由和美好的标志。黑人将开放海滩视为新的互动机会，白人却临阵脱逃，令黑人困惑不已。双方在某种程度上互相归责，不同群体对接触的理解不尽相同。Durrheim 和 Dixon 总结到，持续的非正式隔离不仅反映，而且维持、重建了种族意识形态的他者的相异性。这项研究重塑了我们看待接触的方式因而重要。

不同其他研究也佐证了这一观点。Alexander 和 Tredoux（2010）研究了由 26 个本科生组成的个别辅导小组整个学年的座位安排（n = 749 名黑人和白人学生）。所有观察中，D 指数为 0.71，这意味着种族隔离程度深。整个学年中没有发生任何变化，且从学年开始种族隔离就非常明显。该研究总结到，空间安排在调节种族间接触中发挥着重要作用。另一项纵向研究观察了两个食堂 7 个月间的座位安排（n = 174 名大一学生）。大多数受访者均表示有很多机会接触不同种族的人（65% 表示有非常多机会，30% 表示有一些接触机会），并且 62% 的接触体验"很好"，32% 的接触体验"一般"。尽管如此，此次观察还是发现了明显的种族隔离迹象，三次评估的 D 指数分别为 0.91、0.84、0.94，呈现出一致性。在所有关于友谊的报告中，仅 19% 的友谊发生在不同种族之间。学生们表示，"相处舒服"是选择座位的关键因素。这个结果再次强有力地证明种族隔离仍然存在。

进一步的研究调查了开普敦长街（Long Street）的夜生活融合，该街以其灰色地带或族群混合场所的特色而闻名。该研究在八个夜总会场所进行了两个时期的抽样和密切观察。2004 年研究时间共计 18 个夜晚，2006 年 14 个夜晚。该研究观察了夜总会的四个不同层面：夜总会整体、分区、散台、人际互动。结果清晰表明，随着人与人之间的互动愈发密切，种族隔离的程度愈发加深。夜总会整体种族隔离的程度一般，D 指数分别为 0.32 和 0.37；分区界限更加分明，D 指数分别为 0.45 及 0.43。散台上的隔离程度又更深一步，D 指数分别为 0.78 及 0.74；人际互动这一最亲密的部分则呈现出最严重的种族隔离。因此，研究人员总结道，"种族隔离程度在长街跨越了几个粒度"（2009：774）。

联合国教科文组织杂志《多样化社会》（Diversities）专刊通过观察南非的一个小村庄（Steyn & Ballard 2013）将粒度级别轻微北移。这些研究均发现了空间隔离的现象，即使在没有立法约束的情况下，人民出于一些原因，仍然会保持族群边界。例如，Besharati 和 Foster（2013）分析了林波波省（Limpopo）莫克潘（Mokopane）小镇［之前称波特吉太史拉斯（Potgietersrus）］的地图和采访记录（n = 28），发现从种族隔离时代的"民族地区"划分开始，种族分化和阶层几乎没有发生变化。印度裔社区保留了原有的介于黑人和白人之间的缓冲地带的阿卡西亚地区（Akasia），这是象征意义上的特权"中间"地带。受访者称，与传统以阿非利堪人（Afrikaner）为主的"波迪斯"小镇相比，阿卡西亚仅仅易名，别的方面仍维持原貌。正如一名受访者所言："种族隔离达到了将人民分隔的目的。"另一名受访者表示，"无论在地理上还是社交上，我们基本上都是分开的"。

接触悖论

在前文引用的电话调查研究中（Dixon，Durrheim & Tredoux 2007），黑人受访者更为频繁和更好的接触与反对支持弱势群体改变社会。即改变重新分配政策的实践有关。"悖论"的核心在于接触或许对少数/受压迫群体有"镇静"效应。另一项支持该"悖论"的研究采访了"女佣"

和"女主人"（n＝22 名雇主，n＝11 名家政人员），她们接触频繁且效果良好（见 Durrheim，Jacobs & Dixon 2014）。大多数女佣的叙述都是在家长式关系中以积极的话语构建，她们从雇主那里获得的额外帮助从互惠交换中平等参与的角度而言是平衡和公平的。雇佣两方均促成了家长式的劳资关系，令其稳如磐石、不易撼动。因此，此种接触服务于具有正当功能，使现有的权力关系不受挑战的系统。然而，另一种形式的"镇静"效果是，由于家长式关系的接触，被压迫的群体内部分裂，如同臭名昭著的"分而治之"一般。例如，"黑人家园"的领导者们由于与种族隔离当局接触，在争取更多优厚条件的其他形式斗争中分崩离析，其结果是动摇所属群体的政治团结。最近的一项研究则显示了这种"镇静"作用的反作用。印度裔受访者与黑人受访者在南非夸祖鲁—纳塔尔省北谷（Northdale）的积极接触加强支持和集体行动倾向、激励政治团结，然而从这个角度研究接触完全被低估。

《南非和解晴雨表》模式

由于方法问题已在别处提及，在此不再赘述。2003—2013 年每年都会至少开展一次《南非和解晴雨表》调查，有些年份会开展两次（如 2003 年与 2004 年）。针对接触提出以下主要问题：

- 工作日普通的一天内，无论在工作或是其他场合中，你和（x，y，z）人交谈的频率如何（五点频率，对应范围从"经常交谈"到"从不交谈"）？
- 参加自己或朋友家中的社交活动时，和（x，y，z）人交谈的频率如何（五点频率，对应范围从"经常交谈"到"从不交谈"）？
- 如果可以选择，你愿意和（x，y，z）人交谈吗？（回答："希望有更多机会"；"保持现状"；"不常交谈"；"从不交谈或不知道"）

对于每个问题，x、y、z 由三个指定的外组组成。例如，如果受访者是白人，他们会被问及有关黑人、有色人种或者印度人的问题。如果是黑人，他们会被问及有关白人、有色人种或印度人的问题。调查问卷的问题措辞如下："我们想要了解各位受访者与其所属群体以外的其他群体进行的所有接触情况，不管受访者与一个群体的接触是否多于另一个群体。"除了这些直接问题外，还有一系列其他有关接触，涉及种族态度、身份和互动等。研究发现将在下文讨论。

表1　　　　　　　　　　按种族划分的接触—偏见相关性

	白人	有色人种	印度裔	黑人
"普通"接触	0.19	0.19	0.13	0.11
"社交"接触	0.26	0.14	0.20	0.04

注：省略了负号，种族接触和偏见呈反比，接触越多则偏见越少。
资料来源：作者对2003年至2007年《南非和解晴雨表》调查的分析。

检验接触假说

为测试标准接触假说，本研究抽取了《南非和解晴雨表》的前五轮测试，采用以下三个问题作为衡量种族偏见的标准：是否支持学校兼收不同种族的学生，是否支持不同种族同住一社区，是否支持跨种族通婚。与家庭接触问题中"一般"和"社交"的偏见的平均非参数相关性均显著（表1）。

这些结果与Pettigrew和Tropp（2006）做的元分析得出的数量级相同，并且优势组别间的关联性更强。虽然不如Gibson（2004）的结果有力，但是《南非和解晴雨表》的数据也能够支持南非背景下的接触理论，佐证了早期的发现。因此，在最近的几轮调查中，其影响将不太可能发生变化。

接触次数

Gibson 2000年及2001年开展的调查显示，受访者（特别是黑人）与其他种族之间的接触不多。例如，被问及工作之外的接触时，89%的黑人受访者称在工作以外与其他种族的人"没有接触/几乎没有接触/接触不多"。这与早期的《南非和解晴雨表》调查的结果大致相同。"从不进行社交接触"及"很少进行社交接触"的平均比例约为80%。图1显示了11年间调查得出的结果，包括一般接触或"交谈"接触和"社交"接触。

2003年至2013年，"交谈接触"和"社交接触"这两种形式的接触稳步增加，Gibson和Claassen（2010）也得出过相同结论。然而，在最

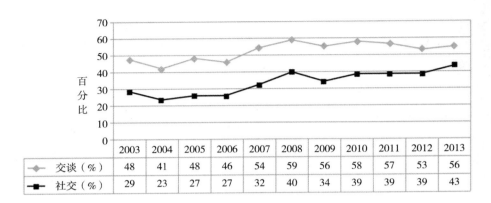

图1 2003—2013年间的交谈接触与社交接触

资料来源：作者对2003年至2013年《南非和解晴雨表》调查的分析。

新的调查中，所有形式的接触开始时基数较小，甚至最新一期的调查中接触最为频繁时基数不足60%。2013年是目前交谈比例最高的一年，调查结果显示，每天与"其他"种族的人交谈这一问题上，"从不交谈"或"很少交谈"的受访者（41%）多于"交谈频繁"或"经常交谈"的受访者（33%）。等级测量进一步阐明了接触相对较少的事实，这一部分在图2的2013年生活水平测量（Living Standards Measure，LSM）中有所体现。其他年份也显示出了类似的结果。

　　在一般谈话接触和更为亲密的个人接触间的差异忽略不计的情况下，资源匮乏的南非人极少与其他群体接触，这样的结果实在令人震惊。接触范围从中间范围稳步增加，然而《生活水准测量》的精英人士的类别上，进行普通交谈和更亲密的接触之间的差异显著：仅40%的人称经常与不同种族的人社交。结果表明自2000年Gibson调查（《南非和解晴雨表》前身）以来，情况发生了变化但并不明显，可得出这样的结论：南非各种族群体之间接触较少是严重的种族隔离的表现，南非黑人群体中尤甚（Gibson 2004：139）。如果像接触理论所暗示的那样，人际交往越多便会导致态度发生重大转变，那么情况就不容乐观了。然而，整体看来，多种形式的接触呈上升趋势，这为研究社会变革下的减少偏见模型的专家提供了一丝希望。然而，图3中"渴望进行更多种族间交谈"这一问题的结果又使专家们陷入悲观：自2003年以来，所有群体"渴望进行更多种族间交谈"的比例都大幅下降，不同群体的反应也趋于一致。

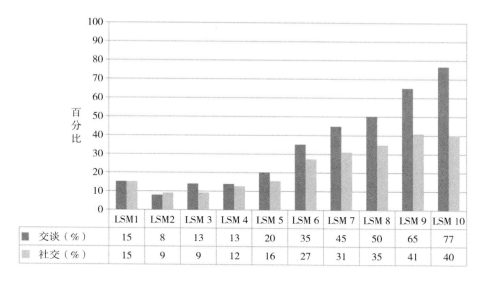

图2 2013年生活水准测量中种族间交谈与社交

资料来源：作者对2013年《南非和解晴雨表》调查的分析。

	LSM1	LSM2	LSM 3	LSM 4	LSM 5	LSM 6	LSM 7	LSM 8	LSM 9	LSM 10
交谈（%）	15	8	13	13	20	35	45	50	65	77
社交（%）	15	9	9	12	16	27	31	35	41	40

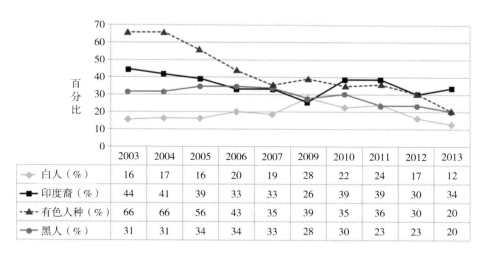

	2003	2004	2005	2006	2007	2009	2010	2011	2012	2013
白人（%）	16	17	16	20	19	28	22	24	17	12
印度裔（%）	44	41	39	33	33	26	39	39	30	34
有色人种（%）	66	66	56	43	35	39	35	36	30	20
黑人（%）	31	31	34	34	33	28	30	23	23	20

图3 2003—2013年，按种族划分，渴望进行更多种族间交谈的百分比

注：虽然此问题在2008年提出，然而答案选项却不同，因此无法比对。

资料来源：作者对2003年至2013年《南非和解晴雨表》调查的分析。

"你想要了解（x，y，z）人的风俗和行为方式吗（从'十分愿意'到'完全不愿意'）"回答这一问题的人数占比也在减少，从2010年的64%下降至2013年的54%。也许现在讨论发生了什么还为时过早，特别是考虑到2013年调查中44%的受访者声称种族关系自1994年国家实行民主以来有所改善（仅17%的受访者认为关系有所恶化），而61%的人认为自1994年以来种族和解方面取得了一定进展。

跨种族疑惑

跨种族的不信任问题自2003年以来不断被提及，在以李克特五点选项（"十分同意"到"完全不同意"）进行的"其他种族群体x、y、z不值得信任"的调查中，跨种族的不信任从2003年的41%稳步下降至2013年的28%。年轻人（15—29岁）中对其他种族的不信任度从39%下降到26%，成年人（30岁及以上）中对其他种族的不信任度从41%下降到29%——由于年龄的关系，二者之间的差异可以忽略不计。若以种族分类，下列种族对其他种族的不信任度也在下降：黑人，从41%下降到32%；白人，从24%下降到18%；印度裔，由20%下降到15%；有色人种，从19%下降到10%。其中，也许减少南非黑人中的种族间不信任是当务之急。不管出于乐观还是悲观，不信任度下降这一现象都令人鼓舞。这一下降趋势之所以重要是因为这是所有群体的民心所向。如果说因为接触越来越多而产生了什么影响，那么或许不信任度下降就是该影响的表现了。虽然我们还未研究这一方面，但《南非和解晴雨表》中的数据或许可以证实这二者之间的联系。

种族态度

受访者被问及发生在学校、社区的种族间融合，及通过跨种族婚姻的种族融合，表示赞成的受访者所占比重如图4所示。

从图4可以明显看出，在过去的11年里各项数据波动不大。发生在学校中的种族间融合最多，但高支持率也出人意料地从2010年的76%下降至2012年的61%和2013年的59%。社区中的种族间融合支持率（半数邻居属于其他种族群体）从53%小幅增至57%，通过跨种族婚姻进行种族融合的支持率则未发生改变，停留在47%左右，获得的支持率也最低。这些结果掩盖了白人比其他群体更不支持各种形式的融合的现

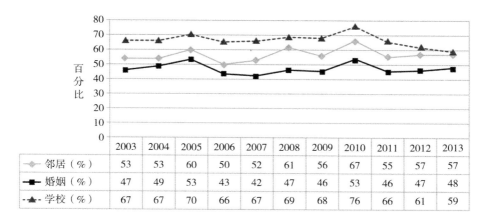

	2003	2004	2005	2006	2007	2008	2009	2010	2011	2012	2013
邻居（%）	53	53	60	50	52	61	56	67	55	57	57
婚姻（%）	47	49	53	43	42	47	46	53	46	47	48
学校（%）	67	67	70	66	67	69	68	76	66	61	59

图4 2003—2013年对种族融合的支持

资料来源：作者对2003年至2013年《南非和解晴雨表》调查的分析。

象。2006年的调查结果显示，白人对社区中的种族间融合支持率比全国平均水平低12%之多，支持学校的种族间融合的比例比全国平均水平低17%，而支持跨种族婚姻的比例则比全国平均水平低32%，数字之大令人诧异。白人的普遍反对程度掩盖了讲英语和讲南非荷兰语的白人受访者间的差异：24%的讲英语的白人受访者赞同跨种族婚姻，而仅有11%的讲南非荷兰语的白人受访者赞同；相比于49%的说南非荷兰语的白人受访者中的支持跨种族融合学校，讲英语的白人受访者中支持的比例为59%。这些差异也拓展到了一系列其他问题上（不信任其他种族，不理解其他种族，愿意加入成员多为其他种族的政党，所有接触手段），并已经以稳如泰山之姿存在数年。所有关于赞成种族融合的测试中，南非白人对跨种族婚姻认可程度从2001年的13%，上升到了2013年的35%，支持率涨幅达22%之大。2013年，英语使用者和南非荷兰语使用者支持种族融合的比例（尽管有所下降）依然有所区别，二者的支持率分别为41%和34%。诸如此类的模式表明群体结构的变动根源可追溯到种族隔离时期。

如果《南非和解晴雨表》的数据显示近年来种族态度几乎没有变化，那么另一项持续时间更长的研究则表明了白人对黑人（及黑人对白人）的负面态度均有明显好转（Durrheim，Tredoux，Foster&Dixon 2011）。Durrheim等人将社交距离得分追溯到1934年，语义差异法得分追溯到 1975 年，将评分标准化，采用同一标准。自 20 世纪 90 年代以来，这两种白人偏见的测量呈下降趋势，换言之，自民主变革以来，这两项指标的下降趋势存在明显的语义差异。目前尚不确定这些与《南非和解晴雨表》间的趋势差异是否由时间不同抑或方法不同导致而成。然而可以注意到，Durrheim 等人（2001）的研究显示出积极的一面，种族偏见有所减少。这与《南非和解晴雨表》得出的结论截然不同，即 2003—2013 年黑人与白人对彼此的态度几乎没有变化。

记忆政治

2013 年《南非和解晴雨表》调查结果显示的种族差异值得关注。调查的问题为"种族隔离是否为反人类罪行"，答案选项包括"一定是""或许是""或许不是"和"一定不是"。调查结果显示，53% 的白人回答"一定是"或"或许是"，10% 回答"不知道"，38% 选择"一定不是"或"或许不是"。整体而言，白人受访者赞同"种族隔离的确是反人类罪行"的比例为 53%，远低于黑人（81%）、有色人种（70%）及南非印度裔（77%）受访者的比例。表面上看，白人受访者似乎没有意识到他们正在遗忘历史，遗忘他们在过去的所作所为。

此外，2003 年到 2013 年的 11 年间，所有群体赞同"种族隔离的确是反人类的罪行"这一观点的比例正在逐年下降。数据如下：

- 同意该观点的有色人种受访者的比例从 92% 下降至 70%（下降 22 个百分点）；
- 同意该观点的白人受访者的比例中从 70% 下降至 53%（下降 17 个百分点）；
- 同意该观点的印度裔受访者的比例从 89% 下降至 77%（下降 12 个百分点）；
- 同意该观点的黑人受访者的比例从 89% 下降至 81%（下降 8 个百分点）。

以上图景显现出诸多要点。首先，无论在 2003 年抑或 2013 年，白人受访者与其他群体受访者之间的差距较大，因此这一点未发生任何变化。其次，如上所述，这一结果仅是关于种族隔离记忆的一系列条目之一，在这些条目的调查中，白人群体明显比其他群体更为保守。虽然情有可原，但能够审视所有差异更好。再次，自 2003 年起，所有群体赞成

"种族隔离的确是反人类罪行"的比例显著减小，值得关注。最后，由于数据波动较大，必须弄清楚为何会发生如此大的波动。例如，白人赞成的比例从 2003 年 70% 上升至 2010 年 82% 的高位，而到了 2013 年，短短三年间，又下降了近 30 个百分点，这一现象需要进行更详细的调查。

结　　论

总体而言，接触理论和接触理论在南非减少偏见的实践有确凿的证据。2000/2001 年，2004 年 Gibson 调查发现为接触理论提供了有力支持。《南非和解晴雨表》也同样提供了支持该理论的证据，虽然证据不够得力，却与国际元分析的结果范围一致。优势群体和弱势群体接触的动态性不同，然而我们仍然需了解这些差异是如何运作的。显然，多数群体和少数群体所理解的接触的含义似乎不尽相同。

尽管有其优势，但接触，特别是在南非根本性物质不平等的背景下，仍然存在诸多局限性，需接受实践的考验（Dixon, Durrheim & Tredoux 2005）。第一，现实中最佳接触方式并不充分。第二，由于人口因素，黑人居住区和前黑人家园之间距离遥远，失业等因素共同导致了南非黑人群体，这一最弱势的群体几乎完全陷入种族/阶级隔离中，助长了隔离状态的产生，人民互不接触。从数字上看，这类黑人群体的数量在总人口中占相当大的比例。第三，过去 10 年中的许多研究证实，即使在可以进行积极、有效接触的精英阶层中，也经常产生非正式隔离。焦虑、元刻板印象、舒适区、语言鸿沟和其他类似的安全感均是导致持续"隔离"存在的因素。即便在拥有有利环境的大学校园，也存在种族隔离的模式。此外，关系越亲密，自发产生的隔离就越多。我们仍在努力理解这一情况，当然，这种现象并非南非独有。源自《南非和解晴雨表》调查结果的第四个局限性，在长达 11 年的调查中，接触略有上升，但人民对增加接触的愿望减弱，整体上种族态度未发生实质性变化。调查结果显示，除了各种族间的不信任程度有所降低之外，态度几乎没有发生什么变化。白人对通婚的支持率从极低的水平上升到了相对低的水平。第五，我们现在更加意识到，减少偏见仅是社会变革的一种形式，这与近年来的集体行动模式形成了鲜明对比。第六，我们现在更好地理解了接触的"矛盾"效应，即使是有利的接触形式也可能通过破坏抵抗和集体行动的方式伤害到所属群体。最后，我们更加意识到问卷调查可能不是调查接触的最佳方法。

接触能助力于种族和解吗？当然如此，然而对南非来说，这仅是种族和解的一部分。对于许多人甚至是大多数人而言，我们是否更喜欢彼此，或是否相处得更好并不重要。重要的是社会秩序更加平等、公平、公正。为实现这一目标，我们可能需要采取更多的集体行动，而当下依然道阻且长，行则将至。

参考文献

Alexander L & Tredoux C（2010）The Spaces between us. Journal of Social Issues 66（2）：367－386.

Allport G（1954）*The Nature of Prejudice*. Reading，MA：Addison-Wesley

Besharati S & Foster D（2013）Understanding Informal Segregation：Racial and Spatial Identities among the Indian Minority of Mokopane. *Diversities* 15（2）：37－51.

Burns J（2012）Race，Diversity and Pro-social Behaviour in a Segmented Society. *Journal of Economic Behaviour & Organization* 81（2）：366－378.

Christopher AJ（2001）Urban Segregation in Post-apartheid South Africa. *Urban Studies* 33（3）：449－466.

Christopher AJ（2005）Further Progress in the Desegregation of South African towns and Cities 1996－2001. *Development Southern Africa* 22（2）：267－276.

Dixon J，Durrheim K & Tredoux C（2005）Beyond the Optimum Strategy：A Reality Check for the Contact Hypothesis. *American Psychologist* 60（7）：697－711.

Dixon J，Durrheim K & Tredoux C（2007）Intergroup Contact and Attitudes towards the Principle and Practice of Social Equality. *Psychological Science* 18（10）：867－872.

Dixon J, Durrheim K, Thomae M, Tredoux C, Kerr P & Quayle M (2014) Divide and Rule, Unite and Resist: Contact, Collective Action and Policy Attitudes among Historically Disadvantaged Groups. *Journal of Social Issues* 71 (3): 576 – 596.

Dixon J & Levine M (Eds) (2012) *Beyond Prejudice: Extending the Social Psychology of Conflict, Inequality and Social Change.* Cambridge: Cambridge University Press.

Dixon J, Levine M, Reicher S & Durrheim K (2012) Beyond Prejudice: Are Negative Evaluations the Problem and is Getting us to Like one another more the Solution? *Behavioural and Brain Sciences* 35 (6): 1 – 56.

Dixon J, Tropp L, Durrheim K & Tredoux C (2010) Prejudice Reduction Strategies and Attitudes of Historical Disadvantaged Groups. *Current Directions in Psychological Science* 19 (2): 76 – 80.

Dolby N (2001) *Constructing Race: Youth, Identity, and Popular Culture in South Africa.* New York: State University of New York Press.

Dovidio J, Glick P & Rudman P (Eds) (2005) *On the Nature of Prejudice: Fifty Years after Allport.* Oxford: Blackwell.

Durrheim K & Dixon J (2005) *Racial Encounter: The Social Psychology of Contact and Desegregation.* London: Routledge.

Durrheim K, Jacobs N & Dixon J (2014) *Explaining the Paradoxical Effects of Intergroup Contact. International Journal of Intercultural Relations* 41: 150 – 164.

Durrheim K, Tredoux C, Foster D & Dixon J (2011) Historical Trends in South Africans' Race Attitudes. South African Journal of Psychology 41 (3): 263 – 278.

Finchilescu G (2010) Intergroup anxiety in interracial interaction: The role of prejudice and meta-stereotypes. *Journal of Social Issues* 66 (2): 334 – 351.

Foster D (2005) Racialisation and the micro-ecology of contact. *South African Journal of Psychology* 35 (3): 494 – 504.

Foster D (2006) Evaluating the Truth and Reconciliation Commission of South Africa. *Social Justice Research* 19 (4): 527 – 540.

Foster D & Finchilescu G (1986) Contact in a non-contact society: The case of South Africa. In M Hewstone & R Brown （Eds） *Contact and conflict in intergroup encounters.* Oxford：Blackwell.

Gibson J （2004） *Overcoming apartheid：Can truth reconcile a divided nation?* New York：Russell Sage Foundation.

Gibson J & Claassen C （2010） Racial reconciliation in South Africa：Interracial contact and changes over time. *Journal of Social Issues* 66 （2）：255 – 272.

Holtman Z, Louw J, Tredoux C & Carney T （2006） Prejudice and social contact. *South African Journal of Psychology* 35 （3）：473 – 493.

Leibbrandt M, Woolard I, Finn A & Argent J （2010） *Trends in South African income distribution and poverty since the fall of apartheid.* OECD Social, Employment and Migration Working Papers No. 101. Paris：OECD Publishing.

Pettigrew TF & Tropp L （2006） A meta-analytic test of intergroup contact theory. *Journal of Personality and Social Psychology* 90 （5）：751 – 783.

Schrieff L, Tredoux C, Finchilescu G & Dixon J （2010） Understanding the seating patterns in a residence dining-hall：A longitudinal study. *South African Journal of Psychology* 40 （1）：5 – 17.

Seekings J （2008） The continuing salience of race：Discrimination and diversity in South Africa. *Journal of Contemporary African Studies* 26 （1）：1 – 25.

Seekings J & Nattrass N （2005） *Class, Race, and Inequality in South Africa.* New Haven, CT：Yale University Press.

Steyn M & Ballard R （Eds） （2013） *Diversities* 15 （2）. Accessed September 2016, unesdoc. unesco. org/images/0022/002285/228527e. pdf.

Swart H, Hewstone M, Christ O & Voci A （2010） The Impact of Crossgroup Friendships in South Africa. *Journal of Social Issues* 66 （2）：309 – 333.

Swart H, Hewstone M, Christ O & Voci A （2011） Affective Mediation of Intergroup Contact：A Three Wave Longitudinal Study of South Africa. *Journal of Personality and Social Psychology.* 101 （6）：1221 – 1238.

Tredoux C & Dixon J （2009） Mapping the Multiple Contexts of Racial Isolation: The case of Long Street, Cape Town. *Urban Studies* 46 (4): 761 – 777.

Tredoux C & Finchilescu G (2010) Mediation of the Contact-prejudice Relation among South African Students on four University Campuses. *Journal of Social Issues* 66 (2): 289 – 303.

Tropp L & Pettigrew TF (2005) Relationships between Intergroup Contact and Prejudice among Minority and Majority Status Groups. *Psychological Science* 16 (2): 951 – 957.

城市化、种族隔离和种族间接触的变化特征

欧文·克兰肖（Owen Crankshaw）

种族隔离政策的本质特征之一是南非社会在国家、城市和机构各级的种族隔离。种族隔离的后果之一是它限制甚至阻止了不同种族人之间的社会互动，从而造成和加强种族之间的不信任。因此，种族间接触，特别是建立以相互尊重、相互包容为特征的种族间接触，便成为种族和解的前提。本章介绍了 2003—2013 年《南非和解晴雨表》调查得出的南非各种族间跨种族接触的一些模式和趋势，以及了解这种接触的程度，并对其特征和可能的原因提出见解。这些调查结果是根据对人口中不断变化的种族组成、不断变化的种族地理分布和种族居住区废除种族隔离的模式的现有研究进行评估的。分析表明，南非社会的这些长期结构特征对种族间接触的模式有重要影响。

种族间接触的程度

《南非和解晴雨表》调查就受访者与其他种族人群的社交互动程度提出了两个问题。我们可以用这些问题衡量南非人在不同社会背景下与其他种族的人交谈的频率。[①] 本节分别分析了 2011 年、2012 年及 2013

[①] 《南非和解晴雨表》开展调查的样本为 3500 名受访者。此样本数量巨大，然而由于没有按种族或职业划分样本，导致少数民族的样本量非常少。例如，印度裔的样本量通常约为 150 人。样本是否精确和可靠很大程度上取决于样本大小，为满足样本百分比估值达到标 （转下页）

年开展的共三轮的调查结果，并将其平均计算以增加样本量，从而使预估结果更精确可靠。

受访者被问及两个与跨种族交谈频率有关的问题。其中第一个关于各种族在所有社会情境下的互动，简言之，"任意的一工作日内，无论在工作或是其他场合中，种族间交谈的频率如何?"① 第二个问题关于在特定社会情境下的种族间交往：家庭举行的社交活动中会产生多少跨种族互动，简言之，"在自己或朋友家中举办社交活动时，和其他种族的人交谈的频率如何?"② 答案选项分别为"从不交谈""很少交谈""偶尔交谈""时常交谈"和"一直交谈"，受访者可任选其一。这些问题为我们提供了两种不同的衡量种族间接触程度的方法。

第一个问题提供的衡量标准囊括了多种可能出现的社会情境，如受访者的工作场所、家庭、社区。因此，这个问题描述了与同事、同行乘客、邻居、亲友等的交谈所体现出来的多重种族关系特征。这些种族之间的关系本质上平等而亲密，例如朋友间的关系。然而，也可能包含一些浅显的不平等关系，比如上下级、雇员与雇主、员工与客户间的关系。

第二个问题会特地问受访者在自己家或者他人家中社交时会和谁交谈。这种情境更为亲密，也意味着朋友、亲戚、同龄人间的种族间接触更为平等。

第一个或许也是最引人注目的结果是，不同种族间的接触程度差异巨大。任意一工作日内，黑人与有色人种、印度裔和白人相比，与其他

（接上页）准的95%（误差为5%），需要大约400名受访者作为样本（Moser&Kalton 1971：77）。因此，据拉金德兰·戈文德（Rajendran Govender）的建议，我计算了2011年、2012年和2013年开展的近三次调查的平均值，以增加样本量。然而，应该注意的是，这些表格中的标准误差没有考虑本次调查中使用的两个阶段样本设计的设计效应。此设计效应会降低预估的精确度和可靠性。见多识广的读者，有必要添加以下关于样本量的说明。与大众的看法相悖的是，除非样本大于人口样本的10%，否则总量大小对样本大小的计算影响微乎其微（Moser&Kalton 1971）。相反，样本的绝对大小对样本估计的精度和可靠性影响最大，在此处表现为百分比。

① 确切的说法是："任意一工作日内，无论在工作或其他场合中，你和'其他群体'交谈的频率如何?"其中"其他群体"由与受访者不同的三组"人口群体"替代，且受访者不属于这三组中的任何一组。比如，"若受访者为黑人，那么就输入（白人、印度裔或有色人种）。"

② 确切的说法是，"在自己或朋友家中举办社交活动时，你和'其他群体'交谈的频率如何?"其中"其他群体"由与受访者不同的三组"人口群体"替代，且受访者不属于三组中的任何一组。比如，"如果受访者是黑人，那么就输入（白人、印度裔或有色人种）。

种族的人交谈的可能性相对较低。例如，25%的黑人从不跨种族交谈，而有色人种、印度裔和白人的这一比例分别为8%、3%和7%（表1）。比较种族间互相拜访的频率时，也发现了类似的结果。然而，43%的黑人在自己家中或朋友家中社交时从不跨种族交谈，而这一比例在有色人种、印度裔和白人中，分别为20%、10%和19%（表2）。

表1　　　任意一工作日内，无论在工作场所还是其他场合，
　　　　　种族间交谈的频率如何？　　　　　　　　　　（单位：%）

	黑人	有色人种	印度裔	白人	所有种族
从不	25	8	3	7	21
很少	23	16	12	11	21
有时	24	26	19	31	25
经常	16	27	33	27	18
总是	9	21	31	21	12
不知道	2	3	2	3	2
合计	100	100	100	100	100
样本数量（人）	7955	1374	415	955	10699
概率为95%时的标准差	0.6—1.0	1.4—2.3	1.7—4.5	1.6—2.9	0.6—0.8

注：由于数据由四舍五入取整，合计总数不等于100%。
资料来源：《南非和解晴雨表》调查的原始统计分析。分析结果基于2011年、2012年和2013年《南非和解晴雨表》调查的平均交谈频率估算而得。

表2　　　在自己或朋友家中参加社交活动时，种族间交谈的频率如何？
　　　　　　　　　　　　　　　　　　　　　　　　　　（单位：%）

	黑人	有色人种	印度裔	白人	所有种族
从不	43	20	10	19	37
很少	19	22	22	22	20
有时	19	24	26	28	21
经常	11	18	20	18	13
总是	5	12	21	11	7

	黑人	有色人种	印度裔	白人	所有种族
不知道	3	3	1	3	3
合计	100	100	100	100	100
样本数量（人）	7955	1374	415	955	10699
概率为95%时的标准差	0.5—1.1	1.7—2.2	2.8—3.8	2.5—2.8	0.5—0.9

注：由于数据由四舍五入取整，合计总数不等于100%。

资料来源：《南非和解晴雨表》调查的原始统计分析。结果据2011年、2012年和2013年《南非和解晴雨表》调查的平均交谈频率估算而得。

种族间接触和就业状况

根据受访者不同的就业状况，种族间接触也差异巨大。一周中，工作时更有可能跨种族交谈。相较之下，学徒、学生、家庭主妇、退休人员、失业人员的种族间接触可能性更低。具体而言，仅26%的受雇佣者经常在不同的环境中跨种族交谈，相较之下，学徒和学生中，此比例仅为17%；家庭主妇、退休人员和失业人员中，此比例仅为13%（表3）。

尽管差异并不像所宣称的那般明显，在家中举行的社交活动中也发现了类似的种族间接触模式。约17%的受雇佣者在自己家中或朋友家中社交时，经常跨种族交谈。相较之下，此数字在学徒、学生、家庭主妇、退休人员和失业人员中占比仅10%（表4）。

表3　　　　任意一工作日内，无论在工作还是其他场合中，种族间
　　　　　　交谈的频率如何？　　　　　　　　　　　（单位：%）

	全职/兼职	上学/大学	家庭主任/失业人员/退休人员	合计
从不	10	26	28	21
很少	14	21	26	21
有时	27	24	24	25
经常	26	17	13	18
总是	22	10	6	12

续表

	全职/兼职	上学/大学	家庭主任/失业人员/退休人员	合计
不知道	2	2	3	2
合计	100	100	100	100
样本数量（人）	4392	1095	5212	10699
概率为95%时的标准差	0.9—1.3	1.7—2.6	0.7—1.2	0.6—0.8

注：由于数据由四舍五入取整，合计总数不等于100%。

资料来源：《南非和解晴雨表》调查的原始统计分析。这些结果是据2011年、2012年和2013年《南非和解晴雨表》调查的平均交谈频率估算而得。

表4　　　　　　在自己或朋友家中开展社交活动时，种族间

交谈的频率如何？　　　　　　　　　　（单位：%）

	全职/兼职	上学/大学	家庭主任/失业人员/退休人员	合计
从不	26	43	43	37
很少	19	19	20	20
有时	25	18	18	21
经常	17	10	10	13
总是	10	6	5	7
不知道	2	3	3	3
合计	100	100	100	100
样本数量（人）	4392	1095	5212	10699
概率为95%时的标准差	0.9—1.3	1.4—2.9	0.6—1.3	0.5—0.9

注：由于数据由四舍五入取整，合计总数不等于100%。

资料来源：《南非和解晴雨表》调查的原始统计分析。这些结果是据2011年、2012年和2013年《南非和解晴雨表》调查的平均交谈频率估算而得。

种族间接触和职业类别

种族间接触的程度也因不同职业的阶级而略显差异。为更好地展现这些差异，所有白领（"经理""专业人士""秘书"和"销售人员"）被分为一组，所有技能有所欠缺的从业者、手工业从业者、蓝领（"工匠""半熟练工""非技术工人"和"自营职业工人"）被分至另

一组。① 结果显示白领比蓝领更愿意跨种族接触。然而，18% 的白领"从不"或"很少"在众多场合跨种族交谈，而蓝领的这一比例达到 28%。与之相对应的是，仅半数（57%）的白领"经常"或"总是"跨种族交谈，而蓝领中这一比例仅为 42%（表5）。

分析居家开展的社交活动所得的结果时，我们也发现了类似的模式，然而职业阶级与跨种族交往之间的联系较弱。在此背景下，32% 的白领居家进行社交活动时，"从不"或"很少"与其他种族的人交谈。相比之下，蓝领工人的比例略高，达 39%（表6）②。相应地，在自己或朋友家里参加社交活动时，41% 的白领"经常"或"总是"与其他种族的人交谈。而蓝领的这一比例要低得多，为 32%。职业类别之所以会与跨种族交往之间产生上述统计关联，部分原因在于不同职业的种族构成。白人在白领职业中占比过高，而在蓝领职业中占比过低。

表5　　　　　　　任意一工作日内，无论在工作抑或其他场合中，
　　　　　　　　　种族间交谈的频率如何？　　　　　　　　　　（单位：%）

	白领	蓝领	所有职业
从不或很少	18	28	24
有时	24	28	27
经常或总是	57	42	48
不知道	2	2	2
合计	100	100	100
样本大小	1783	2446	4392
概率为95%时的标准差	1.8—2.3	1.8—2.0	1.3—1.5

注：由于数据四舍五入取整，合计总数不等于 100%。

资料来源：《南非和解晴雨表》调查的原始统计分析。这些结果是据 2011 年、2012 年和 2013 年《南非和解晴雨表》调查的平均交谈频率估算而得。

① 请注意职业分析仅包括全职和兼职的从业者。部分失业人员也描述了他们曾从事的职业情况，然而并未将其计入统计分析之内。

② 两个估值的差异具有统计学意义，即这两个估值的置信区间不重叠。

表6 　　　　在自己或朋友家中参加社交活动时，种族间交谈的
　　　　频率如何？　　　　　　　　　　　　　　　（单位：%）

	白领	蓝领	所有职业
从不或很少	32	39	33
有时	25	26	26
经常或总是	41	32	39
不知道	2	2	2
合计	100	100	100
样本数量（人）	1783	2446	4392
概率为95%时的标准差	2.0—2.3	1.7—1.9	1.3—1.4

注：由于数据四舍五入取整，合计总数不等于100%。
资料来源：《南非和解晴雨表》调查的原始统计分析。这些结果是据2011年、2012年和2013年《南非和解晴雨表》调查的平均交谈频率估算而得。

种族、就业状况和阶级与种族间接触的独立联系

以上对种族、就业状况和职业类别之间统计关联的分析是简单的二元分析。二元分析的局限性在于，两个变量之间的统计关联受到它们与其他变量的不同关联的影响。例如，上文讨论的就业状况与种族间接触之间的统计关系被受访者种族与其种族间接触程度之间关系的统计效应所扭曲，通过使用多元回归分析可以消除这种扭曲效应。该技术通过消除受访者种族与其种族间接触水平之间关系变化的统计效应，隔离了就业状况与种族间接触之间的统计关系。实际上，就业状况与种族间接触之间统计关系的多元回归分析是通过从这两个变量中的任何一个中删除（控制）种族的影响来计算的。

多重逻辑回归分析结果显示不同职业阶级及不同就业状况的受访者，无论其属于哪个种族，其种族间接触的差异均有显著的统计学意义。相应地，该分析均展现出不同种族的受访者，无论其何种职业类型、就业阶级，对种族间接触的差异程度。[①]

具体而言，当多重回归模型同时包含种族和职业阶级时，结果显示在一周内，白领"偶尔""经常""总是"进行种族间交谈的比例是蓝领

---

① 将2011年、2012年和2013年的《南非和解晴雨表》调查结果合并进行二项逻辑回归分析，样本量较大。

的1.5倍。同样，白领工人比蓝领工人更可能在家中"经常"，"经常"或"总是"跨种族社交，倍数为1.3。当多重回归模型同时包含种族和就业状况时，结果显示，在任意一工作日内，从业的受访者"偶尔""经常""总是"跨种族交谈的比例是无业受访者的3.4倍。同样，若是在自己或朋友家中，该比例则为2倍。要重申的是，一方面，这些种族间接触的统计学关联程度，与受访者的职业阶级和就业状况有关；另一方面，衡量关联程度与受访者种族无关。

不论受访者的职业和就业状况如何，多重回归分析还可衡量受访者种族与种族间接触程度之间的统计关联程度。当该模型同时包含受访者的种族与其职业阶级时，结果表明，任意一工作日内，有色人种、印度裔和白人或"偶尔""经常""总是"跨种族交谈的比例是黑人的2.2倍。同样，如果在自己或朋友家中，该比例则为1.7倍。当该模型同时包含受访者种族和就业状况时，结果显示有色人种、印度裔和白人"偶尔""经常""总是"跨种族交谈的比例是黑人的3.3倍。同样，有色人种、印度裔和白人在自己家中"偶尔""经常""总是"跨种族社交的比例为其他人群的2.2倍。

种族间接触的长期趋势

据2003—2013年的《南非和解晴雨表》调查结果显示，种族间接触呈明显上升趋势（Lefko-Everett 2012：44；Lefko-Everett, Nyoka & Tiscornia 2011：30；Wale 2013：33，2014：21）。为简化分析，五种不同的回答类别被分成三组："从不和很少交谈""偶尔交谈"和"经常交谈"。分析结果显示，在过去10年里，不同种族的南非人在各种社会情境下跨种族交谈的可能性越来越大。具体而言，2003年，50%的人"很少"或"从不"与其他种族的人进行交谈。截至2013年，这一比例已降至41%。相应地，"经常""总是"跨种族交谈者的比例从2003年的25%增至2013年的33%。因为该系列开始和结束时的置信区间不重叠，所以两个趋势都具有统计学意义。然而，仅考虑到2004年至2013年的总体趋势，而忽略2003年的估算数字（图1）时，"偶尔"跨种族交谈的人所占比例的上升才具统计学意义。

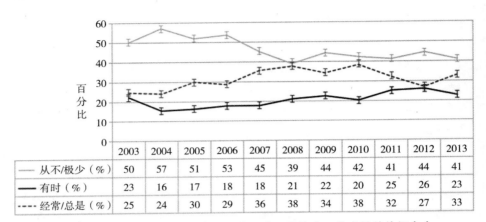

图1　2003—2013年间，任意一工作日内，无论在工作或是其他场合中，
跨种族交谈的频率如何？

资料来源：2003—2013年《南非和解晴雨表》调查的原始统计分析。误差线表显示95%
概率水平上的置信区间。

同样，不同种族的南非人在彼此家中社交的可能性也越来越大。具体来说，在自己家里或朋友家里社交时，"从不"或"很少"跨种族交谈的比例从2003年的69%降至2013年54%。相应地，在这种情况下"经常"或"总是"跨种族交谈者的比例从10%上升到了24%（图2）。

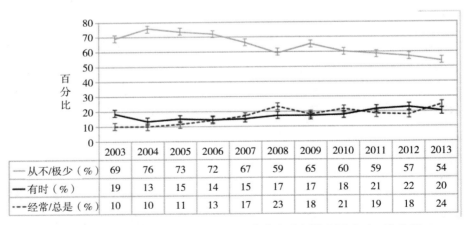

图2　2003—2013年间，在自己或朋友家中进行社交活动时，种族间
交谈的频率如何？

资料来源：2003—2013年《南非和解晴雨表》调查的原始统计分析。误差线表显示
95%概率水平上的置信区间。

对种族间接触模式与趋势的解释

种族间接触的第一个引人注目的模式是南非黑人最有可能"从不或很少跨种族交谈"。即使在个人偏好无法控制的社会环境中亦是如此。比如，黑人不得不在工作场合与同事交谈，或者他们在杂货店购物时不得不与收银员交谈。这一结果似乎有悖常理，因为至少在大众的想象中，种族间缺乏接触通常与种族主义以及极力避免与其他种族接触的想法有关——这种行为通常可能归咎于白人而不是黑人。然而，正如下文所讨论的，种族间接触在很大程度上取决于南非社会的结构特征，例如人口的种族构成、地理分布、就业模式、城镇居住隔离模式。这并不是说没有其他原因可解释种族间接触模式。相反，本章提出的理由足以令人信服，可解释这些差异产生的原因。

至少有一部分解释种族间接触的原因是在观察南非社会主要由黑人组成这一现象中而得出的。最新的人口普查记录显示，2011年，南非人口中黑人占79%，相比之下，有色人种占9%，白人占9%，印度裔仅占2%（Statistics South Africa 2012）。

这意味着即使完全废除种族隔离，黑人在日常生活中遇到白人、有色人种或印度裔的概率也仅有20%。相比之下，白人和有色人种遇到其他种族者的概率是100%。所以，即使假设废除南非的种族隔离，黑人遇到另一个种族者的可能性也极低。相比之下，有色人种、印度裔、白人则无法避开其他种族的人。因此，该国的种族人口结构统计在决定种族间接触的机会方面至关重要。

然而，正如我们所知，南非人口分布并未呈现种族隔离特征。相反，按种族划分的全国人口呈地域性集中分布。这意味着许多南非人生活在高度隔离的地理区域中。在乡村地区尤为如此，黑人占据了乡村大片土地，相比之下，城镇的种族构成更加多样化。部分是由于城市化的种族模式受到旨在限制黑人城市化的殖民和种族隔离政策的影响。由于白人、有色人种和印度裔比黑人更早实现城市化，城市中心的种族混合程度一直高于人口大部分是黑人的乡村（Parnell & Crankshaw 2013）。相应地，随着有色人种、印度裔和白人实现城市化，乡村地区的种族融合程度也有所降低。这种城市化模式也是地理上的城市化，因此"黑人家园"① 的许多村庄中，大部分人口仍是黑人，使其几乎没有跨种族交往的机会。

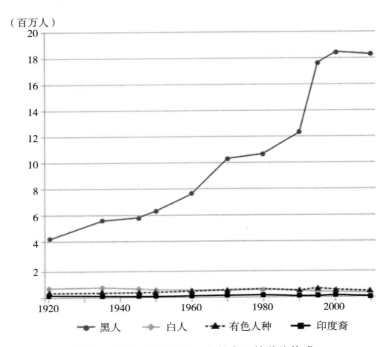

（百万人）

图 3　1921—2011 年，乡村人口的种族构成

资料来源：1921 年至 2011 年人口普查。

　　相比之下，几乎所有的有色人种、印度裔和白人均居住在城镇。2011 年的人口普查显示，90% 的有色人种、97% 的印度裔及 92% 的白人均分别实现了城市化，因而拥有更多的跨种族交流机会。② 此外，尽管仅 55% 的黑人实现了城市化，但大多数城市居民均为黑人，因此，在这些种族十分多元化的城市里，少数族裔很可能与黑人跨种族交往。

　　种族接触的第二种模式关涉在职人士与学生、家庭主妇、退休人员间的差异。调查结果显示，与学生、家庭主妇、退休人士相比，在职人

① 所谓"黑人家园"，也称为班图斯坦（bantustan），指为黑人预留的领土，作为隔离政策的一部分，意在分割民族和种族群体。

② 作者对 2011 年人口普查中 10% 样本的分析。

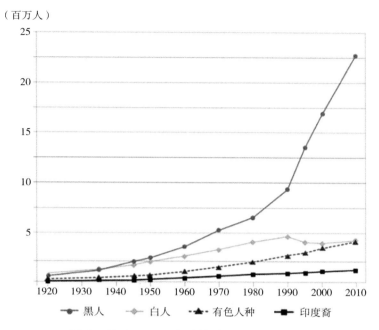

图 4 1921—2011 年城镇种族构成（百万）
资料来源：1921 年至 2011 年人口普查。

士更有可能在一周内跨种族交谈。对此可能的解释是，工作场所比居住区的种族更具多样性。种族多样性有两种类型，即员工的种族多样性和顾客的种族多样性。因此，在职人士很可能会遇到不同种族的人，种族间交谈，甚至缔结友谊，一起参加社交活动。遗憾的是，目前仍未有有关工作地点种族构成的调查资料衡量社会互动的程度。然而，下文将会讨论按职业划分的种族隔离程度预估趋势。

种族接触的第三种模式关涉不同职业阶级者之间的差异。一般来说，白领（从事管理、专业人员、文书和销售）比蓝领（从事体力工作的人）更有可能跨种族交谈。这种模式可由这些工作的种族构成解释。白领工作比蓝领工作更具有种族多样性。尽管种族隔离制度盛行之时，白人在所有白领工作中占比很高，但随着黑人、有色人种和印度裔越来越多地担任以前仅由白人担任的职位，这种情况开始改变。有悖于普遍认识，这种改变早在种族隔离结束之前就已开始（Crankshaw 1996，1997）。自种族隔离制度结束以来，黑人、有色人种和印度裔向更好的职位跳槽的速度急剧加快。截至 2001 年，白人仅占中产阶级（经理、专业人士、技术人员）的 43%。相应的，中产阶级中非洲黑人占 41%，有色人种占 9%，印度裔占 7%（Seekings & Nattrass 2005：311）。据最新的人口普查显示，截至 2011 年，白人在中产阶级职业占比已降至 29%。[①]

即使在白人占比较高的大城市，白领工作中的种族融合程度大致相同。在约翰内斯堡（Johannesburg），1960—2001 年，白人在中产阶级就业中占比从 85% 降至 50%，而非洲人、有色人种、印度裔在中产阶级就业中占比则分别上升至 34%、6%、9%（Crankshaw 2008：1697）。在开普敦，白人在中产阶级就业中占比从 1980 年的 75% 降至 2007 年的 46%，而黑人、有色人种、印度裔占比均有所上升（Crankshaw 2012：846）。在文书、服务员、店员和销售的种族构成中也发现了类似的趋势。1980 年，大多是白人从事上述工作，而 2007 年，上述工作的白人占比仅为 19%（2012：849）。1980—2014 年，特克维尼（Thekwini）也出现了黑人、有色人种、印度裔进入管理层和专业人士中产阶级的职业流动（Lombard & Crankshaw 2016）。

白领工作的种族构成因此更具多样化。再者，白领在收入和受教育程度的差异上小于总人口的差异。结果白领不仅有更多机会跨种族交谈、交友，且也有更多的共同点。相比之下，蓝领工作者间的种族差异相对较小。除了在开普敦和德班（Durban）大部分蓝领工人是有色人种和印度裔，绝大多数蓝领工人均为黑人。具体说来，截至 1990 年，除少数蓝领技术工人，即工匠外，几乎所有受雇为机械设备操作员、司机、无一技之长的苦力均为黑人（Crankshaw 1997：23）。

《南非和解晴雨表》的调查并不是复杂的劳动力市场调查，其调查周期仅为 11 年。尽管如此，调查结果大致与上述人口普查和劳动力市场调查结果一致。首先，研究结果证实了白领就业的种族混合特征。平均数估计 2010 年至 2013 年间，所有管理岗位和专业职位中，黑人占比 45%，印度裔占比 14%，白人占比 41%（图 5）[②]。同样，文员、销售、

---

① 基于作者对 2011 年人口普查结果的分析。

② 专业岗位和管理岗位的就业抽样规模过小，因此无法衡量逐年统计的重大变化。因此，我将这些估值分为两个阶段，2003—2006 年和 2010—2013 年。因此，这两个时期的平均数均基于四个样本的和，这样估算便为更加精确。

服务岗位黑人占比65%，有色人种/印度裔占比11%，白人占比24%（图6）。相比之下，从事蓝领工作的工人绝大多数是黑人，占比79%。

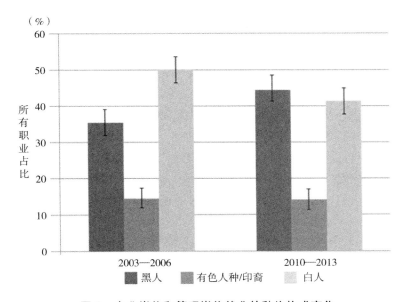

图5　专业岗位和管理岗位就业的种族构成变化

资料来源：2003年至2013年《南非和解晴雨表》调查的原始统计分析。误差线表显示95%概率水平的置信区间。

该调查还证实，过去10年里白领工作的种族构成愈发复杂。从事管理和专业工作的白人占比略有下降，而黑人占比有所上升。同样，白人、有色人种、印度裔在所有文员、销售和服务工作中占比有所下降，黑人占比有所上升。

对于为什么白领工人与其他种族的人有更多的接触，还有一个更为合理的解释：他们不仅更有可能在工作中与另一种族的成员混合，而且更有可能生活在城镇的种族混合社区。针对种族隔离社区开展的调查解释了一或许可预测的特殊模式，其特点为原先仅居住着有色人种、印度裔、白人的群族社区。[1] 相比之下，以前只有黑人的群体地区，通常被称为"乡镇"，并未废除种族隔离。原因有三：其一，城市黑人人口的

---

① 1957年《族群区域法》（Group Areas Act）规定的11个种族隔离地区。

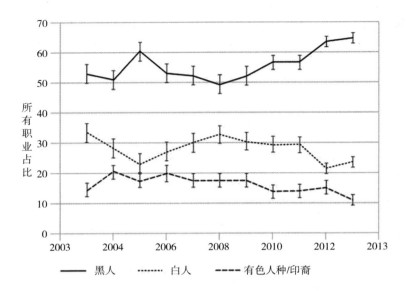

图6 2003—2013年，文书、销售及服务业白领就业的种族构成趋势

资料来源：2003年至2013年《南非和解晴雨表》调查的原始统计分析。误差线表示95%概率水平的置信区间。

增长速度远超有色人种、印度裔、白人的城市人口增长速度（图4）。其二，所有种族的社会流动性增加，因此，许多家庭离开工人阶级社区，搬到房价较为昂贵的中产阶级社区成为普遍趋势。其三，除特例外（Crankshaw 2005；Parnell 1991），种族隔离政策禁止中产阶级黑人在城镇建房。因此，有色人种、白人和印度裔族群住区的房屋面积更大，物业服务更好，总体上更受购房者青睐，当然价格也更昂贵。此外，截至20世纪80年代，白人聚居区房屋过剩，黑人、有色人种、印度裔的族群居住区房屋短缺（De Vos1986）。因此，向更好的生存环境流动通常意味着从工人阶级黑人、有色人种、印度裔搬进以前仅允许白人居住的社区。出于类似原因，向更好的生存环境流动的黑人搬进了以前仅有色人种、印度裔居住的社区。中产阶级的种族隔离被废除，以前仅白人居住的社区呈现出两个有助于促进种族间接触的重要特点。其一，仅因为不同种族的人住所接近，社区为不同种族的居民提供了种族间接触的机会。其二，居民接受相似的教育、从事相似的职业，收入也大致相同。因此，尽管存在种族差异，但居民也有许多共同之处。因此，这些社区的种族间接触很可能提供促进种族和解的平等地位的接触机会。

第一批废除种族隔离的社区位于住房多为小型出租公寓的内城区。这些社区早在 20 世纪 80 年代就开始废除种族隔离。例如，位于约翰内斯堡的希尔布拉（Hillbrow）社区、贝雷亚（Berea）社区、朱伯特公园（Berea and Joubert Park）社区（Crankshaw & White 1995；Morris 1994，1999）、耶奥维莱（Yeoville）社区（Jurgens，Gnad & Bahr 2002）、梅菲尔（Mayfair）社区（Fick，De Coning & Olivier 1988），德班市的阿尔伯特公园（Albert Park）社区（Maharaj & Mpungose 1994；Morris & Hindson 1997）；东伦敦市的中部（Central in East London）社区（Ownhouse & Nel 1993）；比勒陀利亚（Pretoria）的森尼赛德（Sunnyside）社区（Donald-son，Jurgens & Bahr 2003），以及布隆方市（Bloemfontein）的中心商业区和内城区（Hoogendoorn & Visser 2007；Jürgens，Marais，Barker & Lombaard 2003）。研究发现搬进这些内城社区的黑人、有色人种、印度裔，与搬走的白人大致属于同一社会阶层，比较不同种族的职业构成表明，所有种族从事管理、专业、文职、服务、销售工作的不同种族者占比大致相同（Crankshaw & White 1995：630）。另外，内城社区中不同种族人群的受教育程度十分相似（Jürgens，Gnad & Bähr 2002：189），且平均收入也大致相同（Jürgens et al. 2003：49；Morris & Hindson 1997：117；Ownhouse & Nel 1993：89）。

因此，我们可以得出结论，这种废除社区种族隔离的社会阶层特征是，黑人、有色人种和印度裔搬进这些以前只有白人的内城社区，在很大程度上，但不完全是白领，甚至有中产阶级工人。因此，这种形式的种族隔离可能是白领与其他种族的社会接触比蓝领多的原因之一。

以前位于郊区的中产阶级白人社区的种族废除速度慢于内城区，也并未出现内城社区卷土重来的"恢复种族隔离"迹象。在很长一段时间里，种族杂居在社区中。不同于市中心住宅区，郊区社区的特征是大型独立式住宅、自住用房，鲜有租赁。因此，这些社区比内城社区的房价更高，因此，将所有种族的穷人和工人排除在外。但也有例外（Lemanski 2006），这些废除了种族隔离的郊区产生了特别的中产阶级和白领的种族融合形式。研究表明，约翰内斯堡郊区（Crankshaw 2008；Kracker Selzer & Heller 2010）、德班（Schensul & Heller 2011）、开普敦（Crankshaw 2012；Myburgh 1996；Saff 1998）和比勒陀利亚（Horn& Ngcobo

2003）存在这种住宅区废除种族隔离现象。

在约翰内斯堡，北部郊区已成为中产阶级专业人士、管理人员和技术人员的家园。尽管这些郊区的主要居民仍是白人，但随着许多中产阶级黑人、有色人种、印度裔的涌入，这些郊区已在一定程度上消灭了种族隔离制度（Crankshaw 2008；Kracker Selzer & Heller 2010）。在德班，丹尼尔·申苏尔（Daniel Schensul）和帕特里克·海勒（Patrick Heller）将这种住宅区种族隔离的主要模式称为"阶级分层混合"，这一模式描述了在保留白领和中产阶级特征的前提下，以前仅白人和印度裔居住的中产阶级白领郊区社区已废除了种族隔离。具体来说，位于贝雷亚郊区的高昂房价、中产阶级郊区位于可俯瞰中央商务区的上坡，已成为种族混合的地区，但仍带有"阶级分层"的特点。换言之，黑人和印度裔搬进了属于专业人士和管理人士居住的中产阶级社区，这些社区的阶级构成也一直并未发生变化。而这样的过程也同样发生在以下地区：以前仅有白人居住的"老牌"（Old Line）内陆地区和贝雷亚南部郊区、以前仅印度裔居住的查茨沃斯（Chatsworth）南部郊区、毗邻乌姆拉齐（Umlazi）的黑人郊区（Schensul & Heller 2011：100）。在开普敦西南部郊区和北部郊区，也有中产阶级社区和以前仅白人居住的社区。这些郊区，特别是那些以前仅有有色人种居住的社区中已经部分取消了种族隔离制度（Crankshaw 2012；Myburgh 1996；Saff 1998）。

这种白领住宅废除种族隔离制之前仅有白人郊区社区的模式在二级城市也被发现。其中一些研究基于官方的房产转让记录，因此成为衡量黑人、有色人种和印度裔在原白人居住的郊区拥有房产的一项指标。尽管这些研究大多没有指出这种住宅废除种族隔离形式的阶级特征，但这些黑人、有色人种、印度裔居民的收入足以支付高昂的房价成为户主。因此，可大胆假设，这些居民若不是中产阶级的管理人员和专业人士，至少也是高薪白领公职人员、服务业人员和销售人员。因此，波罗瓜尼市（Polokwane）（Donaldson & Kotze 2006；Donaldson & Van der Merwe 1999a，b；Kotze & Donaldson 1998）、东伦敦（Bwalya & Seethal 2015）、彼得马里茨堡（Pietermaritzburg）/姆孙杜兹（Msunduzi）（Wood 2000）、马盖特（Margate）（Lemon & Clifford 2005）这些地区规模较小的城镇也出现了以阶级为基础的种族隔离废除形式。

结　论

本章介绍了《南非和解晴雨表》的调查结果，以估计种族间接触的程度、社会模式和长期趋势。研究结果显示，虽然种族间接触的程度因种族、就业状况、职业的不同有所差别，但在过去十年中，种族间接触的程度却在缓慢增长。

我利用现有的学术文献，对这些长期趋势和变化做出了结构性的解释。得出的第一个结果是，黑人与其他种族相比，种族间接触意愿不强。这在一定程度上可以解释为各种族城市化程度的不同。大多数有色人种、印度裔和白人居住在城镇。因此，他们与包括黑人在内的其他种族接触的结构性机会相对较多。相比之下，仅半数黑人居住在种族更加混杂的城镇中。由于黑人正在经历快速城市化进程，我们可以预计黑人种族间接触的程度会有所提升，这与种族间接触增加的普遍趋势一致。

第二个主要结果是，在职人群中种族间接触的比例较高，白领的种族间接触略高于蓝领。这种种族间接触模式可以部分解释为种族分工的原因。由于白领与许多不同种族的同事一起共事，所以更有可能在工作中结识其他种族成员，体验种族间接触。此外，住宅区种族废除隔离模式使得中产阶级白人社区废除种族隔离。因此，这些废除种族隔离的社区主要由中产阶级，在较小程度上说，黑人白领、有色人种和印度裔组成。因此，生活在这些社区中的白领居民种族间接触机会得以增加。

最后，结果表明各种族间跨种族接触呈缓慢增长趋势，这一发现与南非社会日益城市化的性质和城镇种族隔离的结果相一致。

参考文献

Bwalya J & Seethal C（2015）Spatial integration in residential suburbs of East London，South Africa（1993 – 2008）. *Journal of Asian and African Studies* 50（6）：637 – 649.

Crankshaw O（1996）Changes in the racial division of labour during the apartheid era. *Journal of Southern African Studies* 22（4）：633 – 656.

Crankshaw O（1997）*Race, class and the changing division of labour under a-partheid.* London：Routledge.

Crankshaw O（2005）Class, race and residence in black Johannesburg, 1923 – 1970. *Journal of Historical Sociology* 18（4）：353 – 392.

Crankshaw O（2008）Race, space and the post-Fordist spatial order of Johannesburg. *Urban Studies* 45（8）：1692 – 1711.

Crankshaw O（2012）Deindustrialization, professionalisation and racial inequality in Cape Town. *Urban Affairs Review* 48（6）：836 – 862.

Crankshaw O & White C（1995）Racial desegregation and inner city decay in Johannesburg. *International Journal of Urban and Regional Research* 19（4）：622 – 638.

De Vos T（1986）*Housing requirements and affordability with special reference to Johannesburg.* Pretoria：Council for Scientific and Industrial Research.

Donaldson R, Jürgens U & Bähr J（2003）Inner-city change in Pretoria：Social and spatial trends. *Acta Academica Supplementum* 1：1 – 33.

Donaldson R & Kotze N（2006）Residential desegregation dynamics in the South African city of Polokwane（Pietersburg）. *Tijdschrift voor Economische en Sociale Geografie* 97（5）：567 – 582.

Donaldson S & Van der Merwe I（1999a）Residential segregation and the property market in Pietersburg, 1992 – 1997. *Urban Forum* 10（2）：235 – 258.

Donaldson S & Van der Merwe I（1999b）Urban transformation and social change in Pietersburg during transition. *Society in Transition* 30（1）：69 – 83.

Fick J, De Coning C & Olivier N（1988）Ethnicity and residential patterning in a divided society：A case study of Mayfair in Johannesburg. *South Africa International* 19（1）：1 – 27.

Hoogendoorn G & Visser G（2007）The evolving South African neighbourhood：The case of Westdene, Bloemfontein. *Urban Forum* 18（4）：329 – 249.

Horn A & Ngcobo J（2003）The suburban challenge：（De）Segregation, opportunity and community in Akasia, City of Tshwane. *Urban Forum* 14（4）：320 – 346.

Jürgens U, Gnad M & Bähr J (2002) Residential dynamics in Yeoville, Johannesburg in the 1990s after the end of apartheid. In A Osmanovic (Ed) *Transforming South Africa*. Hamburg: Institute of African Affairs.

Jürgens U, Marais L, Barker C & Lombaard M (2003) Socio-demographic transformation in the Bloemfontein inner-city area. *Acta Academica Supplementum* 1: 34 –54.

Kotze N & Donaldson S (1998) Residential desegregation in two South African cities: A comparative study of Bloemfontein and Pietersburg. *Urban Studies* 35 (3): 467 –477.

Kracker Selzer A & Heller P (2010) The spatial dynamics of middle-class formation in postapartheid South Africa: Enclavization and fragmentation in Johannesburg. In J Go (Ed) *Political power and social theory* (Vol. 21). Bingley: Emerald.

Lefko-Everett K (2012) *Ticking time bomb or demographic dividend? Youth and reconciliation in South Africa. SA Reconciliation Barometer survey: 2012 report*. Cape Town: Institute for Justice and Reconciliation. Accessed September 2016, www. africaportal. org/dspace/articles/ticking-time-bomb-or-demographic-dividend-youth-and-reconciliation-south-africa.

Lefko-Everett K, Nyoka A & Tiscornia L (2011) *SA Reconciliation Barometer survey: 2011 report*. Cape Town: Institute for Justice and Reconciliation.

Lemanski C (2006) Desegregation and integration as linked or distinct? Evidence from a previously "white" suburb in post-apartheid Cape Town. *International Journal of Urban and Regional Research* 30 (3): 564 –586.

Lemon A & Clifford D (2005) Post-apartheid transition in a small South African town: Interracial property transfer in Margate, KwaZulu-Natal. *Urban Studies* 42 (1): 7 –30.

Lombard M & Crankshaw O (2016) Deindustrialization and racial inequality: Social polarization in eThekwini? *Cities* 60: 221 –233.

Maharaj B & Mpungose J (1994) The erosion of residential segregation in South Africa: The "greying" of Albert Park in Durban. *Geoforum* 25 (1): 19 –32.

Morris A (1994) The desegregation of Hillbrow, Johannesburg, 1978 –

1982. Urban Studies 31 （6）： 821 – 834.

Morris A （1999） *Bleakness and light： Inner-city transition in Hillbrow，Johannesburg.* Johannesburg： Wits University Press.

Morris M & Hindson D （1997） Class and household restructuring in metropolitan Durban. *Society in Transition* 1 （4）： 101 – 121.

Moser C & Kalton G （1971） *Survey methods in social investigation.* Dartmouth： Aldershot.

Myburgh D （1996） The transformation of social space in the Tygerberg，Cape Town. In R Davies （Ed） *Contemporary city structuring.* Cape Town： IGU Commission on Urban Development & Society for South African Geographers.

Ownhouse S & Nel E （1993） The "greying" of central： A case study of racial residential desegregation in Port Elizabeth. *Urban Forum* 4 （1）： 81 – 92.

Parnell S （1991） The ideology of African home-ownership： The establishment of Dube， Soweto， 1946 – 1955. *South African Geographical Journal* 73 （2）： 69 – 76.

Parnell S & Crankshaw O （2013） The politics of "race" and the transformation of the postapartheid space economy. *Journal of Housing and the Built Environment* 28 （4）： 589 – 603.

Saff G （1998） *Changing Cape Town： Urban dynamics，policy and planning during the political transition in South Africa.* Lanham，MD： University Press of America.

Schensul D & Heller P （2011） Legacies， change and transformation in the post-apartheid city： Towards an urban sociological cartography. *International Journal of Urban and Regional Research* 35 （1）： 78 – 109.

Seekings J & Nattrass N （2005） *Class，race and inequality in South Africa.* New Haven，CT： Yale University Press.

Statistics South Africa （2012） *Census 2011 statistical release P0301. 4.* Pretoria： Statistics South Africa.

Wale K （2013） *Confronting exclusion： Time for radical reconciliation. SA Reconciliation Barometersurvey： 2013 report.* Cape Town： Institute for Justice and Reconciliation. Accessed September 2016， www. polity. org. za/article/sa-reconciliation-barometer-survey-2013-reportdecember-2013 – 2013 – 12 – 04.

Wale K（2014） *SARB 2003 – 2013: Over a decade of data reflecting on re-conciliation-Lessons from the past, prospects for the future.* Accessed September 2016, ijr. org. za/ publications/pdfs/IJR% 20SA% 20Reconciliation% 20 Ba-rometer% 20Report% 202014. pdf.

Wood L（2000） Residential real estate transfers in Pietermaritzburg – Msundu-zi, South Africa. *Tijdschrift voor Economische en Sociale Geografie* 91（3）: 263 – 277.

对社会关系主题的回应

种族和解的真正晴雨表：意识，而非接触

饶勒拉·芒库（Xolela Mangcu）

马克思在他全面阐释历史唯物主义理论的《德意志意识形态》著作中，提出了颇具影响力的主张，"统治阶级的思想在任何时代均是统治思想"（Engels &Marx 2011/1932：39）。我们现在认识到，在很大程度上得益于葛兰西（Gramsci）（1971）的研究，人们实际上有能力独立于他们的物质地位形成自己的想法。这些思想存在于掌权者与被统治者的斗争之中。葛兰西批判这是"原始的幼稚病"，即把人类的全部意识均归结于物质条件，他认为"政治和意识形态的每一次波动均是结构（即经济基础）的直接表达，这一主张是历史唯物主义的基本假设，必须在理论上受到质疑"（1971：407）。

葛兰西的批判解放了社会理论家，使他们得以将文化视为独立的社会力量进行研究。思想不再仅仅是物质力量的产物，而是成为现实社会物质组织背后的生产力。正如文化社会学家杰弗里·亚历山大所言："个人、群体、国家的命运往往由无形却蕴含巨大力量和模式化的思想光辉决定。"（Alexander 2003：7）

的确，如果物质利益与预期的文化观念相符，我们就能期望看到工人阶级白人和黑人一起上街游行，齐声高唱《国际歌》。然而事实却并非如此，威廉·E. B. 杜博斯（William EB du Bois）提道：

> 我们必须铭记，虽然白人劳工薪资低下，却得到了公共和心理补偿……他们投票选出了政府官员，虽然这对改善其经济状况的影响微乎其微，然而在改善个人待遇、获得尊重方面却影响深远（详见 Desmond & Emirbayer 2010：66–67）。

正如斯图亚特·霍尔（Stuart Hall）（1996：426）所言，过去的南非由"白人统治阶级与反对黑人的白人工人双方的利益结成的联盟而维系"。

自由主义（liberalism）在南非遭遇了同马克思主义一样的处境。自由主义者在分析社会进步时同样强调物质主义，他们坚持认为经济进步会消除种族偏见，而种族主义是无知的表现，可通过教育予以纠正。唐·福斯特（Don Foster）和金·威尔（Kim Wale）讨论了 Gordon Allport（1954）的接触理论，该理论产生于自由主义观点，即沟通和教育是减少群体间偏见的有效途径。然而，《南非和解晴雨表》的调查结果却推翻了规范自由主义假设，即随着种族间接触增多，及人际关系更紧密，自然会带来改变。准确地说，南非的种族间接触程度仍然相对较低，种族偏见仍未消除。尽管自 2004 年詹姆斯·吉布森（James Gibso）调查以来，种族接触有所增加，《南非和解晴雨表》的调查结果也表明，南非黑人长期受到种族隔离的情况尤其严重。福斯特和威尔的报告显示，2013 年仅 56% 的黑人经常与其他种族者交谈，仅 43% 的黑人与其他种族者交往。中产阶级黑人和白人间的跨种族谈话比例相对较高，达77%。尽管如此，两者交往的比例仅占 40%。低收入群体中，这种情况尤为明显，黑人和白人与不同种族者交谈或交往的比例不足 20%。福斯特和威尔总结道，如果像接触理论所说的那样，态度上的重大改变源于人际关系，那么情况便并不十分乐观。此外，人民对种族间接触的期望似乎有所下降。

欧文·克兰肖（Owen Crankshaw）借结构主义解释上述结果。鉴于非洲大多数人口为黑人，而且仍生活在种族单一地区，80% 的黑人在工作场所之外仅与其他黑人交往就不足为奇了。再者，考虑到大多数工人阶级均为黑人，黑人在工作场所交往、社交也屡见不鲜。这样的结构主义论点虽然正确，然而不一定意味着发生在上层（例如发生在工作场所和大学）的种族接触能促进种族和谐。

事实上，我们恰恰没有看到黑人和白人在上述空间手拉手齐唱黑人传统圣歌《康巴亚》（Kumbaya）。如果参考大学最近爆发的学生起义，可以看出日益增加的接触也会导致种族不和谐。重要的是接触的质量，而非数量。这当然也显示出了关注人际关系态度而忽视制度性种族主义制度的局限性，Matthew Desmond 和 Mustafa Emirbayer（2010：30）曾说道："白人在公司、大学、法律体系、政治机构、文化生活和其他社会集体全面占据主导地位，压制其他有色人种"。这些约定俗成的惯例存在、运作与个人无关，这些人或许并非一定怀有个人偏见，但其命运在很大程度上仍由机构决定。

《南非和解晴雨表》的调查结果也显示，白人对种族间接触的看法往往比黑人更积极。福斯特和威尔认为，白人或许对种族间接触的看法更为积极，而黑人则不大相信种族间互动会长久改变外界态度。这是因为过去的种族主义经历，和持续的制度性种族主义抵消了人际交往的"良好感觉"所带来的红利。

有趣的是，比科在第一次宣布黑人意识运动（Black Consciousness Movement）（BCM）形成时便提出了比种族间接触更好的和解途径。他写道：

> 必须打破、扼杀在自由意识形态的旗帜下提出的有关融合的荒诞说辞。因为这派说辞令人误以为有人正为此付出努力，而实际上，虚假的融合圈种族隔离的光环于黑人而言如同一剂安眠药，为疚心疾首的白人提供了虚幻的满足感。该说法的前提不正确，因为南非很难聚集不同的种族成员，因此实现这一目标本就是朝着彻底解放黑人迈出的一步。这样的论调穿凿附会，误导人民，相信此类说辞者就是生活在愚人的天堂里。（2004：23）

比科指出，于白人而言种族间接触的体验比黑人更为积极，因为有充足证据证明白人态度的进步和变化，这无关特权。相比之下，如果接触能回答白人特权和制度性种族主义将如何以及何时在南非终结的问题，黑人可能会更加积极地参与种族间接触。

此外，于白人而言，尤其是中产阶级白人，接触实际上更像是政治实验。许多黑人并未把其生活当做政治实验——除是否受到白人同胞的喜爱外，黑人仍受到诸多生存问题的困扰。

那么，敢问种族和解之路在何方？尽管结构主义和自由主义方法主导了南非的变革理论，然而这两种理论都有其缺点。结构主义者把解决经济问题放在首位，认为更好的人际关系将更加促进不同阶级或不同职业的人团结一致。这两种方法均未充分考虑到制度性种族主义。在此框架下，人民几乎不可能理解"善良"的白人为何会被黑人视为种族主义者。人们只把种族主义理解为潘妮·斯派洛（Penny Sparrow）那样的做派。①

相反，我们应该从黑人提出的变革理论入手，理解黑人如何看待种族和解。从黑人意识出发，尽管这样迫使我们离开了自己的舒适区，但也更能代表南非现实中的种族情况。较之于着眼于态度改变，我们应注意到意识的改变——以及随后关于制度性种族主义的讨论。人际交往接触必须始终与确保制度变革的努力相联系。我们的态度也许能提醒我们在社会中所处的位置，然而最终态度的改变是被动的观念，而意识便意味着我们行动起来的意愿。比科怀疑是否最进步的南非白人愿意寻求真正的转变。他认为，这样的对话总是会导致利己的自然倾向：

> 为证明完全认同黑人的观点，他们将一些"聪明伶俐"的黑人"邀请至家中饮茶"。所有在场者均讨论同一老生常谈的问题"我们如何改变南非？"参加的茶话会越多，就越能体现其自由主义者的立场，更可摆脱束缚良心的罪恶感……然而，内心深处，这些人对现状相当满足，因为目前的情况就是如此，因而不应为如何改变南非而烦恼。（Biko 2004：23）

当时，比科注意到白人自由主义者对自己被要求采取激进措施（例如停止使用种族隔离设施）的通常反应是，这些措施并"不现实"。因此，比科认为改变就需接受"不现实"。

记者兼编辑唐纳德·伍兹（Donald Woods）最初认为比科提倡的黑人意识运动（BCM）是不切实际的种族主义运动，这是由于这场运动拒绝了白人自由主义。然而，最终伍兹在其报纸上为黑人意识运动开设专栏，因而成为此运动最为重要的白人拥趸之一。仅靠比科和伍兹（Woods）的相互联系远远不够，在意识层面上，伍兹更是进行了一次脱胎换骨的转变，成为南非和解之路超越接触层面而进入意识层面的关键重要性象征。

---

① 潘妮·斯派洛是南非的房地产经纪人，2016年1月，她在社交网站上发表种族主义言论，因此面临刑事指控及人权委员会调查。

参考文献

Alexander J（2003）*The meanings of social life：A cultural sociology*. Oxford：Oxford University Press.

Allport G（1954）*The nature of prejudice*. Cambridge，MA：Perseus Books.

Biko S（2004）*I write what I like*. Johannesburg：Picador Africa.

Desmond M & Emirbayer M（2010）*Racial domination，racial progress：The sociology of race in America*. New York：McGraw-Hill.

Engels F & Marx K（2011/1932）*The German ideology*. Eastford，CT：Martino Fine Books.

Gibson JL（2004）*Overcoming apartheid：Can truth reconcile a divided nation?* Cape Town & New York：HSRC Press & Russell Sage Foundation.

Gramsci A（1971）*Selections from the prison notebooks*. Edited by Q Hoare，translated by G Nowell Smith. London：Lawrence and Wishart.

Hall S（1996）*Critical dialogues in cultural studies*. Edited by K-H Chen & D Morley. London：Routledge.

第三部分

转　　型

21 世纪头十年南非黑人阶级形成的社会影响：以《南非和解晴雨表》为证

杰里米·西金斯（Jeremy Seekings）

　　后种族隔离制度下南非最显著的社会变革或许是非洲精英阶层和中产阶级的爆炸性增长。在 20 世纪 50 年代和 60 年代，种族隔离使非洲裔（以及有色人种和印度裔的）中产阶级遭受重创，但自 20 世纪 70 年代以来，非洲裔稳步流入半专业和白领行业（Crankshaw，1997）。在 20 世纪 90 年代和 21 世纪头十年，这一进程迅速发展，并推进至专业和管理职业，进而位列经济、政治、社会精英阶层（Seekings & Nattrass 2005，2015）。对许多非洲人而言，"新"南非是一个充满机遇、日趋繁荣的国家。帕特里斯·莫特塞普（Patrice Motsepe）就是一个尤为特别的例子：出生于 1962 年，无继承财产，但在 21 世纪头十年，净资产近 30 亿美元。莫特塞普是当时唯一的一位黑人亿万富翁，然而日益增长的少数南非百万富翁（2012 年约有 8000 名）均为黑人。［商报现场报道（Business Day Live）2013 年 11 月 15 日］。① 对许多非洲人而言，"新"南非是一个充满机遇、日趋繁荣的国家。帕特里斯·莫特塞普（Patrice Motsepe）就是一个尤为特别的例子：出生于 1962 年，无继承财产，但在 21 世纪头十年，净资产近 30 亿美元。莫特塞普是当时唯一的一位黑人亿万富翁，然而日益增长的少数南非百万富翁（2012 年约有 8000 名）均为黑人。1994 年，在收入五等分位数（income quintile）最富裕人群中（即

---

　　① 《黑人百万富翁激增》，访问日期：2016 年 9 月，http：//www. bdlive. co. za/business/2013/11/1 5/black-dollar-millionaire numbers-rocket。

最富裕的五分之一人口）中，仅四分之一是非洲裔。[①] 截至 2008 年，这一比例翻了一番，达 50%。[②] 许多非洲人开始了上向流动。精确的增长率取决于对"中产阶级"的定义（Burger, Steenekamp, Van der Berg& Zoch 2015），但大多数定义和研究均表明中产阶级强劲增长的势头。开普敦大学（University of Cape Town）联合利华战略营销研究所（Unilever Institute for Strategic Marketing 2012）声称："400 万人正在崛起。"Justin Visagie（2015）发现中产阶级的增长实际上更为强劲，处于中产阶级和上层阶级的非洲裔人口从 1993 年的 220 万增加至 2008 年的 540 万。

然而，机会并不会眷恋所有人（World Bank 2012）。在"新"南非，人民长期遭受失业和失地的双重苦痛，尤其是在农村地区，贫穷依然存在。其结果是非洲裔人口中不平等现象显著增加（Leibbrandt, Finn& Woolard 2012）。非洲裔人口的日益分化和分层成为南非种族和阶级关系发生变革的主要诱因。虽然为数众多的南非白人享有特权，绝大多数穷人是非洲裔，但非洲裔不再被排除在特权之外（Seekings & Nattrass 2005, 2015）。

本章探讨非洲裔中产阶级形成的过程是否和如何影响后种族隔离制度下南非的社会态度，重点探讨非洲中产阶级南非人如何感知种族、阶级和性别不平等。本章对南非非洲裔中产阶级的相关文献尽绵薄之力，此类文献如同非洲裔中产阶级一般，既有深厚的历史渊源，又有新近的快速发展。在 20 世纪 50 年代，大部分关于非洲裔中产阶级的韦伯文献趋于强调这一阶级的社会和文化特性，20 世纪 80 年代和 90 年代，许多研究倾向于淡化东山再起的非洲裔中产阶级和其他阶级间的差异。例如，Geoffrey Modisha（2007）研究了非洲裔管理者（企业中产阶级）的"矛盾的阶级位置"：尽管就职业和住宅区位而言属于中产阶级，许多人仍保留着与其所原生工人阶级社区的持久联系和身份认同。在对索韦托（Soweto）的研究中，Peter Alexande、Claire Ceruti、Keke Motseke、Mosa Phadi 和 Kim Wale（2013）强调索韦托不同地区人口的共通性，部分原因是即使那些支付能力较强的人——自认为属于"中产阶级"——也易受贫穷影响，难舍穷困的邻居和亲戚，他们的特权日暮穷途。这些对非裔中产阶级的认识与其他大多依赖于民族志研究的学术研究迥然不同（Chevalier

---

① 人口普查和调查的确切数字不同（见 Seekings & Nattrass 2005：306）。
② 第一次全国收入动态分析（National Income Dynamics Study, NIDS），通过我的计算得出。

2015；Chipkin 2012；Krige 2015；Newman & De Lannoy 2014；Nkuna 2013；Seekings 2014b），也与强调新中产阶级所宣称和主张的消费主义和个人主义特征的小说，尤其是杜格·马特瓦（Kopano Matlwa）2007 年的小说《椰子》中所塑造的形象大相径庭。

本章使用 2003 年至 2013 年《南非和解晴雨表》调查的定量数据，绘制南非大部分非洲裔不断变化的社会和经济状况，挖掘这与不断变化的种族与阶级不平等的认识之间的关系。《南非和解晴雨表》数据表明，日益壮大的非洲裔中产阶级在种族和阶级不平等问题上均持相对独特的社会态度，并且随着时间的推移，在一些方面愈发与众不同。非洲裔中产阶级倾向于更加积极地看待"种族关系"的变化，令人备受鼓舞；他们对经济变化所持的积极态度，难免对穷人显露出自鸣得意和漠不关心的态度。本章对非洲裔中不同阶级的态度进行比较，但对非洲中产阶级的增长对南非白人、印度裔和有色人种的态度和信仰可能产生的间接影响未做挖掘。在最后一节中，我通过对南非整个人口中的特定态度进行建模，研究种族和阶级影响，发现了种族和阶级不平等对社会态度影响的证据。本章不探讨政治态度，因为 Robert Mattes 在此方面已有相关论述（2014）。

本章虽然聚焦南非案例，但南非并非个例。其他受种族压迫的社会如美国和巴西，同样经历了黑人中产阶级的急剧增长，颠覆了这些社会种族和阶级间的历史关系。巴西的研究发现，巴西黑人上向流动与"变白"有关，因为新富阶层不论在自我认知抑或他人认知中相较以往更加像"白人"而非"黑人"（Schwartzman 2007）。在美国，针对非裔美国中产阶级的一系列研究指向其身份、兴趣、行为的复杂性（有关芝加哥的相关研究，见 Pattillo-McCoy 2000；有关华盛顿的相关研究，见 Lacy 2007）。此外，随着中产阶级规模扩大、重要性递增，近期许多全球南方国家针对中产阶级的研究迅猛发展（Darbon 2012；Fernandes 2006；Heiman，Freeman & Liechty 2012；Liechty 2002；Srivastav 2011）。有必要进一步对南非与其他国家的情形进行比较研究。

对中产阶级的衡量和概念化研究

当然，对于如何概念化或衡量南非（或其他任何地区）的中产阶级尚未达成共识。Ronelle Burger、Cindy Steenekamp、Servaas van der Berg 和 Asmus Zoch（2015）提出了三种方法，分别侧重于收入（主要属经济学家研究）、职业（由社会学家研究）和自我认同。前两种方法本身属于不同类别，经济学家就"中产阶级"是否指处于收入分配中间位置的阶层，抑或指相对富裕、非贫穷收入阶层这一问题产生分歧（另见 Visagie 2015），而社会学家长期以来对采取马克思主义方法抑或韦伯式方法意见相左（见 Alexander et al. 2013；Seekings & Nattrass 2005）。

经济学家倾向于关注收入。在他们看来，"阶级"与收入类别含义相同。Visagie 称，精英阶层和中产阶级的总人数在 1993 年占总人口的 20%，在 2008 年占总人口的 24%。非洲裔中产阶层日益增加，大大抵消了这一阶级中白人数量的减少（Visagie 2015；Visagie，Posel 2013）。Ronelle Burger 和 Camren McRavey（2014）通过略为宽泛的定义估算出，这一比例从 1993 年的 28% 上升至 2012 年的 48%。在这些类别中非洲裔比例分别从 8% 上升至 15%（Visagie 2015），从 12% 上升至 40%（Burger & McAravey 2014）。这些研究存在谎报收入情况上升的嫌疑（见 Seekings 2014a；Yu 2013），因此或许低估了中产阶级相较于其他阶级的增长。

社会学家往往更关注职业结构，而非收入结构。使用人口普查数据的初期研究结果表明：去工业化（deindustrialisation）导致南非城市"后福特主义"（post-Fordist）阶级结构更为两极分化，涌现出众多高收入和低薪水的工作，而中等收入的工作却在缩水，这主要是因为服务业就业比工业就业分化更大。Owen Crankshaw（2012）认为这些发现基于的数据有误。他和其他研究者发现南非城市中等收入的制造业岗位被中等收入、白领、服务业岗位所取代。制造业和服务业中，低技能和低薪水岗位不断被高技能和高收入岗位取代，与其说是职业两极分化，倒不如说是"专业化"（Borel-Saladin & Crankshaw 2008；Crankshaw 2012；Crankshaw & Borel-Saladin2013；Kracker Selzer & Heller 2010）。

家庭调查数据——涵盖所有家庭，并非仅是受雇个人——呈现出大体一致的结果。图 1 显示了 2008 年家庭在三个广泛的阶层间的分布，每一阶层由几个阶级组成［使用了第一次国民收入动态研究（National Income Dynamics Study，NIDS）］。自种族隔离制度结束以来，阶级结构仅发生了细微变化（见 Seekings & Nattrass 2005 的分析）。考虑到经济仍为资本主义经济，失业率居高不下，这便不足为奇。结构性变化虽然较小，但仍具启示意义。上层阶级不断壮大，在总收入中所占比重也日益增大。下层中产阶级和工人阶级在（不断增长的）总人口中占比略有下降，这主要是由于核心工人阶级减少但绝对数量却在增长。下层阶级整体略有萎缩，但收入份额保持不变（主要是由于政府补助和养老金的再分配和去商品化）。这是一个难以解释清楚的简单故事：富人财运亨通如同在21世纪初大多数资本主义社会典型的新"镀金时代"下的发迹一般，但他们的成功也并非以牺牲穷人的利益为代价。富人富裕的同时，贫穷也在减少。正是因为处在中间位置，情况才会变得更加复杂。所谓下层中产阶级——技术工人和白领——有所扩大。由工业、农业和家庭就业中的低技术工人构成的核心工人阶级大幅萎缩。由农业或家庭就业中技能较低的工人组成、构成图1中部分较低阶级的边缘工人阶级也有所萎缩。这反映了低技能工业就业占比下降，主要是因为劳动力技能构成发生变化，机械化导致了从低技能就业到高技能就业、从蓝领到白领的就业机会的转变（见 Scckings & Nattrass 2015）。

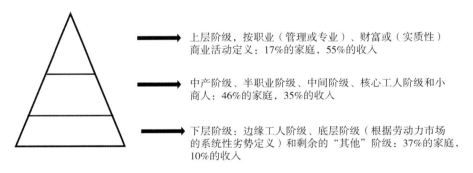

上层阶级，按职业（管理或专业）、财富或（实质性）商业活动定义：17%的家庭，55%的收入

中产阶级、半职业阶级、中间阶级、核心工人阶级和小商人：46%的家庭，35%的收入

下层阶级：边缘工人阶级、底层阶级（根据劳动力市场的系统性劣势定义）和剩余的"其他"阶级：37%的家庭，10%的收入

图1　2008年南非的阶级结构
资料来源：根据国民收入动态研究数据计算得出。

在早期的作品中，我一般避免使用"中产阶级"一词，因为难以确定该词在南非语境中究竟意指什么。传统的"中下阶级"将包含大部分我称之为"半专业者"和"中间"阶级的群体。这两个阶级的人数自种族隔离制度结束以来持续增长，尽管增速仅略快于总人口增速。1993年，这两个阶级包括24%的南非家庭。截至2008年，这一比例已升至27%。同一时期，这些家庭的收入有所增加（但增速不及相对富裕家庭，因此他们在国民总收入中所占的比例实际上有所下降）。①
整体的阶级结构并未发生显著变化。真正发生变化的是这些阶级的种族
构成，南非黑人上向流动至下层中产阶级现象显著（见 Seekings & Nat-
trass 2015）。

第三种分类方法或许依赖于南非人的自我分类。Burger，Steenekamp
等人（2015）报告了作为世界价值观调查（World Values Survey，WVS）
一部分而收集的关于南非民众自我报告社会阶级的纵向数据，很难看出
1995—2013 年任何明显的趋势。事实上，2001—2006 年，自我认同为下
层阶级的人数大幅上升，2006—2013 年自我认同为工人阶级的人数大幅
上升（同时，自我认同为中产或上层阶级的人数随之下降），这与使用
收入或职业数据确定的趋势背道而驰。

表1 自我认同的社会阶级，1995—2013 年 （单位:%）

	1995	2001	2006	2013
下层阶级	43	26	44	45
工人阶级	24	31	19	25
下层中产阶级	17	21	20	17
上层中产阶级	15	19	15	12
上层阶级	1	3	2	1
总和	100	100	100	100

注：由于四舍五入取整，百分数总和不等于100%。
资料来源：由 Burger，Steenekamp 等人发布的世界价值观调查（WVS）（2015：35）。

然而，2006 年的数据与 2008 年关于收入分配中第一次国民收入动
态研究（NIDS）的自我定位数据一致。国民收入动态研究要求受访者通
过想象一个最贫穷的人站在底层，最富有的人站在顶层的六级阶梯来确
定自己在收入分配中的位置。鲜有受访者（不足10%）称自己处于前两
层，也很少有人认为自己属于上层阶级。三分之一受访者表示自己属于
社会最底层的两个阶层之一，与认为自己属于下层阶级者的占比大致相
同。近60%的受访者表示处于中间两个阶层之一，与认为自己属于工人
阶级、下层中产阶级或上层中产阶级的比例大致相同（Burger，Steeneka-

① 即使考虑到并未充分报道收入，情况或许依旧如此。

mp et al. 2015）。遗憾的是，似乎没有任何 20 世纪 90 年代的数据可供比较以分析随时间而发生的变化。

学者们认为"中产阶级"对不同群体而言意义完全不同。Alexander 等人（2013）研究索韦托时指出，处于"中间"阶层通常意味着能够负担得起一些非必需品。索韦托的中产阶级与工作场所的工人阶级身份相一致（Alexander et al. 2013）。Grace Khunou（2015）也指出中产阶级的含义迥然不同。似乎"中产阶级"在开普敦（见 Seekings 2007a）的含义也与在索韦托不同。若未更好地理解身份建构（identity formation），用自我认同来衡量当代南非中产阶级性似乎问题尤为突出。

Burger，Steenekamp 等人（2015）和大多数其他对南非阶级的辩论所做的贡献①往往忽视了第四种方法，这对后种族隔离下南非的黑人中产阶级重新获得利益则至关重要。在 21 世纪初，市场研究人员发现，有一大批新兴消费者"阶级"（主要是黑人）享受着超出基本生活标准的"生活水平"。开普敦大学联合利华研究所的研究人员提出了"黑钻石"的概念来代指处于新兴中产阶级最顶层的人群。该研究所 2010 年的纪录片《先行者》（*Forerunners*）有力描述了这些新晋精英所经历的变化以及他们应对变化的方式（Unilever Institute of Strategic Marketing 2014）。此外，南非大学（the University of South Africa）的市场研究处（Bureau of Market Research）率先研究了消费力量的变化模式，并发表了关于富裕的新发现（Udjo 2008；Van Aardt 2005）。

广告和营销行业一般避免以收入为基础的衡量标准，而是在抛开收入的情况下，依据资产所有权、金融服务使用和选定的其他变量制定的生活水准测量（Living Standards Measures，LSMs）。其背后的概念似乎是消费者行为并非简单地（或主要）以当前收入为驱动，衡量资产所有权和金融服务使用纳入了偏好、品味和收入。因此，高生活水准测量的家庭可能资产富裕，但现金匮乏。生活水准测量发生了多次变化（2000/2001 年）。直至彼时，有八类生活水准测量指标，后来通过采用一组修正后的变量，又将前两类生活水准测量细分为四类，因此共计 10 类生活水准测量指标体系。

---

① Chevalier（2015）是近期的一个明显的特例。

　　大多数社会科学家忽略了生活水准测量，但并未解释原因。[①] 然而，生活水准测量可能被视为不完美地实现了将社会区隔（distinction）纳入经济特权分析之中的布迪厄式（Bourdieusian）社会分层方法。于皮埃尔·布迪厄（Pierre Bourdieu）而言，阶级的经济不平等在一定程度上通过严重依赖于社会和文化熏陶（cultural cues）[②] 的标签和自我认同的日常分级而得到重现。正如上文所述，更充分地融入布迪厄的思想裨益于对南非阶级的研究（Seekings 2007b，2008）。这一点对研究非洲裔中产阶级尤其适用，在诸多小说中均有明显体现，例如《椰子》（我将其视为布迪厄式文本）详述了新兴精英所谓的区隔和特权的文化基础。市场营销和广告行业或许之所以使用生活水准测量，是因其符合消费者偏好和行为模式。虽然目前鲜有关于生活水准测量是否与其他社会和政治行为密切相关或优于其他阶级衡量标准的研究，但不应草率抛弃使用生活水准测量。

　　生活水准测量数据强调自 1994 年以来的社会和经济变化速度。在先前八类生活水准测量体系中，属于前 3 级的南非人口比例从 1994 年的约 33% 上升至 2006 年的 44%（表 2 中的生活水准测量 6—10 级）。后期的 10 级生活水准测量体系中，前 5 级的占比从 2007 年的 44% 上升至 2014 年的 62%。无论如何定义“中产”，似乎人数均有所增长：生活水准测量 6—8 级的比例从 1994 年的 27% 上升至 2014 年的 45%。

　　虽然细节有所出入，收入、职业和生活水准测量数据大体一致。从技能较低的蓝领工作向技能较高的蓝领工作的转变、从蓝领工作向白领工作的转变、高技能劳动者的收入不断增长，令许多（甚至大多数）正式就业人员的实际收入有所增加。连同正式住房的扩建和市政基础设施和服务的改善，这导致资产所有权扩大、获取服务的机会增加（如生活水准测量所衡量的），或许还导致消费模式的改变。生活水准测量显示

---

　　① 具有讽刺意味的是，Servaas van der Berg，Louw 和 Yu（2008）在分析贫困趋势时使用了生活标准评价，但近期有关阶级划分的不同方法的表述中却将其忽视（Burger，Steenekamp et al. 2015）。

　　② 最近的“英国阶级大型调查项目”通过询问社会资本（认识不同阶层的特定职业者）、文化资本（衡量闲暇、音乐、饮食和假日偏好）以及经济资本（衡量储蓄、财产所有权以及家庭收入）（Savage，Devine，Cunningham，Taylor，Li，Hjelbrekke，Le Roux，Friedman & Miles 2013）实现了布迪厄式方法。评论详见 Mills（2014）。

的财富共享范围比收入数据显示的更为广泛，这是因为家庭资产的所有权以及金融和其他服务使用（包括在生活水准测量的分级中）增速快于收入增长。身份认同数据存在差异；如何从国家层面解释自我认同阶级身份的变化目前尚不清楚。

表2		南非人口，按生活水准测量划分			（单位:%）
生活标准评价	旧生活标准评价			新生活标准评价	
	1994	2000	2006	2007	2014
1—4	55	44	37	42	22
5	14	18	19	14	16
6	14	17	21	16	23
7	13	14	17	9	13
8				6	9
9	6	7	6	7	10
10				6	7
总和	100	100	100	100	100

注：由于四舍五入取整，百分数总和不等于100%。
资料来源：ww. saarf. co. za。

使用《南非和解晴雨表》数据衡量中产阶级

2003—2013 年，司法与和解研究所进行了 13 轮《南非和解晴雨表》调查。这些调查是前身为益普索－马奇诺（Ipsos-Markinor）的市场研究公司益普索开展的综合调查的一部分。有些问题在每轮调查中均有提及，然而有些问题仅出现在一轮或几轮调查中。益普索还提供了有关生活水准测量的数据①以及收入和职业方面的数据，质量却不尽人意。没有关

---

① 第 9 轮调查（2009 年）缺少生活标准评价数据。然而，构成生活标准评价的大多数变量均可用。我使用当时的公式通过生活标准评价的变量为家庭评分。一个重要的负变量（无线电）缺失，这或许可以解释为什么生活标准评价分值似乎虚高。我随机将底层的 70% 家庭划分到下层阶级，接下来的 26% 的家庭划分下层中产阶级，前 4% 的家庭划分为上层中产阶级，从而调整了生活标准评价的分值。如有需求，可提供更多详细信息。

于自我认同的数据。调查的样本量大，从 3289 人到 3590 人不等，13 轮调查共有 45000 多名受访者参与。然而大都市地区，因此生活水准测量 6—10 级者采样过多，而非大都市地区，因此生活水准测量 1—5 级者采样不足。下文的分析会使用再加权数据。[①]

《南非和解晴雨表》的数据显示，在生活水准测量中最高和中间类别中，非洲裔人口占比稳步增长（图 2）。非洲裔家庭在生活水准测量 1—5 级中占比从 2003 年的 88% 下降至 2013 年的 59%。生活水准测量 6—8 级占比从 12% 升至 37%。生活水准测量 9 级和 10 级的精英阶层占比从不足 1% 升至 4%。就我们的目的而言，生活水准测量 6—8 级或许能够对应下层中产阶级（包括家庭的经济支柱也可能自认为工人阶级，至少在工作场所如此），而生活水准测量 9 级和 10 级则对应上层中产阶级。精英阶层不大可能出现在此规模的样本和此类调查中。2003 年至 2013 年间，非洲裔下层中产阶级和上层中产阶级均大幅增长（上层中产阶级的基数很小）。[②]

值得注意的是，《南非和解晴雨表》数据即便经加权后也与南非观众研究基金会（South African Audience Research Foundation，SAARF）[③] 公布的按照生活水准测量划分的全国家庭分布数据不符。南非观众研究基金会数据显示，2007 年 56% 的家庭（即所有种族或人口群体）位于生活水平评价 1—5 级。同年加权后的《南非和解晴雨表》数据将 72% 的家庭置于生活水准测量 1—5 级。南非观众研究基金会将 31% 的家庭归入生活水准测量 6—8 级，而《南非和解晴雨表》中此类家庭的占比为 18%（使用权重）。南非观众研究基金会将 13% 的家庭归入生活水准测量 9 级和 10 级，而《南非和解晴雨表》加权数据仅将 11% 的家庭归入生活水准测量 9 级和 10 级。换言之，基金会数据显示的低生活水准测量家庭较少，中高生活水平家庭较多。若没有基金会和替《南非和解晴雨表》开展田野调查的益普索获取的有关样本和权重的更多信息，我们就无法理解这些差异，该信息就不可用，但对于本章目的而言，这无关紧

---

① 益普索－马奇诺并未解释如何推导权重，然而我们假设其根据抽样设计和无回应进行调整。

② 鉴于早年上层中产阶级的家庭数量较少，这些数据应谨慎处理。

③ 2010 年之前，南非观众研究基金会一直被称作南非广告研究基金会（South African Advertising Research Foundation）。

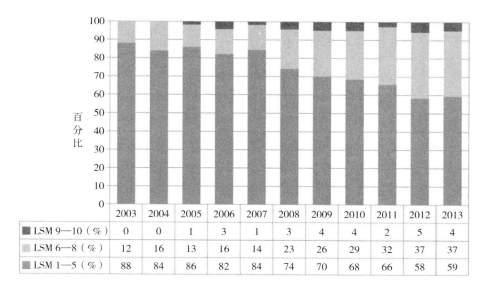

	2003	2004	2005	2006	2007	2008	2009	2010	2011	2012	2013
■ LSM 9—10（%）	0	0	1	3	1	3	4	4	2	5	4
■ LSM 6—8（%）	12	16	13	16	14	23	26	29	32	37	37
■ LSM 1—5（%）	88	84	86	82	84	74	70	68	66	58	59

图 2　非洲人口，按生活标准评价划分，2003—2013 年

注：由于四舍五入取整，百分数总和不等于 100%。

资料来源：作者分析了 2003 年至 2013 年的《南非和解晴雨表》调查。

要。本章并非意在精确衡量非洲中产阶级的增长，而是要审视这些阶级是否具有独特的社会态度，关注这些阶级的相对态度，而非其相对的规模。

《南非和解晴雨表》包括一些关于收入和职业的数据，但并不符合阶级分类的精确构成。收入记录在名义值的固定范围内，这使得构建实际收入的纵向测量较为困难（即考虑通货膨胀）。此外，数据也并不充足。也有充分理由相信，所有调查中许多南非个人和家庭低报了其收入，并且此种情况随着时间的推移愈演愈烈（Seekings 2014a；Yu 2013）。《南非和解晴雨表》的职业数据也出现问题。数据按一位数的国际标准职业分类（International Standard Classification of Occupations，ISCO）编码，没有关于行业或部门的数据。"个体经营者"的类别并未区分奋力求生的小贩和拥有自己雇员的店主。此外，职业数据针对个人，仅供受访者使用，不供其他家庭成员使用。这意味着确定家庭的阶级地位异常困难。如果受访者将其就业状况标注为"失业"或"未就业"，那么我们便无法得知该家庭中经济支柱是高新技术人员抑或农场工人，或者该家庭是否有经济支柱。

本章附录中的表格通过使用 2011 年《南非和解晴雨表》数据，显示家庭生活标准评价、家庭收入和个人职业间存在不确切的相关性。几乎所有月收入低于 3000 兰特（按 2011 年的物价）的受访者的家庭均位于生活水平评价 1—5 级（表 10）。小部分低收入家庭处于生活水平评价 6—8 级，可能包括因家庭经济支柱退休、死亡、离职或失业而承受收入损失的家庭。位于收入等级的顶端，收入最高的家庭几乎均位于生活水平评价 6—8 级或 9 级和 10 级。但一些高收入家庭——大约在排在收入十等分位数第八和第九的家庭——却属于生活水平评价 1—5 级。这些均为现金充裕，却资产匮乏的家庭，这或许因为家庭收入近期才有所增加，并且资产积累也或许为需供养的家属数量之多所拖累。附录中的表显示，家庭生活标准与职业或工作状况间也存在着不确切的关系。大多数专业或管理雇员处于生活水平评价 6 级或更高级别，但有些处于较低的生活水平评价类别。大多数非技术工人处于较低的生活水平评价类别，但有些处于生活水平评价 6 级或更高级别。因此无法断定生活水平评价是否能够作为更正统的阶级的社会学概念的合理指标。遗憾的是，《南非和解晴雨表》数据不包括任何对自我认同阶级的衡量。

鉴于生活水平评价与收入和阶级职业衡量标准间关系并不精确，评估任何一种阶级与态度、信仰或行为的衡量标准间关系的研究结果的鲁棒性（robustness）至关重要。附录中的分析通过使用《南非和解晴雨表》中提供关于职业和收入的有限数据剖析了使用生活水平评价（已在正文中说明）得出的结果能否经受其他阶级规范的考验。

评估经济和社会变化

南非非洲裔中产阶级更可能认为其经济状况和生活条件在过去一年有所改善，不大可能变得更糟。[1] 他们更有可能认为 2011—2013 年其个人经济状况自 1994 年以来有所改善（表 3）。生活水平评价 9 级和 10 级（或上层中产阶级）的受访者中，三分之二的人表示其境况有所改善，仅 10% 的人表示情况有所恶化。相比之下，生活水平评价 1—5 级中，

---

① 见变量 finsityear 和 liveconyear。

仅三分之一的受访者表示境况有所改善，表示境况有所恶化的受访者占比几乎相同。生活水平评价 6—8 级（或下层中产阶级）的受访者回答往往比较积极，然而积极程度却不如高生活水平评价的受访者那般明显。

大多数高生活水平评价受访者也意识到自己的相对优渥条件。2011 年和 2013 年，《南非和解晴雨表》要求受访者比较自身与其他大多数南非人的生活条件（表 4）。三分之二的位于生活水平评价 9 和 10 级的受访者表示，他们的生活条件"比大多数南非人'好'或'好得多'"。生活水平评价 1—5 级的受访者中，持相同看法者仅占四分之一。

高生活水平评价受访者对后种族隔离下的南非发生的变化也持更为积极的态度。自 2007 年伊始，采访就要求受访者把今时今日的南非与 1994 年成为民主国家时的南非进行比较。受访者被问及就业机会时，约半数高生活水准测量受访者表示就业机会有所改善或有很大改善（图 3）。几乎相同数量的高生活水准测量受访者表示就业机会有所恶化（未显示），但总体评估结果呈现出更为积极而并非消极的一面。然而，低生活水准测量受访者中，很少有人表述就业机会有所改善，而有两倍受访者表示就业机会有所恶化，因此总体评估结果极为消极。生活水准测量 6—8 级的受访者在评估中表达的态度处于其他两组之间。

表 3　　　与 1994 年相比的个人经济情况，按生活水准测量划分，
2011—2013 年　　　　　　　　　　　　（单位：%）

	生活水准测量 1—5 级	生活水准测量 6—8 级	生活水准测量 9—10 级	总和
明显进步	5	10	22	7
在某种程度上有所进步	28	29	44	33
维持原状	38	32	23	35
在某种程度上有所退步	18	14	7	16
明显退步	9	4	3	7
不清楚	3	2	1	2
总和	100	100	100	100

注：由于四舍五入取整，百分数总和不等于 100%。
资料来源：2011 年至 2013 年《南非和解晴雨表》调查，变量 econcirc94，加权数据；仅限非洲裔。

表4　　　**相对生活条件，按生活水准测量划分，2011 年和 2013 年**　　（单位:%）

和多数南非人相比，你的生活条件如何？	生活水准测量 1—5 级	生活水准测量 6—8 级	生活水准测量 9—10 级	总和
相对优渥或很优渥	24	42	66	32
基本上一样	43	40	24	41
不及他人或非常糟糕	31	16	9	25
不清楚	2	2	< 1	2
总和	100	100	100	100

资料来源：作者对 2011 年和 2013 年《南非和解晴雨表》调查的分析，变量 livconSA，加权数据；仅限非洲裔。

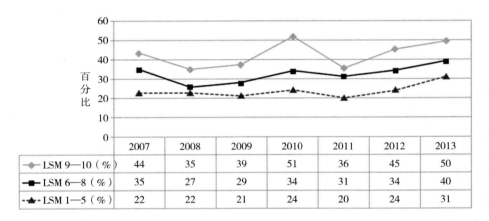

图3　就业机会改善评估，按生活水准测量划分，2007—2013 年

注：由于四舍五入取整，百分数总和不等于 100% 。

资料来源：作者对 2007—2013 年《南非和解晴雨表》调查的分析。

关于 1994 年以来"贫富差距"是否有所改善或恶化（图4）也反映了这一情况。越来越多的高生活水准测量人群认为这一差距有所改善的趋势明显（虽然 2011 年情况并非如此）。低生活水准测量人群中，认为这一差距已经改善的受访相对较少，而认为这一差距已经恶化（未显示）的受访者则多了一倍。同样，生活水准测量 6—8 级的受访者态度介于两者之间。

关于"就业机会"的问题可能被理解为受访者面临的机会，因此，就业机会已经改善的共识或许反映出：于受过教育和有专业技能的黑人

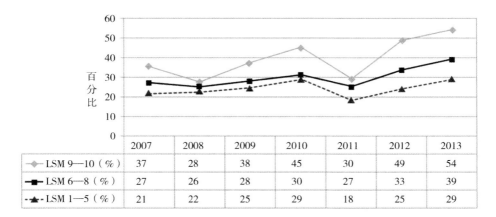

	2007	2008	2009	2010	2011	2012	2013
LSM 9—10（%）	37	28	38	45	30	49	54
LSM 6—8（%）	27	26	28	30	27	33	39
LSM 1—5（%）	21	22	25	29	18	25	29

图 4　贫富差距改善评估，按生活水准测量划分，2007—2013 年

资料来源：作者对 2007—2013 年《南非和解晴雨表》调查的分析。

而言，1994 年后就业机会确实大幅增多。同样的道理却不适用于贫富差距。鉴于所有数据均表明收入不平等随着时间的推移而持续，甚至恶化，高生活水准测量受访者相对积极的评估或许反映出其对种族收入差距或与富裕白人之间收入差距的关切，或表现出他们并未意识到存在被他们踩在脚下、抛在身后却不断发酵的不平等现实。

受访者所处的生活水准测量越高，对未来也越乐观。2011 年，当受访者被问及对明年家庭生活的憧憬时，70% 的生活水准测量 9 级和 10 级受访者称会"更加富裕"，23% 的人回答"维持现状"，仅 7% 的人回答"不及当下"。生活水准测量 6—8 级的受访者中，59% 的人持积极态度，33% 的人持中立态度，8% 的人持消极态度。然而，在生活水准测量 1—5 级的受访者中，仅 40% 的人持积极态度，46% 的人持中立态度，13% 的人持消极态度。

在 2006 年的一轮调查中，受访者被问及感知中能够实现富裕的原因。他们需要评估众多因素对"普通南非人个人成功"的影响的强弱程度，其中包括教育水平、努力工作、宗教信仰、家庭情况、工作经验、种族、身体健康、政治关系、个人机遇、父母的社会阶级、居住地（城市或乡村）、性别和种族隔离影响。几乎所有非洲受访者均认为，教育水平（88%）和努力工作（79%）具有很强或非常强的影响力（表 5）。其次是工作经验和身体健康。然而，高生活水准测量受访者和其他受访者对这些因素的排序各不相同。更多的高生活水准测量受访者认为努力工作的影响力比教育水平强。

表5　　　　　感知中影响成功的主要因素，按生活水准测量划分，
2006 年（强/非常强）

排名	生活水准测量 1—5 级	生活水准测量 6—8 级	生活水准测量 9—10 级	总和
1	教育水平（88%）	教育水平（86%）	努力工作（91%）	教育水平（88%）
2	努力工作（78%）	努力工作（80%）	教育水平（83%）	努力工作（79%）
3	工作经验（75%）	工作经验（73%）	身体健康（81%）	工作经验（75%）
4	身体健康（66%）	身体健康（67%）	工作经验（77%）	身体健康（67%）
5	家庭状况（64%）	种族（63%）	性别（67%）	家庭状况（64%）

注：排名较低的其他因素包括政治关系、个人机遇、父母的社会阶级、居住地（城市或乡村）、和种族隔离影响。
资料来源：作者对 2006 年《南非和解晴雨表》调查的分析，加权数据；仅限非洲裔。

　　一系列关于非洲中产阶级的研究——以及小说和媒体报道——均侧重于消费主义和个人主义（Burger，Louw，de Oliveira Pegado&amp；van der Berg 2015；Kaus 2013；Nkuna 2013）。《南非和解晴雨表》数据指出中产阶级世界观的其他方面：积极评估经济变化（以及对未来的变化持乐观态度）、优越感以及往往更愿意将成功归因于努力工作。这些发现与近期其他关于非洲裔特权的话语和意识形态的研究相一致。我发现开普敦的下层中产阶级通过对比其"独立"与下层阶级"依赖"国家（住房或社会补助）或亲属的话语与下层阶级加以区分（Seekings 2014b）。Samuel Telzak（2012，2014，2015）在开普敦和东开普省乡村地区的采访中发现，这些"成功"走向上层社会的年轻非洲裔强调努力工作，这与许多其他人的懒惰或惰性形成鲜明对比。Ivor Chipkin（2012）Detlev Krige（2015）展示了来自西兰德（West Rand）索韦托的新中产阶级如何在主张个性和个人抱负的同时，应付穷亲戚的索求。阶级特权必须合法化。21 世纪初，非洲裔阶级的形成伴随着新意识形态和阶级话语的出现（或只是在具有历史根源的情况下重新出现或加强）。

对种族关系的态度

　　意料之中，种族关系的质量是《南非和解晴雨表》关注的重点问

题。自 2007 年伊始，《南非和解晴雨表》调查受访者是否认为种族关系自 1994 年以来有所改善或恶化。处于不同生活水准测量水平的非洲裔的回答有所不同。生活水准测量层级越高的受访者，更一致倾向于认为种族关系已经改善，不大可能持不同意见（图 5）。

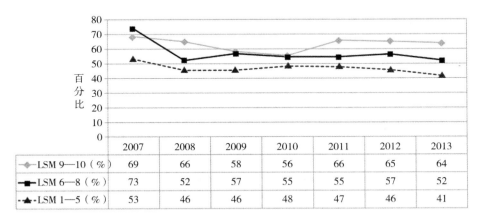

	2007	2008	2009	2010	2011	2012	2013
LSM 9—10（%）	69	66	58	56	66	65	64
LSM 6—8（%）	73	52	57	55	55	57	52
LSM 1—5（%）	53	46	46	48	47	46	41

图 5　种族关系改善的评估，按生活水准测量划分，2007—2013 年

资料来源：作者对 2007—2013 年《南非和解晴雨表》调查的分析。

在大多数年份，约三分之二的高生活水准测量受访者认为种族关系得到改善，而占比不到一半的低生活水准测量受访者持相同观点。下层中产阶级（生活水准测量 6—8 级）对种族关系改善的认可度通常介于上述两者之间。相同的回答模式也出现在 2011 年关于"你认为我们国家不同种族之间的关系正在改善，保持不变，还是越来越糟？"[①] 这一问题的回应中。生活水准测量 1—5 级的受访者中，48% 的人认为"正在改善"，42% 的人认为"保持不变"，10% 的人认为"越来越糟"。在生活水准测量 6—8 级受访者中，这三种答案的占比分别为 55%、38% 和7%。在生活水准测量 9 级和 10 级中，三种答案的占比分别为 64%、26% 和 10%。然而，如图 5 所示，在六年间似乎没有任何明显的趋势。

对"南非人自种族隔离结束以来在和解方面已取得进展"[②] 和"我

---

① 变量 imrace。
② 变量 recondex1（2011 - 2013）。

的亲友自种族隔离结束以来已经历了和解"① 这两种说法的受访者回应也反映了相同的回答模式。第一种说法的受访者认可度（集中调查）分别为：57%（生活水准测量 1—5 级）、65%（生活水准测量 6—8 级）和 72%（生活水准测量 9 级和 10 级），第二种说法的受访者认可度分别为 49%、54% 和 57%。对于第二种说法，受访者回应的差异较小，也许因为可以理解为询问受访者是否完全和解，从而增加了"和解"界限的不确定性。许多受访者回答说他们不确定或不知道。

种族关系的不同评估结果与种族融合密切相关。2012 年，高生活水准测量受访者称，他们更倾向于日常与白人、印度裔或有色人种交谈（图 6）。② 超过一半的生活水准测量 9 级和 10 级受访者称，他们"经常"或"总是"跨种族交谈，相比之下，在生活水准测量 6—8 级和生活水准测量 1—5 级的受访者中这一比例分别为不到 33%、仅 15%。

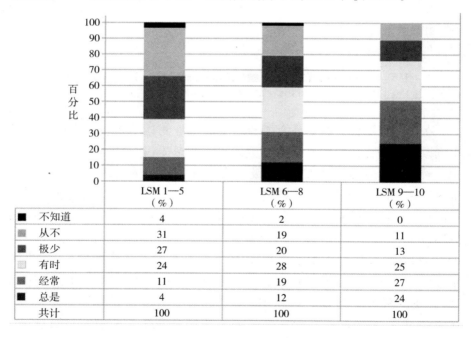

	LSM 1—5（%）	LSM 6—8（%）	LSM 9—10（%）
■ 不知道	4	2	0
▨ 从不	31	19	11
▩ 极少	27	20	13
□ 有时	24	28	25
▧ 经常	11	19	27
■ 总是	4	12	24
共计	100	100	100

图 6　日常一天中，你与白人、印度裔、有色人种跨种族交谈的频率如何？
资料来源：作者对 2012 年《南非和解晴雨表》调查的分析。

---

① 变量 recondex_ new（2012/2013）。
② 变量 grouptalk_ b。

受访者在家与白人、印度裔或有色人种社交的频率数据也反映了这一差异。① 低生活水准测量受访者表示相对更有可能难以理解白人、有色人种和印度裔的风俗习惯和生活方式，但差异并不显著。② 然而，所报道的白人、有色人种和印度裔的可信度几乎没有差异。③ 受访者还被问及对跨种族婚姻的态度。2012 年，高生活水准测量非洲受访者很有可能不赞成其亲属与有色人种婚配，但相对更可能能够认可邻居与白人或印度裔婚配。④ 与其他身份相比，种族身份的重要性在不同生活水准测量人群中相差无几，也不随着时间的推移而发生变化。⑤

2011 年，提问受访者一系列种族在多种情境下发挥的重要性的问题：就业（公立和私立部门）、获得教育机会（学校和大学）以及与政府签订合同。高生活水准测量的受访者对种族重要性相对略有体会，然而差异不大。⑥

整体而言，非洲裔中产阶级尤其是上层中产阶级（在这里为生活水准测量 9 级和 10 级人士），对种族关系改善的看法比其他群体更为积极，或许是由于经历了更多的种族融合，抑或是因为享受了种族隔离结束后正式机会的去种族化所带来的好处。非洲裔中产阶级对阶级和种族包容性的态度似乎比非洲裔穷人更为积极。

公共政策评估

非洲裔中产阶级似乎对大多数非洲裔贫困人口持有某种独特的社会态度。这是否重要？Mattes（2014）发现，阶级形成似乎并未产生明显的更为民主的态度或行为。这一节探讨随着阶级形成而产生的态度变化是否会对所需要的各种公共政策产生影响。

高生活水准测量非洲裔对种族关系变化的评价比低生活水准测量的非洲裔更为积极，这并不意味着他们对种族政策的支持度较低。不同生活水准测量的非洲裔就是否同意"应在所有生活在该国的不同群体中建

---

① 变量 socialise_ b。

② 变量 understand_ b。

③ 变量 untrust_ b。

④ 变量 relmarry_ b，relmarry_ c，relmarry_ i，relmarry_ w。

⑤ 变量 identityl。

⑥ 变量 raceaffjob，racaffprivate，raeafschol，raeafcole raceafcotract（仅 2001 年）。

立一个统一的南非国家?"这一问题上没有显著差异。① 然而,高生活水准测量非洲裔更可能认为"有可能建立统一的南非国家"。② 事实上,非洲裔中产阶级对以往平权运动政策的态度比穷人更为积极,也更支持平权运动继续开展（表6）。③

表6	关于种族的公共政策评估，按生活水准测量划分			（单位:%）
	变量，年份	生活水准测量 1—5 级	生活水准测量 6—8 级	生活水准测量 9—10 级
虽然南非族群众多，仍愿意创建一个团结的南非：非常同意或同意	unitdesire, 2003—2013	72	71	74
虽然南非族群众多，创建一个团结的南非依然可行：非常同意或同意	unitposs, 2007—2013	59	62	69
政府应继续使用种族类别衡量该计划对先前处于劣势地位的人群的影响：非常同意或同意	racecats, 2005—2013	47	59	52
劳动力多样化，能够体现所有种族，这应是国家的当务之急：非常同意或同意	reprace, 2007—2013	64	67	73
在建立代表南非人口的劳动力构成上，就业公平政策卓有成效：非常同意或同意	rl2 _ b16 _ 6，2012	45	49	61

资料来源：作者对特定年份《南非和解晴雨表》的分析，加权数据，仅限非洲裔。

《南非和解晴雨表》中关于阶级不平等政策的问题更多地集中在评估过去或当前政府表现上，并非未来政策选择。生活水准测量等级越高

---

① 变量 unitdesire（2003—2013 年）。

② 变量 unitposs（2007—2013 年）。

③ 非洲裔所有阶级对《黑人经济振兴法案》政策（Black Economic Empowerment，BEE）的热情均不高（参见变量 beepolicies and beepolicies_ new，2005 年和 2012 年采访）。尚不清楚这是否反映了人民对《黑人经济振兴法案》（BEE）的理念或过去行为的看法。

的非洲裔对过去的政府表现相对积极（或不消极），但是更可能认为人民过度依赖政府（表7）。这与国家应促进公平机会，允许有精力或有能力的个人取得进步的看法相一致，也符合南非非洲人国民大会（African National Congress）政府自1994年以来确实朝着这方面工作这一表述的评估结果。

位于生活水准测量等级较高者更可能认为"如果在种族隔离制度下处于不利地位者依旧贫穷，和解就无法实现"。这似乎意味着致力于减少不平等，然而生活水准测量较高者似乎将这个问题理解为"只要种族阻止他们的社会流动，和解就无法实现"，也就是说这更多被理解为种族问题，而非整体不平等问题。

非洲中产阶级显然不是无知或否认穷人尤其是年轻人在失业方面面临的经济困难。相当一部分青年人不满政府的表现。然而非洲裔中产阶级对进步的态度比穷人更为积极。在某种程度上，无论是中产阶级的成功，抑或其努力意识，都使得其中一部分人不认为国家需要积极的公共扶贫政策。遗憾的是，《南非和解晴雨表》的数据无法告知我们人民如何看待基于种族和阶级的政策的相对重要性。

表7	评估经济不平等的公共政策，按生活标准评价划分			（单位:%）
	变量，年份	生活水准测量1—5级	生活水准测量6—8级	生活水准测量9—10级
在令年轻人就业方面，政府表现令人满意：非常同意或同意	r12_ b9_ 4，2012 – 13	35	44	52
您认为政府在通过创造就业机会减少失业方面做得如何？好或很好	imunemploy，仅2011年	27	38	39
只要受种族隔离影响处于不利地位者仍然贫穷，就无法实现和解：非常同意或同意	reconimp，2011 – 13	48	52	60
南非人过分依赖政府改变我们的生活：非常同意或同意	r12_ b16_ 8，2012 – 13	57	62	64

资料来源：作者对特定年份的《南非和解晴雨表》的分析，加权数据，仅限非洲裔。

种族和阶级对选定的社会态度的影响模型建构

《南非和解晴雨表》的数据证明阶级对非洲裔人民持有的一系列社会态度产生了显著影响，至少在某些情况下，这些影响与日俱增。如果我们扩大分析范围，将非非洲裔受访者纳入调查，就可比较种族和阶级对选定态度的影响。表8展示了一系列以不同的方式区分种族和阶级影响的多元概率比回归模型（multivariate probit regression models）的结果。所有的模型均对年龄、性别和年份进行了控制（即《南非和解晴雨表》的轮次），并使用2007—2013年的混合数据（pooled data）。

在第一对模型中，因变量是受访者是否认为自1994年以来南非的种族关系有所改善。[1] 模型A1在种族和阶级的不同组合的一组虚拟变量（dummy variable）上对因变量回归：位于生活水准测量9级和10级，6—8级，1—5级的非洲裔及非非洲裔。与生活水准测量1—5级的非洲裔相比，非洲裔上层中产阶级（生活水准测量9级和10级）和下层中产阶级非洲裔认为种族关系已改善的占比分别高15%和7%。非非洲裔不大可能认为种族间关系有所改善。模型A2对种族和阶级使用分离变量，说明了位于高生活水准测量如何与更积极的评价密切相关，甚至控制种族得出的结果相同，而任何非非洲裔种族类别均与更负面的评价密切相关，甚至控制阶级得出的结果相同。[2] 其他的回归模型（未在表8中示出）表明模型没有因包含不同种族和阶级的互动效应而得到改进。

模型B1和B2为测试观察受访者是否认为自1994年以来就业机会已有所改善这一因变量重复上文的操作。[3] 所得结果几乎与种族关系模型结果如出一辙。处于上层阶级对就业有积极影响，而非非洲裔的身份对就业有不利影响。这些模型表明存在明显离散、且量级相似的种族阶级效应。[4]

表9展示其他五种社会态度各自的模式：受访者是否认为政府管理就业有方，生活条件是否优渥于其他大多数南非人，是否认为国家的当

---

① 变量racerel，转化为虚拟变量。

② 有色人种和白人比印度裔更消极，但差异不大。

③ 变量empopp，转化为虚拟变量。

④ 虽然这些关系极度显著（大部分处于0.01的水平），这些模型整体上仅解释了小部分社会态度的差异。原因之一在于方法不同，因为模型中的变量均为虚拟变量。原因之二为实质性问题：许多不同阶级者认为种族关系有所改善，对就业机会的看法则喜忧参半。

务之急是劳动者构成应包含所有种族，是否认为人民太过于依赖政府，是否认为努力工作是令个人富裕的最重要因素。①

表8　　　　　　　自 1994 年以来阶级和种族对人民理解的进步的影响

	认为种族关系自 1994 年以来有所改善		认为就业机会自 1994 年以来有所改善	
	模型 A1	模型 A2	模型 B1	模型 B2
非洲裔生活水准测量 9—10 级	0.16 ***		0.19 ***	
非洲裔生活水准测量 6—8 级	0.09 ***		0.09 ***	
非洲裔生活水准测量 1—5 级	省略		省略	
非非洲裔生活水准测量 9—10 级	− 0.04 **		− 0.03 ***	
非非洲裔生活水准测量 6—8 级	− 0.06 ***		− 0.06 ***	
非非洲裔生活水准测量 1—5 级	− 0.05		− 0.07 ***	
生活水准测量 9—10 级		0.10 ***		0.13 ***
生活水准测量 6—8 级		0.08 ***		0.08 ***
生活水准测量 1—5 级		省略		省略
非非洲裔		− 0.12 ***		− 0.13 ***
非洲裔		省略		省略
n	23871	23871	24186	24186
r 的平方	0.01	0.01	0.02	0.02

　　注：所有模型均控制年龄，性别和年份（即《南非和解晴雨表》的轮次）；所有变量均为虚拟变量；加权数据；模型为概率回归，展示边际效应；汇总数据，但不包括 2009 年的数据；显著性显示为 * 0.1 ** 0.05 *** 0.01。

　　资料来源：作者对 2007—2013 年（不包括 2009 年数据）《南非和解晴雨表》调查的分析。

表9　　　　　　　　种族和阶级对其他社会态度的影响

	模型 C：政府创造工作	模型 D：相对优势	模型 E：平权法案	模型 F：人民太过依赖政府	模型 G：努力工作很重要
生活水准测量 9—10 级	0.17 ***	0.41 ***	0.09 ***	0.09 ***	0.12 ***

①　变量 r12_ b9_ 4，livcom SA，reprace，r12_ b16_ 8 和 prospwork，均转化为虚拟变量。

续表

	模型 C：政府创造工作	模型 D：相对优势	模型 E：平权法案	模型 F：人民太过依赖政府	模型 G：努力工作很重要
生活水准测量6—8级	0.09 ***	0.18 ***	0.03 ***	0.05 ***	0.05 ***
生活水准测量1—5级	省略	省略	省略	省略	省略
非非洲裔	− 0.10 ***	− 0.11 ***	0.04 ***	− 0.12 ***	0.02 ***
非洲裔	省略	省略	省略	省略	省略
n	6978	6969	23378	7152	3484
r 的平方	0.02	0.03	0.02	< 0.01	< 0.01

注：所有模型均控制年龄，性别和年份（酌情处理）；所有变量均为虚拟变量；加权数据；模型为概率回归，展示边际效应；汇总数据，但不包括 2009 年的数据；显著性为 * 0.1 ** 0.05 *** 0.01。

资料来源：作者对 2007—2013 年（不包括 2009 年数据）《南非和解晴雨表》调查的分析。

种族和阶级影响各不相同。模型 C 与表 8 中的模型 B 基本相同。模型 D 的结果并不直观。关于个人是否认为自己的生活条件优渥于他人这一问题的回答，存在明显的阶级影响，非非洲裔的身份则会产生负面影响。这并非因为白人、印度裔和有色人种未意识到其生活条件更为优渥，而是因为其所处阶级而非种族的影响。控制阶级变量之后，非非洲裔身份有负面影响。同样的模式也体现在模型 F（认为人民太过依赖政府）和模型 G（认为努力工作很重要）中（该模式在模型 G 中的表现不及在模型 F 中明显）。支持继续开展平权运动这一问题上也存在着明显的阶级影响。此种情况下，种族（即非非洲裔的影响）呈积极影响，即相对于低生活水准测量的非洲裔而言，人人均支持继续开展平权运动。

回归模型表明，种族和阶级对多种社会态度均有显著影响。跨种族交往的影响不显著表明影响离散。正如 Mattes（2014）在研究政治态度和行为方面的发现，这并不能为非洲裔和白人中产阶级存在融合提供证据。本章的分析建立在 Mattes 的分析的基础上，至少在社会态度方面，解释了通常发挥着与阶级影响相反作用的种族影响一直存在的原因。阶级并非无关紧要，而是阶级形成的影响在长期的种族影响面前相形见绌。

结　　论

本章使用 2003—2013 年《南非和解晴雨表》调查所得数据，探究日益壮大的非洲裔中产阶级与下层非洲裔相比是否对种族和阶级问题持独特态度、研究种族和阶级如何影响全体南非人口的态度。分析受到《南非和解晴雨表》数据集可用性的限制。收入和职业数据不适于开展全面的阶级分析，衡量人民在一些问题上并非其他问题上所持的态度，也未获得阶级自我认同的数据。考虑到这些限制，使用生活水准测量分类作为阶级的衡量标准，区分上层中产阶级（生活水准测量 9 级和 10 级）和下层中产阶级（生活水准测量 6—8 级）。发现非洲裔中产阶级对众多问题所持的态度与非洲裔下层阶级的态度在统计学上有显著差异。尽管不应夸大差异，但仍指出了阶级形成在重塑大众对种族和阶级问题的态度方面的重要性。自 1994 年以来，非洲裔中产阶级对变化持更加积极的态度，对未来变化的态度更加乐观，更倾向于以一种强调独立/依赖和努力工作的保守意识形态或话语的方式看待贫穷和富裕。在一些问题上，数据集涵盖的过去十年的差异扩大。

异质性的程度不应该被夸大。大多数非洲裔承认努力工作对个人成功的重要程度。只是中产阶级的认同程度甚至高于相对低生活水准测量人群。大多数非洲裔认为政府在创造就业方面表现不尽人意。然而，这种观点在低生活水准测量人群中比在中产阶级中更为常见。大多数非洲裔相信种族关系已经改善，但这种观点在中产阶级中比在低生活水准测量人群中更为常见。在选定的社会态度上测量到的差异往往是程度的差异，而非截然对立。

我曾在别处指出，新中产阶级通过将其勤奋、独立与穷人依赖进行对比的话语，主张不同于穷人的优越性（Seekings 2014b；参见 Chipkin 2012；Krige 2015；Telzak 2012）。《南非和解晴雨表》调查不包括能够充分衡量这种独特的优越性的问题，也不包括衡量非洲中产阶级的人种志叙述强调的消费或个人主义的差异。调查数据无法很好地为南非的布迪厄式分析提供充足依据。

尽管如此，显示种族和阶级对总人口各自所持的态度均有明显的离散效应，对于理解当代南非社会分裂至关重要，而这种影响的确切方向既令人备感心安，又令人惴惴不安。黑人中产阶级的增长与人民对种族关系改善的认识加深有关。这无疑是积极的趋势。然而，与此同时，黑人中产阶级的增长与越来越多的人民认为自1994年以来就业机会有所增加、贫富差距有所改善的看法有关。其他数据表明，于大量南非人而言，就业机会实际上并未增加，且自1994年以来，贫富差距实际有所扩大，关于就业机会和贫富差距有所改善的看法可能反映了黑人中产阶级的自满情绪，着实令人担忧。如果自满致使他们更加无视为穷人创造机会，那么中产阶级的去种族化可能会阻碍或破坏那些能够解决南非持续贫困和不平等问题的政策变化，简而言之，黑人中产阶级的增长可能有利于种族关系但不利于穷人，前景堪忧。

附　录

这些发现是否对阶级的规范具鲁棒性？

用生活水准测量而非职业或收入衡量"阶级"是否重要？正如上文所述，利用《南非和解晴雨表》数据构建良好的基于职业的阶级类别或一致的基于收入的类别并非易事。表10和表11显示基于生活水准测量的阶级类别与收入（自2011年伊始）和职业（2008—2012年）数据间的关系。缺少三分之一到半数的生活收入水平评估较高的受访者的家庭收入数据，因此应谨慎处理表10。

表10　　　　　　　**家庭收入，按生活水准测量划分，2011年**　　　　（单位:%）

家庭收入，兰特/月收入 （包含估计收入十分位数）	生活水准 测量划分 1—5级	生活水准 测量划分 6—8级	生活水准 测量划分 9—10级	总计
<1200（十等分位数的1—3）	86	14	0	100
1201—2999（十等分位数的4—6）	83	17	0	100
3000—3999（十等分位数的7）	68	32	0	100
4000—5999（十等分位数的8）	58	41	1	100

续表

家庭收入，兰特/月收入 （包含估计收入十分位数）	生活水准 测量划分 1—5 级	生活水准 测量划分 6—8 级	生活水准 测量划分 9—10 级	总计
6000—9999（十等分位数的 9）	39	59	2	100
10000 +（十等分位数的 10）	7	78	15	100

注：三分之一样本的家庭收入数据缺失，并且超三分之一以上的样本家庭位于较高等级的生活水评估。

资料来源：作者对 2011 年《南非和解晴雨表》调查的分析，加权数据，仅限非洲裔。

表 11　　　　　**职业／工作地位，按生活水准测量划分，2011 年**　　　（单位：%）

职业或者工作地位 （包含样本占比）	生活水准测量 1—5 级	生活水准测量 6—8 级	生活水准测量 9—10 级	总和
专业人员或者管理者/领导（3）	12	74	15	100
文职/销售或熟练技工/商人（10）	40	56	4	100
半熟练技工（6）	48	51	1	100
非熟练工人（11）	74	25	0	100
无业者（28）	77	23	1	100
家庭主妇/退休人员/学生（38）	70	28	2	100

注：由于四舍五入取整，百分数总和不等于 100% 。

资料来源：作者对 2011 年《南非和解晴雨表》调查的分析，加权数据，仅限非洲裔。

表 12 显示使用从可用收入数据（仅 2011 年）和职业数据（2008—2012 年）得出的"阶级"类别的回归模型的结果，与表 8 所示模型中使用的基于生活水准测量的类别进行比较。在收入方面，我将每月收入超过 10000 兰特（即家庭收入约等于收入十等分位数中的 10）的家庭称为"上层中产阶级"，将每月收入在 3000—10000 兰特（约为等于收入十等分位数的 7—9 级）间的家庭称为"下层中产阶级"。职业数据仅涵盖目前从业的受访者，未关注其职业细节；这些受访者不包括具有"关系"阶级职位者，即通过从属于某家庭的关系而获得就业机会。我将从事专业、管理或行政职业的受访者列为"上层中产阶级"，从事文职、销售、熟练技工或商业的受访者列为"下层中产阶级"。我从分析中排除所有声称自己是无业人士、家庭主妇、学生、退休人士或自雇人士的受访者

（因为他们可能包括店主和小贩，阶级地位迥异）。

表12　　　　1994 年以来阶级和种族对人民认知中的进步的影响，
使用其他阶级衡量标准

	认为种族关系自 1994 年来有所改善		认为就业机会自 1994 年以来有所改善	
	模型 A3 收入（2011）	模型 A4 职业（2008—2012）	模型 B3 收入（2011）	模型 B4 职业（2008—2012）
上层中产阶级	0.09 ***	0.09 ***	0.06	0.07 ***
低层中产阶级	0.01	− 0.01	0.04	0.04 ***
非中产阶级	省略	省略	省略	省略
非非洲裔	− 0.09 ***	− 0.09 ***	− 0.09 ***	− 0.13 ***
非洲裔	省略	省略	省略	省略
n	2250	6217	2287	6290
r 的平方	0.01	0.01	0.01	0.03

注：所有模型均控制年龄，性别和年份（酌情处理）；所有变量均为虚拟变量；加权数据；模型为概率回归，显示边际效应；显著性为 * 0.1 ** 0.05 *** 0.01。

资料来源：作者对 2008—2012 年《南非和解晴雨表》调查的分析。

以上四个模型（与表 8 中的模型相比）表明，不论是以生活水准测量、家庭收入抑或个人职业衡量阶级，上层中产阶级或非非洲裔的身份的影响均显著一致。唯一要告诫的是，在 0.01 的水平上，上层中产阶级的身份与人民认知中的就业机会改善间的关系在统计学上并不显著。然而，以家庭收入或职业定义阶级时，下层中产阶级身份的影响不具鲁棒性。

当人民感知的就业机会变化在生活水准测量上回归时，且控制职业或收入，生活水准测量仍然显著。当人民感知的种族关系的变化在生活水准测量上回归时，并且控制职业或收入，情况就略微复杂，处于上层中产阶级的生活水准测量类别（生活水准测量 9 级和 10 级）不如以职业和收入定义的上层中产阶级显著。这与上文讨论的跨种族接触的数据一致。受访者对种族关系改善的看法似乎与跨种族接触密切相关，这种接触更可能与从事专业、管理或领导工作有关，而非拥有令人处于较高生活水准测量的资产。如何理解不同阶级衡量标准（或方面）之间的异同，有待进一步研究。

参考文献

Alexander P，Ceruti C，Motseke K，Phadi M & Wale K（2013）*Class in Soweto*. Pietermaritzburg：University of KwaZulu-Natal Press.

Boehme M，Malaudzi T & Haupt P（2007）Industry presentation on the SAARF Universal LSM 2006RA. PowerPoint presentation.

Borel-Saladin J & Crankshaw O（2008）Social polarization or professionalisation? Another look at theory and evidence. *Urban Studies* 46（3）：645 – 664.

Brandel-Syrier M（1971）*Reeftown elite：Social mobility in a black African community on the Johannesburg Reef*. Teaneck，NJ：Holmes & Meier Publishers.

Burger R，Louw M，De Oliveira Pegado BBI & Van der Berg S（2015）Understanding consumption patterns of the established and emerging South African black middle class. *Development Southern Africa* 32（1）：41 – 56.

Burger R & McAravey C（2014）*What does the 'middle class' mean in a polarised，developing country such as South Africa*? Accessed September 2016，www. econ3x3. org/article/what-does-% E2% 80% 98middle-class% E2% 80% 99-mean-polarised-developing-country-such-south-africa.

Burger R，Steenekamp CL，Van der Berg S & Zoch A（2015）The emergent middle class in contemporary South Africa：Examining and comparing rival approaches. *Development Southern Africa* 32（1）：25 – 40.

Chevalier S（2015）Food，malls and the politics of consumption：South Africa's new middle class. *Development Southern Africa* 32（1）：118 – 129.

Chipkin I（2012）*Middle classing in Roodepoort：Capitalism and social change in South Africa*. PARI Long Essays No. 2. Johannesburg：Public Affairs Research Institute，University of Johannesburg.

Crankshaw O（1997）*Race，class，and the changing division of labour under apartheid*. London：Routledge.

Crankshaw O (2012) Deindustrialization, professionalization and racial inequality in Cape Town. *Urban Affairs Review* 48 (6): 836 – 862.

Crankshaw O & Borel-Saladin J (2013) Does deindustrialisation cause social polarisation in global cities? *Environment and Planning A* 46 (8): 1852 – 1872.

Darbon D (2012) Classe (s) moyenne (s): Une revue de la littérature. *Afrique Contemporaine* 244: 33 – 51.

Fernandes L (2006) *India's new middle class: Democratic politics in an era of economic reform.* Minneapolis, MN: University of Minnesota Press.

Heiman R, Freeman C & Liechty M (Eds) (2012) *The global middle classes: Theorizing through ethnography.* Santa Fe, NM: School for Advanced Research Press.

Kaus W (2013) Conspicuous consumption and "race": Evidence from South Africa. *Journal of Development Economics* 100 (1): 63 – 73.

Khunou G (2015) What middle class? The shifting and dynamic nature of class position. *Development Southern Africa* 32 (1): 90 – 103.

Kracker Selzer A & Heller P (2010) The spatial dynamics of middle-class formation in post-apartheid South Africa: Enclavization and fragmentation in Johannesburg. In J Go (Ed) *Political power and social theory* (Vol. 21). Bingley: Emerald.

Krige D (2015) "Growing up" and "moving up": Metaphors that legitimise upward social mobility in Soweto. *Development Southern Africa* 32(1): 104 – 117.

Kuper L (1965) *An African bourgeoisie: Race, class, and politics in South Africa.* New Haven, CT & London: Yale University Press.

Lacy K (2007) *Blue-chip black: Race, class, and status in the new black middle class.* Berkeley, CA: University of California Press.

Leibbrandt M, Finn A & Woolard I (2012) Describing and decomposing post-apartheid income inequality in South Africa. *Development Southern Africa* 29 (1): 19 – 34.

Liechty M (2002) *Suitably modern: Making middle-class culture in a new consumer society.* Princeton, NJ: Princeton University Press.

Matlwa K (2007) *Coconut.* Johannesburg: Jacana.

Mattes R (2014) *South Africa's emerging black middle class: A harbinger of political change?* Afrobarometer Working Paper No. 151. Accessed September 2016, afrobarometer. org/sites/default/files/publications/Working% 20paper/ Afropaperno 151. pdf.

Mills C (2014) The great British class fiasco: A comment on Savage et al. *Sociology* 48 (3): 437 – 444.

Modisha G (2007) A contradictory class location? The African corporate middle class and the burden of race in South Africa. *Transformation* 65: 120 – 145.

Newman K & De Lannoy A (2014) After freedom: *The rise of the post-apartheid generation in democratic South Africa.* Boston, MA: Beacon Press.

Nkuna L (2006) "Fitting-in" to a "classy place": The Zone and youth identity. In P Alexander, M Dawson and M Ichharam (eds), *Globalisation and New Identities: A view from the middle.* Johannesburg: Jacana.

Pattillo-McCoy M (2000) *Black picket fences: Privilege and peril among the black middle class.* Chicago, IL: Chicago University Press.

Savage M, Devine F, Cunningham N, Taylor M, Li Y, Hjellbrekke J, Le Roux B, Friedman S & Miles A (2013) A new model of social class? Findings from the BBC's Great British Class Survey experiment. *Sociology* 47 (2): 219 – 250.

Schwartzman LF (2007) Does money whiten? Intergenerational change in racial classification in Brazil. *American Sociological Review* 72 (6): 940 – 963.

Seekings J (2007a) *Perceptions of class and income in post-apartheid Cape Town.* CSSR Working Paper No. 198. Cape Town: Centre for Social Science Research, University of Cape Town.

Seekings J (2007b) Unemployment, chance and class in South Africa. Unpublished seminar paper presented at Stanford University, May.

Seekings J (2008) Theory and method in the analysis of class in contemporary South Africa. Unpublished paper presented at the annual conference of the South African Sociological Association (SASA), Stellenbosch University, 7 – 10 July.

Seekings J (2009) The rise and fall of the Weberian analysis of class in South

Africa between 1949 and the early 1970s. *Journal of Southern African Studies* 35 (4): 865 – 881.

Seekings J (2014a) Workers: Winners or losers? Unpublished paper.

Seekings J (2014b) Fragile mobility, uneasy privilege and middle class formation on Cape Town's poor eastern periphery. Paper presented at colloquium "Emerging Communities", University of the Witwatersrand, Johannesburg, 30 October.

Seekings J & Nattrass N (2005) *Race, class and inequality in South Africa.* New Haven, CT: Yale University Press.

Seekings J & Nattrass N (2015) *Policy, politics and poverty in South Africa.* London: Palgrave Macmillan.

Srivastav S (2011) Consumerism and urban spaces: Citizens, the state and Disney-divinity in Delhi. In A Baviskar & R Ray (Eds) *Elite and everyman: The cultural politics of the Indian middle classes.* Delhi: Routledge.

Telzak S (2012) *The tithes of apartheid: Perceptions of social mobility among black individuals in Cape Town, South Africa.* CSSR Working Paper No. 315. Cape Town: Centre for Social Science Research, University of Cape Town.

Telzak S (2014) *Trouble ahead, trouble behind: Perceptions of social mobility and economic inequality in Mount Frere, Eastern Cape and Newcastle, Kwa-Zulu-Natal.* CSSR Working Paper No. 326. Cape Town: Centre for Social Science Research, University of Cape Town.

Telzak S (2015) Shifting economic perceptions in South Africa: The impact of migration. MA dissertation, University of Cape Town.

Udjo E (2008) *The demographics of the emerging black middle class in South Africa.* Research Report No. 375. Pretoria: Bureau of Market Research, University of South Africa.

Unilever Institute of Strategic Marketing (2012) *4 million & rising: Black middle class expanding.* Accessed September 2016, www. uctunileverinstitute. co. za/research/4-million-rising/#wpcf7-f195-o1.

Unilever Institute of Strategic Marketing (2014) *Forerunners: An award winning South African documentary.* Accessed September 2016, www. uctunileverinstitute. co. za/ research/ forerunners/.

Van Aardt C （2005） *A class-based population segmentation model for South Africa, 1998 to 2008*. Research Report No. 344. Pretoria: Bureau of Market Research, University of South Africa.

Van der Berg S, Louw M & Yu D （2008） Post-transition poverty trends based on an alternative data source. *South African Journal of Economics* 76 （1）: 58 – 76.

Visagie J （2015） Growth of the middle class: Two perspectives that matter for policy. *Development Southern Africa* 32 （1）: 3 – 24.

Visagie J & Posel D （2013） A reconsideration of what and who is middle class in South Africa. *Development Southern Africa* 30 （2）: 149 – 167.

Wilson M & Mafeje A （1963） *Langa: A study of social groups in an African township*. Cape Town: Oxford University Press.

World Bank （2012） Focus on inequality of opportunity. *South Africa Economic Update* 3. Washington, DC: World Bank.

Yu D （2013） *Some factors influencing the comparability and reliability of poverty estimates across household surveys*. Stellenbosch Economic Working Papers No. 03/13. Stellenbosch: University of Stellenbosch, Department of Economics.

职场平权行动：从数字到对话

雅克·德威特（Jacques de Wet）

  几年前，南非《见证者报》（*The Witness*）编辑费里亚尔·哈法吉（Ferial Haffajee）撰写了一篇题为"我是平权行动受益者"的专栏文章（摘自 2010 年 7 月 2 日的《见证者报》）。她写道："我要承认并且坦率承认自己受益于平权行动"。平权行动在此指特定群体在职场雇用和晋升时会得到优先考虑（本章也使用平权行动的这一定义）。随后一周，即 News24 网站关闭公众评论区前，费里亚尔·哈法吉收到了 145 条线上回复，其中 135 条与其撰文相关。① 评论可分为三类：支持平权行动（25%），反对平权行动（63%）以及保持中立（12%），后者措辞主要表现为"我支持平权行动但……"

  支持费里亚尔·哈法吉的观点以及反对平权行动的回复如下：

    哈法吉，遗憾的是，你没有把讨论平权行动和黑人经济振兴（Black Economic Empowerment）的呼吁放在合适的论坛上。在这个网站上，你只会看到侮辱性话语和胡言乱语，且其中大部分均由与此主题无关的旧文章剪切复制而来。毕业后，我和许多其他黑人毕业生被迫与白人高中应届生竞争工作，而后者身无长物，只不过是种族隔离政府就业保留政策的受益者。我完全同意你的观点。

    就此而言，我不支持平权行动和黑人经济振兴，后果显而易见。这些政策仅凭肤色，就将符合任职资质的白人工人拒之门外，继而

---

  ① 网友对费里亚尔·哈法吉的《我是平权行动受益者》一文的评论，News24，2010 年 6 月 30 日，访问日期：2016 年 9 月，访问地址：http://www.news24.com/Columnists/Ferial-Hafa-jee-am-an-AA-beneficiary-20100630。

不得不选择三个无用之人，实在让人怒不可遏。

有保留地支持平权行动的评论包括：

> 我完全赞成哈法吉的观点，向被时代忽视的弱势群体伸出援手，这一点值得赞扬，但方式方法完全错误。（强调）
>
> 现在看来，平权行动确实逐渐落后于时代，任何一个实事求是的人均会认同平权行动曾有一席之地，但是我们都需承认这种法律需要有施行时限。（强调）

　　网上对于哈法吉文章的一系列回应表明，许多南非人对平权行动各持己见。然而，如果仅凭网络上抑或在"写给编辑的信"中表达的观点便认为公众舆论大体上呈两极分化（且有争议），且有保留的（或有细微差别的）意见为数不多，倒也情有可原。有人或许认为，对平权行动的态度或多或少存在种族差异，换言之，大多数非裔支持平权行动，而几乎其他所有人都不支持。因此或许能得出这样的结论：几乎没有围绕平权行动展开真诚对话和意见调解的机会。近期，哈法吉注意到，媒体对平权行动的报道可能会被一些主要利益集团歪曲，例如，持保守党自由主义意见的南非种族关系研究所（South African Institute for Race Relations）和中右翼团结工会（Solidarity）的反平权行动观点，[1] 或执政党对平权行动的辩护。南非种族关系研究所将平权行动概括为有政治人脉者的就业，团结工会认为平权行动基于逆向"种族"[2] 歧视，而政府则为平权行动政策辩护，称其是纠正过去的不公平、改变社会人心涣散的手段。这些观点主导媒体报道，掩盖了公众对平权行动有更细微差别的看法。公众舆论对于平权行动的看法是否如同哈法吉文章收到的回复显示出的那般两极分化？大多南非人对这一法案仅持赞成抑或反对意见？难道仅极少数人持保留观点或表示出矛盾心理吗？

---

　　① 团结工会历来与右翼政治团体结盟，但不再与任何政党公开结盟（Visser 2006）。Wessel Visser 称，工会已经"摆脱了保守的右翼形象"，采取了更为务实、为南非白人工人的利益服务的中右翼立场。

　　② 为提醒我们"种族"这一概念由社会建构，此词首次使用时用双引号引用。为便于阅读，我在后文省去双引号。

　　社会态度调查相较于依赖媒体表达的观点而言，能够更为严谨地衡量公众对平权行动的看法。Jacques de Wet 和 Zimitri Erasmus（2013）在对职场平权行动进行的一项混合方法研究中公布了 3553 名南非成年人的全国性民意调查结果。[①] 该项调查于 2011 年在司法与和解研究所（the Institute for Justice and Reconciliation）的协助下进行。[②] 本章使用调查中获取的定量数据回答以下南非人对于职场平权行动看法的问题：

- 南非人对职场平权行动持何种态度？（在此，我的旨趣是南非人作为集体对于平权行动的态度，以及其态度是否因人口统计特征的不同而呈现差异）
- 大多数南非人是否仅支持或反对平权行动？
- 南非人对于平权行动的态度是否因传统种族的不同而产生分歧？
- 其他诸如阶级和语言等的人口统计数据是否反映不同的公众舆论模式？
- 我们就公众对平权行动持有的不同看法的研究发现如何能激发相关话题的全国性讨论和对话？

　　同一项研究的结果表明，民众对平权行动的态度比媒体报道的更为复杂莫测，并非完全两极分化。公众态度的高度复杂性、多极化和双重性为公共空间（包括职场）的主体间性对话［引用 Jürgen Habermas（1984）的术语］创造了机遇。依赖证据、理性、理据，尤其是在南非语境下依赖南非宪法条款，主体间性对话能够跳出短视的意识形态立场，推动关于平权行动的公开辩论，

　　有来自四面八方的呼吁，就平权行动展开更多辩论。曼德拉·尼亚蒂（Mandla Nyathi）于 2007 年 5 月 27 日在《邮卫报》（*Mail & Guardian*）中写道：“我们的社会需要平权行动。但我们也需要……围绕这个问题展开更多辩论”。[③] 团结工会同样呼吁就平权行动进行公开辩论。根据团结工会的说法，“平权行动的真正解决方案必须是社会对话而非法

---

　　① 调查问卷采用概率抽样（probability sample），选择居住在南非各大城市内外 16 岁以上的 3553 名南非人作为样本。样本中男性和女性的数量相同，且经加权从而确保将种族、年龄、性别、省份和社区规模纳入考量范围。

　　② 为此项具体调查，2011 年《南非和解晴雨表》（SARB）增加了一系列新调查项目。

　　③ 《南非仍需平权行动》，访问日期：2016 年 9 月，mg.co.za/article/2007-05-28-sastill-needs-affirmative-action。

院法规"〔2013 年 9 月 15 日《商业报道》（*Business Report*）〕。① 当然，团结工会是否会全心全意开展真诚对话尚有待观察，因为真诚对话相较于其他解决方案而言要求他们超越其所在的意识形态舒适区，进入所有行为者的真理主张均受到质询的批判空间。如同南非众多颇有争议的问题一般，围绕职场平权行动开展对话需要过程或方法。我认为哈贝马斯为思考能够促进平权行动讨论的对话方法提供了理论基础。

本章展示实证数据、哈贝马斯理论和《南非宪法》如何为对话抛砖引玉，提供讨论的基础和方法。

我首先将平权行动置于历史背景中讨论《就业公平法》（*Employment Equity Act*，EEA）和分析公平就业统计数据，确定目前已取得的进展，接着归纳总结由平权行动引发的主要辩论，进而探讨关于以平权行动作为对话起点的众多观点。本章最后将评述 Habermas 的主体间性对话。

职场平权行动：历史背景

由于南非的殖民主义和种族隔离历史，种族不平等由来已久，根深蒂固。特别是在种族隔离期间，法律强制实行的种族化的社会安排（social arrangements）巩固了不平等的经济机会和人力发展，破坏了社会网络，导致了顽固的种族主体的形成以及在工业、企业、专业、技术领域的中产阶级和更高阶级中南非黑人占比严重不足的问题。

如果不考虑种族隔离工作制度（apartheid workplace regime，AWR）（Von Holdt 2003），就无法真正理解职场平权行动。该制度描述了种族隔离下的职场动态，并为 1994 年后的职场立法，特别为出台《就业公平法》（1998 年第 55 号）提供了历史背景。

早在 1948 年种族隔离国家正式制度化之前，种族隔离由来已久，但是种族隔离工作制度（AWR）和种族隔离立法正式建立了基于种族（和性别）歧视的国家和职场制度。国家层面的立法，诸如《人口登记法》（The Population Registration Act）（1950 年第 30 号）、《背德法》（The Immorality Act）（1950 年第 21 号）、《种族区域法》（The Group Areas Act）

---

① 南非新闻联合社（South African Press Association），《需要围绕平权行动开展对话》。

（1950 年第 41 号）和《土著（废除通行证和相关文件）法》［The N-atives（Abolition of Passes and Co-ordination of Documents）Act］（1952 年第 67 号），俗称《通行证法》，共同建构了法律框架，形成种族隔离国家，限制社会生活各个领域自由。种族隔离的关键部分是国家控制劳动力市场，这决定了何人可有职场准入资格并且从中获益。

Andries Bezuidenhout 认为，种族隔离工作制度以五个构成要素为特征："种族分工、辅之以试图将'种族'的殖民结构纳入监督的种族权力结构，劳工迁徙制度、分区工业区域中的种族设施隔离和工作场所特定地点隔离。"（2005：75 - 76）由国际劳工组织（International Labour Organisation）撰写的关于南非的报告中，Guy Standing、John Sender 和 John Weeks（1996）详细阐释了遍及南非劳动力市场的影响弱势群体（特别是黑人和妇女）的歧视、劣势和不平等现象。上述三人确定了以下七种劳动力市场中的问题：

- 学校教育和培训中的劣势和歧视，例如班图教育；
- 具歧视性的招聘行为，例如职位预留和关闭商场；
- 因就业状况，如非正式和合同制工作导致的劣势；
- 行业隔离体现在以种族和性别为基础的行业集中，例如，女性很少从事建筑和采矿等行业，但主要从事行政、教学、护理行业；非裔是农业和采矿行业的主要劳动力，而"白人"主导金融服务业；
- 职业隔离表现为肤色歧视或无形限制（glass ceiling），例如，20 世纪 90 年代初，"白人"男性占据了几乎 90% 的管理岗位；
- 具歧视性的种族化和性别化的收入——20 世纪 90 年代前，种族隔离国家为基于种族和性别为差别工资合法化背书；
- 劳动力剩余使黑人和妇女在竞争、裁员等情况下处于不利地位，并质疑工会在应对这些情况时发挥的作用、代表权和权力的问题。（Standing，Sender & Weeks 1996）

尽管数十年来爆发了一系列地方和全球抗议活动，在立法上也做了一些转变，但种族隔离结束时，种族隔离工作制度仍然极度不平等，种族和性别歧视猖獗。平权行动，或按南非人的说法，就业公平，在此背景下应运而生。第一届民主政府能够借鉴一系列国际法规和协议形成关于歧视、平等、平权行动的思考。有关歧视的国际法规包括《消除一切形式种族歧视国际公约》（The International Convention on the Elimination of All Forms of Racial Discrimination）和《消除对妇女一切形式歧视公约》（The Convention on the Elimination of All Forms of Discrimination against Women）。前者于 1965 年生效，1998 年被南非批准（Laher 2007）。后者于 1979 年生效，1995 年被南非批准（Laher 2007）。现在，南非也是国际劳工组织《1958 年消除就业和职业歧视公约》（Discrimination Convention on Employment and Occupation，1958）（第 111 号）的签署国。此公约将歧视定义为：

> 任何基于种族、肤色、性别、宗教、政治见解、民族血统或社会出身的任何区别、排斥或特惠，其效果为取消或损害就业或职业方面的机会平等或待遇平等；（包括获得职业培训、就业、特定职业的机会以及雇佣条款和条件）消除或损害公平的机会和待遇……基于特殊工作本身的要求的任何区别、排斥或特惠，不应视为歧视。
>
> 有关成员在同雇主代表组织和工人代表组织——如果这种组织存在——以及其他有关机构磋商后可能确定其效果为取消或损害就业或职业方面的机会平等或待遇平等的其他区别、排斥或特惠。（ILO 1958，引自 Standing，Sender & Weeks 1996：382）

《南非共和国宪法》（1996 年）、《就业公平法》（1998 年）等法律明确规定后种族隔离政府的一项主要政治目标是消除一切形式的歧视。民主政府的公平政策力求补偿在就业、获得教育、培训方面基于种族、性别、残障的歧视。这一目标被界定为积极区别对待，有利于大多数曾处于劣势者，但并不能完全将曾享特权的少数白人排除在就业或晋升之外。

平权行动和《就业公平法》

1994 年后，立法成为新国家正常运行的主要手段，部分原因是新国家的建立必须有效破除陈腐朽败之制度。南非 1996 年宪法首次规定了所有人形式平等（formal equality）和实质平等（substantive equality）。权利法案第 9 节规定如下：

（1）法律面前人人平等，享有平等的法律保护和利益。

（2）平等包括充分和平等地享有一切权利和自由。为促进平等实现，可采取保护或提拔因不公平歧视而处于不利地位者或特定人群的立法和其他措施。

（3）国家不得以种族、社会性别、生理性别、怀孕与否、婚姻状况、民族或社会出身、肤色、性向、年龄、残疾、宗教、良知、信仰、文化、语言、门第等一项或多项理由直接或间接不公平地歧视任何人。

（4）任何人不得以条款（3）所述的一项或多项理由直接或间接不公平地歧视他人。必须制定国家法律，防止或禁止不公平歧视。

（5）除非认定歧视合理，条款（3）中所列基于一项或多项理由的歧视均为不合理。

宪法珍视形式平等和实质平等。第 9（1）节论述形式平等：人人有权受到公平待遇。Ismail Laher（2007）使用实际判决支持其论点，即第 9（2）节中隐含了实质平等，意在"为促进实现平等，可采取保护或提拔因不公平歧视而身处劣势者或特定人群的立法和其他措施"。通过此种方式，南非民主国家甚至于颁布具体的劳动法之前，便致力推动保证平等的议程。换言之，南非政府不仅建立形式平等，而且带来确保纠正措施落到实处的影响深远的变革。

《就业公平法》（The Employment Equity Act）体现了国家通过重新分配经济、社会、政治权力、资源纠正不平等的必要性，此举对反对种族资本主义和种族隔离至关重要。该法案是国家旨在解决弱势群体长期以来在劳动力市场中受到歧视和处于不利地位的法律机制的一部分。这一法律机制的其他部分包括《技能发展法》（Skills Development Act，1998 年第 97 号法案）、《黑人经济振兴法》（The Black Economic Empowerment Act，2003 年第 53 号法案）和《公共服务法》（The Public Services Act，1994 年第 103 号法案）。

Laher（2007）坚持认为，《就业公平法》中实施的平权行动政策既不违反宪法，也不构成不公平歧视，而是出于经济和社会的国家补偿。

《就业公平法》分为六章。第一章 2a 和 2b 节概述了此法案的定义、目的、解释和适用情形。该法案旨在解决劳动力市场上的劣势和歧视问题以便通过以下方式实现工作场所的公平：消除不公平歧视，促进平等就业机会和公平待遇；落实平权行动措施，改正特定群体（黑人、妇女、残疾人）就业面临的劣势，确保他们在所有职业类别和级别中享有公平的代表性。

第二章禁止不公平的歧视，就此提出了两个重要问题。第一，只要平权行动遵循该法案中所建议的准则，不公平歧视便不会发生。第二，如果出于工作的自身性质，需要区别、排斥、倾向任何人，这不应被视作不公平歧视。

第三章是该法案的关键之所在，指定实施平权行动措施的要求、公平就业规划、磋商、信息采集与分析过程，以及实施平权行动法案的推进报告。重点探讨指定雇主的类别（未指定的雇主，倘若愿意，也可以遵守），这使得这一类别在实践和技术上以确保雇主的最大效率和合规性为导向。该法案详述平权行动的范围，描述受劳动力市场劣势和歧视影响的领域，即准入、录用、晋升、教育、培训；说明平权行动机制应如何以维护个人尊严、不会对非指定群体造成录用比低或绝对障碍的方式对待合适人选。

第四章概述就业公平委员会（Commission for Employment Equity, CEE）的监督作用，该委员会属多方利益委员会，是由南非国家经济发展与劳动委员会（National Economic Development and Labour Council）中的 9 名成员组成，代表有组织的劳工、有组织的企业、国家和"社群"。

第五章详述确保遵守法案、违反该法案时应承担责任的法律程序与机制，雇主反对和/或上诉守法令的权利。

第六章略述国家合同、临时就业服务和雇主责任等一般规定。

就业公平统计：取得了哪些进展？

评估工作场所平权行动实施的一种方法是采用劳工部（Department of Labour）就业平等统计数据调查取得的进展。此举有助于理解持续呼吁围绕平权行动进行公开对话的紧迫感，在这一点上，研究 2003 年至 2013 年的十年间进展的统计数据具有指导意义。

表 1 显示了 2000/2003 年南非劳动力统计数据。非裔男性和白人男性中，种族和职业水平之间的关系显而易见：职位越高，白人占比越高，而非裔男性的情况则相反。尽管各职级有色人种、印度裔男性、非裔女性、有色人种女性、印度裔女性的占比小于非裔男性，但这一模式相

似——职级升高，占比下降。

表 2 显示，十年后，即《就业公平法》（1998 年）出台十四年后，改变劳动力分布方面取得的一些进展，但总体而言，在工作场所，白人男性高级职位占比仍较高，而非裔男性和女性在相对低端职位（半技术、非技术工人）占比高。值得注意的是，非裔男性占南非经济活跃人口（economically active population）40.7%，非裔女性占 34.2%，白人男性占 6.4%（CEE 2013）。有色人种、印度裔女性、白人女性、有色人种男性、印度裔男性职位占比变化极小。

对 2002/2003 年与 2012/2013 年所有部门的国家统计数据的比较表明，非裔男性和女性高层管理人员占比增幅极小，约为 1%，非裔男性和女性高级管理人员占比增幅约为 4%。最大的变化是从事专业和技术工作的非裔占比增加约 10%。

表1　　南非永久性劳动力（permanent workforce）分布情况，
按种族和性别划分，2002/2003 年　（单位：%）

职业水平	男性				女性				总数（人）
	黑人	有色人种	印度裔	白人	黑人	有色人种	印度裔	白人	
高层管理者	8.0	2.7	4.4	71.1	2.0	0.7	0.6	10.4	17662
高级管理职位	8.2	3.7	5.0	61.6	2.6	1.4	1.3	16.3	41197
专业和中级管理人员	11.3	5.4	4.9	47.4	4.9	2.8	2.1	21.1	154663
技术工人	20.7	7.3	4.3	24.0	15.1	6.8	2.7	19.1	587449
半技术工人	46.0	8.2	2.9	6.8	15.9	7.7	2.4	10.1	887148
非技术工人	61.5	6.2	0.9	1.4	22.6	5.7	0.8	0.9	646886
									2335005

资料来源：就业公平委员会（2003）。

表2　　　　　　南非永久性劳动力分布情况；按种族和性别划分，
2002/2003 年　　　　　　　　　　　　（单位:%）

职业水平	男性				女性				外国公民		总数（人）
	黑人	有色人种	印度裔	白人	黑人	有色人种	印度裔	白人	男性	女性	
高层管理者	8.8	3.2	5.7	59.8	3.6	1.5	1.6	12.8	2.7	0.4	52611
高级管理职位	12.3	4.5	6.6	43.8	6.1	2.6	2.9	18.6	2.0	0.5	118517
专业和中级管理人员	18.0	5.1	5.3	27.7	16.1	4.3	3.7	17.5	1.8	0.6	459815
技术工人	31.9	6.4	3.3	14.3	23.3	5.5	2.5	11.2	1.2	0.3	1542606
半技术工人	46.6	6.2	1.7	3.1	26.7	6.7	1.6	4.5	2.7	0.2	2100998
非技术工人	52.2	5.7	0.6	0.8	31.5	5.3	0.4	0.4	2.8	0.4	1139954
											5414491

　　注：我在2012/2013年的数据中单独列出外国公民，但2002/2003年并未做相似处理。我未将他们从表2中删除，因为该表由官方发布，且已进入公众视野。此外，外国公民占比极小，因而对数据模式的影响微乎其微。
　　资料来源：就业公平委员会（2013）。

　　从事高级管理人员到技术工人的白人男性占比下降幅度在11%（高级管理人员）到20%（专业/中级管理人员）之间。不同职级的白人女性占比变化不大，其中高层和高级管理者占比涨幅约2%，其他职级占比减小幅度在0.5%—8%之间。有色人种、印度裔占比变化不大。

　　然而，就业公平委员会（CEE 2013）的报告显示，非裔的社会阶层正逐步向上流动。显而易见，所有行业的非裔专业人员和中层管理人员占比均有所增长。然而，公办机构提交的人口统计数据中增长最为明显，非裔男性雇员在高层管理职位中占比为46.6%，在高级管理职位中占比为38.5%，而白人男性在高层管理职位和高级管理职位中所占比例分别为11.5%和14.9%（CEE 2013：39）。非裔女性在高层管理职位中占比为24.5%，在高级管理职位中占比为22.9%，而白人女性在高层管理职位和高级管理职位中所占比分别为2.9%和8.0%（2013：39）。

在一份2011年的报告中，《就业公平法》准确总结了这一情况：

> 关于该国在就业公平方面取得的进展，一般而言，有色人种、妇女、残疾人的代表性在许多层面上仍落后于经济活跃人口。然而，雇主方2010年报表周期中的报告明显表明，我们在黑人和妇女获得专业资质和技能岗位方面取得了进展。白人仍主导高层管理和高级管理层，同时有迹象表明，除非我们改变招聘、晋升、技能发展的趋势，否则现状不会改变。尽管雇主提及高层管理和高级管理层的变动机会有限，但报告显示，这二者层面的员工流动，以及这些机会主要为白人男性大开方便之门。南非商业联合会（Business Unity South Africa，BUSA）研究显示，90%以上的约翰内斯堡股票交易所上市公司的首席执行官职位仍由白人男性占据，甚至部分即将退休。显然，需要更加努力制定继任计划，这将有助于改变我们行业领袖的形象。报告也显示，白人女性比其他任何指定群体更有可能在这些职级中任职。（CEE 2011：iv）

以上简要数据审查表明，确实有证据表明种族隔离工作制度（AWR）发生了一些变化，但该制度的主要特征在宏观层面依然存在，因此，诸如《就业公平法》等立法机制的合理性在很大程度上仍然不变且有效。除委员会表明的担忧之外，还有另一忧虑：平权行动似乎使相对较少的历史弱势群体受益，他们目前已步入中产阶级行列，但大多数人依然身处经济边缘、生活窘迫。

平权行动的主要辩论概述

最初，关于平权行动的讨论在两派之间展开，一方主张色盲种族主义，按成绩择优录取，另一派则认为种族偏好是补偿黑人的核心或基本要素（Adam 1999；Nzimande 1996）。上述观点均受到抨击，反对者强调了"成绩"和"标准"含义的特殊性，并强调培训、能力建设、指导已有从业资格和有潜力的黑人候选人的重要性（Maphai1989；Ramphele 1995）。公平政策的反对者进一步称，偏好待遇相当于"逆向种族歧视"；削弱国家统一，迫使掌握技术的白人公民远走他乡；降低标准，导致效率低下（Adam 2000），使此方案受益者蒙羞。这些观点大多由诸如中右翼的团结工会等组织提出。

鉴于南非特殊的种族背景，讨论提出了一些其他问题，即历史上被划分为"非裔""有色人种""印度裔"的群体，何者更有资格获得补偿。南非民主转型仅十余年，便出现小部分富有非裔精英阶层和日益壮大的黑人中产阶级。这使得一些学者认为，阶级相较于种族作为衡量不公的标准更加重要，进而质疑公平政策的价值和必要性，因为这些政策往往使用种族代表劣势（Seekings & Nattrass 2005）。平权行动等政策的支持者坚称，结构性种族主义等问题需要国家干预，仅宣布"公平"的竞争环境无助于改变具保守倾向的机构实践。

最近，围绕平权运动的辩论迎来新转向。首先，辩论转向"道德"领域，那些批评平权行动者虽声称支持补偿，却认为依赖种族分类的平等政策道义上站不住脚（《开普时报》2007 年 4 月 12 日）。[1] 有人反驳到，虽然种族划分既无关紧要也非必不可少，但承认这种划分所产生的历史和持续性影响对努力实现实质平等则至关重要（《开普艾格斯报》2007 年 5 月 1 日；[2] Erasmus 2010；Hall 2007；Mbembe 2008）其次，最近统计证据表明，南非白人女性是企业管理中公平政策的主要受益者（CEE 2011），这有悖于《就业公平法》的要求和精神。鉴此，一些人认为，白人女性日后应被排除在优惠待遇之外，而其他人则指出承认和消除性别歧视的持久重要性（独立在线新闻网，2007 年 5 月 15

---

① Benatar D，《平权行动不是解决不公的方法》。
② Haupt A，《种族一词是辩论的焦点》。

日）。①

关于工作场所平权行动的辩论出现了新观点，Neville Alexander（2013）和 Erasmus（2015）认为，工作场所中的平权行动趋利于特权阶级，贫困问题却悬而未决。Alexander（2013：136）认为，整体而言这项政策主要惠及日益崛起的黑人中产阶级，实际上加深了固有的社会阶级不平等。Erasmus（2015：104）将平权行动置于更为宏观的当代南非社会分析之中。

> 1994 年后的南非国家重新校准了该国的"特权人口"和"贫困人口"。前者是平权行动政策的特定受益者——不论在实行种族隔离政策的时代抑或 1994 年废除该政策后——均旨在帮助国家将特权集中在新旧精英中。贫困人口既非这些政策的目标对象，亦非这些政策的受益者。

她认为，通过"创造衡量'种族'对社会生活意义所产生的影响的新指标"，人们可以为消除"种族不平等，解决日益加剧的贫困问题"这一宏伟工程做出贡献。Erasmus 进一步解释道：

> 不寻求"从种族中解脱"……而是用相对严谨的方式努力克服其影响……我们的分析旨在消除对"种族"一词不假思索的使用及其潜在特权结构，为武装反种族主义批评和激进主义（activism）提供利器。

Steven Friedman 和 Erasmus（2008）认为，尽管南非人对平权行动众说纷纭，但仍有空间制定一项经过深思熟虑的与消除贫困措施相一致的补救战略，从而为可持续补救创造更广阔的空间。

以这些语境和辩论为背景，我在此概览《南非和解晴雨表》的主要成果（De Wet & Erasmus 2013）。

---

① Quintal A，《性别平权运动受到质疑》，访问日期，2016 年 9 月，http：// www. iol. co. za/news/politics/gende-affirmativeaction-questioned-1. 353005#. VMILAjGUf94。

对平权行动的看法和对话起点

本章我将聚焦五项（调查中共包括六项）选定结果。① 要求受访者用李克特六分量表（a six-point Likert scale）（普通的五分量表，附加一项"不知道"）表明他们在多大程度上同意或反对以下五项表述：

- 我赞成平权行动；
- 雇主在雇用和提拔员工时，应该优先考虑某些群体；
- 我不愿意在实行平权行动的机构中工作；
- 平权行动政策在解决不平等方面已取得很大进展，这些政策应逐步取消；
- 雇用和晋升应严格基于能力而非种族和性别等类别。

表3显示受访者对这5项陈述的总体回应，但并未能说明问题。我预计，按种族、性别、家庭语言、省份、职业、年龄、家庭月收入分类的非集聚回答将在数据上呈现出有趣的模式。因此，我将每个平权行动变量与各种人口统计变量制成交叉列表，然后将这些变量组合在一起，以确定和汇总数据分布相背离的模式。我使用皮尔森卡方检验（Pearson Chi-square）研究统计学上的显著差异。我还使用克莱姆 V（Cramer's V）测试测量变量间相关性的强度。这些统计结果的概要载于本章附录。②

对定量数据的统计分析表明，按种族、语言、家庭收入、省份划分时，大多数对平权行动变量的回答存在显著差异。克莱姆 V 测试显示相关性不高。

种族分组中，我测试了对基于年龄、性别、职业的平权行动变量的回答的显著差异。这些差异非常小（附录表4）。然而，存在显著差异之处，较小的子样本量（表3）仅表明人口模式，因而需要在更大、更具代表性的样本上进一步测试。

我猜想，不同语言群体中，男性和女性的回答是否有显著差异。皮

---

① 本章末论述第六选项。这一项要求受访者表明他们在多大程度上同意这一陈述，"对平权行动有很多理解，但实际上主要指工作场所偏向特定群体"。调查包括这项表述，以确定受访者在多大程度上认可广泛使用的平权行动的定义。55%的南非人认同，仅10%不认同，余下35%则态度矛盾。持矛盾态度的群体中，大多数是非裔，定性访谈显示，他们不满没有提及补偿或改变的平权行动定义（De Wet & Erasmus 2013：44）。

② 参见附录中关于使用加权数据的说明。

尔森卡方检验结果（表4）表明，唯一显著的差异体现在以英语为日常生活语言的男性和女性对于"我支持平权行动"的回答（P = 0. 04）；男性更倾向于不赞同。然而，一般来说，性别似乎并不影响公众对平权行动的态度。

表3所示的调查结果表明人口统计学上选定的南非群体对关于平权行动的五种陈述的看法，下文讨论基于上述统计数据。

相较于媒体的主流观点，调查结果显示，南非人对职场实行平权行动的态度更为微妙。关于平权行动的五项陈述中，关于择优录取和晋升的陈述获得了全体南非人民和各统计学上的人口群体的最多支持。除个别外，这些群体支持"赞同平权行动"的声音相当多。对于逐步淘汰平权行动，支持率相对较低，态度矛盾。关于实施平权行动和在实行平权行动之处工作的陈述得到的支持最少，且分歧最大。

在此，我将详细讨论对平权行动公众态度的描述性统计所呈现的模式，同时考虑这些调查结果如何挑战媒体频频转载的、言过其实的公众态度和这些数字如何激发对话。我从那些获得更高层次的普遍认同的陈述开始，以意见分歧最大的陈述作结。

择优录取和晋升

64%的南非人认为招聘和晋升应以能力为基础。对这些结果的分列研究表明，表3所示的所有统计学上的人口群体中的大多数受访者均持赞同态度，每一群体赞同者的占比在58%—84%。非裔、多数操非洲语言者和失业者，与其他群体相比，趋于赞同（±60%）。但值得注意的是，这三个群体中的其余的多数受访者态度不明，且极少有人（≤10%）表示不同意。

De Wet和Erasmus（2013：42）说，他们的定性数据显示，"一些人似乎认为平权行动选拔标准排除受雇者的能力，而另一些人则认为，对于历史上处于劣势地位的群体而言，获得被雇用和晋升机会时，能力和正规从业资质同等重要"。持上述双方观点的南非人均支持择优雇用和提拔。显然，受访者对能力的理解有所不同，但这并未偏离整体调查结果：南非人作为整体以及各个不同统计学上的人口群体倾向于重视能力，且认为在平权行动背景下雇用和晋升不应该完全基于种族、性别或残障。

表3				选定统计学上的人口群体的描述性统计		（单位:%）
群体	回答	赞成平权行动	实施平权行动具有道德必要性	不在实施平权行动之处工作	应逐步淘汰平权行动	严格择优录用
全体南非人（聚合结果）（n = 3553）	同意	50	34	32	44	64
	不同意	14	39	31	18	9
	不确定/不知道	36	27	36	38	27
非裔（n = 2670）	同意	50	43	31	37	59
	不同意	10	26	30	20	9
	不确定/不知道	40	31	39	43	32
白人、有色人种、印度裔*（n = 883）**	同意	47	28	35	64	80
	不同意	23	56	34	11	5
	不确定/不知道	30	16	31	25	15
英裔白人男性（n = 73）	同意	38	23	45	63	77
	不同意	29	55	26	12	12
	不确定/不知道	33	22	28	25	11
英裔白人女性（n = 68）	同意	51	15	36	68	84
	不同意	15	60	34	7	2
	不确定/不知道	34	25	30	25	14
南非白人男性（n = 122）	同意	51	24	42	67	81
	不同意	26	62	28	12	7
	不确定/不知道	23	14	30	21	12

群体	回答	赞成平权行动	实施平权行动具有道德必要性	不在实施平权行动之处工作	应逐步淘汰平权行动	严格择优录用
南非白人女性（n = 125）	同意	45	29	37	68	82
	不同意	24	61	34	8	6
	不确定/不知道	31	10	29	24	12
南非白人和英裔*（n = 908）	同意	48	28	35	63	80
	不同意	22	56	34	12	6
	不确定/不知道	30	16	31	25	14
日常生活语言为非洲主流语言的群体（祖鲁语、柯萨语、塞瓦纳语、塞佩蒂语、塞索托语）*（n = 2353）	同意	50	43	31	37	58
	不同意	12	26	30	21	10
	不确定/不知道	38	31	39	42	32
日常生活语言为非洲非主流语言群体（恩德贝勒语、斯瓦蒂语、聪加语、文达语）*（n = 272）	同意	47 文达语 = 43	42 文达语 = 38	39 文达语 = 52	44 文达语 = 52	64 文达语 = 81
	不同意	14 文达语 = 10	24 文达语 = 29	23 文达语 = 24	15 文达语 = 29	7 文达语 = 10
	不确定/不知道	39 文达语 = 43	34 文达语 = 33	38 文达语 = 24	41 文达语 = 19	29 文达语 = 9
非裔专业人员（n = 60）	同意	70	53	43	47	63
	不同意	7	27	43	27	16
	不确定/不知道	23	20	14	26	21

续表

群体	回答	赞成平权行动	实施平权行动具有道德必要性	不在实施平权行动之处工作	应逐步淘汰平权行动	严格择优录用
非裔管理者 （n=19）	同意	47	53	42	53	74
	不同意	21	26	32	21	11
	不确定/ 不知道	32	21	26	26	15
白人专业人士 （n=22）	同意	64	27	46	68	77
	不同意	23	50	27	9	5
	不确定/ 不知道	13	23	27	23	18
白人管理者 （n=41）	同意	56	37	29	51	78
	不同意	24	49	49	29	10
	不确定/ 不知道	20	14	22	20	12
西开普省居民 （n=431）	同意	52	34	36	56	80
	不同意	18	52	36	14	5
	不确定/ 不知道	30	14	28	30	15
豪登省居民** （n=1068）	同意	51	45	29	44	67
	不同意	16	27	26	18	8
	不确定/ 不知道	33	28	45	38	25
较高收入群体 （≥20000兰特）* （n=226）	同意	60	32	39	64	77
	不同意	21	52	35	15	8
	不确定/ 不知道	19	16	26	21	15

续表

群体	回答	赞成平权行动	实施平权行动具有道德必要性	不在实施平权行动之处工作	应逐步淘汰平权行动	严格择优录用
较低收入群体（＜20000兰特）*（n＝2479）	同意	50	40	33	44	65
	不同意	15	32	32	18	8
	不确定/不知道	35	28	35	38	27
失业人群（正在找工作以及不找工作）**（n＝1154）	同意	49	38	33	44	59
	不同意	16	29	28	16	9
	不确定/不知道	35	33	39	40	32

注：Un/DK＝不确定/不知道（uncertain/don't know）。

* 这些类别的平均数已提供。

** 白人、有色人种、印度裔原始非聚合百分比对于三类折叠反应（同意、不同意、不确定/不知道）以及四个变量中的每个变量原始非聚合百分比和平均值偏差约为1%—4%。例如，对于变量"赞成平权行动"，分组的受访者中，持赞同意见占比为：白人46%，有色人种48%，印度裔47%（表3记载的平均值为47%）；反对意见占比为：白人24%，有色人种20%，印度裔24%（平均值为23%）；表示不确定/不知道者占比为：白人30%，有色人种32%，印度裔29%（平均值为30%）。

九省中，我决定比较豪登省和西开普省，因为前者的人口概况与南非相似，而后者与南非情况出入很大。例如，豪登省77%的公民认为自己是非裔，认同自己为白人、有色人种、印度裔/亚裔占比分别为16%、4%、3%。西开普省33%的公民认为自己是非裔，认同自己为白人、有色人种、印度裔/亚裔占比分别为17%、49%、1%（南非统计局，2012年）。

资料来源：作者对2011年《南非和解晴雨表》调查的分析。

这于我们有何启示？

这些统计数字表明，主张白人男性仅关心能力的说法无法得到数据证实，在媒体上大肆叫嚣"平权行动代替能力"的是白人男性，但这对于大多数南非人而言，能力和资质在所有职位和晋升中会占优势。在哈法吉（Haffajee）主持的"我是平权行动受益人"专栏上的评论中（《见证者日报》2010年7月2日），46%反对平权行动者或隐或现地表示，平权行动下的职位从未基于能力。网名为"Fairboy"的网友的评论道：

> 承认自己不完美，做得不错。成为南非"平庸化"（原文表述如此）之辈的一员，也不错。我想知道你们剥夺了如此才华横溢的

作家的机会。

尽管"能力是衡量优劣的客观而公平的标准"这一观点存在争议，[①]不同统计学上的人口群体的大多数南非人仍将能力视作决定职位和晋升的根本标准。

此外，《就业公平法》对"平权行动的采用使种族和/或性别取代能力"这一观点进行了反驳。该法案第15（1）条规定："平权行动措施旨在确保来自指定群体的完全符合资格的人员享有平等就业机会。"2014年宪法法院对巴纳德案的判决也"强调能力是平权行动的关键驱动因素"（引自《星期日泰晤士报》2014年9月14日）。[②] 当然，这并不意味着现实中指定群体中的不符合资质的人员不会被任用。我们知道这种情况时有发生，但关键是此举违法。

对于大多数南非人而言，认识平权行动背景下能力优先并不能使雇用或晋升更加容易，因为对能力和资质的界定并非始终如一。然而，这确实表明，我们无须纠结平权行动背景下的雇用和晋升中能力是否优先的问题。

如果南非人看重能力，并将其确立为不容置疑的惯例，那么雇主将需要证明每位被任命者均具备适当的从业资质。此类惯例所产生的一种意想不到的后果会是在指定群体中无法找到符合从业资质的人选，因此有时造成职位空缺，这一点需要再次证明。这一现象提请注意，公共和私营部门需要技能发展和能力建设。如何实现这一目标成为争论的主题，而非平权行动中的能力是否优先的问题。

支持平权运动理念

除个别例外，50%或更多的南非人和各种统计学上的人口群体赞同平权行动理念。这些例外（不大可能赞同平权运动理念者）是指讲英语的白人男性（其中58%表示同意）、讲阿非利加语（Afrikaan）白人女性

---

① 反对这一观点的看法分为两种形式：前者质疑"能力测试是衡量能力的客观方式"这一假设；后者指出，社会因素影响选择和评价；譬如种族和性别偏见。社会并非真正实施英才管理，但我们愿相信如此。

② Joubert J–J，《公平与赔偿：南非警察局团结工会奥博·巴纳德案件（CCT01/14）[2014] ZACC 23》。

（45%同意）、非裔管理者（其中47%表示同意）、少数非洲语言使用者［讲齐文达语（Tshivenda）人群居多，其中43%表示同意］。其中一个例外（讲英语的白人男性），所有南非统计学上的人口群体中仅少数（10%—26%）反对平权行动。29%讲英语的白人男性不赞成平权行动。每一群体的其余受访者（19%—39%）态度模棱两可。

借助这些统计数据，我们可以发现南非人总体上并不反对平权行动的抽象概念。如果在开启对话时就确立了这一点，那么各方可以就如何在实践中实施平权运动这一更为复杂且更具争议的问题展开辩论。

同样，这些统计数据挑战了错误的公众认知（由媒体振振有词的报道中获悉），即"白人，尤其是白人男性，反对平权行动，黑人（和其他指定群体）总是赞成平权行动，因为他们是主要受益者"。统计数据显示出更为微妙的情形。即使讲英语的白人男性也不大可能反对平权行动这一抽象概念。相较于其他统计学上的人口群体，他们之间的意见分歧往往更大（其中38%表示同意，29%不同意，30%态度模棱两可）。非裔管理者不大赞同平权行动，这一发现使媒体中盛行的刻板印象遭到质询。就个人而言，他们可能不愿过分支持平权行动，这也在情理之中。因为他们不想被贴上"平权行动受益人"的标签，他们认为他们是凭借个人能力获取职位的。一位高级经理人阐释了这一观点，"我不认为我是平权行动的帮扶对象，我认为我很称职，我是凭借个人能力胜任这一职位。至于其他人是否这样认为，那就另当别论了"（De Wet & Erasmus 2013：56）。他们时常得反驳被贴上"平权行动任命者"的标签。诸如此类的统计数据质询刻板印象，并与同"他者"真诚对话创造机遇。

逐步淘汰职场平权行动

南非人作为一个集体和不同群体在逐步淘汰（或不淘汰）平权行动的问题上存在意见分歧。有些人认为应逐步淘汰平权行动，有些人则对此持矛盾态度。在所有群体中，不赞同淘汰平权行动的受访者占比较小（9%—21%），仅非裔专业人员（27%）和白人经理（29%）两个群体例外。

白人、有色人种、印度裔，讲阿非利加语和讲英语群体中认为应该逐步淘汰平权行动的占比较高（63%—68%），而持这一观点者在非裔专业人员中占比则相对较低（37%—47%），类似差异也反映在基于收入的阶级划分中。所有群体都有相当一部分人对此持矛盾心理（21%—43%），但非裔（43%）和以主要操非洲语言者（42%）的矛盾心理占比最高。

这些统计数据表明，尽管在关于逐步淘汰平权行动的呼声中种族和阶级差异明显，但实际上反对淘汰平权行动的南非人相对较少，后者降低了第一个发现（即赞成平权行动）引起意见分歧的可能性。

虽然定性研究进一步表明，相当一部分人同意逐步淘汰平权行动，但对其淘汰时机的认识存在分歧（De Wet & Erasmus；2013）。一位操阿非利加语的白人女性表示担忧（调查中相当一部分均表示担忧），即平权行动的实施没有时限："我完全赞同平权行动，但我唯一的担忧是没有真正的时限。平权行动持续很多年，这是唯一让我担心的事情。"（见 De Wet & Erasmus 2013.51）Khaya Dlanga（《邮政卫报》2014 年 6 月 20 日）① 表达了对时限的另一种担忧，"需要多久才能不再需要平权行动？我不知道。我们需要的是大量的机会，这样平权行动会结束"。

尽管南非人可能对此问题持不同看法，但总体而言，并不反对"平权行动终将被逐步淘汰"。如果能够通过对话就这一点达成一致，那么真正的讨论就可以转向"如何最好地创造 Dlanga 所提及的条件"这一问题上，即《就业公平法》中提及的能够逐步淘汰平权行动的条件。

Alexander（2013）和 Erasmus（2015）认为，如果南非政府和企业仍坚持与持续的结构性不平等的新自由主义政治经济联姻，逐步淘汰平权运动便不大可能实现。他们认为此难题须成为对话的一部分。

实施平权行动具有道德必要性

南非人作为一个集体对"实施平权行动具有道德必要性"这一说法存在着极大分歧（其中 34% 表示同意，39% 不同意，27% 模棱两可）。然而，统计学上的人口群体主导模式表明，白人、有色人种、印度裔、操阿非利加语和英语语言者（男性和女性）、白人专业人士、白人管理者和西开普省的居民持反对意见者占比略高（50%—62%）。非裔、操非洲语言者、豪登省居民、非裔专业人士及管理者和低收入者趋于赞同

① 《平权行动在这里，解决它》。访问日期，2016 年 9 月，http：//mg. co. za/article/2014 –01 –31-affirmative-action-is-here-deal-with-it.

（40%—53%）。

关于实施平权行动的定性数据暗示，不同种族、阶级、语言、省份的人对平权行动的态度似乎是根深蒂固的刻板印象。譬如，非裔受访者倾向于将这一观点与补偿和改变相联系，而白人受访者则趋于将其解释为"逆向"歧视。那些不同意"雇主在雇用和晋升员工时，优先考虑来自特定群体的人"这一观点者认为，职场的群体偏好不合道德（De Wet & Erasmus 2013）。常见的回答表达了这样一种观点，平权行动是"逆向"种族和性别歧视，依据特征而非能力选拔人才的标准极为不公。一些人（尤其是白人男性）认为平权行动的真正实施不合道义，因为他们认为自身（或如同他们一般者）会因为平权行动的实施而受到不公正待遇：

> 有些人只看到他们认为不公平之事。他们自身或白人男性同事找不到工作，而指定群体中的人却能够找到。他们明白有时候这无可厚非，有时候则问题重重，但他们选择相信自己没有得到这份工作是因为指定群体者抢占了先机。事实上，以前你得到这份工作是因为你属于指定群体，即白人或男性。现在局面已发生变化，令人难以接受。这种偏好以前曾惠及白人，而今你作为其中的个体应承受痛苦。所以大多数人觉得这有些难以承受。我认为这并没有被普遍接受，一些人必须面对现实。（引自 De Wet &Erasmus 2013：46）

一些受访者（主要为非裔）认为实施平权行动具有道德正当性，因为他们显然把平权行动与补偿和南非社会转型联系起来——在他们看来，这关乎公平。一位非裔男性受访者表示："很难将就业公平与转型分开。"另一位受访者认为："就业公平不仅仅是我们的追求目标，同时裨益于消除持续存在的基于性别、种族等问题的歧视。"（De Wet & Erasmus 2013：44）

尽管这些观点存在，但统计数据显示的全部情况并不支持这些刻板印象的立场。在这些统计学上的人口群体中，有相当数量的受访者未表现出刻板印象的态度。研究结果表明，这些群体内也存在意见分歧。例如，白人管理者偏离了刻板印象；他们的意见主要分为同意（37%）和不同意（49%）。低收入者的意见分歧更大（其中40%表示同意，32%

不同意，28%模棱两可）。

统计学上的人口群体内的褒贬不一的态度会削弱与该群体相关的刻板化印象观点或立场，并为该群体内部和与其他群体的对话创造机会。例如，如果白人管理者明白，作为一个群体，他们就"实施平权行动具道德必要性"这一观点而出现意见分歧，那么他们中的多数人可能并非"白人（包括管理者）反对平权行动"这一刻板印象。因此，他们中的许多人可能会更愿意接受实际的回答。

不愿在实行平权行动之地工作

南非人作为一个集体，对于"不愿在实行平权行动之地工作"的意见存在很大分歧（其中32%表示同意，31%不同意，36%模棱两可）。在统计学上的人口群体中，对此问题的意见分歧最大——以上三种回答在每一群体中占比均相当大。非裔专业人员例外——他们主要分为两派，一派同意（43%），另一派反对（43%）。

这些结果对"公众关于不同统计学上的人口群体对平权行动持何种意见"的臆断形成质询。例如，公众可能认为白人管理者认同"不愿在实行平权行动之地工作"这一观点。尽管这一群体在对平权行动的意见上存在很大分歧，但他们在这一观点上更倾向于反对（49%）而非同意（29%）。起初，这似乎有悖常理，但定性数据显示，这样的结果也在情理之中。De Wet 和 Erasmus（2013：58）发现：

> 白人管理者在职业阶层中居高临下，不会轻易受到平权行动的威胁，尽管他们认为平权行动最终应被逐步淘汰，但仍能接受。我们发现，资历越深的白人管理者很少对平权行动持负面意见。为数众多者要么相信平权行动的价值，要么容忍平权行动。

一位白人高管解释道："我们有就业公平计划，且对此负责，因此首先在一些情况下，我们应恪守职责，而在另外一些情况下，'我们别无他法'。"

另一有悖常理的研究发现表明，尽管非裔管理者就这一观点的回应也存在分歧，但他们更倾向于支持宁愿不工作，也不愿在实施平权行动之地工作的观点（其中42%表示赞同，32%反对）。如果考虑到许多人希望他们凭借真才实学而受到任命，他们不需要平权行动，担忧被贴上所有与"平权行动任命"相关的负面含义的标签，这也在情理之中。

在此，描述性统计数字对绝大多数人的意见符合其人口统计定型观念的观点形成挑战。群体内部的意见分歧再次削弱了刻板印象的态度，为群体内部和与"他者"的对话创造机会。例如，如果非裔管理者们知晓，作为一个群体，他们对不愿在实行平权行动之地工作的意见存在分歧，那么在公务员制度下选拔人才时，或许不会迫于政治任命之压力，或者至少会质询此做法。

对话标记

图 1 总结并简化了上述定量研究结果，以衡量南非人在何种程度上同意或不同意平权行动的五个方面。下文呈现的主要结果可作为定位职场平权运动潜在对话起点的标记。

- 招聘和晋升基于能力：无论能力相关问题有何种争议，于大多数南非人而言，能力仍是优先考虑的问题（调查对象中仅 9% 表示不同意）；
- 支持平权行动：大多数南非人并不反对平权行动（仅 14% 持反对意见）；
- 逐步淘汰职场平权行动：大多数南非人并不反对逐步淘汰平权行动（仅 18% 持反对意见）；
- 施行平权行动具有道德必要性：南非人对这一问题褒贬不一，且各方人数占比或多或少持平（其中 34% 支持这一观点，39% 反对）；
- 不愿在实行平权行动之地工作：南非人对这一问题存在意见分歧，且各方人数占比持平（其中 32% 表示同意，31% 反对）。

在平权行动立法出台 15 年来（尤其是 1998 年的《就业公平法》），公众争论似乎停留在深陷意识形态生活世界（lifeworlds）（采用 Habermas 的术语）的多为媒体所呈现的二元对立。这些对抗观点的语言文字未能显示就平权行动及其职场实施展开对话的诚意。围绕平权行动的公开辩论，就像许多其他涉及纠正历史上根深蒂固的歧视的问题一样，也因固守排他性的意识形态利益而陷入僵局，这些利益使评论员无法看到《南非共和国宪法》表达的更为宏观的图景。

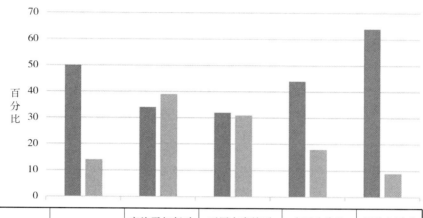

	赞同平权行动	实施平权行动具有道德使命	不愿在实施平权行动之地工作	应逐步淘汰平权行动	招聘和晋升基于能力
同意（%）	50	34	32	44	64
反对（%）	14	39	31	18	9

图 1　南非人对平权行动问题的态度（赞同/反对）

注：n = 3553。

资料来源：De Wet & Erasmus（2013：41）。

　　各方仍呼吁围绕平权行动展开公开辩论，这些呼声为围绕备受争议的问题展开建设性和持续性对话提供了机遇，但相较于 20 世纪 90 年代中期，即通过对话确立南非新宪法之时，目前围绕国家问题开展持续对话的情况较少。①

　　Pierre de Vos（2014）认为，"就平权行动措施的法律范围展开理性、明智的辩论实属不易"，对平权行动的公开讨论亦非易事。然而，这并不意味着不可能开展严肃、理性的对话。De Vos 认为，围绕平权行动展开的富有建设性的辩论要求参与者必须立足于某些基本出发点，他对其中第一点进行如下阐述：

---

　　①　宪法是由所有主要党派和解放运动的代表组成的涵盖各方的议会起草。最终，宪法文本被议会 86% 的成员采纳。

由于以往（和持续存在的）种族和其他形式的歧视，许多南非人仍不能享有公平的生活机会，这是不争的事实。如果我们拒绝承认这种不公，且试图否认我们中部分人因这种不公而享有（并继续享有）特权，那么围绕这一问题开展理智的讨论仍希望渺茫。

以此为出发点，以上主要研究结果可以作为南非人对平权行动问题的立场的标记，从此开启作为开展公开对话的适当时机。这些定量研究结果裨益于参与辩论者认识到大多数南非人既不反对凭借真才实学获得雇用与提拔，亦不反对平权行动这一（抽象）理念和最终逐步淘汰平权行动的事实。此外，南非在实际落实平权行动以及愿意在落实平权行动之处工作两个问题上或多或少存在分歧，且意见各方占比持平。

这些出发点得到了 J-J Joubert 的部分支持，他指出，2014 年南非宪法法院对巴纳德（Barnard）一案的判决已确定，"平权行动对于应对过去势在必行，但就'如何应对过去'这一问题存在严重的意见分歧（强调）"。显然，在操作层面上，即在何处实施/实践平权行动，公众对平权行动的观点褒贬不一；但在抽象层面上，南非人则达成众多共识。上述研究发现有益于我们更好地认识这些分歧的本质，分歧并不是媒体所刻画的那样单纯地基于种族，种族群体内部同样存在意见分歧，因此，种族本身亦不能充分解释公众对平权行动的态度。

另一重要发现是，非裔管理者和白人管理者的反应均偏离了与非洲黑人和白人相关联的刻板化印象。简言之，非裔管理者对平权行动和实施平权行动的支持度较低，白人管理者的支持度则高于预期。这使双方态度更为接近（皮尔森卡方检验显示，双方对平权行动相关观点的反应未出现显著差异[①]），同时表明阶级利益而非种族逐渐塑造民众态度（为验证这些模式，需要对更大的非裔和白人管理者样本进行进一步测试）。鉴于管理者需要在工作场所实施平权行动，这一趋同可能成为似乎不为意识形态所限，却受实用主义驱使的管理者们之间对话的起点。

这些发现意义重大，但本身不足以推动围绕平权行动的对话。为促

---

① 非裔和白人管理者对平权行动变量的反应是否存在显著差异，这一问题的卡方检验结果如下：支持平权行动：$P=0.88$；施行平权行动具有道德必要性：$P=0.55$；不愿在实行平权行动之处工作：$P=0.69$；应逐步淘汰平权行动：$P=0.44$；招聘和晋升应基于能力：$P=0.81$。

成对话，我们需要能够促进此类超越意识形态和刻板化印象的对话的进程或方法。即 Habermas 提出的交往行为理论组成部分的主体间性对话①能够助力对话。

哈贝马斯的主体间性对话

本节中，我着重论述哈贝马斯的知识分类、宣扬批判知识、主体间性、理性、论证力。在哈贝马斯关于"知识构成兴趣"（knowledge constitutive-interests）的早期著作中，他指出了三种知识类型（Douglas 2009：46；Morrison 1995：54）。第一种是以收集基本事实、管理数据、控制自己的世界为目标的"技术性认识兴趣"（Douglas 2009）。第二种是"历史解释学"或"解释学"认识兴趣，即理解完全受个人（或其"公共群体"）的"生活世界"（lifeworld）和相应的价值观、信仰、观点影响的个人世界，第三种是"自我反思"或"批判性"认识兴趣，其目标是审视和审查被视为当然的可信知识（Douglas 2009）。人们通常不加批判地接受信息的表面价值，因为这样安全、政治正确抑或是政治宣传的产物。

在哈贝马斯看来，主体间性对话是因对批判性知识的探索而开启的。没有批判性反思，任何主题的信息都可能成为束缚而非解放，话语参与者无法看到其生活世界的局限性（Lovat & Smith 2003）。只有促使人们思考他们的价值观和解释的起源，以及将其情景化了的作为诸多价值观和解释中的一组更为广泛的联系时，他们才会对从前的宰制现象进行批判性的自我反思。哈贝马斯认为，对话允许多种声音，每一种声音均有

---

① 我明白哈贝马斯的交往行为理论（theory of communicative action）饱受诟病，米歇尔·福柯（Michel Foucault）等从后结构主义视角对哈贝马斯特别是有关权力和理性话语的质疑，提出了有关批判性反思（critical reflection）和参与者免受社会力量和理性论证之累而自由交流的"理想的言语情景"（ideal speech situation）的可能性，这不只是另一种稳固权力的方式（Pusey 1987：105）。Michael Pusey 说："哈贝马斯的防卫实则让步……权力确实'在我们身后'同步并且来临……非个体的建构过程……大多情况下，难于清醒预料。然而，他没有让步的是权力的认识论和本体论定义，即权力先验存在，超越有意识的理性"。（1987：105）我并不完全相信哈贝马斯有关权力的论述令人信服，然而，其主体间性对话的概念能够裨益后世，且功大于过。

其预设或命题内容（Douglas 2009）。为了鼓励共同意义和认识的主体间性，没有任何声音凌驾于其他声音之上（Douglas 2009）。在批判性兴趣引领下，主体间对话的认识水平达到了一个高度，即生活世界的权威及其特定解释学兴趣逐渐被已达成共识的权威所取代（Habermas 1987）。也许南非最典型（希望不是唯一的）的哈贝马斯所言的例证是新宪法的产生过程以及之后在法律体系中被正式赋予权威和非正式地为南非政治图谱中各群体提供参照。

　　实际上，哈贝马斯的主体间性对话方法至少需要具备言语行为、建立人际关系的话语参与者之间的互动（Habermas 1984）。话语参与者通过协商达成共识，并以此作为认识包含限制及其行动计划的行为情境的基础，从而协商推进行动（Habermas 1984）。哈贝马斯认为，为了展开对话，需确立主体间性，这要求话语参与者接受持不同观点者的有效性要求，接纳他们持异议的缘由。哈贝马斯指出，"交往行为中，互动的结果甚至取决于话语参与者是否能就他们与世界的关系形成主体间性的有效评价达成一致（1984：106）。在哈贝马斯沟通共同体（communicative community）中的理想沟通情境中，通过依赖推理与证据（换言之，有力论据）的理性论证和共同见解解决分歧与冲突（Pusey 1987），主体间对话使所有知识的有效性得以检验。在哈贝马斯（1987）看来，人们通过剥离由代代相传的传统组成的积累的知识层来实现这一目标，这些传统通过个人的传承、性格、偏好，特别是与个人社会群体重要认同相适宜的、被视为当然的知识（包括偏见）。日益反思和批判性的理性评价过程逐渐消解了曾经被教条地归咎于文化传统的那些元素（Pusey 1987）。

　　Werner Ulrich（2001：71）将哈贝马斯的主体间性对话付诸实践，他解释道，"在日常沟通中，言语的有效性基础通常被认为不成问题"。这一层次沟通的主要目的仅仅是交换信息，因此没有必要质询有效性要求。参与者可能不反对证明其要求，但在其有效性要求受到质疑且成为讨论话题时才为自身辩护（Ulrich 2001）。这时参与者便切换至另一种不同的沟通模式。Ulrich 接着解释道，唯有当有效性要求出现问题时——因为其中一位参与者认为必须质疑发言者的诚意或者他/她所陈述内容的经验性和规范性——普通沟通才会中断，沟通理性（communicative rationality）开启。对争议性问题的讨论进程取决于"普通沟通"的中断。

在 Ulrich 的评估中，明智的决策可能在公开审慎对抗观点优劣的过程中显现。这适用于从微观层面的项目管理决策（和行动）到宏观层面的针对社会问题的公共辩论和行动（包括政策制定）等一系列情境。

哈贝马斯认为，任何旨在解决实际分歧的对话均需遵守一套规则。这些讨论的规则明确规定有关各方的平等权利；用适当的证据支持论点；必须提出充分理由质疑他人主张；审视他人和其他的观点（Fleming 2002）。执行平权行动而引起的法律纠纷的各方可能遵守了上述全部或部分规则，但法庭毕竟不是对话之处。①在哈贝马斯（1993：31）看来，如果条件符合以下五个标准之一，则有利于开展主体间性对话：

- 囊括性：所有受影响的各方均需参与对话；
- 自主性：所有参与者均应该能不受干预地呈现和批评有效性要求；
- 同理心：参与者必须愿意倾听、理解其他各方的要求；
- 权力中立：参与者间的权力差异不应对讨论产生影响；
- 透明：参与者不得参与"战略行动"（即欺骗）。

那些就平权行动开展对话的诉求需接受这些基本规则，为真诚对话创造条件和机遇。

结　　论

近几年来，要求就平权行动开展对话的呼声络绎不绝，但对话微乎其微。媒体对平权行动的报道易于令人相信公众对平权行动的看法由于种族界限呈极化态势。因此，未能开展有关平权运动的真诚对话，的确不足为奇。无论何种理由，要求就平权行动开展对话的呼声似乎愈加紧迫。然而，倘若南非人声称深陷平权行动问题的分歧鸿沟之中，对话还有机遇吗？

本研究表明，像平权行动此类争议性议题，媒体可能并不总是最佳的信息来源。与媒体报道比较而言，社会态度调查不失为一种更加严格的评判公众意见的方法。南非人对平权行动的态度并不像媒体报道的那

---

① 例如，团结工会与其他协会，惩教署与其他部门案件，案例 368/2012；南非警察局团结工会奥博·巴纳德案件，2014 年 ZACC 23。

样两极分化，因而仅仅基于种族分析不能充分说明问题，公众意见纷繁复杂。尽管在更抽象的层面上，公众意见趋同，但就实施平权行动的实践层面而言，必定存在分歧。然而，这些分歧也出现在不同的统计学上的人口群体中，这一发现打破了刻板印象。南非人对平权行动的反应比我们想象的更具两重性。为了更加细致地分析，有必要将种族和诸如职业和语言等的其他人口统计学变量纳入研究，揭示可能潜藏的公众意见数据模式。这些研究结果可以作为以哈贝马斯模型为指导的平权行动讨论的出发点。然而，真诚对话要求话语参与者恪守诸多基本前提和基本规则，使对话超越意识形态的藩篱。

　　或许应该让上述类别中的各种南非群体了解这些调查结果，并邀请他们就平权行动开展严肃理性的对话。这些群体中偏离对平权行动刻板化印象的数据表明，他们或许被务实主义思想而非意识形态所牵制，务实主义则更青睐主体间性对话和沟通行动。于是朝此方向，我与司法与和解研究所（IJR）合作，邀请不同的青年群体了解这项研究的结果，并在他们之中试行哈贝马斯的主体间性对话模式。2015 年，该模式在由 20 名年轻人（主要是大学生）组成的小组中实施，这些年轻人参与了阿什利·克雷尔青年领导能力发展项目，"让青年参与对话……［以便］促进青年领导力和发展相关问题的对话"。①

　　本研究使用的统计结果一定可以促进对话，但我也知晓其局限性。例如，态度调查中问题的措辞和狭隘的关注点并未告知我们职场平权行动主要惠及特权群体，将贫困问题悬而未决。这一信息来自年度就业公平统计数据，该数据在一定程度上可以通过比较 2002/2003 年和 2012/2013 年的就业公平统计数据得以证明。对比分析显示，2012/2013 年，高级管理人员（＋7％）、专业/中层管理人员（＋18％）、技术工人（＋19％）和半技术工人（＋11％）中非裔员工占比大幅上升，但非技术工人群体中非裔员工占比却未上升（实际下降了1％）。依据以上统计数据，平权行动更有益于非洲技术工人和管理人员，而非非技术工人。用 Frantz Fanon（1990：78）的话来说，"今时今日最为重要的是财富分配的必要性，人类必须回答这一问题，否则就会被击得支离破碎"。Alexander（2013）和 Erasmus（2015）倡导在任何有关平权行动的对话中，

---

　　①　www. ijr. org. za.

将此作为核心议题。

附 录

表4　卡方检验（∞ 0.05）和克莱姆 V 测试相关性的统计数据的显著差异

类别	赞成平权行动	施行平权行动具有道德必要性	不愿在实行平权行动之处工作	逐步淘汰平权行动	严格择优录用
种族	$p < 0.000001$ 未加权	$p < 0.00001$	$p < 0.00046$	$p < 0.00001$	$p < 0.00001$
	$p < 0.00001$ 加权	$p < 0.00001$	$p < 0.00001$	$p < 0.00001$	$p < 0.00001$
	（V = 0.09）未加权	（V = 0.16）	（V = 0.06）	（V = 0.14）	（V = 0.14）
	（V = 0.087）加权	（V = 0.14）	（V = 0.07）	（V = 0.13）	（V = 0.14）
语言	$p < 0.000001$	$p < 0.00001$	$p < 0.000001$	$p < 0.00001$	$p < 0.00001$
	$p < 0.00001$	$p < 0.00001$	$p < 0.00001$	$p < 0.00001$	$p < 0.00001$
	（V = 0.94）	（V = 0.15）	（V = 0.08）	（V = 0.125）	（V = 0.130）
	（V = 0.10）	（V = 0.14）	（V = 0.09）	（V = 0.13）	（V = 0.129）
收入（家庭）	$p < 0.0004$	$p < 0.000001$	$p < 0.046$	$p < 0.000001$	$p < 0.00001$
	$p < 0.00001$	$p < 0.00001$	$p < 0.00001$	$p < 0.00001$	$p < 0.00001$
	（V = 0.11）	（V = 0.123）	（V = 0.10）	（V = 0.123）	（V = 0.12）
	（V = 0.14）	（V = 0.139）	（V = 0.12）	（V = 0.149）	（V = 0.13）
省份	$p < 0.000001$	$p < 0.00001$	$p < 0.00001$	$p < 0.00001$	$p < 0.00001$
	$p < 0.00001$	$p < 0.00001$	$p < 0.00001$	$p < 0.00001$	$p < 0.00001$
	（V = 0.09）	（V = 0.13）	（V = 0.092）	（V = 0.11）	（V = 0.114）
	（V = 0.10）	（V = 0.13）	（V = 0.097）	（V = 0.12）	（V = 0.125）
种族和年龄	不适用	不适用（有色人种除外），P = 0.0009（V = 0.2）年轻人不同	不适用	不适用（有色人种除外），P = 0.008（V = 0.2）年轻人不同	不适用
种族和性别	不适用	不适用	不适用	不适用	不适用

类别	赞成平权行动	施行平权行动具有道德必要性	不愿在实行平权行动之处工作	逐步淘汰平权行动	严格择优录用
种族和职业	不适用（白人除外），p = 0.02（V = 0.2）管理者和专业人士不同（＜同意）	不适用	不适用（非裔除外），p = 0.04（V = 0.1）管理者和专业人士不同（＜同意）；有色人种、（p = 0.03）（V = 0.2）管理者不同（＜不同意）	不适用（白人除外），p = 0.03（V = 0.2）管理者不同（＜不同意）	不适用（非裔除外），p = 0.02（V = 0.1）管理者不同（＜同意）
语言和性别	不适用（以英语为主要生活语言者除外），P = 0.04（V = 0.2）男性不同（＜不同意）	不适用	不适用	不适用	不适用

注："＜不同意"，"＜同意"指相较于其他类别而言更倾向于不同意或同意。
资料来源：作者对 2011 年《南非和解晴雨表》调查的分析。

说明：加权数据

案例权重补偿了导致某些群体在样本中的代表性过高或过低的问题的抽样过程。Leslie Kish（1990）指出，这种偏差在聚合数据时于整个样本而言更为重要，而于数据的子类而言则重要性相对较低。开普敦大学统计学家蒂姆·邓恩（Tim Dunn）表示，使用权重必须"符合其目的，否则便无效……全部目的是提供数据的子部分中处于混乱的细微差别的折中方案。加权总和不［可能］代表每个子部分"（源自邓恩采访）。本章中吸引我的是聚合和泛化。我决定分析子部分时（例如，非裔管理者、讲英语的白人男性）不加权非聚合数据，因为数据子集的特殊性和微妙之处吸引了我，因此为保持一致，我决定使用未加权数据。然而，表 4 中提及的统计检验对加权和未加权数据均进行检验。两者的测试结果非常相似，因此证明我的决定并未歪曲聚合数据的统计分析。

参考文献

Adam K（1999）The politics of redress：South African style affirmative action. *Journal of Modern African Studies* 35（2）：231 – 249.

Adam K（2000）Affirmative action and popular perceptions：The case of South Africa. *Culture and Society* 37（2）：49 – 55.

Alexander N（2013）*Thoughts on the new South Africa.* Johannesburg：Jacana Media.

Bezuidenhout A（2005）Postcolonial workplace regimes in the engineering industry of South Africa. In EC Webster & K von Holdt（Eds）*Beyond the apartheid workplace：Case studies in transition.* Durban：University of KwaZulu-Natal Press.

CEE（Commission for Employment Equity）（2003）*Commission for Employment Equity Annual Report 2002 – 2003.* Pretoria：Department of Labour.

CEE（2011）*11th CEE Annual Report 2010 – 2011.* Pretoria：Department of Labour.

CEE（2013）*Commission for Employment Equity Annual Report 2012 – 2013：Bridging the equity gap.* Pretoria：Department of Labour.

De Vos P（2014）*How to have a meaningful discussion on affirmative action.* Accessed September 2016, constitutionallyspeaking. co. za/how-to-have-a-meaningful-discussion-on-affirmativeaction/.

De Wet JP & Erasmus Z（2013）*Re-thinking "race" and affirmative action in South Africa.* Cape Town：Social Identity and Organisation Research Group, Department of Sociology, University of Cape Town.

Douglas B（2009）Communicative action：A way forward for inter-religious dialogue. *Journal of Inter-Religious Dialogue* 4（1）：45 – 54.

Erasmus Z（2010）A future beyond "race"：Reflections on equity in South African higher education. In DL Featherman, M Hall & M Krislov（eds）*The next twenty-five years：Affirmative action in higher education in the United*

States and South Africa. Ann Arbor, MI: University of Michigan Press.

Erasmus Z (2015) The nation, its populations and their re-calibration: South African affirmative action in a neo-liberal age. *Cultural Dynamics* 27 (1): 99 – 115.

Fanon F (1990) *The wretched of the earth.* Translated by C Farrington. London: Penguin Books.

Fleming T (2002) *Habermas on civil society, lifeworld and system: Unearthing the social in transformation theory.* Accessed September 2016, www. tcrecord. org/Content. asp? ContentID = 10877.

Friedman S & Erasmus Z (2008) Counting on "race": What the surveys say (and do not say) about "race" and redress. In A Habib & K Bentley (Eds) *Racial redress and citizenship in South Africa.* Cape Town: HSRC Press.

Habermas J (1984) *The theory of communicative action: Volume 1-Reason and the rationalization of society.* Translated by T McCarthy. Cambridge: Polity Press.

Habermas J (1987) *The theory of communicative action: Volume 2-System and lifeworld: A critique of functionalist reason.* Translated by T McCarthy. Cambridge: Polity Press.

Habermas J (1993) *Justification and application: Remarks on discourse ethics.* Translated by C Cronin. Cambridge, MA: MIT Press.

Hall M (2007) The case for equity. *Monday Paper* 26 (5) . Accessed September 2016, www. philosophy. uct. ac. za/philosophy/news/23 April07.

Kish L (1990) Weighting: Why, when and how? *Proceedings of the Survey Research Methods Section*, American Statistical Association.

Laher I (2007) A critical analysis of employment equity measures in South Africa. MA thesis, Rhodes University, Grahamstown.

Lovat T & Smith D (2003) *Curriculum: Action on reflection* (4th edition) . Sydney: Social Science Press.

Maphai V (1989) Affirmative action in South Africa: A genuine option. *Social Dynamics* 15 (2): 1 – 24.

Mbembe A (2008) Passages to freedom: The politics of racial reconciliation in South Africa. *Public Culture* 20（1）：5 – 18.

Morrison K（1995）Habermas and the school curriculum：An evaluation and case study. PhD thesis, Durham University.

Nzimande B（1996）"Black advancement", white resistance and the policy of upward mobility. In B Nzimande & M Skhosana, *Affirmative action and transformation*. Durban：Indicator Press.

Pusey M（1987）*Jürgen Habermas*. Chichester：Ellis Horwood Ramphele M（1995）*The affirmative action book：Towards an equity environment*. Cape Town：Idasa.

Seekings J & Nattrass N（2005）*Class, race and inequality in South Africa*. New Haven, CT：Yale University Press.

Standing G, Sender J & Weeks J（1996）*Restructuring the labour market：The South African challenge：An ILO country review*. Geneva：International Labour Office Statistics South Africa（*2012*）*Census 2011 statistical release*. Pretoria：Statistics South Africa.

Ulrich W（2001）A philosophical staircase for information systems, definition, design and development. *Journal of Information Technology and Theory Application* 3（3）：55 – 84.

Visser WP（2006）From MWU to Solidarity：A trade union reinventing itself. *South African Journal of Labour Relations* 30（2）：19 – 41.

Von Holdt K（2003）*Transition from below：Forging trade unionism and workplace change in South Africa*. Pietermaritzburg：University of KwaZulu-Natal Press.

采访

邓恩（Dunn T），开普敦大学统计科学荣休教授，隆德伯西（Rondebosch）于 2015 年 3 月 17 日。

转型重振和解

克里斯蒂·范德韦斯特休森
（Christi van der Westhuizen）

南非日益复杂的民主化工程是否已超越和解，并使和解变得无关紧要呢？尽管和解概念模糊（Gibson 2004b），但在一个日益加深的裂痕纵横交错的国家，让和解作为一个社会政治工程而听之任之似乎太过愚蠢，裂痕之一是贫富差距。据基尼系数（Gini coefficient）测定，南非是世界上最不平等的国家之一。本章认为，二十年来，和解作为一种使民主颇具意义的模式之所以丧失魅力，是因为民主与转型脱节。

与"和解"一样，"转型"这一术语备受争议，但就其直接指向物质补偿这一事实而言，又有其效度。本章从再生人类能力这一广阔的视野考察"和解"与"转型"。去人性化的殖民主义和种族隔离（dehumanisation）之后，当下的伦理责任是重拾人性之光辉，这既需要和解，又需要转型。正如 Judith Butler（1998）所言，只有将和解与转型互通，和解才切实可行，因为文化与物质并驾齐驱。这与 Pumla Gobodo-Madiki-zelas（2010）提出的"生活必需品"的概念如出一辙，"生活必需品"指修复自我实现需要物质和象征资源的交织交融。

为论证和解与转型之间的必要关系，我就白人防御性的后种族隔离策略进行定性研究。在这些话语策略中，物质与象征被消极地联系在一起，也就是说防御性拒绝和解与转型。殖民者拒绝对黑人人性的承认被再度激活，以重新确认当前的种族，从而避免对种族隔离的不公正现象进行物质补偿。"令人悲痛"的死亡，而非"置若罔闻"的死亡，界定了人与非人的规范（Butler 2006）。我定义了包含"战略承认"和"矛盾逆转"策略的"否认白人机会主义"，其目的是使白人继续享有特权。它受到黑人的政治抵制，黑人认同政治反对黑人非人性化的反补贴行动。

南非司法与和解研究所（The Institute for Justice and Reconciliations，IJR）早期的《南非和解晴雨表》（South African Reconciliation Barometer，SARB）调查发现，黑人受访者在补偿与和解问题上，大多不把象征与物质相联系。但随着时间的推移，这一情况已发生转变，黑人受访者日益将转型与和解联系起来。SARB 调查是从结构后的角度（Laclau & Mouffe 1985）作为意义形成过程进行分析的，该过程与个人对他们所居住的世界的解释或"感知"相结合，并且可以产生生产力。在此，《南非和解晴雨表》（SARB）调查是从后结构主义角度（Laclau & Mouffe 1985）作为意义形成过程进行分析的，该过程与个人对其所居住的世界的解释或"感知"相吻合，并且可以产生生产力。《南非和解晴雨表》（SARB）的大多数调查证实了物质和文化之间的脱节，个体往往将收入或阶级不平等归咎于国家分裂，比种族更甚。因此，我认为若殖民主义和种族隔离带来的社会经济影响得不到补偿，社会分歧便难以跨越（见表1）。种族和阶级不平等的相互影响表明，和解作为一项政治工程，只有作为一个与转变相互促进的过程，才能取得成功。

没有转型的和解

和解在"20世纪90年代蜜月期"中捕获了南非人的想象力。自此，和解已成往事，一个相对冷酷的首次民主选举之后的余晖，一度被斥为政治幼稚（Posel 2008）。在纳尔逊·曼德拉（Nelson Mandela）任第一任民主总统期间（1994—1999 年），他的跨种族外展政治与德斯蒙德·图图（Desmond Tutu）大主教倡导的"彩虹之国"建设项目并驾齐驱将和解推向中心舞台。但和解概念的前景渺茫，作为一种意义生成模式的效用，和解似乎淹没在民主化南非的不同思想的喧嚣声中。

真相与和解委员会（The Truth and Reconciliation Commission，TRC）是和解理想的主要传播者，有着公众咨询和听证会、史料记载、建议赔款和给予特赦等多重任务，它的工作举步维艰（Wilson 2001）。该委员会在1998年完成其五卷本巨著之后后便从公众视野中彻底消失（Fullard & Rousseau 2003）。

"和解"一词含义五花八门，颇具争议。的确，正如 James Gibson

（2004b：132）所述，和解的问题在于它具有"多种意义"，可以从法律、知识、宗教、哲学、政治等不同视角进行考察（Krog 2008；Posel 1999；Wilson 2001）。继真相与和解委员会之后，大多数社会科学分析聚焦于真理的和解上，使真理与和解成为真相与和解委员会立法使命的两大目标，并通过乌班图精神获得宽恕。（Gibson 2004a，b；Posel 1999；Wilson 2001）

我认为，和解应该与转型一起研究。尽管转型这一概念同样备受争议，但作为意义生成术语，在进入民主20年后仍保持了生命力（Mbembe 2008）。这归咎于超越和解这一现实的社会经济衰退的危机。2010年，按人均292兰特计算，约34%的黑人和13%的有色人种生活在贫困线以下（Finn，Leibbrandt & Woolard 2013a）。1993—2008年，种族群体之间和内部的收入不平等加剧（Finn，Leibbrandt Woolard 2013b）。中产阶级的总收入份额从1993年的32%下降到2008年的27%，而最富有的十分之一人群的总收入份额从33%提高到40%。同样在2008年，位于顶层的20%南非人群（1000万人）的收入份额为75%，而底层50%的南非人群（2500万人）收入份额仅为8%（Terreblanche 2012）。按种族细分，2008年稳坐收入金字塔顶端的20%人群中有83%的南非白人（370万人），而这一阶层中的非裔仅占11%（440万人），有色人种25%（110万人），印度裔11%（74万人）（Terreblanche 2012）。50%的南非赤贫人口为非裔（2370万人），剩下的则是有色人种（130万人）。正如南非司法与和解研究所在关于定性研究结果的报告中所指出：

> 大多数受访者竭力把和解概念与以贫困、犯罪、普遍物资匮乏为特征的生活环境相联系，因此，与社区层面相比。和解的意义在国家层面上得到更好的诠释。德斯蒙德·图图（Desmond Tutu）所谓的自由："……喝上干净的水，随时有电，住体面的房子，有像样的工作，能够送孩子上学，享有医疗保健。"这一切于大多数南非农村群体而言仍遥不可及。（Lefko-Everett 2011：8）

Mahmood Mamdani（1996）暗示，真相与和解委员会及其工作框架中忽略了转型：他批评其用"真理"取代诸如社会正义和再分配等的"正义"。因而，真相与和解委员会不够重视这里所述的和解与转型之间不可分割的联系。有人认为，和解作为一项可行的政治工程的意义生成模式之所以丧失魅力，是因为和解与转型脱节。

和解项目寻求解决的"问题"可被看似简单的术语表述：

> 种族间疏离的根源是殖民主义，直接原因自然是种族隔离，造成的伤害是不平等。白人对待非裔、有色人种、亚裔血统的南非人，好似他们在几乎各种意义上（比如政治和法律领域）均低人一等。因此，和解的关键是任何种族的南非人视所有其他南非人为同等人，平等对待彼此，给予彼此尊严和尊重。（Gibson 2004b：33）

尽管 Gibson 强调种族，但"几乎在各种意义上"强加的自卑感指的是殖民和种族隔离产生的不平等延伸至政治和法律领域之外，鼓动了其他差异标记（性别和性征）（Van der Westhuizen 2010）。此外，不平等危害引发白人通过剥夺黑人权利，并使其处于不利地位而将种族不平等根深蒂固。上述引文中"尊严和尊重"的延伸直接指向黑人人性化工程[1]，这是对殖民去人性化的抗议和颠覆。我认为，将和解与转型一起运行，而不是单纯依靠和解本身，更接近于纠正所有复杂的去人性化的多维排列组合。

本章立足于转型模型，该模型认定，经济不公若持续存在，和解便不可持续（Lombard 2003b）。转型不仅是以重新分配和纠正种族歧视为目标的政策性措施（Mbembe 2008），考验在于转型是否能够"促进平等，恢复那些被不公正的法律和种族主义政策剥夺这些权利的人的能力"（2008：16）。这种对转型的理解与 Luc Huyse（2003：27）提出的建议产生了共鸣，即"改善受害者的社会经济条件是和解的关键步骤"。改善社会经济成为重中之重源于对和解的理解，即"讲社会责任，望道德未来"（Krog 2008：355）。因此，和解不应该只是"双方努力治愈与克服敌意，建立信任与关系，共同致力于发展共同利益"，而应该是"个

---

① 种族分类必然是令人担忧的领域。种族在此被假定为一种社会建构，它被创造和改造以推进不平等的政治结果。印度裔、有色人种、黑人、白人的种族隔离类别构成了后种族隔离时期南非矫正行动的基础，本章引用南非司法与和解研究所（IJR）的调查结果时使用了这些类别。根据语境，"黑人"也可以是黑人、有色人种、印度裔三类人的统称。

人和权力关系的根本转变"（De Gruchy 2002：15，25）。

Achille Mbembe（2008）指出，有关转型不存在跨种族的伦理共识。本章认为，这种共识可通过将转型与和解作为政治、经济、社会项目的联结得以实现（Van der Westhuizen 2009）。在 Gobodo-Madikizela（2010）看来，物资匮乏形成了对黑人象征性剥夺人性的主要局面，她使用"生活必需品"的概念描述人格实现所需的相互缠绕的物质和象征资源。

最后，和解是对种族隔离和殖民主义造成的社会分裂的承认和实际桥梁。转型是关于推翻种族隔离和殖民不公正的社会经济遗产；和解和转型是相互交织的进程，承认曾存在的多维度不公正是纠正的基础。将和解与转型朋心合力，可消除去人性化之残余，归还黑人的生存必需品。下一节在揭示和解与转型之间不可分割的联系时，挖掘以阶级取代种族的危险。

种族抑或阶级问题

为了防止种族与阶级移位，本章的分析参照交叉性（intersectionality）理论概念（Collins 2000；Crenshaw 1995），捕捉交互式捏造的不平等社会安排的复杂性。交叉性能避免种族/阶级与和解/转型间的非黑即白的划分。这种二元对立将复苏 20 世纪后期主导南非社会科学的有关不平等的"种族或阶级"的辩论。两种思潮均做出了重要贡献，但最终落入简化论（reductionism）之窠臼（Norval 1996；Worden 1994），不利于认识种族隔离所鼓动的形形色色的社会标志的后果以及这些种族与阶级类别如何相互作用而产生不平等。

在正式的种族隔离制瓦解之后，由于黑人中产阶级的崛起以及中产阶级和精英阶层的日益多种族化，辩论在一些领域再次转向，凸显阶级："不平等逐渐成为阶级功能，而非种族……［这使得种族］不足以代表劣势。"（Seekings & Nattrass 2002：25）这种转变反映在 2003 年《南非和解晴雨表》（SARB）报告中："此外，越来越多的研究表明，中产阶级的种族构成正在迅速多样化，这表明，与以往种族与阶级界限交叠的事实相反，两者之间正在形成明显的区别。"（Lombard 2003b：21）相比之下，此处的分析与 2013 年《南非和解晴雨表》（SARB）报告的后续观察结果一致，即"种族和阶级依然紧密相连""物质排斥是种族问题"（Wale 2013：41），因为种族主义和种族根本上决定了获取物质资源的途径（Sonn，Stevens & Duncan 2013）。把重点放在中产阶级身上，争论"不平等是阶级功能而非种族"的行为危如朝露。第一，聚焦某一单一类别会导致其他差异的影响无法解释，这也是为什么本章采用交叉分析法，这种聚焦忽略了社会类别在其交汇点产生不对称结果的双向式互动。第二，有证据表明，阶级和种族分类之间的交叠未经触动（Foster 2006），因为大多数黑人穷困潦倒，而大多数白人则享有中产阶级地位。贫困生活水准测量（Living Standards Measure，LSM）① 第 1—4 组中大多为黑人，未出现南非白人，95% 的白人属于后 4 组，73% 的白人属于生活水准最高的 9 组和 10 组（Wale 2013：15，41）。因此，于大多数南非人而言，种族和阶级之交叠依然存在。第三，阶级与种族（和性别）共享排斥与包容的历史和动态变化（Stoler 2002）。种族隔离的种族类别与经济劣势相交，产生了种族化的不平等模式（Erasmus 2005），白人身份依赖通过殖民措施和暴力剥夺了被殖民黑人他者的阶级特权（Stoler 2002）。也就是说，在整个《南非和解晴雨表》（SARB）调查期间（2003—2013 年），受访者把社会经济不平等而非种族解释为最重要的鸿沟。至少从表面上来看，受访者在意义生成过程中，阶级的重要性远超种族。在下一节我将转向阶级。

南非司法与和解研究所 2003—2013 年调查结果：阶级而非种族？

如前所述，南非人一贯认为阶级或收入而非种族是社会分裂的重要来源（见表 1）。唯一例外是 2004 年选举年，当时政治派别被认为至关重要，阶级次之。

调查期间，种族在社会分化的主要标志中，在 2003 年其排名为第三，而 2013 年则降至第四；调查发现，"更多的南非人认为种族关系得

---

① 生活水准测量（LSM）是南非广泛使用的市场研究工具，将人口从 10（最高）至 1（最低）分为 10 组（SAARF n. d.）。

到改善而非恶化。公民似乎认为，阶级关系日益恶化，但种族关系似乎在稳步改善"（Wale 2013：14）。南非司法与和解研究所于 2010 年开展的专家调查表明，由于贫富差距拉大，教育、人类发展、基础设施、提供传递应优先于改善社会关系（Lefko-Everett，Nyoka Tiscornia 2011）。

因此，种族作为决定性因素从视野中消失，阶级赫然出现。然而，与其将种族和阶级视为不同的现象，不如从交叉视角透视经济劣势与缺乏和解之间的共构关系。《南非和解晴雨表》（SARB）能否证明这一点？其初步调查结果似乎表明，相当比例的受访者未觉察到此种相关性。就和解意味着什么的问题，《南非和解晴雨表》（SARB）探索性研究（Lombard 2003a：5）发现，仅 3.5% 的受访者表示和解意味着社会经济发展，相比之下，22.9% 的受访者表示和解意味着宽恕，10.1% 的受访者将其理解为种族融合，9.4% 的受访者认为和解等于"忘记过去"。同样，2003 年进行的第一轮全面调查显示，仅不到 2.0% 的南非人将"和解与物质补偿、财务补偿、社会经济发展等概念相联系"（Lombard 2003b：18）。

表1　　　　　　　　　2003—2013 年南非最大分歧　　　　　　（单位：%）

	2003	2004	2005	2006	2007	2008	2009	2010	2011	2012	2013
收入	29.8	23.8	30.8	30.0	31.0	29.3	26.8	25.0	31.6	25.8	27.9
疾病（人体免疫缺损病毒以及艾滋病）	14.3	15.9	21.1	17.7	21.4	17.2	18.6	15.8	14.4	19.3	20.7
政党	22.0	27.9	17.7	19.1	11.9	21.7	23.2	25.3	21.5	17.4	16.0
种族	20.1	20.4	17.3	19.7	21.4	18.6	18.5	20.6	19.8	13.2	14.6
宗教	6.9	6.9	5.8	7.4	6.6	6.6	6.7	7.2	6.5	12.5	8.6
语言	6.3	4.8	6.2	5.8	7.4	6.3	6.2	5.9	5.6	4.0	4.8

资料来源：Wale（2013）。

十年后，随着问题更为具体，2013 年的《南非和解晴雨表》（SARB）让民众更加确信和解与经济补偿间的联系：过半（52.2%，高于 2012 年的 43.1% 和 2011 年的 46.0%）受访者同意"若种族隔离制度下的弱势群体依旧贫穷，和解便是天方夜谭"（Wale 2013）。

尽管 2013 年《南非和解晴雨表》（SARB）的调查结果显示，多数人赞同种族和阶级存在联系，但仍有许多人将社会经济劣势与和解割裂开来。这是否意味着阶级跳过种族成为社会分裂者？虽然受访者可能认为阶级更具分裂性，但下文讨论的其他《南非和解晴雨表》的调查结果显示，阶级和种族如何增强由白人和黑人以特定形式维持的差异标记。只有深入挖掘，使用对交叉性的"两者/和"理解（而非"非此即彼"）时，阶级和种族的复杂联动效应就会显现出来。

补偿的种族鸿沟

《南非和解晴雨表》（SARB）探索性研究的结果（Lombard 2003a：13）表明，70%的南非人"没有明确强调需要赔偿"。其中约70%的黑人认为"即使没有赔偿，人也应向前看"（2003a：14）。种族鸿沟显而易见，认可"无须赔偿便可'向前看'"这一观点的民众中白人占比（84%）高于黑人（67%）近20%（2003a：13）。2013年，这一调查声明的措辞有所不同（"向前看"的相关提法均被删除，因为其妨碍直接比较），但对赔偿的支持仍然清晰可辨。白人的立场愈发根深蒂固。对于"政府应支持种族隔离期间曾遭受过严重人权侵犯的受害者"这一观点，仅有33.3%的白人受访者表示同意，而黑人、亚裔、有色人种的支持比例则分别为61.8%、63.7%、52.9%（Wale 2013：37）。[①] 因此，研究结果表明，白人抵制当今纠正种族隔离对黑人的不利社会经济后果。

在国家对种族隔离受害者补偿问题上的明显的种族不和证实，种族仍然是南非人尤其是南非白人维系自己与他者的一个理由。探索性研究的初步结果也与此一致，表明白人拒绝承认种族隔离曾令其从中渔利、令黑人贫困潦倒。关于是否"白人从种族隔离中获利，且至今仍受益于此"这一问题，仅不到四分之一（22%）的白人受访者表示同意，但几

---

① 2011年《南非和解晴雨表》中，一项用否定形式提出的问题也获得了类似的回答结果，但白人和有色人种受访者中认为"政府为人权受到侵害者提供的帮助不尽人意"的占比分别为22%和41%（Lefko-Everett，Nyoka Tiscornia，2011：36），而2013年《南非和解晴雨表》中，上述两个群体对此项表述的支持率分别为33.3%和52.9%。

乎四分之三（74%）的黑人受访者同意这一论述（Lombard 2003a：15）。① 2013 年《南非和解晴雨表》（SARB）调查中，一项研究重点从白人转向黑人的类似声明显示，尽管约 70% 的南非人一致认同"由于种族隔离的深远影响，许多非裔如今仍生活窘迫"，但超一半的南非白人（56.6%）不同意此观点（Wale 2013：37），这一比例远超 2012 年的 36.8%（Lefko-Everett 2012：38）。② 因此，大多数南非白人拒绝承认种族隔离造成的社会经济遗留问题及其特定的种族层面的影响（表现在是否承认种族隔离令白人从中渔利或令黑人穷困潦倒）。

白人断然拒绝承认种族政策曾带来的经济优势和劣势，阐明了白人为何强烈抵制"种族隔离是反人类罪"这一提议。这一声明的支持率随着时间的推移发生显著变化。2003 年第一轮全面调查中，86% 的受访者赞同这一论述，但近四分之一的白人受访者表示反对（Lombard 2003b：54）。2004 年 4 月，超过 30% 的白人不认为种族隔离是反人类罪，而其他种族群体的反对比例在 6%—20%（Lombard 2004：42）。2010 年《南非和解晴雨表》（SARB）调查中，白人对这一说法的支持率在这个时期登顶，高达 81.9%，但仍明显低于其他群体支持率：有色人种为 93.3%，印度裔为 88.1%，非裔为 87.6%（见表 2）。截至 2013 年，所有人群中认同"种族隔离是反人类罪"的受访者占比均有所降低，其中白人占比为 52.8%，非裔为 80.9%，有色人种为 70.4%，印度裔为 77.0%（Wale 2013：37）。如图 1 所示，这一比例全面下降，白人、黑人、印度裔的下降比例相当均衡，而有色人种受访者表示赞同的下降幅度相当明显。欲理解这一现象，需进行单独研究。

然而，2013 年数据显示，近半的白人受访者不认为种族隔离制度化的种族主义等同于针对黑人的非人性化的犯罪行为。这表明，白人的一个重要立场是要么抗辩种族隔离是反人类罪，要么黑人是人类的组成部分，以上两种取舍均质疑黑人的人性。

---

① 2003 年的探索性调查中，此问题仅出现一次。

② 早期的类似声明显示出类似的差异："如今南非公民收入差异巨大，是因为黑人过去未曾得到与白人同等的教育机会"，同意这一观点的黑人、有色人种、印度裔受访者占比分别为 87%、94%、82%，而持相同意见的白人受访者仅占 60%（Lombard 2003b：54）。

表2　　　2003—2013 年不同种族对种族隔离是反人类罪的态度（赞同）

（单位:%）

	2003	2004	2005	2006	2007	2008	2009	2010	2011	2012	2013
白人	70.3	67.1	68.1	74.8	67.1	58.3	76.1	81.9	79.8	73.5	52.8
印度裔	88.6	82.0	87.1	87.6	88.8	90.8	89.7	88.1	86.5	89.3	77.0
有色人种	92.2	93.7	89.4	95.0	92.2	89.1	89.6	93.3	77.4	78.3	70.4
非裔	88.9	87.3	88.0	88.9	89.1	86.3	84.3	87.6	80.2	85.7	80.9

资料来源：Wale（2014）。

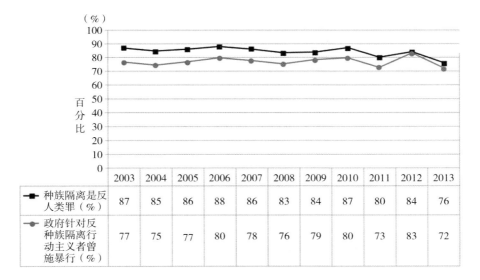

图1　2003—2013 年历史对抗情况

资料来源：Wale（2014）。

这一立场是殖民种族主义的残余，它将被殖民的黑人"他者"排除在人类之外，人类被描绘成等同于"白人文明"（Arendt 1994；Biko 1987）。

其他调查结果同样证实，我们确实着手处理殖民种族主义的遗留问题。2013 年，对于"种族隔离政府错误压迫大多数南非人"这一说法，57%的南非白人认同，而43%的南非白人反对，相比之下，75.2%的南非人同意这一说法，24.7%表示反对。这一发现与2003 年关于白人道歉的探索性调查获取的数据相吻合：① 回应"我认为白人应做好准备为种族隔离时期发生之事道歉"的声明时，仅不到三分之一的白人受访者表示赞成，而近50%的白人受访者表示反对，而四分之三的黑人、超三分之二的有色人种（68%）、近60%的印度裔受访者同意该声明（Lombard 2003a：11）。令人遗憾的是，这些调查项目的措辞表述存在问题，② 因而影响了其可信度。但这些项目确实证实了种族隔离是反人类罪，因为综合来看，它们在承认"错误"殖民主义、种族隔离、白人以牺牲黑人利益为代价从中渔利时证实了种族鸿沟。这一鸿沟延伸至旨在推翻这些遗产的赔偿问题。白人否认殖民主义和种族隔离对社会经济和心理造成的影响，实质上是拒绝承认和解与转型的基石。揭示了和解与转型之间的纠葛。或者，更确切地说，它揭示了和解作为国家项目的失败，在一定程度上是白人抵制转型的结果。下一节将使用定性数据阐明白人抵制和解与转型过程中使用的话语资源。

否认白人机会主义：战略承认，悖论逆转

多种研究发现，白人否认种族隔离以黑人受到伤害为代价使白人从中渔利。例如，Melissa Steyn（2001：153）讨论了如何利用自由个人主义话语将白人置于历史、社会背景和种族之外，以保护"无辜的白人"。Christopher Sonn，Garth Stevens 和 Norman Duncan（2013：25 – 26）描述了许多南非白人"对以往种族主义的一贯忽视或否认"。Achille Mbembe（2008：7）所称的"白人否认主义的防御逻辑"贯穿《南非和解晴雨表》的研究发现，是对种族隔离作为反人类罪和恢复的必要性的声明的回应。本节借鉴批判性种族和后结构主义思想，通过文本话语分析，阐释《南非和解晴雨表》（SARB）的研究结果（Carpentier & Spinoy 2008；Laclau & Mouffe 1985；Philips Jorgensen 2002），探索从焦点组访谈（focus group）和个人深度访谈中产生的文本的意义生成模式。研究采取立意取

---

① 2003 年的探索性调查中，此问题仅出现过一次。
② 措辞不当减损了这些问题的有效性：例如，一问题暗示所指的压迫是"错误的"，似乎存在"正确的压迫"这一可能性。

样（purposive sampling）招募调查对象。① 调查对象年龄在 30 岁至 65 岁之间，自我认同为讲南非荷兰语者、白人、中产阶级、异性恋者和女性。采访于 2011 年和 2012 年在南非约翰内斯堡和开普敦展开。

法外抵制种族隔离

在以下节选中，受访者讨论了种族隔离期间和之后的"道德"与"秩序"。

> V（36 岁）：我认为 1994 年后，无论在南非还是世界其他地方，人们的道德崩塌……我们难以评判是非。
>
> 女（43 岁）：我们从小就被灌输了"这是对的"和"这完全是错的"。
>
> X（65 岁）：这与斗争历史有关；责任从个人转移到你所指责的……种族隔离豁免，任何事情都是如此……要知道在当时，要先解放，后教育，没有人愿意为自己的行为负责。人们把责任抛在脑后……（如今）即便你身处公职，因为盗窃或受贿被抓……总是结构受到指责。
>
> W：在那个年代受压迫的人，在他们的战斗中……给他们灌输的思想是无法无天，所以他们干了许多错事。新政府上台后，我认为他们中的许多人都在努力调整，迷途知返……也许人们开始意识到……他们将不得不重新被灌输。因为……他们向……孩子们灌输……目无法治，制造混乱……甚至连新政府也在努力同……所有这些罢工和游行斗争……（焦点小组访谈）②

以上摘录显现出一种话语，一种反对种族隔离的道德正当性被颠覆的话语。Mbembe（2008：10）提出，南非正在对白人至上主义（white supremacism）进行"彻底修正"。他认为，黑人不再被定位为"天生低人一等"，或共同人性的观点再遭否决。相反，种族不平等以两种方式得到捍卫：

---

① 本研究是博士研究的一部分（Van der Westhuizen 2013）。
② 所有采访文本均由作者从南非荷兰语原文翻译得来。

其一，补偿政策的道德合法性和适当性受到挑战。这一论点依据这样一种信念，即法律既不应强制实现社会平等，也不应试图消除种族不平等的条件和以往受害的遗留问题。其二，在种族不平等的致歉措辞中逐渐出现了权利、公平和平等，此番辞令被鼓动起来试图将掩盖其种族本质的种族特权制度化。本质上讲，那些否认过去的种族不公正可通过法律制裁和具有种族意识的补救措施加以纠正的人们希望，种族群体间的真正差异将因此保留和搁置，正义和补救的紧急性无限期推迟（Mbembe 2008：10 - 11，着重）。

我的研究表明，在对把补偿的道德合法性问题化之前，还需采取另一步骤（如 Mbembe 所描述的那样），那就是首先验证种族隔离。上述访谈摘录中列举的话语中，白人否认主义野心包含了对种族隔离不公的悖论逆转，将罪责从白人转移至非裔，以实现 Steyn（2001：107）所谓的"文化无罪"。将黑人定位于"把一切归咎于种族隔离"，这表明种族隔离的罪孽被夸大，结果是把种族隔离的负面影响最低化。这些策略包括蓄意承认种族隔离等同于"压迫"，随即以此坦白为出发点，将压迫重新演绎为"合理"。因此，依据 Sonn, Stevens 和 Duncan 的主张，种族主义并未消除，而是被含蓄承认，文过饰非。抵制种族隔离被重新塑造为"不愿承担责任"，与后种族隔离时期南非的犯罪行径别无二致。反对种族隔离的斗争被改写为"教化"的结果，迫使黑人做"错事"。因此，这些非法化策略将反种族隔离的行为重新塑造成非正义行为。相反，黑色人种等同于不负责任、混乱不堪、无法无天。其结果是完全抹去了白人的罪责。在标志性伎俩中，白色人种的内涵（"担当、公正、理性、守法、有序"）源自"不负责任、贪污腐败、偷鸡摸狗"的黑人共同建设性关系。上文采访文字揭露了一种恢复白人/黑人、对/错、秩序/无序、进步/堕落和责任/不负责任的殖民二元对立的修辞。含蓄地说，此类话语致力于确证种族隔离是秩序与正义，后种族隔离时期的民主等同于无序、不公与犯罪。此类话语对当下而言，摧毁了赔偿的道义与人权基础。Steyn 指明的诸如"个人责任"的自由个人主义的叙事元素被注入了种族，声称黑人的"不负责任"和"道德败坏"使种族隔离成为必然，结果是贬低黑人人性，确证白人优势。

2003 年《南非和解晴雨表》（SARB）调查结果表达了"民主是不

法之混乱"的建构与"种族隔离是合法的秩序"的对立。关于"当民众的权利受到任何形式的侵犯时，他们是否有正当理由参加罢工"，60%的有色人种，54%的印度裔，46%的黑人和23%的白人认同罢工是正当的（Lombard 2003b：38）。虽然各种族人群对民主行动的支持率相对不高，这需进一步分析，但种族对比令人瞩目。近半的白人受访者（46%）认为，即使在国家侵害人民利益的情况下，罢工也不算正当。关于加入反对政府侵犯人权行为的示威问题，仅32%的白人认为此举正当，同时65%的有色人种，59%的印度裔，51%的黑人认同此举（2003b：37）。同样，反对任何补偿社会不公和侵犯人权的行动的南非白人占比约是其他种族的两倍。

因此，对白人至上主义的修正并不像 Mbembe 提议的那样"激进"。白人否认主义导致对陈腐和妥善使用的殖民分裂的退路，这在后现代吊诡的颠覆活动中，助长了把殖民和种族隔离不公正重新塑造为公正的威风。这便是反对后种族隔离时期补救措施的辩护内容。所谓的反种族隔离言论的矛盾逆转——服务于白人的战略逆转[①]——重新设定了那些建立在殖民登记二元论差异的"种族群体间的真正差异"。这些二元论重新引发了殖民主义问题，即何者有资格拥有"人性"，何者不能（Arendt 1994；Biko 1987；Nandy 1983）。我们可以在《南非和解晴雨表》（SARB）中占据相当大比例的、认为种族隔离不是反人类罪的白人受访者的回答中找到答案。在我所称的否认白人机会主义中，必须抛弃共同人性的观念，卸除白人的罪责，恢复其固有的清白，卸除白人所有的责任，包括赔偿。

种族隔离是黑人的负担

下文的采访文本显现出一种再次承认种族隔离具压迫性的话语。然而，"压迫"排除了对人类潜能的压制，因为人们质疑为何黑人"认为"他们在种族隔离制度下"失去了机会"。因此，承认压迫是合法化后续

---

① 另一个这样的逆转是借用反种族主义措辞，例如美国民权领袖马丁·路德·金（Martin Luther King jnr）的反种族主义言论，作为反对当前"不公"的就业公平黑人经济振兴法案的战斗口号。参见 2013 年 10 月 11 日《目击者新闻报》（*Eyewitness News*），Van der Westhuizen C.，《红色十月白色焦虑背后的"comfizone"》，访问日期：2016 年 9 月，网址：ewn. co. za/2013/10/11/ OPINION-The-comfizone-behind-Red-October-white-angst。

之事的策略。

　　S（35 岁）：可能因为你是白人，你会想当然地认为一切正常，但我不这么认为。我认为绝大多数人，如果我可以这么说的话，都耿耿于怀。这听起来很糟糕，这不是我的本意，但我认为他们仍负重前行……工作中我认识一位印度裔女士 X，她说她不知道为什么导师不跟她打招呼，我说因为你是印度裔。一星期后，我接到了电话约谈……这可是个大事。我怎么解释这只是个玩笑？我越是解释这个玩笑低俗（这个玩笑确实不登大雅之堂），越无意义。导师是种族主义者……我不尊重她……显然我很尊重 X……院长说她能从 X 的脸上看出她知道自己反应过度了……X 对我说："如果这种事再次发生"，但我想她应该很了解我，知道我不是那种人。我不是恶意的。我下次不要这样了……我们……作为白人，多少松了一口气（但还会感到郁闷），毕竟这些事情都结束了。我们不必再感到内疚……或许源于压迫或其他什么，但仍感觉他们有负担，一直受其掣肘……即使是多少年后还是感到不安，但是确实距离这件事已经很多年了。

　　我明白他们觉得自己并非拥有所有机会……我不知道是在《映像报》（Beeld）还是《公民报》（Die Burger）上，但无论如何，在某会议上，（一位女士）把剩下的冷饮和三明治装进了手提包，记者问她为什么这么做，然后她说已经付过钱了……既然如此她自然能将这些东西装进手提包。我认为她究竟有没有付钱还是个未知数。最后她确实是没付钱。（受访者 S）

　　一个当今种族主义的故事引发了这种话语，颇具启发性。白人最终出现在叙事中，饱受被种族主义指控的困扰。否认白人对以往不公正应负的责任，是为了否认对当今种族主义的罪责。乐天派白人，耸耸肩膀抖落罪恶感，无须再压迫黑人而倍感无事一身"轻"，并希望黑人"知晓"其"好"，在陷入"低级趣味"时为其开脱罪责——"低级趣味"是对真正种族主义的混淆性改写。当焦点转移至白人自身时，他们渲染其受害者情绪，模糊了他们对黑人"他者"的种族蔑视。故事中掩藏着种种种族主义事件，黑人的种族反抗次次遭践踏。故事中拒绝接受当今种族主义的黑人妇女四次被藐视，白人四次再占鳌头。最初的种族主义事件（导师不与她打招呼）；种族主义者对 X 的抱怨不予理睬；另一起种族主义者认为投诉无关紧要（X 反应过度），编造出令人费解的新花样搪塞受访者 X 的投诉。

以上话语中，白人拒绝承认种族隔离制度剥夺了黑人"机会"，将黑人置于"耿耿于怀"和"负重前行"的境地。这种"愤怒"或"负担"是黑人应有的权利，塑造出黑人饱受贪婪的误解之困扰的形象，比如他们应该获得机会，在后种族隔离时代的南非，白人要偿还债务。

因此，这一话语为黑人反抗种族主义和黑人要求获得认可设定了物质维度。这些举动否认种族隔离的种族与阶级的交织缠绕所产生的后果。此外，有人提议由于官方的种族隔离时效已终止，任何可能的索赔均被驳回。在这一相互纠缠的过程中，白人的不法收益被掩盖。无疑，由于黑人作为被共同建构的对立"他者"，白人便等同于无时限的，即永恒的优渥条件的应然。这条防线使黑人对未偿还的白人债务的索赔丧失合法性。

超越肤色意味着坚守肤色

因此，白人否认过去错误的机会主义巩固了白人当下的特权，使黑人被掏空，继续施行种族主义，同时扣留赔偿。目标是什么？在另一种荒谬的举动中，一个没有肤色的世界中肤色与肤色难舍难分。

> S：从与我的学生们的经历中你便可以看到没有真正的肤色……班上曾有些种族问题（过去）。现在你再也看不到了。但是你知道这一问题依旧存在，不同肤色的群体还是各自扎堆。讲英文者和讲南非荷兰语者就是这样。但这种情况绝对不会在……例如，小组合作中出现，有些小组并非单一人种构成。（S 受访者）

在援引色盲这一自由主义话语时，南非如今实际存在的种族分裂被物以类聚的种族隔离规则正规化了。植入物以类聚的种族隔离规则，即使魔幻般地出现一个无肤色世界，也要确保维持颜色分裂。因此，否认白人机会主义在"自由主义"的色盲概念（Van der Westhuizen 2014）中找到了作为社会排斥模式的种族不灭的载体。

这一政治结果在 2003 年《南非和解晴雨表》（SARB）探索性调查结果中得以证实。该调查结果显示，种族类别之间又一个明显的不一致是关乎"承担个人责任"问题：总体而言占比很低——仅 20% 的南非人"认为他们需要为民族和解进程承担相当大的个人责任"——仅 10% 的白人认为他们应该承担责任，而黑人、印度裔和有色人种的赞同比例在 20%—25% 之间（Lombard 2003a）。

此外，《南非和解晴雨表》（SARB）的调查发现，白人对"了解"可能与他们的"文化"不同的群体不大感兴趣。第一次全面调查发现，回答"如果你有选择，你会更经常/保持当前频率/不经常/从不和其他种族交谈吗"这个问题时，仅 16% 的白人想要更为频繁的跨种族接触，而黑人、印度裔和有色人种的这一比例分别为 33.8%、42.4% 和 67%（Lombard 2003b：66）。约 66.3% 的白人希望种族间接触能够保持当前频率（2003b：66）。① 尽管如此，同年，近 40% 的白人声称，他们"很难理解其他种族群体的风俗习惯"，而黑人、有色人种和印度裔的这一比例分别为 64.9%、42.7% 和 35.9%（2003 b：67）。截至 2006 年，白人愿意与其他种族者交谈的比例上升至 19.9%，而印度裔、有色人种和非裔的这一比例分别为 38.2%、43.8% 和 32.8%（Hofmeyr 2006：51）。然而，2013 年的调查发现，白人就这一表述的支持率甚至低于第一轮，仅 11.7%，几乎 50% 的白人不希望"更多了解他人的习俗"，相比之下，黑人、印度裔和有色人种的受访者的反对比例分别为 27.1%、24.6% 和 24.4%（Wale 2013：36）。

因此，无论以补偿、民主行动的形式，抑或通过积极弥合裂痕和了解他人的方式，黑人被塑造为必须承担责任的一方，而白人则被塑造为可以免除所有责任的一方。定性研究结果揭示了白人至上主义，这种主义调整否认主义从而战略性地承认过去对黑人的压迫。此举为精心策划的悖论逆转铺平了道路，所谓悖论逆转即将种族隔离压迫重新定性为"正义"之举，以此重申种族不平等，并重新印上破坏黑人对补偿和维护人性诉求的种族主义二元论的印记。剥夺黑人如同其他人种一般拥有的人性，是宣布白人无罪，从而免除白人包括赔偿在内的一切责任的必

① 值得注意的是，20% 的黑人和 11% 的白人希望跨种族接触更少，这可以归因于黑人的种族主义经历（Lombard 2003b：66）。

要条件。这些策略证实了（缺乏）转型与（缺乏）和解间错综复杂的关系。下一节通过承认人性与补偿的关系，探讨补偿是和解的必要条件。

作为反补贴行动的黑人肯认政治

正如上一节所论，虽然白人了解转型与和解之间的必然联系，但2003年的调查结果表明，黑人受访者将种族隔离遗留的不平等的物质补偿问题与"承认"种族隔离对黑人造成的伤害割裂开来。约67%的黑人、72%的有色人种和75%的印度裔称，尽管没有支付赔偿款，他们仍同意"人民"应该准备好"继续前进"这一说法（Lombard 2003a：13）。约三分之一的有色人种（31%）、约三分之一的黑人（34%）和43%的印度裔同意，"我认为在种族隔离制度下受苦受难的人们得到了足够的金钱或补偿，应该释怀了"（2003a：14）。然而，2003年至2013年，关于种族隔离不平等的物质纠正措施发生了转变，黑人受访者中尤甚。截至2013年，57.7%的黑人、54.9%的印度裔和36.4%的有色人种同意"如果在种族隔离制度下处于不利地位的人继续生活在贫困之中，和解便不可能实现"（Wale 2013：38）。对于"政府应向种族隔离期间严重侵犯人权行为的受害者提供支持"的声明，分别有63.7%、61.8%和52.9%的印度裔、黑人和有色人种受访者表示同意（2013：37）。这一转向更大程度上支持补偿措施的转变，可以体现在"我想忘掉过去，继续我的生活"这一声明的支持率降低，具有象征意义。2003年第一轮《南非和解晴雨表》（SARB）报告上，南非黑人和白人共同对这一声明作出肯定答复：白人和黑人受访者中，分别有76.4%和74.8%的人同意这一观点，而在有色人种和印度裔中，各有大约90%的人同意这一观点（Lombard 2003a：13）。

截至2013年，这一声明略有调整（"忘记种族隔离，继续前行"），得到白人受访者肯定答复的百分比降低（近70%），但黑人、有色人种和印度裔的赞同百分比降幅更大：分别降至62.5%、66.8%和72.6%。

以上数据显示，"忘记过去，继续前行"的支持率呈下降趋势。尽管如此，相当一部分黑人受访者和很大比例的有色人种受访者不支持政府赔偿的概念，也不支持和解在不中断殖民和种族隔离遗留下来的种族贫困的情况下陷入了困境这一说法。这些不一致的回应需要进行进一步的重点研究，但这至少表明，对多数黑人和有色人种受访者而言（数量之大出乎意料），和解和转型并非相互依赖的过程，因为物质补偿措施排在和解之后。

这一令人惊讶的立场是否由于强调对殖民和种族隔离的贫困的象征性而非物质上的承认？这些发现能否例示对基于一套文化承认规范被肯认为人的（Butler 2006）肯认政治（a politics of recognition）的追求？即承认被理解为人性化。此处的文化承认规范是 Antjie Krog（2008：355）所称的"连为一体的世界观"（a world view of interconnectedness-towards-wholeness），因为其发源于非洲社群主义和南非乌班图。推翻种族隔离去人性化可被描述为："为成长为完整的自我，实现完整的潜在人格，请求宽恕和宽恕本身的行为，需要通向复苏、和解，并最终形成完整的人格。"（Krog 2008：355）

这里的重点是请求宽恕。《南非和解晴雨表》（SARB）测试的是"（黑人）对伤害他人（即黑人）的白人的宽恕"，而非白人请求黑人对其宽恕。关于白人道歉是否必要仅在 2003 年的探索性研究中得到验证。如上所述，不到三分之一的白人受访者表示有必要道歉，而四分之三的黑人、三分之二的有色人种（68%）和近 60% 的印度裔受访者均认同有必要道歉的说法。这与白人要求"忘记过去，继续前行"的呼声形成了鲜明对比。《南非和解晴雨表》（SARB）调查期间，这一比例在 70% 以上，甚至更高。道歉将以承认为前提，这已在《南非和解晴雨表》（SARB）中得到了验证，正如 2006 年调查报告所述：

> 承认不公正，确切地说，主动或默认承认曾经犯下的不公正罪行，是任何和解进程中的首要步骤。不承认受害者的痛苦，就没有宽恕的余地，遑论赔偿。由于种族隔离的系统性，在南非范围内的承认不公正行为不仅应涉及过去的行为，而且还应涉及其对目前的持续影响。（Hofmeyr 2006：40 - 41）

Butler（2006：46）断言，明确谁为人的准则显然是由"公众悲痛"和"令人悲痛"的死亡而非白人称之为"被否认"的死亡来决定的：在测试白人的承认中，《南非和解晴雨表》（SARB）的首要问题是种族隔离是否为反人类罪，如上所述，该问卷调查期间，34% 到近 50% 的白人受访者对这一问题进行了反驳。肯认政治试图颠覆缺乏承认的情况，并使种族隔离对黑人的破坏性后果更明显，因为它试图通过传递黑人"微躯贱命"来贬低黑人：这种肯认政治是对否认种族隔离对黑人非人性化的白人机会主义的反击行动。

有色人种和黑人受访者中有相当一部分对物质剥夺（material deprivation）认知脱节，这需要进一步调查。将转型与和解脱钩符合执政的非洲人国民大会推崇的话语，其形式为粗糙的、政治上的便利，这一形式是受限的肯认政治，对种族隔离损失的物质补偿道义上疑虑重重。南非前总统塔博·姆贝基（Thabo Mbeki）在 2003 年真相与和解委员会报告提交之际向省级事务委员会（the National Council of Provinces）发表讲话：

> 那些……为了给我们带来自由而遭受种族隔离政权刑讯室的严刑拷打，今天与我们同在此会议厅，还有坐在露台上的来宾，他们失去了他们视为解放者并倍感自豪的亲人，还有那些曾遭受压迫的人们。无疑，面对如此无私的英雄主义和对原则和道德的执着坚守，面对人类精神的高贵确言，我们所有人都必须怀有谦卑之心。人类精神的崇高因任何暗示这些英雄们纯朴而深挚的人性而获得金钱奖励的"受害者"会遭到贬低，否认和降格。我知道众议院有些人不明白我刚刚表达的意思。他们认为我说了我曾经说过的话，是为了躲避向真相与和解委员会（TRC）认定为法律意义上的"受害者"支付赔偿金。我们希望这些赔款有助于承认这些人所经历的痛苦，并提供一些救济。我们这样做也有后顾之忧，因为正如真相与和解委员会本身所强调的那样，没有人能给生命和痛苦赋予金钱价值。同样也不能说，数百万南非人为解放自己所付出的努力是为了获取金钱。我们深信，对在斗争中免遭生命危险的数百万人而言，没有什么比自由本身和为全体人民建设更美好生活的持续斗争更大的奖赏了。（Mbeki 2003：第 24—26 段）

这种说法捏造了错误的等式，即黑人索偿被指控为为所遭受的种族隔离审判和苦难寻求补偿。它错误地把赔偿——甚至是根据《真相与和解委员会法案》对种族隔离受害者的狭义定义——与利用种族隔离痛苦谋取私利的低下权宜之计联系起来。"英雄"被臆想为由对"纯朴而深挚的人性"金钱奖励的说法而蒙羞的一类人组成，"奖赏"仍然是无差别的"自由"，也是新教影响的理念：非洲人国民大会倡导的"为人民创造美好生活"（也是非洲人国民大会的竞选口号）而奋斗不息。

上述发言与2004年11月前非洲人国民大会发言人斯莫茨·恩格亚马（Smuts Ngonyama）同时发表的臭名昭著的宣言形成了鲜明对比："我加入斗争不是为了受穷。"（Van Onselen 2012）这一声明为黑人经济振兴（Black Economic Empowerment，BEE）商业交易辩护，自那以来，黑人经济振兴商业交易激增，涉及少数有政治背景的个人，其中一些人已多次"振兴"（Law 2010；《邮政卫报》2005年11月11日①；Tangri & Southall 2008；Wild & Cohen 2013）。恩格亚马的声明捕捉到姆贝基（Mbeki）反对黑人经济赋权的事实，解读姆贝基（Mbeki）声明，我们可以看到在应该得到补偿者和不应该得到补偿者之间存在一条分界线——这条线存在于非洲人国民大会的"同志"和非同志之间。非洲人国民大会政府一贯反对库鲁玛尼（Khulumani）非政府组织在美国对从种族隔离中获利的跨国公司提起诉讼，这进一步证实了其对政治和企业精英的偏见是以牺牲黑人，尤其是贫穷的南非黑人为代价的。（Swart 2006；Terreblanche 2012）。

当我们看到贫穷、奴役和黑人之间的关系不着边际却有所重叠时，我们就会发现，消除文化和物质认识之间的鸿沟，从而将和解与转型联系起来的必要性显而易见。种族不平等中嵌入了一个"黑人即穷人"的等式，这使得黑人的物质贫穷"自然而然"。殖民主义研究指出，对阶级的感知和实践，连同性别，在殖民语境中被"重塑"，"以创造和维持帝国的社会区隔（distinction）和统治的文化边界"（Stoler 2002：40）。种族思维是批判性的、以阶级为基础的逻辑的一部分，这种逻辑在殖民背景下区分出了南非人和欧洲人（2002：13）。欧洲人的自我形象是"理所当然的特权和优先权"，中产阶级象征旨在区分殖民者和被殖民者的文化修养（2002：24—25）。种族主义利用中产阶级的自尊，这是白人用来和被殖民者保持距离的手段（Stoler 2002）。历史上看，在南非，阶级区隔被当做决定进入统治阶级的饱受争议的种族范式的重要组成部分

---

① 价值数亿美元的交易中最常见的嫌疑人。访问日期：2016年9月，网址：www. arms-deal-vpo. co. za/articles08/ wabeenzi. html。

（Brink 1990；Dagut 2000；Hyslop 1995；Keegan 2001）。种族隔离制度结束后，白人话语将白人文化渲染为"自然的中产阶级"，也包含白人，"在不断变化的社会经济格局中，剥夺了白人以前法律规定的物质优势……重新定义'白人'在物质意义上的含义"（Salusbury Foster 2004：100）。

"贫穷即黑人"和"自然"的种族—阶级等级制度
下文揭示了一种话语，其中下层阶级地位是黑人的标志。

> N（32）：我第一次觉得，我在那个和我一起玩的黑人小孩面前有优越感……我不想变成和他同样的肤色……我想我是白人，我相信这比成为黑人更好。
>
> 研究人员：什么是"更好"？
>
> N：我觉得成为白人更加文明。这可能是因为他们的房子比我们的破旧、肮脏。（受访者 N）

在下一段采访摘录中的话语表明，可以看到如今"白人男性/黑人孩子"和"白人主人/黑人仆人"等种族隔离划分被自然归为"基本的小事"。

> O（57）：人们一直知道有等级制度。
>
> 研究人员：基于什么？
>
> O：因为他们的住的地方……他们从来不是我们的邻居……仅就地理位置而言……我们已经有了自然的不同。但是我小时候，我从来没有这样想过，比如想着是我们付给黑人服务费……我爸爸曾雇黑人司机 P……P 是他的车童，大家称他为 P……P 称我妈妈女士（夫人）。我不记得 P 是怎么称呼我爸爸的……但在"我们下达指令，告诉他们什么是必须要做的"这一点上，我们有一些优越感。这些基本的小事都能看出一些端倪。（受访者 O）

如上所述，否认白人机会主义是对建立作为互惠的生产过程的和解和转型基础的否认。因此，此处的论点是反对将压迫划分为政治经济压迫和文化领域压迫〔由 Nancy Fraser（1997）划定〕。Nancy Fraser 主张，"再分配和承认要求构成了两种相互关联、又截然不同、且不可简化的正义范式"（Robins 2005：8）。在反对这一立场时，Butler（1998：41）提出的文化规范"与其物质影响不可分割"的建议在此被用来认识缺乏文化承认和对物质资源的剥夺是交织在一起的现象。黑人的物质匮乏是白人拒绝承认的重要部分。《南非和解晴雨表》（SARB）调查期间的转变表明，首先要实现肯认政治；与此同时，这种肯认政治逐渐包含文化和物质承认。本节采访摘录中出现的以阶级为基础的殖民种族主义残余表明，结合和解与转型以推翻殖民和种族隔离等级制度的肯认政治有存在的必要性。

结　语

　　一年来，《南非和解晴雨表》（SARB）调查期间的受访者一致认为，在南非，阶级而非种族是南非更大的社会分裂者。2013 年《南非和解晴雨表》（SARB）调查表明，阶级分化加剧了种族群体之间的社会隔阂，因此处于进退维谷的境地，由此产生的社会隔阂可能导致白人缺乏对补偿，并缺乏对推翻殖民和种族隔离残留问题的支持（Wale，2013）。然而，有人认为，赔偿问题与殖民主义和种族隔离的遗留问题密切相关，这是使黑人失去人性，象征性地将他们贬低为某种程度上"不如白人"的白人话语产生的结果。这一话语体现在白人对种族隔离是反人类罪行的概念进行了驳斥（调查期间显示）。在阅读反对《南非和解晴雨表》结果的定性数据时发现，白人否认机会主义表明自己拒绝采取补救措施来推翻殖民和种族隔离遗产。这种机会主义包括战略性地承认种族隔离是压迫，这为悖论逆转铺平了道路。在这种逆转中，压迫被重新定义为白人对黑人混乱和犯罪行为的"公正"回应。将过去的压迫合法化，使得当代黑人对日常种族主义行为的反抗被重新塑造为黑人权利的象征，与无债一身轻、无辜的白人形成鲜明对比。白人拒绝承认种族隔离导致的黑人损失和白人受惠，再加上其对后种族隔离时期补偿行为的谴责和忘记种族隔离的愿望，都是白人否认种族隔离的物质基础。调查数据还显示，白人自称对了解"可能与他们文化不同的人"兴趣较低。因此，这些伎俩使殖民时代白人拒绝承认黑人的人性的情形重演，并免除其对种族隔离的不平等进行物质补救。将黑人与低级阶级地位混为一谈，是种族隔离后殖民实践的又一次阐述，进一步强化了白人对物质优势的主张。研究结果表明，白人坚持阶级划分，意在保持种族差异，而不是社会种族与阶级间的差异是阶级差异的偶然结果。相当一部分白人受访者认为和解与转型之间存在联系，但同时藐视和解与转型。

种族和阶级不平等的相互牵连表明，和解作为一项政治工程，仅被当为具有转型的互利进程来处理时，方可取得成功。以牺牲种族为代价向阶级转变的议程，使种族主义的物质结果去语境化、去历史化，从而重塑黑人"失败"所导致的种族阶级不平等。相反，执政的非洲人国民大会试图将肯认政治限制在非物质层面，这不利于种族等级相互强化的现实。从《南非和解晴雨表》的数据来看，这种限制难以为继，因为黑人对贫富差距的认知有所加深，对补偿的支持也有所增加。承认和解的物质基础意在实现转型，并为政治、经济和社会工程奠定共同基础（亦是正在进行的南非民主化进程的一部分）。相反，和解与转型的脱节符合否认在种族隔离制度下，黑人的生活必需品普遍短缺的议程，和解与转型的脱节终将否认黑人人性。

参考文献

Arendt H（1994）*The Origins of Totalitarianism*. New York：Harcourt.

Biko S（1987）*I Write What I Like*. Oxford：Heinemann.

Brink E（1990）Man-made Women：Gender，Class and the Ideology of the Volksmoeder. In C Walker（Ed）*Women and Gender in Southern Africa to 1945*. Cape Town & London：David Philip & James Currey.

Butler J（1998）Merely Cultural. *New Left Review* 1（227）：33 – 44.

Butler J（2006）*Precarious life*：*The Powers of Mourning and Violence*. London：Verso.

Carpentier N & Spinoy E（2008）Introduction：From the Political to the Cultural. In N Carpentier & E Spinoy（Eds）*Discourse Theory and Cultural Analysis*：*Media*，*Arts and Literature*. Cresskill，NJ：Hampton Press.

Chambers R（1997）The unexamined. In M Hill（Ed）*Whiteness：A Critical Reader*. New York：New York University Press.

Collins PH（2000）Toward a New Vision：Race，Class and Gender as Categories of Analysis and Connection. In TE Ore（Ed）*The Social Construction of Difference and Inequality：Race，Class，Gender，and Sexuality*. Mountain View，CA：Mayfield Publishing Company.

Crenshaw KW（1995）Mapping the Margins：Intersectionality，Identity Politics and Violence against Women of Colour. In KW Crenshaw，N Gotanda，G Peller & K Thomas（Eds）Critical Race Theory：*The Key Writings that Formed the Movement*. New York：The New Press.

Dagut S（2000）Gender，Colonial Women's History and the Construction of Social Distance：Middleclass British Women in Late 19th Century South Africa. *Journal of Southern African Studies* 26（3）：555－572.

De Gruchy，JW（2002）*Reconciliation*. Cape Town：David Philip.

Erasmus Z（2005）Race and Identity in the Nation. In J Daniel，R Southall & J Lutchman（Eds）*State of the Nation：South Africa 2004－2005*. Cape Town：HSRC Press.

Finn A，Leibbrandt M & Woolard I（2013a）*The Middle Class and Inequality in South Africa*. SALDRU Research Brief. Cape Town：Southern Africa Labour and Development Research Unit，University of Cape Town.

Finn A，Leibbrandt M & Woolard I（2013b）*What Happened to Multidimensional Poverty in South Africa between 1993 and 2010*? SALDRU Working Paper No. 99. Cape Town：Southern Africa Labour and Development Research Unit，University of Cape Town.

Foster D（2006）Evaluating the Truth and Reconciliation Commission of South Africa. *Social Justice Research* 19（4）：527－540.

Fraser N（1997）*Justice Interruptus：Critical Reflections on the "Postsocialist" Condition*. London：Routledge.

Fullard M & Rousseau N（2003）*An Imperfect Past：The Truth and Reconciliation Commission in Transition*. Cape Town：HSRC Press.

Gibson JL（2004a）*Overcoming Apartheid：Can Truth Reconcile a Divided Nation*? Cape Town & New York：HSRC Press & Russell Sage Foundation.

Gibson JL (2004b) Overcoming Apartheid: Can Truth Reconcile a Divided Nation? *Politikon: South African Journal of Political Studies* 31 (2): 129 – 155.

Gobodo-Madikizela P (2010) A Call to Reparative Humanism. In F du Toit & E Doxtader (Eds) *In the Balance: South Africans Debate Reconciliation*. Johannesburg: Jacana.

Harris CI (1995) Whiteness as Property. In KW Crenshaw, N Gotanda, G Peller & K Thomas (Eds) *Critical Race Theory: The Key Writings that Formed the Movement*. New York: The New Press.

Hofmeyr J (2006) *Sixth Round Report: The SA Reconciliation Barometer Survey*. Cape Town: Institute for Justice and Reconciliation. Accessed September 2016, sabarometerblog. files. wordpress. com/2009/09/sa-reconciliation-barometer-sixth-round-report. pdf.

Huyse L (2003) The Process of Reconciliation. In D Bloomfield, T Barnes & L Huyse (Eds) *Reconciliation after Violent Conflict: A Handbook*. Stockholm: International Institute for Democracy and Electoral Assistance.

Hyslop J (1995) White Working-class Women and the Invention of Apartheid: Purified Afrikaner Nationalist Agitation for Legislation Against Mixed Marriages, 1934 – 1939. *Journal of African History* 36 (1): 57 – 81.

Keegan T (2001) Gender, Degeneration and Sexual Danger: Imagining Race and Class in South Africa 1912. *Journal of Southern African Studies* 27 (3): 459.

Krog A (2008) This Thing Called Reconciliation. . . Forgiveness as Part of an Interconnectedness-towards-wholeness. *South African Journal of Philosophy* 27 (4): 353-366.

Laclau E & Mouffe C (1985) *Hegemony and Socialist Strategy: Towards a Radical Democratic Politics*. London & New York: Verso.

Law K (2010) The Wild West World of BEE: Black Economic Empowerment Reviewed. *Safundi: The Journal of South African and American Studies* 11 (3): 313-323.

Lefko-Everett K (2011) *Qualitative Research Report*. Cape Town. June.

Lefko-Everett K (2012) *Ticking Time Bomb or Demographic Dividend? Youth and Reconciliation in South Africa. SA Reconciliation Barometer Survey*: 2012 *Report*. Cape Town: Institute for Justice and Reconciliation. Accessed September 2012, www. africaportal. org/dspace/articles/ticking-time-bomb-or-demographic-dividend-youth-and-reconciliation-south-africa.

Lefko-Everett K, Nyoka A & Tiscornia L (2011) *SA Reconciliation Barometer Survey: 2011 Report*. Cape Town: Institute for Justice and Reconciliation.

Lombard K (2003a) *Revisiting Reconciliation: The People's View*. Research Report of the Reconciliation Barometer Exploratory Survey. Cape Town: Institute for Justice and Reconciliation. Accessed September 2016, sabarometerblog. files. wordpress. com/2009/09/exploratory-survey-report. pdf.

Lombard K (2003b) *Report of the First Round of the SA Reconciliation Barometer survey*. Cape Town: Institute for Justice and Reconciliation. Accessed September 2016, sabarometerblog. files. wordpress. com/2009/09/sa-reconciliation-barometer-first-round-report. pdf.

Lombard K (2004) *The State of Reconciliation: Report of the Third Round of the SA Reconciliation Barometer survey*. Cape Town: Institute for Justice and Reconciliation. Accessed September 2016, sabarometerblog. files. wordpress. com/2009/09/sa-reconciliation-barometer-third-round-report. pdf.

Mamdani M (1996) Reconciliation without Justice. *Southern African Review of Books* 46: 3 – 5.

Mbeki T (2003) *Statement to the National Houses of Parliament and the Nation, at the Tabling of the Report of the Truth and Reconciliation Commission*. 15 April. Accessed September 2016, www. unisa. ac. za/contents/colleges/docs/2003/tm2003/tm041503. pdf.

Mbembe A (2008) Passages to Freedom: The Politics of Racial Reconciliation in South Africa. *Public Culture* 20 (1): 5 – 18.

Nandy A (1983) *The Intimate Enemy: Loss and Recovery of Self Under Colonialism*. Delhi: Oxford University Press.

Norval A (1996) *Deconstructing Apartheid Discourse*. London: Verso.

Philips L & Jorgensen MW (2002) *Discourse Analysis as Theory and Method*. London: Sage.

Posel D (1999) *The TRC Report: What Kind of History? What Kind of Truth?*

Accessed September 2016, Core. ac. uk/download/pdf/39667010. pdf.

Posel D (2008) History as Confession: The Case of the South African Truth and Reconciliation Commission. *Public Culture* 20 (1): 119 – 141.

Robins S (2005) Introduction. In S Robins (Ed) *Limits to Liberation after A-partheid: Citizenship, Governance and Culture*. Oxford: James Currey.

SAARF (South African Audience Research Foundation) (n. d.) *Living Standards Measure*. Accessed September 2016, www. saarf. co. za/lsm/ lsms. asp.

Salusbury T & Foster D (2004) Rewriting WESSA identity. In N Distiller & M Steyn (Eds) *Under Construction: Race and Identity in South Africa Today*. Johannesburg: Heinemann Publishers.

Seekings J & Natrass N (2002) Class, Distribution and Redistribution in Post-Apartheid South Africa. *Transformation* 50 (1): 1 – 30.

Sonn CS, Stevens G & Duncan N (2013) Decolonisation, Critical Methodologies and Why Stories Matter. In G Stevens, N Duncan & D Hook (Eds) *Race, Memory and the Apartheid Archive: Towards a Psychosocial Praxis*. Johannesburg: Wits University Press.

Steyn M (2001) *"Whiteness Just Isn't What it Used to Be": White Identity in a Changing South Africa*. Albany, NJ: State University of New York Press.

Stoler AL (2002) *Carnal Knowledge and Imperial Power: Race and the Intimate in Colonial Rule*. Lo Angeles, CA: University of California Press.

Swart M (2006) Beyond Repair: Accomplice Liability under International Law and the Apartheid Reparations Case. *SA Public Law* 21 (2): 229 – 245.

Tangri R & Southall R (2008) The Politics of Black Economic Empowerment in South Africa. *Journal of Southern African Studies* 34 (3): 699 – 718.

Terreblanche S (2012) *Lost in Transformation: South Africa's Search for a New Future Since* 1986. Johannesburg: KMM Review Publishing.

Van der Westhuizen C (2009) Versoening Gaan Juis hand an Hand Met Transformasie. *Litnet* 3 September.

Van der Westhuizen C (2010) Reconciliation in the Shadow of the "100% Zulu boy". In F du Toit & E Doxtader (Eds) *In the Balance: South Afri-*

cans Debate Reconciliation. Johannesburg: Jacana.

Van der Westhuizen C (2013) Identities at the Intersection of Race, Gender, Sexuality and Class in a Liberalising, Democratising South Africa: The Reconstitution of "the Afrikaner Woman". PhD thesis, University of Cape Town.

Van der Westhuizen C (2014) *Working Democracy: Perspectives on South Africa's Parliament at 20 Years.* Cape Town: Open Society Foundation for South Africa.

Van der Westhuizen C (2016) Afrikaners in Post-apartheid South Africa: Inward Migration and Enclave Nationalism. *HTS Theological Studies* 72 (1): 1 – 9.

Van Onselen G (2012) *The ANC's All-time Top 10 Most Disturbing Quotes.* Accessed September 2016, inside-politics. org/2012/04/23/the-ancs-all-time-top-10-most-disturbing-quotes/.

Wale K (2013) *Confronting Exclusion: Time for Radical Reconciliation. SA Reconciliation Barometer Survey: 2013* Report. Cape Town: Institute for Justice and Reconciliation. Accessed September 2016, www. polity. org. za/article/sa-reconciliation-barometer-survey-2013-report-december-2013 – 2013 – 12 – 04.

Wale K (2014) *SARB 2003 – 2013: Over a Decade of Data Reflecting on Reconciliation-Lessons from the Past, Prospects for the Future.* Accessed September 2016, ijr. org. za/publications/pdfs/IJR% 20SA% 20Reconciliation% 20Barometer %20Report%202014. pdf.

Wild F & Cohen M (2013) *Patrice Motsepe: A Rare Success Story.* Accessed September 2016, www. moneyweb. co. za/moneyweb-empowerment/patrice-motsepe-a-rare-success-story-2.

Wilson RA (2001) *The Politics of Truth and Reconciliation in South Africa: Legitimising the Post-apartheid State.* Cambridge: Cambridge University Press

Worden N (1994) *The Making of Modern South Africa: Conquest, Segregation, and Apartheid.* Oxford: Blackwell.

访谈

焦点小组访谈，开普敦，2011 年 10 月 29 日。

个人深度访谈，受访者 S，约翰内斯堡，2012 年 5 月 28 日。

个人深度访谈，受访者 N，约翰内斯堡，2012 年 5 月 28 日。

个人深度访谈，受访者 O，开普敦，2012 年 8 月 31 日。

对转型主题的回应

后种族隔离时期南非的转型与和解

菲西·古梅德（Vusi Gumede）

所有经历过不民主时期的社会均需要经历一次关键的转型过程。如若这些不平等的制度包括的歧视和残酷压迫，如殖民主义和种族隔离制度下的南非，则需要更为激进之转型形式。

彻底的转型意味着对社会中的所有关系进行重新分配，迄今这一重大决定在南非尚未施行。正如在本卷的一些文章中提及，并且本篇文章的集中讨论内容，自 1994 年以来，我们为转型做出的努力实际上对于需要做出的工作而言仅是隔靴搔痒。

事实上，南非和解项目的确是希望渺茫。国家建设看似早已发生，但却无任何实质性的进展。我们的"彩虹之国"神话未能真正承认过去那段令人不适的政治和经济剥夺历史，也并未对恢复、重组和资源共享采取系统化的适当措施。尽管 Aime Cesaire（1955）提出了一个强有力的论点，即国家的概念是资产阶级之发明。但是在这一背景下，可以看到，如同 2015 年和 2016 年大学校园经历的对抗一般，南非黑人和白人之间存在着持续的零星冲突。

目前转型的进展如何？毫无疑问，一些公共政策已经出台，安抚了种族隔离制度下曾经和目前仍遭受着不为人知的苦难的人们。然而，自南非向民主过渡以来，社会政策并未超越社会保护范围。经济政策不是追求重建、结构调整和资源共享，而是基本上维持现状。正如 Thandika Mkandawire（2001：12）所描述，"社会政策作为保证公民意识的手段，是……冲突管理的重要工具，冲突管理反之亦是经济持续发展的先决条件"，与此同时，经济政策事关要确保经济运行良好，经济为社会服务。尽管在 20 世纪 90 年代南非经济便已稳定，并且时至今日仍蓬勃发展，但并没有发挥服务社会的作用。相反，南非经济仍旧仅为少数人（特别是为少数白人）服务，因此种族不平等无休无止、持续存在（Gumede 2015）。此外，政策亦未能解决与国家问题直接相关的土地问题。

诚然，和解需要彻底转型。这首先需要围绕国家需要何种经济类型开展对话。这意味着在如何实现社会经济发展这一问题上产生新方法和新共识，或许需要直面政府和私营部门联系紧密等令人不安的问题。此外，正如乌戈·范德梅韦（Hugo van der Merwe）、凯瑟琳·森莎巴（Kathleen Sensabaugh）在第二章讨论的内容，以及苏伦·皮莱（SurenPillay）对本书第一部分的回应，真相与和解委员会（Truth and Reconciliation Commission，TRC）的成败仍是争论的焦点。[①] 然而，显然，私营部门在谈判中保持了优势，结束了种族隔离，向民主过渡。虽然通过《民主南非协商会议公约》（*Convention for Democratic South Africa*）进行的谈判基本上使白人的经济特权保持不变，但毋庸置疑，真相与和解委员会（TCR）坚定地支持经济变革主张，尽管人们对这一点在何种程度上实现仍然存疑。[②]

在有关国家经济对话中需处理的第二个问题是，在当前的转型背景下如何看待南非殖民种族隔离的历史。在这一过程中，需要考虑到南非种族化的社会经济和政治生活遗留问题。

当前转型背景以及本书各文章提出的第三个实质性问题是，我们如何识别、衡量和分析所谓的"黑人中产阶级"和"黑人精英"的情况。本书中的文章均提出了这样一个问题：在南非，尤其基于在民主第一个十年所观察到的不断变化的经济格局，阶级是否已基本上取代种族，成为该国国家分裂的主要原因。然而，鉴于种族隔离殖民主义的历史，这

---

① Nahlavalji（2004）和 Mahmood Mamdani（2002）是真相与和解委员会（TRC）的著名评论家。例如，瓦尔基（Valji）认为真相与和解委员会（TRC）未能处理种族问题是"讽刺性的沉默"，因为经济歧视和各种形式的侵犯人权行为均由种族主义引发。在其他问题上，Mamdani（2002：59）认为使用拉丁美洲委员会的设计是问题重重，因为"拉丁美洲的类比模糊了南非的殖民性质：征服和剥夺之间的联系，种族化权力和种族化特权之间的联系，犯罪者和受益者之间的联系"。

② Frank Meintjies（2013）认为："《民主南非协商会议公约》对重新调整经济权未发挥任何作用。该公约在大公司所有权变更的必要性问题上默不作声。亦未发布任何需要颠覆土地所有权不公的信息。"

一情况如何发生？2011年人口普查的数据显示，南非白人家庭的平均收入约是黑人家庭的 6 倍——这些数据是否有误？

关于这个问题，Haroon Bhorat 和 Carlene van der Westhuizen（2012：14）宣称："南非语境下，种族隔离导致的种族群体之间的严重不平等一直是总体不平等的重要驱动因素。"事实上，二人表明："1995 年和 2005 年期间，非洲的不平等显然并未发生变化，因为洛伦兹曲线（Lorenz curves）几乎相同。"相比之下，白人的洛伦兹曲线直观证实了白人中不平等日益加剧（2012：13）。此外，Isobel Frye 和她的同事认为："由于具有种族歧视和引发别有用心的贫困的殖民和种族隔离政策，南非的贫困和不平等具有极其明显的种族偏见。"（Frye，Farred Nojekwa 2011：260）

正如我在别处（Gumede 2015）指出，处理种族和阶级问题时，审视资产所有权模式也很重要。尽管未有现成的数据，但有迹象表明白人拥有的资产多于非洲黑人——土地就是一个明显的例子。资产不平等的其中一个例证便是白人拥有汽车的比例仍然明显高于黑人。南非种族关系协会（South African Institute of Race Relations）（SAIRR，2013 年）指出，2012 年，在南非这个黑人占全国人口 80%，白人仅占全国人口 9% 的国家，仅有 240 万南非黑人拥有汽车，而拥有汽车的白人达到 260 万人。

其他近期数据也凸显了种族在转型语境下的突出地位。法国国际关系研究所（*Institut Francais des relations Internationale*）关于非洲中产阶级的一项研究发现，整个非洲大陆，中产阶级约 1.4 亿人，日均消费为 15 美元至 60 美元，月均消费为 450 美元至 1800 美元（*The Africa Report*，第 76 期，2015 年 12 月/2016 年 1 月）。非洲开发银行（African Development Bank）2011 年的一项研究发现，所谓的非洲中产阶级人数约为 3.5 亿，他们的日收入衡量标准较低，为 2 美元至 20 美元。《非洲报告》亦指出，标准银行（Standard Bank）将炉灶和微波炉等基本消费品的所有权作为识别中产阶级的基础。根据这一衡量标准，标准银行估计南部非洲大约有 1500 万人可算作中产阶级。

南非最常用的"阶级"衡量标准或许是南非储备银行（South African Reserve Bank）使用的生活水准测量（Living Standards Measure）。然而，政府可以提出一个虽不完善但更可靠的"阶级认同"的案例。世界价值观调查（World Values Survey）（Burger，Steenekamp，Van der Berg & zoch 2015）发现，2006—2013年，南非自称中产阶级的人数有所下降，这很有启发性。对于如我们一般经常穿越非洲大陆的人而言，这一数字的下降似乎比与"非洲崛起"叙事相关的大陆研究发现的不断增长的数字更为精确。[①]

总之，更彻底的社会经济转型是南非和解项目的良药。国家建设至关重要，但如果大多数人的物质条件无法得到改善，国家建设便不会成功。虽然于整个南非社会而言，参与我们想要变成何种国家类型的对话很重要，但同样重要的是这些对话要在种族群体中进行——即在黑人和白人之间进行。通过这些对话，南非黑人需要找到自我，南非白人需要正视他们根深蒂固的偏见。[②]

我们还需要继续思考这样一个问题，即"中产阶级"的概念是否适合南非以及我们应该如何考虑资产所有权、信贷、社会经济流动性和"黑人税"等问题，以便采取更能够照顾细微差别的措施。[③]

参考文献

African Development Bank（2011）*The Middle of the Pyramid：Dynamics of the Middle Class in Africa.* Accessed October 2016，www. afdb. org/filead- min/uploads/afdb/Documents/Publications/The% 20Middle% 20of% 20the% 20Pyramid_ The% 20Middle% 20of% 20the% 20 Pyramid. pdf.

Césaire A（1955）*Discours sur le Colonialisme（Discourse on colonialism）*.

---

① 还有一些人认为，由于黑人中产阶级仅仅是介于极度贫困和富裕之间，并未有实质性权力或基础设施，因而仅是虚名。

② Daryl Glaser（2011）和其他志同道合的学者（和政治家）可能会把这种立场视为"过度化的种族—民族主义"。Glaser（2011：89）认为，"应该教育白人了解曾经的不平等，并鼓励他们意识到，因而白人当中的富人（甚至出生在种族隔离废除后的人）对国家的黑人穷人负有义务"。然而，这不仅仅是"教育"问题。

③ "黑人税"一词被黑人广泛使用，指年轻的黑人专业人士必须偿还父母的债务、自己的学生债务（学生贷款），并帮助大家庭中的弟弟妹妹支付学费、技校学费、大学学费的现象。这意味着这些年轻的专业人士毕业后将花掉他们最初收入的很大一部分，而非储蓄或投资。这一现象使大多数黑人"从出生到死亡"一直负债累累。

Paris: Presence Africaine.

Bhorat H & Van der Westhuizen C (2012) *Poverty, Inequality and the Nature of Economic Growth in South Africa.* Development Policy Research Unit Working Paper 12 (151). Accessed September 2016, www. humanities. uct. ac. za/sites/default/files/image _ tool/ images/36/DPRU% 20WP12 151. pdf.

Burger R, Steenekamp CL, Van der Berg S & Zoch A (2015) The Emergent Middle Class in Contemporary South Africa: Examining and Comparing Rival Approaches. *Development Southern Africa* 32 (1): 25 – 40.

Frye I, Farred G & Nojekwa L (2011) Inequality in South Africa. In H Jauch & D Muchena (Eds) *Tearing Us Apart: Inequalities in Southern Africa.* Johannesburg: Open Society Initiative for Southern Africa.

Glaser D (2011) The New Black/African Racial Nationalism in SA: Towards a Liberal-Egalitarian Critique. *Transformation* 76: 67 – 94.

Gumede V (2015) Inequality in Democratic South Africa. In X Mangcu (Ed) *The Colour of Our Future: Does Race Matter in Post-apartheid South Africa.* Johannesburg: Wits University Press.

Mamdani M (2002) Amnesty or Impunity? A Preliminary Critique of the South African Truth and Reconciliation Commission Report. *Diacritics* 32 (3 – 4): 33 – 59.

Meintjies F (2013) *The TRC and Codesa failed South Africa: It's Time We Reflected on this.* Accessed September 2016, sacsis. org. za/site/article/1783.

Mkandawire T (2001) *Social Policy in a Development Context.* Social Policy and Development Programme Paper No. 7. Geneva: UN Research Institute for Social Development.

SAIRR (South African Institute of Race Relations) (2013) *Racial Transformation.* Johannesburg: SAIRR.

Valji N (2004) *Race, Citizenship and Violence in Transitioning Societies: A Guatemalan Case Study.* Accessed September 2016, www. csvr. org. za/wits/ papers/paprctp2. htm.

第四部分

政治参与和机构

政治信任可以达成和解吗？

科勒特·舒尔茨·赫森伯格（Collette Schulz-Herzenberg）
阿曼达·古斯（Amanda Gouws）

政治信任是民主的核心价值。政治信任在社会中的存在意味着公民对政治制度的支持，政治信任应该比仅仅投票支持政府的行为更持久。在经历民主巩固的转型社会中，政治信任对于公民接受政府决策至关重要，即使政府决策不得人心。政治信任是维系政治体制的黏合剂。

真相与和解委员会（The Truth and Reconciliation Commission，TRC）进程是南非民主过渡的最重要成就之一。该委员会旨在查明谋杀、酷刑、绑架和强奸等严重侵犯人权行为的真相，以便在通往民主的道路上创造集体记忆。在诸多领域，真相与和解委员会进程均被视为成功案例。

非洲人国民大会是南非解放斗争的先锋。1994 年，非洲人国民大会在该国首次民主选举中取得了压倒性胜利，确立了在未来 20 年的主导地位。迄今，非洲人国民大会在全国选举中的投票份额从未低于 62%。无门槛的比例名单选举制度确保了较小的政党在议会中有一席之地，但也给政治反对派的分裂带来了可乘之机，其中最大的反对党民主联盟（Democratic Alliance）在 2014 年选举中获得 22% 的选票。

自 1994 年以来的 20 年里，非洲人国民大会一直参与政体形成、国家建设和服务提供，殚精竭虑确保政府的廉洁。非洲人国民大会还必须统筹管理罗本岛的囚犯、流亡成员以及联合民主阵线（United Democratic Front）的支持者，他们正是 20 世纪 80 年代末国家秩序混乱的罪魁祸首。派系组建、解决内讧和干部调动是非洲人国民大会行动的重中之重。然而，民主统治的最后几年，企图攫取国家政权的现象和腐败现象也有所增加（Daniel，Naidoo，Pillay Southall 2013）。

2014 年，南非庆祝实现民主 20 周年，这一年对政府来说尤其具有挑战性。一系列围绕雅各布·祖马（Jacob Zuma）总统的广为人知的政治丑闻接二连三出现，包括利用纳税人的钱对他在夸祖鲁－纳塔尔（KwaZulu-Natal）的私人恩坎德拉（Nkandla）住宅进行极度奢华的装修以及干涉国家检察机关工作。同样在 2014 年，一个以在该年全国选举中鼓励种族分化而闻名的喧闹的新民粹主义政党——经济自由斗士党（Economic Freedom Fighters，EFF），赢得了 25 个议会席位。公共保护者（Public Protector）因行使反多数制宪法制衡的行为，不断遭到攻击。这些事件为公民的政治信任造成了严重危害。因此，自然应调查南非后种族隔离时期这一历史关键时期的南非政治信任程度。

20 世纪 90 年代，从独裁统治向民主和平过渡的一个关键是由真相与和解委员会引领的民族和解进程。和解文化被广泛认为是南非这一新兴国家的民主取得成功的关键。真相与和解委员会的主要目标之一是创造公平的政治竞争环境，以便新的民主制度及其机构将能够培养公民间的政治信任文化。真相与和解委员会认为，和解进程将增强人们对民主体制和新南非"彩虹"国度的政治信任。

从南非宪法起草者的角度而言，重要的是，所有历史上被认定为属于南非的人口群体都应或多或少地认同自己是"新"南非国家的一部分。但更为重要的是，保护少数群体的权利，以防止种族或民族歧视或暴力。为实现这一目标，《权利法案》（Bill of Rights）以及参与编写《宪法》（Constitution）第九章的一部分的"监督"机构均对少数群体权利予以保护。这些机构包括公共保护者、南非人权委员会（South African Human Rights Commission）、性别平等委员会（Commission for Gender Equality）、南非选举委员会（the South African Electoral Commission）、审计署（Auditor General）以及南非文化、宗教和语言社区权利促进与保护委员会（the Commission for the Promotion and Protection of the Rights of Cultural, Religious and Linguistic Communities）。上述机构旨在牵制和平衡政府的财政超支和权力覆盖面。

由于真相与和解委员会对所有种族和族裔群体、国家和解放运动的违法者采取了不偏不倚的态度，它使人们相信通过《宪法》以及在新机构中建立信任和合法性，排斥少数群体的行为将得到遏制。1994年，自由公正的解放选举赋予了新政府合法性，这被证明是建设民主新时代的开端，后来又巩固了民主。纳尔逊·曼德拉（Nelson Mandela）担任总统期间，这种乐观情绪得以保持，但是大多数非洲黑人的社会经济状况没有发生变化。这后来成为阻碍南非民主制度化的主要原因之一。

种族隔离政治历史自始至终处在不合法的危机之中，这最终导致了种族隔离制度的灭亡。其不合法危机的原因是拒绝大多数人的公民身份。非洲黑人仅可以在种族隔离制度下创建的仅占国土面积14%的10个班图斯坦（bantustans）中行使投票权。1983年宪法制度化后，有色人种和印度裔可以在三院议会中投票选举独立的众议院。三院议会的合法性极低，导致了反对种族隔离者精心策划的"令国家局势失控"的持续运动（Seekings 2000）。由于大多数非白人没有参与政治的机会，种族隔离养成了不信任的态度。然而，正如William Mishler和Richard（1997）谈及共产主义国家时所述，矛盾的是，最终的共产主义可反过来鼓励人民信任新政权机构。种族隔离的失败是否也能达到相同效果？然而，应该允许特定程度的不信任存在，促进"具有批判思维的公民"选出的领导人和政治机构对其负责。正如Kim Wale在《邮政卫报》（*Mail & Guardian*，2014年5月9日）[1]中所指出的："对领导人合理的不信任可以推动更深层次、更彻底的和解，这一和解的基础是具有批判思维的公民不畏公开反对当权者做出的不公正行为。"民主国家需要这样的公民，但这种不信任达到何种程度时会威胁到政治稳定呢？

为理解政治文化，特别是人们对政治信任（和政治支持）的态度如何促进公正与和解的文化，我们调查了南非对民主体制的信任与和解的政治文化之间的关系。本章利用真相与和解委员会（TRC）的《南非和解晴雨表》（South African Reconciliation Barometer，SARB）的纵向数据分析政治信任，试图建立一段时间以来对民主体制的信任和民众支持水平，并审视政治信任与和解之间的关系和方向性。在南非，政治信任与和解之间的联系很可能呈非线性。虽然因果关系的顺序可能是从和解走向信任，但也可能是随着信任程度的增加，人们对和解的信任感也会增加。最后，本章讨论调查结果对和解和巩固民主的影响。

———————————

① 越来越多的南非人表露出不满。访问日期：2016年9月，网址：mg. co. za/ article/2014 – 05 – 08-disgruntled-south-africans-showing-signs-of-powering-up。

对政治信任的概念化

政治信任可以被理解为"即使公众置身事外，政治体系也具备产生令人满意的结果的可能性"（Easton 1975：447）。人们认为，政府有可能在无须公民密切监督的情况下提供公共产品的可能性。政治信任与政治支持和合法性的概念息息相关。这三者可以理解为以如下方式相互关联：支持当局或政权通常表现为两种形式，其一，信任当局或对当局政权有信心，其二，对这些政治目标的合法性有信心。因此，当公民感到即使对当局监督或检查力度较小，公民认为自身的利益也可以得到保障时，政治信任便随之产生（Easton 1975）。当人们认为接受和服从当局的命令并遵守当局的要求合情合理时，合法性便存在（Easton 1975）。因此，信任和合法性是截然不同的两个概念。尽管认为当局政权合法的人可能也会对政权抱有相当大的信任或信心，但我们可以预想到二者概念截然不同。同样，人们可能会对当局管理国家的能力失去信任，但不能否认当局整体上享有统治和期望人民服从的道德权力（Easton 1975）。

因此，政治信任反过来又取决于对该政权及其当局的政治支持。David Easton（1975）区分了两种类型的政治支持，民众的弥漫性支持（diffuse support）包含对整个政权，其基本原则和更大的政治共同体的积极态度和善意，比特殊性支持（specific support）更为持久，对于在短期内容忍差强人意的制度产出至关重要。分散式支持可能表现为对更大的政治共同体的共同意识或群体认同以及对当今政权的表现满意。另一方面，特殊性支持与公民对产出（决策、政策和行动）的满意度有关，也与政治当局如领导人和机构的表现有关。此外，政治信任和特殊性支持截然不同。政治信任是民众的可能源于经验（特殊性支持评价）的弥漫性支持的一个方面，但在概念上与现任当局的短期政绩评估无关。然而，对机构和政治行动者表现的长期不满有损对整个政治体系的弥漫性支持。（Easton 1975）

鉴于政治信任与政治支持和合法性二者的密切关系，政治信任是一个难以概念化和实施的概念，采用实证研究衡量政治信任和特殊性支持之间的差异尤为困难。Easton 认为，既然政治信任不仅需研究特殊性支持，那么衡量的措施应确保我们不仅要考虑现任者的功绩，还应考虑他们的深层角色。然而，由于这些概念通常被互换使用，即相同的指标被用于测量不同的概念，使测量问题成为问题。此外，政治信任的运作中使用了一系列衡量标准（包括对特定政策的支持、对执政者的评价、对政治机构和政治制度的信任），便产生了不一致的结果。（Marien 2011）

为达到本研究目的，我们以 Pippa Norris（1999）和她的合作者提出的政治信任的概念化为基础。她们的研究是对 Easton（1975）的特殊性支持和弥漫性支持概念的深化，提供了五重概念框架区分和衡量政治信任的不同层次或支持对象。Norris 认为 Easton 的弥漫性支持的概念未充分区分政治体制中不同的、更高层次的要素。公民倾向于区分政治共同体（民族认同）、政权原则（民主如何运作）、民主价值观和不同的机构（例如警察、议会和法院）。因此，公民可能怀有强烈的民主信念，但对政府的表现持批判性态度。五重概念区分了公民对政治共同体、政权原则、政权表现、政权机构和政治行动者的政治支持。

第一层次的弥漫性支持是对政治共同体（political community）的支持，指在现有的政府机构之外对国家的认同感和相互合作的意愿（表明特定程度的社会凝聚力），指政体感知边界和公民对共同的国家和政治身份的认同，这是超越了种族和其他身份的民族认同感，或者是 Easton（1975：444）提出的将弥漫性支持概念化时所指的"我们的感觉"。

第二层次的弥漫性支持是指代表政治制度价值的政权原则。这些价值观往往和社会背景相关，因为民主是一个颇具争议的概念，不同的国家可能将某些民主价值观置于其他价值观之上。然而，基本原则包括自由、参与、宽容以及尊重政府机构和法治。对政权原则和价值观的支持坚持政权赖以建立的原则和规范性价值观，这也间接地与对宪法安排合法性的评估有关。

第三层次的弥漫性支持与政权表现（regime performance）相关，或者是对民主制度在实践中的运作方式的支持。这些指标通常包括公众对政权表现和满意度的评估，政治制度运作方式的支持以及政治制度是否按照理想的民主运作方式满足公民的需求。正如 Norris（1999）所指出：这一水平触及"中等水平"的支持，通常难以衡量。由于调查项目往往既支持"民主"价值观，也支持现任政府，因此其衡量标准往往含糊不清。因此，对这一项目作出其他解释也有可能。然而，我们从 Norris 和其同伴的研究了解到，她们将此视为衡量政权表现的指标（衡量特殊性支持的指标），并非衡量原则的指标（弥漫性支持）。

第四层次是指公众对政权机构的支持，衡量人们对诸如议会、行政法律机构和警察、官僚机构、政党、媒体和军队等政权机构的信心。第五个层次衡量公众对政治行动者（political actors）或这些机构的现任官员的信任和支持，从而区分机构和政治行动者，对在职官员的任命直接与 Easton 提出的特殊性支持这一概念相关。

虽然人们已经对区分这些信任对象或信任目标的重要性达成广泛共识，但这五种目标的方法并非没有挑战和批评（Levi Stoker 2000）。其中一个问题涉及使用这些测量方法解释调查结果的差异。例如，如何解释在职者支持率下降而对机构的支持保持稳定，或对制度原则有强烈支持时对机构的支持下降？批评者还认为，公民不能在不考虑其现任者的情况下评估政治机构的可信度。此外，信任的形式是相关的。对政治制度不信任的公民也会不信任现任者。同样，对当任政客的强烈不信任可能会蔓延到对机构和政治制度的信任评估中。最后，批评者认为，并非所有政治评估对象都可成为可信任的对象。例如，人们可以对民主原则保留自己的态度，但不能说他信任或不信任这些原则。只有当接受评估的政治对象是政治行动者（个人或机构）时，信任才与该政治对象相关（Levi& Stoker 2000）。但是，Sofie Marien（2011）认为，公民的信任可以与政治制度的不同对象有关：当局、政治机构、价值观和原则或政治共同体（公民的信任可能与政治体系的不同目标相关）。政治体系包括现任当局、政治机构、价值观和原则或政治共同体：Easton 也提出这一点，他认为于政权而言，这种信任本身会表现为对国家运行过程的象征性满意，而对政治共同体而言，弥漫性支持可能表现为"我们感觉"，共同意识或群体认同。我们认同文献中的相关讨论，并继续采用衡量政治支持的五重概念框架。

批判性公民增长

健康的民主文化需要公民给予政府多少信任？这个问题经常出现在与政治文化相关的文献中。经典社会资本理论家称：民主文化是、或者应该是参与和行动主义（activism）的公民文化，并以社会信任和政治信任为基础，尤其应忠诚于和支持民主机构（Almond Verba 1963）。最近，学者们认为一定程度的不信任对民主同样有益。运转良好的民主政体需要具有批判思维的公民。Mishler and Rose（1997：419）认为，"民主需要信任，但前提是需要有积极警觉的公民存在，他们会合理地质疑政府，并愿意在必要时不再信任政府并宣告对政府的控制"。公民过度信任政府会导致政治冷淡，并致使公民失去对政府的警惕和控制。因此，对政客持怀疑主义态度和对政治机构有条件信任的政治文化有助于确保一定程度的问责制（Cleary & Stokes 2009）。从这个角度来看，正是对当选领导人和代表机构的警惕和怀疑而非盲目信任，方是运转良好的民主国家的政治文化之核心和标志。

学者们注意到，过去几十年里，公民政治信任度有所下降，对政府持批判态度的公民数量增多，对民主国家的影响喜忧参半。学者们认为，由于先进工业民主国家政治价值观的演变，坚定并具有批判思维的公民顺势而生（Dalton 2004，2006；Norris 1999，2011）。因此，尽管公民仍深信民主价值观，但是对政府的期望和挑战政治精英的意愿增加了。这些坚定的新公民更有可能表达对政府的批评，而非如同 Gabriel Almond and Sidney Verba（1963）所设想的那样，在政治进程中默许和效忠。然而，这些学者注意到对民选政治官员的信心下降和对政治机构的信任下降，但认为这种下降不一定是指导民主政权的原则和规范（Dalton 2006；Norris 1999）。因此，越来越多具有批判性思维的公民重视民主，但对政权表现，特别是主要政治机构的表现仍不满意。民主理想和政府机构表现之间的紧张关系可能会破坏国家政体的稳定，但也可能对机构改革产生积极压力，从而推进代议制民主（representative democracy）。

Norris 认为，对西欧国家和美国的政治信任并非随时间的推移而稳步下降，而是基于对每个国家民主表现的不满程度而起伏不定（waxes and wanes）。不断增长的公众期望、负面消息和政府表现不佳（不符合公民的期许）结合在一起，产生了 Norris 称为的民众需求经常超过供给的"民主赤字"（Norris 2011：5）。在需求方面，现代化建设提高了民主诉求、文化程度、教育和认知技能等相关知识，这有助于人们接受解放的价值观。另一方面，社会资本、社会信任和社区网络的发展破坏了对民主施政的信心。民众需求供给一端的民主赤字可归因于公众对民主政府的进程和政策表现，包括制度安排（institutional arrangement）的不满。关于民主进程，公民有能力判断民主运作方式，以及满意度如何与民主治理的质量相连。在政策方面，政权表现满意度与服务交付以及政策产出和结果的评价相关联。结构性的原因与宪法安排相关，通常意味着选举赢家对民主的满意度高于失败者。

诚然，批判性公民数量增长增加了旧民主国家宪法改革的压力。然而，在新兴民主国家，事实证明其对于巩固民主有害无利且问题重重（Norris 2011）。在如南非一般的转型/发展中国家，需求方的民主赤字如何表现？在需求方面，人们日益增长的期望未能得到满足，可能会影响他们体验民主的方式。公民可能把民主当成工具（民主也应提供物质成果，如工作或住房），而不仅是内在观点（民主及其规范本身被视为目的）（Bratton Mattes 2001）。

在民众需求供应方面，服务不佳、经济停滞以及政策产出薄弱和/或有限导致了民主赤字。研究表明，南非人对民主的看法相较于其他非洲国家的公民更加现实（Bratton Mattes 2001）。此外，贫困程度较高时，服务水平较低，于是这对人们对充分提供服务的看法产生不成比例的影响，例如，贫困家庭缺水和缺乏卫生设施的影响与中产阶级遇到柏油路上的坑洼不同。此外，权利政治被发现在后殖民社会中发挥着重要作用，即人们会因为种族身份，被剥夺了权利（Askvik 2010）。

语境事关紧要：对南非的信任

政治信任根本上取决于国家的政治语境、历史传统以及政治和经济运作方式（Zmerli Hooghe 2011）。本节重点介绍几个或许能够对公民信任水平产生影响的语境问题。

影响弥漫性支持的问题
执政党与国家合并

对于占主导地位的政党制度，其面对的主要陷阱之一是政党和政体合并的诱惑，即二者之间的界限变得非常模糊以至于实际上政党变成了政体。种族隔离下的南非国家党就是如此，如今这一趋势在非洲人国民大会中也愈演愈烈。非洲人国民大会作为执政党，利用干部部署加强自身在国家、省和地方各级的控制（Butler 2013）。

腐败

可能与政治信任有直接关系的语境问题是使国家（其机构是信任的主体）被裙带关系、腐败和缺乏充足服务提供掏空。于新兴的民主国家而言，这尤其棘手，因为制度尚处于萌芽阶段，政客和公务员容易出于个人利益侵蚀机构渠道。腐败涉及操纵投标，欺诈性采购流程，挪用国家资金，谎报学历，[①]被捕却拒绝辞职，以第三方身份窃取国家资金，古普塔（Gupta）家族与总统及其家人的不当关系便是一例；通过额外增加纳税人的负担，比如对道路使用者收取昂贵的费用为政府超支回笼资金。

国家的空心化在地方政府一级尤其明显，因为地方政府很少收到完全真实的审计报告，提供的服务质量也令人失望。据估计，大量因提供服务而引发的抗议活动（2008 年至 2013 年约 3000 起抗议活动）与腐败有关，削弱了政治信任（Booysen 2013）。

反对反多数行为

为使民主国家得到有效治理，少数群体必须相信政府能保护他们的权利。在南非，这意味着政府将关注第九章所列机构的进程，并执行这些机构的建议。政府公然无视公共保护者的建议，与总统雅各布·祖马（Jacob Zuma）在恩坎德拉（Nkandla）的私人住宅升级有关。虽然祖马总统否认对住宅升级成本飙升至 2.46 亿兰特这一超支现象有任何了解，但公共保护者党员图利·马东塞拉（Thuli Madonsela）的调查发现，总统公然无视采购流程，肆意浪费纳税人缴纳的税收。祖马任命的部际调查委员会免除了祖马的不法行为。祖马本人亦不接受任何因住宅升级的问责（完整报告详见公共保护者 2014 年报告）。[②]

---

① 古普塔一家据称与祖马总统关系密切。当一位亲戚在太阳城度假胜地结婚时，他们的飞机未经授权便可降落在沃特克洛夫空军基地，这是平民不得享有的特权。祖马总统否认他允许飞机降落。该家族还拥有被广泛认为是非洲人国民大会的政府喉舌《新时代报》（*The New Age*）。

② 另见 2014 年 4 月 12 日《经济学人》中《风中的恩坎德拉》。访问日期：2016 年 9 月，网址：www. economist. com/news/middle-east-and-Africa/21600729-why-string-corruption-studies-top-so-survey-nkandla。

民粹主义和纵容种族多极化

由于在野党在主导政党制度中无能为力以及南非人（特别是年轻人）因贫穷和失业被排挤在政治和经济制度之外，政府便通过开除非洲人国民大会青年联盟主席朱利叶斯·马勒马（Julius Malema）的方式建立了民粹主义在野党经济自由斗士党（EFF）。在 2014 年的选举中，经济自由斗士党（EFF）赢得了 25 个议会席位，由此民粹主义倾向粉墨登场，推行破坏代议制议会民主的策略（参见 Vincent，2011 年）。2014 年底，经济自由斗士党（EFF）成功使议会陷入完全停摆，警方不得不进行干预以阻止骚乱。虽然经济自由斗士党（EFF）述及将矿山国有化，但是民粹主义倾向既非右翼亦非左翼意识形态，相反，这是对精英政治和穷人被边缘化现象的反击。

影响特殊性支持的问题

特殊性支持是指对政治领导人的支持和对他们展现的善意。虽然这种支持在短期内可能表现方式不同，并且可能不如弥漫性支持持久，但公民信任国家政治领导人，这一点仍然十分重要。

纳尔逊·曼德拉（Nelson Mandela）作为斗争偶像的地位对大多数人而言无可争议，成功地激发了民众对过渡民主进程的支持。一旦塔博·姆贝基（Thabo Mbeki）成为总统，民众的特殊性支持将会更加多变。人们普遍认为他性情冷漠而疏离，是知识分子，并非能够为人民谋福利。在塔博·姆贝基担任总统期间，最令人无法原谅的一点是他否认艾滋病在南非的流行。由于无法获得抗反转录病毒药物 [antiretroviral（ARV）medication]，患者死亡人数增加。如果及时推出抗反转录病毒药物，可以避免这一情况。他成了非洲人国民大会内斗的牺牲品，自己也成为与党派渐渐疏远的受害者。雅各布·祖马获得升迁时，塔博·姆贝基便在任期结束前被召回。

祖马在民主统治中引入民粹主义和裙带关系，以至于对非洲人国民大会的忠诚超过了对民主权利的忠诚。他纵容非洲人国民大会掩盖影响纳税人的丑闻，不断加深的种族多极化和其作为人民总统的身份，这些因素可能对白人和黑人公民的特殊性支持产生严重影响。在他的统治下，传统领袖也获得了更多的权力。

虽然前文中我们对过去十年民众信任程度评估的讨论不包括司法机

构、警力和半国有机构［如南非广播公司、南非国有物流公司（Trans-net）、南非国家电力公司（Eskom）和南非航空公司］的政治化等变量，但我们都应该将这些因素牢记在心。

研究问题与假设

本文以两组研究问题为驱动。第一个研究问题考察随着时间的推移，政治信任和民众对民主机构的支持程度。对政治支持的五个对象的信任是否有任何重大差异？如何比较弥漫性支持和特殊性支持的级别？对弥漫性对象（政治共同体、政权原则）的支持是否比对特殊性对象（政权表现、机构、政治行为者）的支持力度更大？弥漫性支持是否会随着时间的推移有所增加抑或减少？

随着时间的推移，公众对南非新的民主体制及其政治行为者的信任可能会有所波动。这是因为社会化的经验和当代绩效评估都会影响信任程度（Mishler Rose 1997）。1994 年民主化时期，当新的公民和政治机构形成时，大多数公民对种族隔离非法机构所持有的不信任本身就应该对宪法框架建立的新机构产生一定程度的信任。因此，在短期内，民众对新民主政府及其领导人的信任度有望会相对较高。从长远来看，信任将以绩效为基础，并将开始反映公民对机构和领导绩效的持续背景评估，如上所述。

通过分析上述五个"等级"维度或要素的政治信任／支持水平，我们可以开始评估弥漫性支持（针对国家的支持，对民主价值观、进程和机构的信任）以及特殊性支持（针对政策和领导人）是否存在差异。这两种支持对民主进程产生不同的影响。理想的情况是，我们希望看到民众对南非民主政权及其理想的弥漫性支持的程度相对较高且稳定，因为这种支持应当保持基本不变。然而，我们应该注意到，民众对现任者的特殊性支持的波动，因为特殊性支持具有时间性、批判性和评价性，并与政客的表现息息相关。

第二个研究问题探讨政治信任（支持）与和解是否相关。哪一种与和解的联系更紧密：弥漫性支持还是特殊性支持？哪种类型的支持对和解更重要？最后，信任与和解间是否存在明确的指向性，或者信任与和解是否相互关联——信任是否有助于更大程度的和解，或者更大程度的和解是否有助于建立更多信任？

　　由于弥漫性支持和特殊性支持对民主政权有完全不同的根本影响，我们将探讨何种支持与和解关联更强。根据 James Gibson（2004）的主张，和解要求南非人认可该国的新政治机构为合法机构，我们希望在政治信任与和解之间找到强有力的联系。我们还测验了 Gibson 的因果论证，即和解在一定程度上取决于政治信任的临场。虽然因果关系的指向或许从和解走向信任，但或许随着信任程度的提高，和解的意愿也会增加。我们同意，没有公民对政权新机构的信任，和解的空间就很小（对新政权及其机构的信任和支持塑造了公民对社会中和解与正义的看法）。然而，我们也探讨了因果关系倒置的可能性——即缺乏和解态度会对新民主及其体制的政治信任产生负面影响或侵蚀政治信任。虽然坚持民主政治文化于巩固民主而言必不可少，但同时人们对缺乏和解或转型正义（transformative justice）的看法可能同时破坏民主巩固（democratic consoli-dation）。因此，本章试图在南非建立政治信任和支持的水平，同时挖掘政治信任/支持与和解态度之间关系的性质。

数据分析和调查结果

　　我们首先描述政治信任的五个对象随着时间推移的分布情况，以对机构和国家领导人的特殊性支持入手，接着比较弥漫性支持和特殊性支持的不同程度，以确定不同程度之间是否存在差异。换言之，对弥漫性对象（政治共同体、政权原则）的支持是否超过对特殊性对象（政权表现、机构、政治行动者）的支持？对弥漫性对象的支持是否会随着时间的推移而增加？

对民主机构的信心

　　我们采用一系列调查项，测量人们对一系列政治机构和社会机构的信心，要求被调查者通过 4 分量表的方式表明他们对 14 个机构的信心水平，分数越高表示信任水平逐渐走低。表 1 报告了 2006 年至 2013 年各机构的公众信任或信心的年均平均得分以及综合平均得分（类似情况可参考 1997 年 Mishler 和 Rose 的分析）。

所有年份的综合平均得分显示，南非人对其国家政治机构的信心大于对省级或地方政治机构的信心。然而，诸如宗教机构和媒体（广播、电视和报纸）等公民机构赢得更高的信任度。政党是最不受信任的机构，甚至使警察黯然失色，警察被南非人普遍认为腐败成性、效能低下和办案不力。

2006—2013 年的趋势显示，民众几乎对所有所调查的机构的信心水平均有所下降。2010 年期间，南非政府成功主办了 2010 年足球世界杯时，波动最为明显。2010 年，民众对几乎所有机构的信心水平均显著提高（大公司除外，其中一些建筑行业的公司卷入了价格操纵丑闻，可能影响了人们对私营部门的态度）。然而，一旦世界杯结束，民众信任度再次下降。2011 年，民众信心水平下降，2012 年再次上升。这或许是2011 年地方政府选举和届时政治内讧导致了信心的暂时下降，2012 年信心水平再次稳定。

随着时间的推移，民间组织受到信心下降的影响较小，公民对一些机构，如法律系统、宪法法院（ConCourt）和南非人权委员会（SAHRC）的信任度并未随着时间推移而产生有趋势的波动。因此，政治机构似乎已遭受最惨重的公众信心流失。

表1　　2006—2013 年民众对公民和政治机构的信心或信任（平均数）

对以下机构的信心	2006	2007	2008	2009	2010	2011	2012	2013	总和 2006—2013
总统职位	1.86	2.10	2.36	2.40	2.15	2.18	2.16	2.35	2.20
国家政府	1.97	2.23	2.36	2.38	2.16	2.18	2.15	2.38	2.23
省政府	2.14	2.38	2.51	2.55	2.32	2.38	2.22	2.44	2.37
地方政府	2.45	2.66	2.71	2.77	2.64	2.65	2.46	2.53	2.61
议会	2.05	2.25	2.38	2.41	2.17	2.24	2.18	2.37	2.26
大公司	2.10	2.23	2.24	2.18	2.19	2.22	2.11	2.29	2.20
政党	2.49	2.71	2.76	2.82	2.58	2.67	2.52	2.55	2.63
报纸	2.15	2.30	2.25	2.24	2.15	2.22	2.14	2.20	2.21
电视和广播	1.97	2.13	2.09	2.05	2.05	2.07	2.00	2.15	2.06

续表

对以下机构的信心	2006	2007	2008	2009	2010	2011	2012	2013	总和 2006—2013
宗教机构	2.04	2.05	2.14	2.03	2.02	2.02	1.96	2.09	2.04
宪法法院	2.10	2.24	2.36	2.32	2.16	2.12	2.06	2.26	2.20
法律系统	2.21	2.38	2.48	2.45	2.26	2.22	2.12	2.32	2.30
警察系统	—	—	—	2.49	2.34	2.23	2.26	2.54	2.37
南非人权委员会（SAHRC）	2.03	2.19	2.26	2.22	2.09	2.11	—	—	2.15

注：请表明您对下列各机构的信心水平。您更于倾向：十分信任（1 分）；相当信任（2 分）；不大信任（3 分）；完全不信任（4 分）？

资料来源：分析 2006 年至 2013 年间《南非和解晴雨表》的调查报告。

为了研究南非公民为政治机构提供前文所述的"有条件"信任或支持的比例，我们将四点信任量表分为以下三类：如果受访者信任一个机构，他们在量表上赋 1 分正分（很大），如果他们给一个机构赋 4 分（根本不是），就表示极度不信任；如果给机构赋 2 分（相当信任）或 3 分（不大信任）的受访者可被称为怀疑公民，因为他们对机构的信任程度和（不）信任程度并非完全绝对，而是视条件而定。因此，我们可以设想出三种公民：自愿或无条件地给予机构信任和支持的公民；对政府的支持取决于政府表现的具有"批判思维"的公民；以及不信任政府，对政府没有信心，对机构仍然持完全怀疑态度的公民。这一分析与 Mishler 和 Rose（1997）对后共产主义社会信任的分析如出一辙。我们在本节仅重点考察六个关键的政治机构：总统职位、国家政府、省政府、地方政府、全国议会和政党。表 2 显示了六个政治机构中持信任、不信任或怀疑态度的分布情况。

如图所示，怀疑主义占据上风，具有批判思维的公民占南非人的绝大多数。大多数受访者对所有关键的政治机构仍持怀疑态度，仅给予这些机构有条件的信任和信心。而对于完全信任和完全不信任两种极端情况，更多的公民选择相信国家政治机构。而受访者对地方政府机构和政党不信任的比例更高。大多数情况下，随着时间的推移，公民信任度下降，而怀疑和不信任程度（后者尤甚）有所上升。总统职位、国家政府和全国议会的情况尤为显著。如上所述，近年来，政党和地方政府受到的怀疑程度平均而言最高，分别有71%和68%的受访者表示怀疑。

表2　　　　　2006—2013 年对政治机构的信任、怀疑和不信任　　（单位:%）

政治机构		2006	2007	2008	2009	2010	2011	2012	2013	总和 2006—2013
总统职位	信任	40	28	17	18	25	23	26	22	25
	怀疑	56	65	70	68	67	70	67	64	66
	不信任	4	7	13	14	8	7	7	14	9
国家政府	信任	33	21	17	19	24	23	26	20	23
	怀疑	62	71	72	66	69	69	66	66	68
	不信任	5	8	11	15	7	8	8	14	9
省政府	信任	26	16	11	12	18	14	23	18	17
	怀疑	67	73	76	71	73	75	68	68	72
	不信任	7	11	13	17	9	11	9	14	11
地方政府	信任	19	11	8	10	12	11	16	16	13
	怀疑	66	68	72	65	68	68	70	65	68
	不信任	15	21	20	25	20	21	14	19	19
议会	信任	30	22	17	17	23	20	25	19	22
	怀疑	63	67	70	68	70	72	67	68	68
	不信任	7	11	13	15	7	8	8	13	10
政党	信任	15	8	7	8	11	8	15	14	11
	怀疑	71	73	73	66	74	75	70	69	71
	不信任	14	19	20	26	15	17	15	17	18

资料来源：分析 2006 年至 2013 年《南非和解晴雨表》调查报告。

对国家领导人的信任

我们采用要求受访者在五级量表上表示同意程度的调查项来衡量民众对国家领导人的信任程度，调查受访者对国家领导人在大多数情况下能够做正确的事情的信任度。表 3 中所有年份的综合平均分（2.52 分）显示，约半数受访者相信国家领导人会做正确的事情。然而，自2006年以来，这一平均分普遍上升，表明公民信任度有所下降。

　　表4显示了与表2相似的条件信任分析。在这种情况下，我们将那些完全同意或同意者归为"信任"这一类别，而将那些不同意或完全不同意者归为"不信任"这一类别。表示不确定信任与否者被归为"怀疑派"。虽然不能直接将公民对国家领导人信任的平均数和百分比与公民对政治机构信任的平均数和百分比相比较（因为所属类别不同），但显然公民对政治行为者的怀疑正在攀升，2006—2013年，民众对政治行为者的信任度下降16个百分点。截至2013年，超半数受访者（51%）持怀疑态度抑或根本不信任政治行为者。

表3　　　　　　　　2006—2013年对国家领导人的信任（平均数）

信任	2006	2007	2008	2009	2010	2011	2012	2013	总和 2006—2013
领导人	2.33	2.55	2.75	2.77	2.50	2.57	2.64	2.64	2.52

注：大多数情况，我可以相信国家领导人会做正确的事情。对于这句话，你：完全同意（1）；同意（2）；不确定（3）；不同意（4）；完全不同意（5）？
资料来源：分析2006年至2013年《南非和解晴雨表》的调查报告。

表4　　　　2006—2013年对国家领导人的信任、怀疑和不信任　　　　　　　（单位：%）

		2006	2007	2008	2009	2010	2011	2012	2013	总和 2006—2013
领导人	信任	65	58	50	50	59	53	51	49	57
	怀疑	18	21	22	18	20	27	26	29	22
	不信任	17	21	28	32	21	20	23	22	21

政权绩效评估：南非议会

　　研究了民众对政治机构和政治行为者的信任度之后，我们现在转向衡量政治支持的第三个对象，即政权绩效评估，或评估民众对民主制度在实践中运作方式的支持率。《南非和解晴雨表》（SARB）报告的确包含研究利用对该国运作的一些民主进程和这些进程是否满足公民需求的满意度调查项目，这些项目均可以在一系列询问南非国家议会（一个关键的代表机构）的表现的项目中看到。我们使用了两个关于国家议会的相关问题，一个询问该机构对不同种族群体的平等待遇，另一个询问其根据更广泛的公共利益做出决定的可信度。

表5中每个变量的频率分布表明，大多数南非人认为，该政权的主要代表机构将通过民主进程满足所有公民的需求，尽管总体而言，相比于平等对待不同的种族群体，议会在更广泛的公众利益做出决策的可信度平均水平更高。五分之一的受访者对政权表现的这些方面仍持不确定或怀疑态度，而近四分之一的受访者不相信议会会平等对待所有种族群体。随着时间的推移，人们对议会将在满足上述两方面表现的信心已经下降，而怀疑和不信任程度却有所上升。

表5　　　　　　2006—2013 年对政权表现的评估：全国议会　　　（单位：%）

		2006	2007	2008	2009	2010	2011	2012	2013	总和 2006—2013
平等对待各种族群体	同意	60	54	48	48	56	52	54	53	54
	不确定	19	20	23	21	22	24	22	26	22
	不同意	21	26	29	31	22	24	24	21	24
信任决策	同意	73	67	65	62	71	63	65	51	65
	不确定	16	18	16	17	15	22	20	31	20
	不同意	11	15	19	21	14	15	15	18	15

注：请告诉我你是否完全同意（1）；同意（2）；不确定（3）；不同意（4）；完全不同意（5）以下陈述：南非议会对所有先于议会成立之时便已踏上南非国土者一视同仁，无论对象是黑人、白人、有色人种抑或印度裔；通常民众可以信任议会能够做出对举国有利的决策。随后这些变量被重新编码，"完全同意"和"同意"归为同一类别，"完全不同意"和"不同意"归为同一类别，从而创建三个新类别变量。

资料来源：分析 2006 年至 2013 年《南非和解晴雨表》调查报告。

支持政权原则：法治

现在我们转向衡量民众对弥漫性对象的支持，即对政权原则和政治共同体的支持。政权原则指政治制度的价值观，是较高层次的目标。尽管这些价值观需要结合语境分析，但请记住自由、参与、宽容以及尊重机构和法治是基本原则。我们利用由三个相关问题选项组成的量表，向受访者询问他们对法治的承诺，从而探究法制。其他研究询问受访者是否认为民主是其他选择中最佳的政府形式,《南非和解晴雨表》(SARB)并未提供类似选项,但却对法治的承诺充分利用了民众对南非民主政权原则和规范价值的普遍支持,这一做法令人感到欣慰。

表6显示了支持或拒绝法治的受访者相当稳定的时间走势,直至2013年法治突然下降。平均而言,三分之一到大约一半的受访者声称他们在三个指标上支持法治,而平均47%的受访者同意,若未违法,便可逍遥法外;平均34%的受访者同意,有时无视法律并立即解决问题或许好过等待法律解决;24%的受访者认为,没有必要遵守他们没有投票支持的政府法律。然而,拒绝法治或对该原则表现出模棱两可态度的受访者共计比例较高:几乎一半的受访对象未充分表明他们支持这一民主基本原则。最引人注目的启示是,三个指标中,民众对法治的不确定性或怀疑性多年来都有所增加。这些年的平均值显示,五分之一的受访者不确定这些情况,但在2006—2013年有明显增长。

表6　　　　　　　　2006—2013年对政权原则法治的支持　　　　(单位:%)

		2006	2007	2008	2009	2010	2011	2012	2013	总和 2006—2013
逃避法律	同意	49	44	43	43	44	42	47	47	47
	不确定	16	16	19	17	18	20	20	31	20
	不同意	35	40	38	40	38	38	33	22	33
忽略法律	同意	36	32	33	35	31	35	34	35	34
	不确定	16	17	19	15	18	21	20	30	20
	不同意	48	51	48	50	51	44	46	35	46
违反法律	同意	24	18	21	19	23	25	24	30	24
	不确定	18	17	19	18	16	17	20	30	20
	不同意	58	65	60	63	61	58	56	40	56

注:请告诉我你同意或不同意以下陈述的程度:完全同意(1);同意(2);不确定(3);不同意(4);完全不同意(5)?若不违法,便可逍遥法外;有时无视法律并立即解决问题可能好于等待法律解决;没有必要遵守自己都没有投票支持的政府的法律。随后这些变量被重新编码,"完全同意"和"同意"归为同一类别,"完全不同意"和"不同意"归为同一类别,从而创建三个新类别变量。

资料来源:分析2006年至2013年《南非和解晴雨表》调查报告。

支持政治共同体

对政治共同体的支持是指对一个超越族裔、语言、区域和种族特性和差异的统一南非国家思想的基本情感。这种弥漫性支持超越了目前的政府机构。我们通过询问受访者对是否可取和有可能从居住在该国的所有不同群体中创建一个统一的南非国家的看法来挖掘对政治社区的支持。我们相信，这些变量可以与用来衡量这一概念的其他衡量标准相媲美，其中包括对个人的民族认同的自豪感。

受访者同意，统一的民族认同原则非常可取，但他们对是否有可能建构这样一种认同则更为谨慎。随着时间的推移，数据平均值显示，虽然73%的人赞成这一原则可取，但仅62%的人认为这一原则可能施行（表7）。然而，2006—2013年，同意建立统一的南非国家的受访者比例大幅下降。虽然绝大多数人（78%）在2006年同意此观念，但至2013年，这一比例降至57%，略高于50%，与认为有可能建立统一国家的比例（56%）相当。相反，不确定或不同意统一国家的愿望或可能性的受访者的比例逐年增加。简言之，至2013年，仅略多于一半的南非人认同建立统一国家符合意愿，或者可能。不到三分之一的受访者在上述两方面仍持不确定态度，约七分之一的受访者完全否定了这一统一的政治共同体。

至于数据能够反映的社会凝聚力水平、公民对政治共同体的信任、公民普遍或共同的民族认同以及公民对民族国家的认知边界的接受程度，可以发现弥漫性支持程度正在下降。

迄今的分析表明尽管多年的数据波动较大，但人们对政治行为者和政治机构的特殊性支持程度随着时间的推移而下降。

表7　　　　　　　　　2006—2013年对政治共同体的支持　　　　　（单位:%）

		2006	2007	2008	2009	2010	2011	2012	2013	总和 2006—2013
建立统一国家符合人民愿望	同意	78	74	72	75	75	70	63	57	73
	不确定	16	19	18	16	19	22	24	31	19
	不同意	6	7	10	9	6	8	13	12	8

		2006	2007	2008	2009	2010	2011	2012	2013	总和 2006—2013
建立统一国家存在可能	同意	—	65	60	63	66	64	61	56	62
	不确定	—	23	24	21	23	24	25	30	24
	不同意	—	12	16	16	11	12	14	14	14

注：请告诉我你同意或不同意以下陈述的程度：完全同意（1）；同意（2）；不确定（3）；不同意（4）；完全不同意（5）？在生活在这个国家的所有不同群体中创建统一的南非国家是否符合人民愿望？在生活在这个国家的所有不同群体中创建统一的南非国家是否可能？随后这些变量被重新编码，"完全同意"和"同意"归为同一类别，"完全不同意"和"不同意"归为同一类别，从而创建三个新类别变量。

资料来源：分析 2006 年至 2013 年《南非和解晴雨表》调查报告。

对这些政治行为者和政治机构丧失信任和信心招致更为严重的怀疑和不信任。对政权表现的评估显示一些最高程度的支持和信任，但怀疑和不信任再次攀升。谈到弥漫性支持的对象，政治共同体也经历了类似的政治信任下降。虽然公民对政权原则的信任并未明显下降，但对法治民主原则的怀疑明显上升。

对 2013 年所有五个指标的最新数据进行的更深入研究可发现，略多于一半的南非人支持统一的政治共同体；不到半数的南非人声称支持法治是民主的基本原则；一半的人认可政权表现；一半的人信任国家领导人，近不到四分之一的人表示对政治机构有信心。综上所述，截至 2013 年，五个层面的大部分政治支持程度均在下降。此外，几乎没有证据表明随着时间的推移，弥漫性支持有所增加。与特定性对象相比，弥漫性支持水平略高，这是有迹可循的唯一有意义的变化。然而，后来几年，仅半数者表达弥漫性支持，这就提出了一个相关问题，即这样的支持程度于充满活力的民主国家而言是否足够。

政治信任与和解

在本节，我们将研究政治信任与和解间的关系，首先研究弥漫性支持或特定的目标是否能更好地解释和解，其次研究政治信任是否影响和解，反之亦然。

政治信任与和解间的关系很大程度上尚未挖掘。然而，Gibson（2004）认为和解与信任之间存在以对机构的政治支持为中心的关系。他认为和解要求南非人接受该国新的政治机构可信而合法。正如 Gibson 所言，"欲让人民生活在共同的政治体系中，核心任务是至少达成某种程度的共识，即该体系的机构具有为全体人民制定具有约束力的政策的必要权威"（2004：316）。他声称，合法机构被认为更善于促进人们遵守决定，从而提出了明确的因果论点：和解在一定程度上取决于政治信任是否存在。

《南非和解晴雨表》（SARB）调查认识到，和解是一个难以定义和衡量的概念，主要是因为和解包括几个低阶概念，如宽恕、宽容、补偿和对话（Wale 2014）。为了审查和解的方方面面，我们确定了我们认为衡量因素的集群变量，而这些因素反过来又衡量更高阶和解概念的不同方面。我们的低阶概念包括个人和解和宽恕、种族纠正、历史对抗、种族间对话和种族关系。我们使用计算测量尺度将这些作为单个结构进行测试（参见本章末尾的附录 A）。

我们构建了衡量五个政治支持对象中四个对象的量表，即对政治共同体的支持、对政权原则的支持、对政权绩效的评估和对政权机构的评估。这四个量表包括上述描述部分使用的单一衡量指标，每个量表至少使用其中两个衡量指标，以及可接受的信度评估指标（见本章末尾的附录）。在未有其他合适变量的情况下，我们使用单一衡量指标衡量政治行为者①。

政治信任和和解之间的关系

表 8 中的二元变量相关性表明，政治信任（或支持）对象与和解的五个较低阶概念之间存在中等偏强的关联。由于缺少其余两项的可变数据，仅考虑与和解相关的前三个概念（个人和解、种族补偿、历史对抗），结果表明，政治共同体与和解的联系相较于任何其他支持变量更

---

① 使用单一项目衡量"国家领导人"：请你告诉我你是否同意下列说法，同意或反对程度如何：大多数情况我可以信任国家领导人能够做正确的事情。关于此观点，你完全同意（1）；同意（2）；不确定（3）；不同意（4）；完全不同意（5）？

为密切，对政权绩效的评估紧随其后。政治机构和对国家领导人的信任显示出相当紧密的联系，尽管二者的相关性低于政治共同体和对政权绩效的评估的相关性。五个和解量表中，政权原则与和解的关联性相对较弱并且不一致。虽然弥漫性支持的两项指标中的一个显示出与和解关联最强，但仅从这些二元变量相关性判断弥漫性支持抑或特殊性支持何种对和解更为重要且更有难度。三个特殊性支持指标与和解结构之间关联虽然略低，但一致相关性也表明，具体政治支持与和解之间存在着一致且有意义的关系。

我们使用回归分析方法探索政治支持与和解的五个低阶概念之间的关系。这有助于我们探索政治信任的不同对象同时对个人和解产生的相互关系和预测效果。换言之，我们想确定五个政治变量能够预测民众对和解不同方面（例如种族补偿）（图1）的态度的程度。多元回归不仅有助于我们预测和解的一个方面（或模型），还可以测试每个预测因子的相对效果。换句话说，回归分析可以告诉我们一组变量中的哪一个变量是预测结果的最佳变量。因此，我们可以评估哪些政治支持对象对每种和解模式能够做出最大贡献。

表8　　相关系数：政治支持与和解建构（2006—2013年合并数据集）

支持类型	政治支持	个人和解	种族补偿	历史对抗	对话	种族关系
普遍支持	政治团体	0.242 ***	0.255 **	0.276 **	—	—
	支持制度原则	−0.090 **	0.053 **	−0.063 **	0.089 **	−0.083 **
特殊性支持	制度评估	0.165 **	0.249 **	0.228 **	0.401 **	0.189 **
	政治机构	0.115 **	0.226 *	0.133 **	0.260 **	—
	信任国家领导人	0.116 **	0.167 **	0.144 **	0.267 **	0.117 **

注：皮尔逊相关系数（Pearson's Correlation）** 相关系数在0.01显著性水平下显著相关，空单元格是合并数据集不能为使用建构进行分析提供所有数据变量之处。在随后的回归分析中，我们输入单一项目以替换建构。

资料来源：分析2006年至2013年《南非和解晴雨表》调查报告。

关于回归模型（表9），第一个模型解释了7.6%的个人和解（原谅和遗忘）差异。在所有五个政治支持变量中，政治共同体做出最大贡献（贝塔值为0.199），对政权原则的支持紧跟其后（−0.100）。其余变量

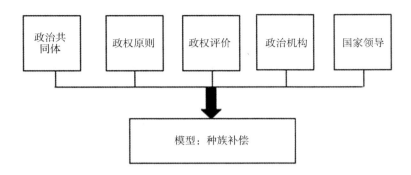

图 1　回归模型实例 2（种族补偿）

虽然在统计数据上贡献显著但实际贡献较小。

　　第二个模式解释了 10.4% 的种族补偿差异。在所有五个政治支持变量中，政治共同体再次做出了最大的独特贡献（0.187），其次是对政权绩效的评估（0.128），其余变量虽然在统计数据上贡献显著但实际贡献较小。

　　第三个模型遵循前一模型的模式，解释了 10% 的历史对抗差异，支持统一的政治共同体做出最大贡献（0.216），其次是对政权绩效的评估（0.159）。同样，其余变量虽然在统计数据上贡献显著但实际贡献较小。

　　第四个模式解释了 23% 的对话模式差异。在这个模型中，对政权表现的评估贡献最大（0.288），其次是对统一政治共同体的支持（0.259）。对政权原则、政治机构的支持和对国家领导人的信任，虽然都具有统计显著意义，但其与解释对话做出的贡献较小。

　　最后，第五个模型虽然在统计数据上贡献显著但实际贡献较小，仅能解释 3% 的种族关系差异。然而，仍旧表明政治团体是最强有力的预测者。政治共同体预测因子的贝塔系数量级与其他预测因子的贝塔系数的数值相比，这一变量是和解模型中最关键的变量。然而，先前被认为理论作用模糊的政权表现中期评价，显然也是重要的预测因素，但是它在这一语境的意义的理解见仁见智。最后，鉴于特殊性支持因素在各种模型中具有的统计数据的显著意义，我们可以说它们确实发挥了作用，尽管作用极小。

表9　　　回归标准化系数（贝塔值）：政治支持与和解模型（2006—
2013 年合并数据集）

支持类型	政治支持对象	模型 1：个人和解	模型 2：种族补偿	模型 3：历史对抗	模型 4：对话	模型 5：种族关系
普遍支持	政治共同体	0. 199 ***	0. 187 **	0. 216 **	0. 259 **	0. 169 **
	支持政权原则	－ 0. 100 **	0. 031 *	－ 0. 078 **	0. 055 **	－ 0. 039 **
特殊性支持	政权表现评估	0. 088 **	0. 128 **	0. 159 **	0. 288 **	0. 014 **
	政治机构	0. 021 **	0. 117 **	－ 0. 004	0. 38 **	－ 0. 053 **
	信任国家领导人	0. 041 **	－ 0. 021 *	0. 009 *	0. 026 **	－ 0. 011 **
	判定系数（R square）	0. 076	0. 104	0. 102	0. 228	0. 030

注：* 相关系数在 0. 01 显著性水平下显著相关；** 相关系数在 0. 05 显著性水平下显著相关。

资料来源：分析 2006 年至 2013 年《南非和解晴雨表》的调查报告。

由于未从包括对话项目的调查中得到第二个项目，因此对话模型没有进入政治共同体的完整恒定量表的回归分析：是否有可能在生活在该国的所有不同群体中建立统一的南非国家？为确保最佳的可比模型结果，该模型从衡量政治共同体的量表中输入了剩余的单一衡量指标：从生活在这个国家的所有不同群体中创建统一的南非国家是否符合人民的意愿？

由于未从包括对话项目的调查中得到第二个和第三个项目，因此对话模型没有进入 DV 种族关系的完整恒定量表的回归分析：在每个问题上，请告诉我您是否十分反对、不赞成、既不反对也不赞成、赞成或十分赞成以下任何一项：我的邻居中有一半是（其他种族群体）者。为确保最佳的可比较的模型结果，这个模型从量表中输入了剩余的 DV 单一衡量指标以测量种族关系：如果可以选择，你是否愿意同（其他种族群体）人交谈？

方向性：信任与和解

为了进一步探索政治信任与和解态度之间关系的本质，我们进行了一系列探索性测试，以评估两组变量间的解释性决定。我们希望确定政治信任或和解这两个关键概念中，何者能够更好地解释另一个概念。研究出现了三种可能性：和解影响政治信任；政治信任影响公众对和解的态度；这些概念相互关联，相互影响。

我们进行了一系列回归测试，将最强的政治支持对象预测因子作为因变量纳入前三个和解模型。而后将相关的和解因变量作为预测因子输入到相同的模型中。

在第一个测试中，我们将政治共同体量表作为因变量（因为政治共同体是模型中最强的预测因子），将个人和解量表作为预测因子。我们发现回归模型中（见表 9 中的模型 1）个人和解作为预测因子与政治团体（DV 政治支持对象）的关系较弱，为 0.178**，而相反的条目为 0.242**。

第二个测试中，我们将政治共同体量表作为因变量（因为它在第二个模型中仍然是最强的预测因子），将种族补偿量表作为预测因子。这些发现与第一个测试结果相似。在回归模型中，种族补偿作为预测因子与政治共同体（作为 DV 的政治支持对象）的关系较弱，为 0.173**，而相反的条目为 0.187**（如表 9 中的模型 2 所示）。

第三个测试中，我们再次将政治共同体量表作为因变量（因为它仍然是第三个模型中最强的预测因子），将历史对抗量表作为预测因子。这些发现验证了上述测试中的模式。在回归模型中，历史对抗作为预测因子与政治共同体（DV 政治支持对象）的关系较弱，为 0.198**，而相反的条目为 0.216**（如表 9 中的模型 3 所示）。

为确保我们的结果适用于政治信任的其他预测变量，我们进行了进一步的测试，将第二大政治支持对象预测因子作为因变量纳入前三个和解模型。

在第四个测试中，我们将政权原则量表作为因变量（因为在第一个模型中，政权原则量表是第二大预测因子），个人和解量表作为预测因子，政治共同体作为预测因子。在这个例子中，我们发现个人和解和政权原则之间的关系中有非常相似的力量，达 −0.104**。如表 9 模型 1 所示，相反项中数据为 −0.100**。

然而，第五次和第六次测试证实了前三次测试中发现的模式。第五个测试以政权表现量表为因变量（第二模型第二强预测因子），以种族补偿量表为预测因子。在回归模型中，种族补偿作为预测因子与 DV 政权表现的关系较弱，为 0.830**，而如表 9 模型 2 所示相反项的数值为 0. 128 **。

最后，第六项测试以政权表现量表作为因变量（第三个模型中第二强的预测因子），以历史对抗量表作为预测因子。在回归模型中，历史对抗作为预测因子表现出较弱的相关性，为 0. 102 **，而如表 9 模型 3 所示相反项数值为 0. 159 **。

这些测试提供了能够支持 Gibson（2004）论断的证据，即和解与政治信任之间存在因果关系，具体来说，和解在一定程度上取决于政治信任的存在。公民对该政权及其机构的信任和支持有助于培养和解态度。然而，作为因变量的政治信任与对和解的态度之间的关系较弱，这也表明这种关系可能相互影响。和解态度也影响了人们对民主及其机构的政治信任。

结　　论

这些结果表明，弥漫性支持和特殊性支持均在下降，导致 2006—2014 年民众的怀疑情绪上升。弥漫性支持的减少对新的民主制度产生更严重的影响，因为弥漫性支持是巩固民主进程的核心。虽然真相与和解委员会试图为新机构的蓬勃发展创造有利环境，而新机构也确实获得了相对较高水平的支持，而如今盛况已不复存在。

特殊性支持表明了大量持怀疑态度的公民。目前尚不清楚持怀疑态度的公民是否等同于持批评态度的公民。尽管具有批判思维的公民质疑政府，并不会全盘接受政府的决定，而持怀疑态度的公民可能会准备挑战政府，但在一党统治的情况下，他们可能不会改变效忠对象。在旧民主国家，具有批判思维的公民可能重视民主，但对政权表现不满。在发展中的民主国家，具有批判思维的公民反而可能开始贬低民主，这导致民众对政府的要求过多。

Norris 概念化的各个层面的弥漫性支持率持续下降，应该是和解议程的重大关切。我们已表明，对政治共同体方面的信任对和解至关重要。弥漫性支持率的整体下降将包括对政治共同体的支持减少，这对民主、和解或国家建设而言，并非好迹象。

此外，鉴于和解与政治信任间潜在的相互关系，这两者都有可能出现下降的恶性循环。随着弥漫性支持下降，和解的可能性也会进一步下降，这进一步削弱了获得弥漫性支持的潜力，其他方面也是如此。因此，坚持信任的政治文化于进一步巩固民主而言可能是必要的，对和解的积极看法对南非巩固民主可能同样至关重要。南非所有人口群体的弥漫性支持水平下降令人担忧。如果政府认为大多数公民不大可能容忍不受欢迎的决定，可能会导致更多的专制行动，或试图掩盖政府糟糕的决策。这将破坏任何民主制度的根本支柱——政治合法性（概念上有别于信任）。

对人际信任和社会凝聚力的衡量裨益于更好地理解公民如何信任彼此。然而，这些变量并不在我们的掌握之中。然而，公平地说，南非的社会凝聚力极难建立，而且似乎一直受到威胁，主要是因为和解没有为更好的种族间关系铺平道路。在政治不信任日益攀升的情况下，人际信任如何发展尚不明朗。政治腐败亦会影响公民对信任的感知。将来，政治腐败可能将包含一些利用人们对腐败的态度建立信任和腐败之间的关系的变量。

附录 A

个人和解"宽恕和遗忘"量表包括以下两项内容：你是否完全同意、同意、不确定、不同意还是完全不同意这些说法？我想忘记过去，继续我的生活；我试图原谅在种族隔离时期伤害我的人。使用克朗巴哈系数（Cronbach's Alpha）得出的估值为 0.755。当克朗巴哈系数法估值为 0.7 及以上时，我们便认为该量表可靠。

种族补偿量表包括四项内容：必须保留使用种族类别衡量政府方案对曾处境不利的社群的影响；令每个南非机构的工作人员都能代表所有种族应该成为国家的重中之重；南非如今的收入差距很大，因为曾经黑人未享受和白人一样的受教育机会；若种族隔离制度下处于不利地位者仍然贫穷，便无法实现和解。使用克朗巴哈系数得到的信度估值是 0.496，相关系数（inter-item correlation）为 0.187。虽然当克朗巴哈系数为 0.7 及以上时，量表被认为可靠。在少于 10 项的短量表中，克朗巴哈系数值（例如，0.05）通常较低。在这些情况下，我们依然报告项目相关系数。相关系数的最佳域为 0.2—0.4（Pallant 2001：85）。我们对这些项目进行主成分分析（Principal Components Factor Analysis，PCA）。KMO（Kaiser-Meyer-Oklin）检验统计量为 0.634，超过推荐值 0.6，巴特利特球度检验（Bartlett's Test of Sphericity）达到统计显著性（statistical significance），支持相关矩阵的因子可分解性。主成分分析（PCA）揭示了一个特征值超过 1 的成分，因而解释了 40% 的差异。

历史对抗度量表包括两项内容：种族隔离是危害人类罪；国家曾对反对种族隔离者犯下了骇人暴行。使用克朗巴哈系数得到的信度估值是 0.749。

对话量表包括两项内容：政府应要求广播电台和电视台播放更多节目，让南非人可以相互谈论变革和国家建设等问题；不同的教堂或宗教组织应该开始一起举行一些仪式，以便不同的南非人能够更好地了解彼此。使用克朗巴哈系数得到的信度估值是 0.551。相关系数为 0.381。

种族关系量表包括三项内容：如果有选择，你是否愿意同（其他种族群体）的人交谈吗？在每一项中，请告诉我你是否十分不赞成、不赞成、不反对也不赞成、赞成或十分赞成下列任何一项：我的邻居中有一半是（其他种族）者；有近亲和（其他种族）者结婚。使用克朗巴哈系数得到的信度估值是 0.702。这些内容均受主成分分析的影响。KMO 检验统计量为 0.600，与推荐值 0.6 相匹配，巴特利特球度检验达到统计显著性，支持相关矩阵的因子可分解性。主成分分析揭示了特征值超过的一个成分，因而解释了 63% 的差异。

附录 B

政治共同体量表包括以下两项内容：请告诉我你对以下陈述的同意或不同意程度：你是否完全同意（1）；同意（2）；不确定（3）；不同意（4）；完全不同意（5）。从生活在这个国家的所有不同群体中建立统一的南非国家是否符合人民意愿？从生活在这个国家的所有不同群体中建立统一的南非国家是否可能？使用克朗巴哈系数得到的信度估值是 0.584。相关系数为 0.414。这些内容均受主成分分析的影响。KMO 检验统计量为 0.500，略低于推荐值 0.6，巴特利特球度检验达到统计显著性，支持相关矩阵的因子可分解性。主成分分析揭示了特征值超过 1 的一个成分，解释了 71% 的差异。

支持制度原则量表包括以下三项内容：请告诉我您对以下陈述的同意或不同意程度：你是否完全同意（1）；同意（2）；不确定（3）；不同意（4）；完全不同意（5）。若不违反法律，便可不接受法律之约束；

有时无视法律并立即解决问题可能比等待法律解决要好；没有必要遵守
都没有投票支持的政府的法律。

使用克朗巴哈系数得到的信度估值是 0.553。相关系数为 0.292。这
些内容均受主成分分析的影响。KMO 检验统计量为 0.583，略低于推荐
值 0.6，巴特利特球度检验达到统计显著性，支持相关矩阵的因子可分
解性。主成分分析显示一个特征值超过 1 的成分，解释了 53% 的差异。

政权表现评估量表包括以下两项内容：请告诉我你对以下陈述的同
意或不同意程度：你是否完全同意（1）；同意（2）；不确定（3）；不
同意（4）；完全不同意（5）。南非议会对所有先于议会成立之时便已踏
上南非国土者一视同仁，无论对象是黑人、白人、有色人种抑或印度裔。
通常民众可以信任议会能够做出对举国有利的决策。使用克朗巴哈系数
得到的信度估值是 0.639。相关系数为 0.472。

政权机构量表包括以下六项内容：请指出你对总统与以下与政权有
关的国家机构抱有何种程度的信心：很大（1）；相当大（2）；信心不足
（3）；完全没有（4）。总统职位、国家政府、省政府、地方政府、议会，
政党。使用克朗巴哈系数得到的信度估值是 0.869。这些内容均受主成
分分析的影响。KMO 检验统计量为 0.862，与推荐值 0.6 相匹配，巴特
利特球度检验达到统计显著性，支持相关矩阵的因子可分解性。主成分
分析揭示了特征值超过 1 的一个成分，解释了 61% 的差异。

参考文献

Almond GA & Verba S（1963）*The Civic Culture：Political Attitudes and De-
mocracy in Five Nations*. Princeton，NJ：Princeton University Press.

Askvik S（2010）The Dynamics of Political Trust in South Africa，1995 –
2006. *Politikon* 37（1）：25 –44.

Booysen S（2013）The ANC Circa 2012 –13. In J Daniel，P Naidoo，D Pil-
lay & R Southall（Eds）*New South African Review 3：The Second Phase-
tragedy or Farce*? Johannesburg：Wits University Press.

Bratton M & Mattes R（2001）Support for Democracy in Africa：Intrinsic or
Instrumental? *British Journal of Political Science* 31（3）：447 –474.

Butler A（2013）*The idea of the ANC.* Athens, OH: Ohio University Press.

Cleary M & Stokes S（2009）*Democracy and the Culture of Skepticism: Political Trust in Argentina and Mexico.* New York: Russell Sage Foundation.

Dalton R（2004）*Democratic Challenges, Democratic Choices: The Erosion of Political Support in Advanced Industrial Democracies.* Oxford: Oxford University Press.

Dalton R（2006）*Citizen Politics: Public Opinion and Political Parties in Advanced Industrial Democracies.* Washington, DC: CQ Press.

Daniel J, Naidoo P, Pillay D & Southall R（2013）*New South African Review 3: The Second Phase-tragedy or Farce?* Johannesburg: Wits University Press.

Easton D（1975）A Reassessment of the Concept of Political Support. *British Journal of Political Science* 5（4）: 435 – 457.

Gibson J（2004）*Overcoming Apartheid.* Cape Town: HSRC Press.

Levi M & Stoker L（2000）Political Trust and Trustworthiness. *Annual Review of Political Science* 3（1）: 475 – 507.

Marien S（2011）Measuring Political Trust across Time and Space. In S Zmerli & M Hooghe（Eds）*Political Trust: Why Context Matters.* Colchester: ECPR Press.

Mishler W & Rose R（1997）Trust, Distrust and Scepticism: Popular Evaluations of Civil and Political Institutions in Post-Communist Societies. *Journal of Politics* 59（2）: 418 – 451.

Norris P（Ed）（1999）*Critical Citizens: Global Support for Democratic Government.* Oxford: Oxford University Press.

Norris P（2011）*Democratic Deficit: Critical Citizens Revisited.* Cambridge: Cambridge University Press.

Pallant J（2001）*SPSS Survival Manual: A Step by Step Guide to Data Analysis using SPSS for Windows（Version 10）.* Philadelphia, PA: Open University Press.

Public Protector（South Africa）（2014）*Secure in Comfort.* Report No. 25 of 2013/14. Accessed September 2016, www. pprotect. org/library/investigation_ report/2013 – 14/Final% 20Report% 2019% 20March% 202014% 20.

pdf.

Seekings J (2000) *UDF: History of the United Democratic Front in South Africa, 1993 – 1991. Columbus, OH: Ohio University Press.*

South African History Online (n. d.) Public Protest in Democratic South Africa. *Accessed September* 2016, *www. sahistory. org. za/article/public-protest-democratic-south-africa.*

Vincent L (2011) *Seducing the People: Populism and the Challenge to Democracy in South Africa.* Journal of Contemporary South African Studies 29 (1): 1 – 14.

Wale K (2014) Reflecting on Reconciliation: Lessons from the Past, Prospects for the Future. *Cape Town: Institute for Justice and Reconciliation.*

Zmerli S & Hooghe M (Eds) (2011) Political Trust: Why Context Matters. *Colchester: ECPR Press.*

为什么后种族隔离时期的南非人反叛：社会抗议、公众参与和机构信任

兹维勒图·祖罗博（Zwelethu Jolobe）

1996 年《南非共和国宪法》（以下简称《宪法》）第 7 章指出，地方政府的目标是"为地方社群提供民主和负责任的政府；确保持续向社群提供服务……鼓励社群和社群组织参与地方政府事务"。《宪法》还规定了与国家和省级政府合作的办法，其中，地方政府当局管理社群，地方机构增加公众参与的机会。这些规定，对包容公民、积极公民以及海纳百川的政府而言，至关重要。后种族隔离社会的地方政府，旨在成为民主参与的主要渠道。

公众参与，指公民以个人、利益集团、社会运动或社群的身份参与同公共利益有关的事务，以期使政府在有关问题上采取行动，是民主南非治理进程的核心。《宪法》第 59（1）和（2）条规定政府应确保履行有关公众参与的宪法义务。政府将有望"将坚持协商实践作为大选间期的回应性和公民参与政府和政策的证据"。这种对公众参与的正式承认是对种族隔离制度的重要反对，表明政府致力于促进和听取公民关于政策和治理方面的普遍意见（Booysen 2009）。

然而，地方政府新体制的转型以及随之而来的公众融入，或公众参与到政府日常运作和政策的多个阶段，这些问题均比预期更具挑战性。这一挑战在进入新民主国家的 10 年里达到高潮，彼时公民抗议的数量和频率表明，民众反对"参与是仪式性的行为"，而倾向于"参与作为手段衡量回应和交付"的重要概念（Booysen 2009）。

《南非和解晴雨表》（The South African Reconciliation Barometer，SARB）衡量了公民对政治和经济转型的态度，以及这些态度对民族团结

以及和解的影响。在这一过程中，《南非和解晴雨表》通过评估公民对国家机构的信心和信任对政治文化（对政治制度的态度，即政治制度合法性）进行检验。2006—2014 年连续调查显示人们对民主机构的信任呈下降趋势。相较于其他机构，公民对地方政府的信心始终处于最低水平，而地方政府正是民众与国家沟通最直接的机构。

这一对地方政府的集体不满可以从日益增多的公开示威中窥见一斑。2004 年 8 月，自由邦省（Free State Province）哈里史密斯（Harrismith）英塔巴兹韦（Intabazwe）镇发生了第一次大规模公民抗议，此后，抗议活动持续增加。据民间社会中心（the Centre for Civil Society）的肖纳·莫蒂亚尔（Shauna Mottiar）和帕特·邦德（Patrick Bond）表示，自 2005 年以来，抗议活动平均每年超 8000 起（见 Alexander 2010：26）。我对公民抗议的定义是："在地方范围内有组织的抗议行动，直接针对市政府，或以市政府为代表，更广泛地表达对国家的不满。"（Powell，O'donovan & De Visser 2014：2）

本章探讨南非后种族隔离公民抗议参与的性质、政治和解释。我认为，有悖于传统观点，公民抗议并不意味着"穷人的反叛"或"迫在眉睫的危机"。相反，在政府的有效代表以及社会经济转型方面，公民抗议通常都意在支持地方政府更好运作，而非对地方制度的挑战。因此，公民抗议与更传统的公众参与形式共存。南非公民充分利用抗议作为另一种手段充分利用表达的机会。本章使用《南非和解晴雨表》调查获得的证据佐证这一观点。

种族隔离后公民抗议的主要趋势

2004 年 8 月下旬，哈里史密斯英塔巴兹韦镇发生了公开示威游行，这成为南非 1994 年后公民抗议浪潮的起点。尽管其他抗议活动在南非普遍盛行，而发生在英塔巴兹韦的抗议，却标志着"直接且敌对的行动以传达对当地问题的不满信息"的兴起（Booysen 2007：24）。这些示威活动的根源，是对社会状况的普遍不满以及对地方民主机构的疏离。Susan Booysen（2007：21）写道：抗议"由滚雪球效应促成，大多情况下是社群学习大众媒体对正在进行的抗议报道的结果"。抗议浪潮的早期阶段，

"电视和广播提供了广泛的报道"，从而助长了其滚雪球式的增长。

这些抗议活动后，乡镇居民发现，市政官员、议员、省级行政官员和全国内阁成员，对社群加大了访问力度，他们为此协商并在各种会议上发表演讲，承诺情况将有所改善。在这一过程中，政府肯定了抗议的作用，"'抗议有效'的观念萌发"（Booysen 2007：25）。由此出现了一种明显的政治文化：鉴于正式民主在确保提供服务方面的能力有限，社群开始将公民抗议纳入其政治参与的范围。

过去10年，南非各地发生公民抗议的频率有所增加。《公民抗议晴雨表》（The Civic Protest Barometer，CPB）监测了2007年至2014年以来278个自治市和9个省的抗议活动，包括年度和月度事件以及地理分布。自2010年以来，《公民抗议晴雨表》显示抗议活动呈上升趋势。2012年至2014年期间，抗议活动的最高单月数量发生在2014年5月，届时正在举行第五次全国和省级选举。总体来说，豪登省（Gauteng）最容易发生抗议，发生的数量占所有抗议活动数量的30%，其次是西开普省（Western Cape），占22%。自2011年以来，豪登省的抗议活动迅速上升，自2012年的仅20%上升到2014年的36%（Powell，O'Donovan & De Visser 2014：3）。自治市中，2014年开普敦市（Cape Town）和茨瓦内市（Tshwane）并列成为最容易发生抗议的城市，各发生28起公民抗议。2012—2014年，最容易发生抗议的城市依次为开普敦、约翰内斯堡（Johannesburg）、特克维尼（eThekwini）、茨瓦内和艾古莱尼（Ekurhuleni）。其中，这五个自治市发生的抗议活动数量占所有抗议活动数量的50%（2014：4）。

此外，公民抗议中的暴力活动也显著增加。据《公民抗议晴雨表》数据显示，2007年不到一半（46%）的抗议活动导致了某种形式的暴力。然而，2014年，这一数据已升至83%。《公民抗议晴雨表》显示，暴力抗议的数量增长速度超过了总体抗议的数量："2007年，暴力抗议的总数为44起……七年后数量增加到之前的四倍，高达181起。"（Powell，O'donovan & De Visser 2014：5）恐吓是与抗议（376次抗议）相关的最常见的暴力形式，其次是破坏财产（372次抗议）和人身攻击（315次抗议）。因此，"三分之二记录在案的暴力行为超越了'单纯的'恐吓，涉及破坏财产、袭击、抢劫甚至死亡"（2014：5）。

南非地方政府研究中心（South African Local Government Research

Centre）的数据显示，平均而言，冬季（6月，7月，8月）的月抗议率高于夏季（12月，1月，2月）（Jain 2010）。造成这种季节性波动有以下几点原因：冬季人们对电力和动力的需求增加，导致电力短缺；冬季风暴和随之而来的洪水造成的破坏，西开普省尤甚；凛冬严寒，难以忍受，加剧了居民对缺乏充足住房之担忧（Jain 2010）。

　　该研究中心还发现，公民抗议中仇外情绪有所增加，指出针对非洲、巴基斯坦、索马里和孟加拉国移民的仇外袭击愈发普遍（Jain 2010）。抗议观察员将2008年定为抗议活动和抗议文化动态的转折点，这一年，仇外中暴力程度明显上升。两周内，从豪登省亚历山德拉镇（Alexandra）开始，外国人在全国至少135处遭到袭击，造成至少61人死亡，其中21人是南非人，后者被误认为是外国人，或者（错误地）根据种族将他们和外国人联系在一起。此外，10万余人流离失所（Von Holdt, Langa, Moplapo, Mogapi, Ngubeni, Dlamini&Kirsten 2011：5）。Von Holdt等人写到，尽管仇外攻击与针对政府的公民抗议在暴力程度、目标、诉求、影响以及某些方面有所不同，但它们有一些重要的相似之处："可能涉及相同或类似的组织，有共同的做法，两者均是集体民众代理和暴力事件的例证，均涉及对国家行为或不作为的不满，社群抗议经常包括对外资企业的仇外攻击元素。"（2011：6）

　　《南非和解晴雨表》（SARB）的前几轮调查中，总体上衡量了人们对抗议的态度。自2010年起，《南非和解晴雨表》也询问了有关个人参与抗议活动的问题。2010年的调查中，半数南非人认为，如果他们觉得自己的人权受到了侵犯，那么参加示威游行（51%）或参加罢工（48%）如果不是完全正当的，便是可能正当的。另有16%的人"也认为非法抗议，包括使用'暴力或暴力手段，如破坏公共财产或劫持人质'，在人权受到侵犯时是正当的"（Lefko-Everett, Lekalake, Penfold & Rais 2010：26）。2011年，认为参加游行示威合理正当的受访者比例降至45%，43%的受访者认为参加罢工是正当的。对参与暴力抗议正当性的评估也略有下降，降至12%。2011年的调查还询问了南非人参与抗议的频率。调查显示，认为示威和罢工是正当的受访者，与那些经常参加抗议的受访者之间存在重要差异：仅19%的人表示曾参加过抗议（Lefko-Everett, Nyoka & Tiscornia 2011：16）。然而，在发生暴力抗议的情况下并非如此：12%的人认为这些是正当的，另有12%的人表示，他们参加了此类抗议。

2012 年的调查中，这一比例继续下降，分别有 39% 和 40% 的南非人认为示威和罢工是正当的，13.5% 认为暴力抗议是正当的（Lefko-Everett 2012：24）。调查显示，参加抗议（24%）或罢工（24%）的南非人有所增加，18% 的人表示他们参加了更为暴力的事件。2013 年，调查结果显示，回应"有时""经常"或"总是"参与抗议活动的人比例为 23%（示威）、22%（罢工）和 17%（暴力行为）（Wale 2013）。调查还发现，自 2009 年以来，示威和罢工的正当性不断增加，53% 的南非人认为示威是正当的，51% 认为罢工是正当的。就暴力抗议而言，这一比例从 2012 年的 14% 升至 2013 年的 20%。逐年调查报告均表明，暴力抗议正当性的增加应在先前调查结果的背景下解读，这些调查结果与对公共机构（如地方政府和警察）缺乏信心以及普遍缺乏能动性有关（见 Lefko-Everett 2012；Wale 2013）。

此外，Ndodana Nleya, Lisa Thompson, Chris Tapscott, Laurence Piper 和 Michele Esau（2011）对彼得马里茨堡（Pietermaritzburg）的英巴利（Imbali），孟特莱斯（Mountain Rise）和普雷斯特伯里（Prestbury），以及开普敦的兰加（Langa），卡耶利沙（Khayelitsha）和邦特霍维尔（Bonteheuwel）进行了案例研究，显示出抗议参与者有趣的人口统计变量。作者发现，45 岁至 64 岁的参与者中，抗议参与人口随年龄的增长而增加，而 65 岁以上的参与者则呈下降趋势。调查结果还表明，非全职工有较高程度的抗议参与度，这表明了灵活性在参与抗议中的重要性。全职工表示，出于工作原因他们不能参加抗议。该项研究假设失业者可能正忙于找工作（Nleya et al. 2011）。较低的生活条件与较高的抗议参与度有关。这尤为重要，因为在"非洲黑人"居住区，大多数人都生活在极度贫困的条件下（无论从主观抑或客观上讲）。而居住在兰加和卡耶利沙地区的人，随着生活条件的改善，参与人口呈下降趋势（Nleya et al. 2011）。

Nleya 等人（2011）的研究有一个出人意料的发现，即对犯罪的恐惧与较高的抗议发生率之间存在关联。这表明，犯罪成为参与社群的一个主要负担，从而寄希望于通过增加抗议活动以改善条件。抗议活动最重要的预测因子似乎是参与社群会议的程度。在所有情况下，参加会议的人数增加均与抗议人数增加有关。这非常直观，因为抗议需要组织。

此外，这表明抗议是社群会议的另一种选择。参与街道委员会也与更高程度的抗议活动有关。如同社群会议一般，街道委员会也是组织活动的场所，并与许多抗议活动有所关联，包括导致排外活动的抗议活动。如同街道委员会一般，社群组织中秩序越高的活动，抗议的程度就越高。社群组织是讨论、社群和社会资本建设的场所，是组织的关键要素（Nleya et al. 2011）。

对 1994 年后南非公民抗议的解释

试图解释后种族隔离时期南非公民抗议的文献可以分为两大类。第一类，公民抗议被解释为集体不满的表现；第二类，被解释为即将到来的危机或由于种族隔离后历届政府的政策而导致的"穷人的反叛"的表现。

在社会抗议中，民怨的作用在文献中引起了广泛的争论。其论点是，黑人下层阶级对物质条件的愤怒以及由此产生的对更好生活的渴望，是社会抗议的主要潜在来源。因此，集体行动和社会抗议是社会结构而非个人选择的结果。Ted Robert Gurr 认为，不满的政治化是政治暴力的先兆，因而具有开创性意义。Gurr（1970：37）的理论解释了个人的实际物质条件和他或她认为应该获得的条件之间的紧张关系，即价值期望和价值实现力之间的感知性差异。Gurr 表示，相对剥夺（relative deprivation）的强度和范围决定了集体暴力的可能性。换言之，挫折感越强烈、持续时间越久，发生攻击性行为的可能性越大。Gurr 进一步表示，相对剥夺可以通过三种方式发生：

- 递减型相对剥夺感（decremental deprivation）——价值预期保持不变，实现力下降（例如，生活水平下降）；
- 抱负型相对剥夺感（aspirational deprivation）——价值预期上升，实现力保持不变（例如，体验更好的生活方式，从而提高对自己的期望）；以及
- 发展型相对剥夺感（progressive deprivation）——期望和实现力增长，但可能实现力无法匹配，抑或二者开始下降（例如，经济增长中的社会经济萧条）。

许多学者将这一"民怨命题"应用于南非。Doreen Atkinson（2007）研究了 2005—2006 年破坏南非城镇的社群抗议活动。她认为，这些抗议很大程度上由人们对新地方政府体制下的南非市政府感到失望造成。Atkinson 将这些失望分为三类。

第一个令人失望的原因是技术问题，例如，自治市提供劣质服务或根本不提供服务的情况。例如，2005 年，在 284 个新自治市中，

> 203 个无法为 60% 的居民提供卫生设施；182 个无法为 60% 的居民提供垃圾清除服务；155 个无法为 60% 的住所供水；122 个无法为 60% 的家庭供电；以及 42 个无法履行其 50% 的职能。（Atkinson 2007：58）

第二个原因是地方政府层面的决策缺乏对民众的回应，且不够民主，从而损害了人民的生计和利益。抗议者经常抱怨官员和议员不对民众提出的意见回应，市长、议员和社群之间的沟通渠道存在缺陷。例如，哈里史密斯社群领袖为市政府预留十天回应他们的不满，却无疾而终，因而导致了抗议的发生。（Atkinson 2007：63）。位于马富贝市（Mafube Municipality）的法兰克福（Frankfort）、位于曼措帕市（Mantsopa Municipality）的埃克塞尔西奥（Excelsior）以及韦尔科姆（Welkom）也出现了同样的情况。

第三个令人失望的原因是，抗议者对市政议员和员工们的腐败、暴富和铺张浪费感到不满。Atkinson 指出，市政的渎职行为十分普遍，因此议员们"可能是特殊利益集团的代言人，或为促进这些利益而进行经济奖励，或为自己发放特殊津贴和额外福利"（2007：66）。

Thomas Koelble 和 Edward LiPuma（2010：566）似乎对 Atkinson 的观点表示赞同，认为当地人民不满的根源在于"国家能力的缺乏以及中央政府不愿对自己的地方政府工作人员执行法律上的规定"。Richard Pithouse（2007：18）进一步表示，议员在场的情况下，他们"经常作为一种自上而下的社会控制手段，旨在让大众政治服从于政党"。此外，议员缺席的情况下，或以自上而下或腐败的方式运作，"这为新领导人填补空缺留有余地"（Alexander 2010：29）。

Lesley Connolly（2013）对公民抗议的理解与 Gurr 如出一辙，她指

出：公民抗议是发展型相对剥夺感的一种形式。她宣称：南非政府推行的改革提高了贫困人口的生活水平，但政府没有能让贫困人口的"生活水平更上一层楼"之法。因此，人们获得的实现力越强，对获得新服务期望也越高，但随着时间的推移，"人们无法持续获得新的服务，于是，剥夺感和不满的形式随之产生"（Connolly 2013：102）。

Chitja Twala（2014）的观点更为明确，她将这个问题主要归咎于非洲国民大会政府。Twala 提到抱负型相对剥夺感的例子，在所有的选举承诺和宣言中，非洲人国民大会把"让所有人过上更好的生活"作为王牌。Twala 认为，非洲人国民大会向公众传达的选举信息表明，他们对向公众提供服务非常感兴趣，尤其是面向穷人的服务，创造出最有可能让选民满意的期望。因此，政客们通过"让人们产生错误的观念，认为在选举之后，社群将得到承诺之服务"的方式提高民众的期望（Twala 2014：159）。然而，当这些服务无法兑现时，社群便采取抗议行动。

发展与企业中心（the Centre for Development and Enterprise）（CDE2007）、发展支持中心（the Centre for Development Support）（CDS 2007）和暴力与和解研究中心（the Centre for the Study of Violence and Reconciliation，CSVR）（见 Von Holdt et al. 2011）开展了重要的案例研究，表现对"民怨命题"的支持。

发展与企业中心（CDE）开展了两项案例研究，一项在梅拉芳市（Merafong Municipality）的库特松（Khutsong），另一项在自由邦省（the Free State）的弗里德市（Phumelela Municipality）。发生在库特松的抗议，就重新划定边界问题，演变成一场持续五年的冲突，导致原属于豪登省的梅拉芳市重新归属到西北省，这倒符合社群的要求。然而，这一决定在政府决心重新划定跨境城市边界后做出。这场斗争由令人惊愕的暴力，学校长时间停课，成功的选举抵制和法律斗争组成，直至 2009 年社群胜利稳固方休止（Alexander 2010）。在弗里德（Phumelela）［包括梅默尔（Memel），弗里德（Vrede）和沃登（Warden）三个小镇］发生的暴力抗议主要因为糟糕的服务（如道路状况较差，饮用水遭受污染和缺乏体育设施）以及当地政府卑劣的表现，包括裙带关系，缺乏政治透明度，对官员民众漠不关心，碌碌无为和颐指气使等问题。发展与企业中心（CDE）的研究指出，在这两种情况下发生的抗议，均由"失业人员和学业适龄青年"领导，他们自称是关注社会的青年团体（CDE 2007：54）。

发展支持中心（CDS）开展的研究涵盖了自由邦省马奇哈市（Matjhabeng Municipality）的亨嫩曼（Phomolong）以及纳尔逊·曼德拉湾市。亨嫩曼发生的暴力抗议中，抗议者挥舞着桶厕和横幅，大唱抗议歌曲，围堵整条街道。工作在该地区以外的民众无法上班，学校被迫关闭一个月，抢劫和抢劫活动猖獗。社群的主要关注点是一位不受欢迎的非洲人国民大会议员、桶厕系统①（bucket system）的继续以及对住房供应问题的不满（CDS 2007）。纳尔逊·曼德拉湾市的抗议主要关注服务的提供，尤其是住房问题以及不作任何回应的地方政府（包括未履行的承诺）。失业青年和在校学生再次成为抗议的最前列，作者认为，非洲人国民大会内部的党派主义或许也刺激了抗议的发生。

暴力与和解研究中心（CSVR）在混合社群（包括农村小城镇、城市正式乡镇、城市非正式住区和农村非正式住区）中开展了8项案例研究。所有的案例中，暴力的社群抗议与仇外有关，其中，社群抗议为主，仇外攻击位居其次。该项研究的作者认为，

> 阶级快速形成的过程——一方面是新的精英阶层正在形成，另一方面是大量失业和不稳定就业的下层阶级，这一过程伴随着从种族隔离到民主转变的混乱——正在精英阶层内部，精英阶层和属下阶层（subaltern）之间，以及属下阶层内部，产生了对包容和排外的激烈斗争。这些斗争在某种程度上以对公民身份的意义和内容的争论为标志。（Von Holdt et al. 2011：228）

案例研究中，社群抗议和仇外暴力的动态遵循明显的模式。发生在昆卡沙（Kungcatsha）的抗议活动，主要涉及体育场的大规模集会、支持请愿游行、非暴力罢工、设置路障、与警察发生巷战、焚烧议员的房屋和议会大楼，以及抢劫外资商店。在阿扎尼亚（Azania），参与者"提到了可以追溯到1996年的长期抗议历史"。民众对市长和市议会的漠不关心日益感到失望，作为回应，"乡镇图书馆被烧毁，电脑被盗，外资商店被洗劫一空"（Von Holdt et al. 2011：228）。这些案例研究也涉及针对据称涉嫌腐败的非洲人国民大会议员。非国大领导人在抗议活动中所

---

① "桶厕系统"指在没有卫生设施的地方使用水桶收集人类排泄物的做法。

起的作用，特别是非国大青年团（the ANC Youth League）的成员，在所有情况下都是类似的。

在任何情况下，社群在采取抗议行动之前均先与地方政府机构接触。2004 年，哈里史密斯社群领袖为市政府留出十天时间回应他们的不满，结果无疾而终，从而导致了抗议的发生（Atkinson 2007）。2005 年 8 月，在马富贝市的法兰克福，由于委员会没有回应请愿书，暴力事件便爆发。曼措帕市埃克塞尔西奥，愤怒的居民威胁称，若市政管理者无视他们的怨气，他们将风暴般席卷该市。未作出回应的行为加剧了民众的不满。

因此，案例研究证实，抗议主要由于基本服务的缺乏和地方行政管理不足。失业青年和在校学生发挥着至关重要的作用，非国大内部的抗议与权力斗争的关系也同样重要。

种族隔离后的穷人反叛

另一类文献补充了"民怨命题"，指出公民抗议是对即将到来的危机的预警，即"穷人的反叛"。Peter Alexander（2010）是命题的主要支持者之一。他认为南非的公民抗议已达到了"起义之程度，人们暂时控制了自己的城镇"，他指出，把这种现象描述为穷人的反叛是合理的。这些抗议反映了对民众民主成果的失望：

> 虽然有些人已有所得，但大多数人仍然贫穷。失业率高于 1994 年，收入不平等依然严重。人们可以投票，但大多情况下，民选代表为自身谋利，真正的进步少之又少。许多问题都可追溯至种族隔离后的可以被描述为"新自由主义"的政府政策。（Alexander 2010：37）

在这个论点中，隐含两个命题。第一，对公民抗议的解释可从该国的高贫困率中寻找。第二，预示公民抗议表明一场迫在眉睫的危机，换言之，是一颗"定时炸弹"，穷人的起义将破坏国家的稳定。因此，无论是"集体的不满"抑或"穷人的反叛"，都对公民抗议的原因和影响做出了概括性的论断。问题是实证证据是否支持这种说法。

我认为，民众的不满（无论如何表述）与政府的失败之间的关联，并不是抗议的唯一原因，走上街头的抗议者并非总是愤愤不平的公民。其他重要的变量亦在发挥作用，需要加以考量，例如地方政治文化、政治领导以及对事件和政治问题的解释。同时，一些重要的实证观察也值得一提。

种族隔离后作为一种公众参与的抗议

《公民抗议晴雨表》质疑了贫困假说的解释价值。其提供的实证证据表明"贫困人口的规模与抗议活动的流行程度之间缺乏相关性"（Powell，O'donovan &De Visser 2014：10）。《公民抗议晴雨表》（CPB）发现，发生在自治市地区（公民抗议的主要场所）的抗议比例远高于贫困人口的比例。相反，农村地区的抗议活动所占比例远低于贫困人口发生抗议的预期比例。因此，不能认为贫困不相关；而是仅用贫困无法解释公民抗议的原因。《公民抗议晴雨表》得出结论：认为需要进一步的研究以解释"'不贫困'的群体参与抗议的情况以及诸如他们在政治上的代表性，他们的期望何种程度上得以满足，城市化以及最为重要的服务水平等因素如何影响抗议程度"（2014：10）。

Jerry Lavery（2012）的论文非洲晴雨表（*Afrobarometer*）的发现有悖于《公民抗议晴雨表》（CPB）提供的证据，支持 Nleya 等人（2011）的研究结果，显示贫困程度与参与抗议活动之间存在强烈的相关性，即"穷人更有可能进行抗议"（Nleya et al. 2011：14）。因此，尽管不一定所有的穷人均参与其中，贫困仍是抗议活动发生原因的核心因素。Nleya 等人发现，经常参与抗议的人称，他们认为国会议员会倾听他们的意见："33%的人表示，国会议员经常或总是倾听他们的意见"（2011：15）。抗议者更倾向于认为地方政府议员"经常"或"总是"倾听他们的意见。因此，抗议者觉得，因为抗议，他们的声音才能被听到。或者，认为表达自己的观点是值得的人，更有可能进行抗议，也更有可能认为政府官员会听取他们的意见（Nleya et al. 2011）。第四，抗议者中，"56%的与政府部门接触，31%的人拒绝缴纳政府税收，31%的人称出于政治原因而使用暴力"（2011：14）。因此，据非洲晴雨表的报告，抗议者更有可能使用其他手段来表达自己的意见。

这些观点至关重要。抗议并非对地方政治权威的反抗或拒绝，也并非意味着集体的不满无关紧要。相反，抗议可以看作让地方政府提供更好服务的需求，而并非对政府机构的普遍排斥。Booysen（2007）对公民抗议的研究表明了这一点。她的贡献借鉴了 2006 年第二次地方政府选举前两年在 5 个城市进行的全国调查数据和案例研究。Booysen 认为，有悖于公众的预期（即抗议是当地州系统反抗执政党非洲人国民大会的信号），调查显示抗议和投票被同样认为是提高服务水平的机制。因此，Booysen 提出，"南非当地选民似乎相信，决定优化社群服务的行动方案时，'投票有用且抗议有效'"（2007：31）。尽管抗议者对议员们不满，但在他们眼中，非洲人国民大会仍是条件最为齐全、能够提供服务的政党。

Booysen（2007）在这项研究的最新进展中指出，虽然社群抗议仍然是"基层行动"，但触发因素越来越多地体现国家责任，如住房、土地和就业。Booysen 同意 Atkinson（2007）的观点，即服务提供仍然是不平衡不充足的，80% 的南非大城市和城市人口几乎无视地方和区级委员会成员。然而，Booysen 在最后的结论中提出了另一种解释抗议的方式：

> 南非人利用投票和抗议优化享受服务的机会，或者至少他们认为两者都是实现享受提供服务的可行方法。他们将利用或准备利用抗议，提醒当选代表履行为社群服务的承诺。一方面，这是下层发出的权力语言。然而，另一方面，这项研究也表明，选民并没有对执政的非洲人国民大会施加完全的制裁。选举之时来临，他们将表现对执政的非洲人国民大会的持续忠诚。在提供服务方面，他们仍然对非洲人国民大会的信任程度高于其他政党，他们认为，如有必要，他们有更好的机会通过抗议让非洲人国民大会承担责任。（2007：31）

2009 年至 2014 年的《南非和解晴雨表》数据显示治理机构的信心与认可抗议行动之间的关系，由此对上述发现作出了补充。2009 年，人们对一系列公共和治理机构的信心正在下降，公民们表示，当感到自己的人权受到侵犯时，他们更愿意进行抗议。2010 年的调查结果显示，这种情绪出现了逆转，人们对政府各部门的信心均勉强处于高水平。然而，地方政府例外，地方政府是公民与国家互动的关键，43%的南非人表示对其抱有信心。2010年的报告显示，人们对抗议正当性的看法有所增加，分别有51%和48%的南非人认为参加示威或参加罢工是正当的，另有16%的人认为非法抗议和暴力抗议是正当的。（Lefko-Everett et al. 2010）

2011年这一趋势仍在继续：与民众对省（56%）和国家（65%）政府，议会（61%）和总统（65%）的更为积极评价相比，民众对地方政府的信心继续徘徊在43%。然而，抗议的正当性从2010年的53%和2009年的51%降至45%。参与暴力抗议活动的正当性评估也略微下降至12%，19%的人称参与了罢工。

2012年针对年轻人的调查数据显示了有趣的发现，涉及对地方政府的信心与抗议之间的关系。首先，该年人们对地方政府的信心升至50%。数据还表明，南非黑人和其他种族群体在该问题上存在重要差异。南非黑人（52%）表示对地方政府的信任程度高于白人（43%）、印度裔（39%）和南非有色人种（45%）。

2012年的调查还重新引入了一个重要因素：对地方政府提供服务的信任。2012年，43%的南非人同意可以信任地方政府提供服务，28%的人不同意，27%的人持中立态度。不过，认为地方政府可以被信任的平均同意度（采用李克特五分量表），"在生活水准测量（Living Standards Measure，LSM）较高的富裕家庭中①有所上升，这些家庭有可能获得更基本的服务。在生活水平测量较低的群体中，相对不富裕家庭的平均同意度有所下降"（Lefko-Everett 2012：22）。

认为和平示威和罢工正当的南非人也有所下降。然而，参加示威的人数有所增加，高于2011年的12%。有趣的是，结果表明，尽管人们对地方政府的信心有所增加了，南非黑人群体尤甚，然而，参加抗议的人数日益增多。2013年《南非和解晴雨表》对此进行解释。

2013年，南非民众对地方政府的信心略微下降，从2012年的51%降至49%，南非黑人的信心也从2012年的51%降至50%，符合人们对治理机构在各方面信心下降的大背景。为进一步探讨该问题，调查指出

---

① 生活水准测量是复合变量，由测试生活质量的多种调查项目组成。

了地方感知政治声音和排斥的问题。当南非人被问及"像我这样的公民，是否有能力影响当地政府的决策时，35%的人表示赞同，15%的人表示非常赞同，换言之，一半的南非人认为他们有能力影响地方政府，而仅18%的受访者不赞同这一说法"（Wale 2013：21）。

更有趣的是，2013年的调查探究了南非人在生活水平测量和种族方面对政府和企业的感知影响力。结果表明，"生活水准最高的群体认为最不能影响地方政府（46%的人赞同），但最能影响企业（20%的人不赞同）"（Wale 2013：21）。从种族问题视角研究该问题时，"南非黑人在影响当地政府方面的感知性权力认同度最高（52%），其次是有色人种（48%）、印度裔/亚洲人（45%）和白人（38%）"（2013：21）。这些结果表明，总体上：

> 南非白人在面对大企业时感到的权力剥夺最少，而在面对地方政府时感到的权力剥夺最多。（相反，）南非黑人认为自己在面对地方政府时权力最大，而在面对资本时权力最小。（2013：21）

这些结果表明，《公民抗议晴雨表》记录的2013年抗议活动增加的背景下，南非黑人认为自身最有权力，对当地政府最有信心，但大多数抗议活动主要发生在黑人地区。

2013年的调查还衡量了南非人对地方政府的信任程度以及通过对"我的地方政府可以被信任提供我所期望的服务"的认可程度衡量民众对提供服务的信任度（Wale 2013）。同时，还分析了该变量与生活水准测量和省份的关系。48%的南非人表示同意，而21%的人不同意这项声明。根据《南非和解晴雨表》的数据，从省份和生活水准测量而言，南非所有公民对地方政府的信任度平均得分为3.34分（1分代表最强烈的反对，5分代表完全同意），而西开普省、夸祖鲁－纳塔尔省（KwaZulu-Natal）、西北省（North West）和林波波省（Limpopo）的民众对地方政府提供服务的信任度高于平均水平。北开普省（Northern Cape）和东开普省（Eastern Cape）的平均服务提供能力信任度最低，分别为2.92和3.15（2013：22）。

最易发生抗议的省份是西开普省和豪登省，总体信任度高于平均水平，分别为3.35和3.32。然而，调查对地方政府信任声明表示赞同的民众比例时，西开普省和豪登省的支持率分别为 43% 和 50% （2013：22）。此外，"在生活水准测量最低的 1—4 人群中，54% 的人同意这一说法，但在西开普省生活水准测量最低的 1—4 人群中，仅 15% 的人表示同意"（2013：22）。因此，15% 的受访者表示同意，

> 位于生活水准测量 1—4 级的、经济上被排除的西开普省人，比那些位于生活水准测量 5—6 级（46% 的人同意）和位于生活水准测量 7—10 级（42% 的人同意）的中间人群，对当地政府提供服务的信任度低 30% 左右（2013：22）。

然而，上述两个省份最容易发生抗议。因此，《南非和解晴雨表》发现这两个省的阶级和对地方政府的信任间存在重要差异，由此提出了两个省中最受排斥的南非人和抗议动态间关系的重要问题。

2013 年的调查结果显示，"2013 年有'有时''经常'或'总是'参与抗议活动的人占 23%，22% 的人参加罢工，17% 的人采取了破坏财产等强硬措施"（2013：23）。这些结果高于 2011 年，但相较于 2012 年有所下降。调查也显示，自 2009 年以来（53% 的南非人认为示威是正当的，51 的人认为罢工是正当的），示威和罢工的正当性不断降低。因此，2009 年至 2013 年间，认为示威是正当的南非人明显减少了 19%，降至 34%，认为罢工是正当的南非人显著减少了 15%，降至 36%。然而，就作为最后手段的暴力抗议而言，认为暴力抗议是正当的受访者占比从 2012 年的 14% 上升至 2013 年的 20%（2013：23）。

结　语

因此，研究表明，公民抗议的本质不仅是未实现的期望或民怨之爆发。除表达不满，公民抗议也是公众参与的另一种方式，以支持政府更好运作，而非挑战体制。Booysen（2007）写道：他们的有效性可以通过观察政府的回应评估：尽管存在暴力程度，但在许多抗议后，来自高层的政治访问接踵而至，在改善服务和代表性、官员们在试图解决跨境争端方面做出了多项承诺。《南非和解晴雨表》展示了对地方政府的信心

和信任与抗议行动间的复杂关系，这补充了 Booysen 和非洲晴雨表研究
（Lavery 2012）的成果——抗议者可能同时表现出对地方政府的信心和缺
乏信心。

　　然而，研究表明，抗议并不意味着与传统的公众参与模式疏远。
Booysen（2007）指出，2006 年的地方选举中，受抗议影响地区的选民
继续投票，投票人数与先前的选举相当。这些地区的许多公民在投票前
也参加了对话会①。这与非洲晴雨表的调查结果相一致，即更频繁参加
抗议者认为，议员们会倾听他们的诉求，而且更倾向于认为地方政府议
员"经常"或"总是"听取他们的意见，并采用其他手段让他们的声音
被听到。这印证了《南非和解晴雨表》2013 年的数据，该数据显示，南
非黑人认为自己在面对地方政府时最有权力，因此大多数抗议者都是南
非黑人。同时，这也证实，大多行动主义针对政府的分配政策，正如
"集体民怨"（但并非反霸权）和"穷人的反叛"命题所言。因此，公民
抗议涉及两个主要问题：一是向代表施加压力，要求他们改善公民利益
的代表性；二是公民让政府的注意力集中在持续贫困上，尽管在提供服
务方面取得了进展。目标是提高社群服务和社群转型的机会。因此，公
民抗议拓展了南非民主参与的范围。

　　整体而言，关于对地方政府缺乏信任的调查结果对该国和解的前景
具有一些影响。James Gibson（2004）认为，和解的一个基本先决条件是
普通公民承认并接受国家机构的合法性，包括地方一级以地方/市政府形
式存在的行政部门范围。如果对这些机构的信任受损，公民会因此对其
疏远，那么对和解项目有效性的信念也相应受损。Gibson 认为，这将在
某种程度上削弱对和解的支持和倾向。Gibson 的理论并不提倡政治信任
和疏远是和解的主要决定因素，但二者无疑至关重要。

　　字面解读当地的抗议活动，主要体现了对当地国家机构失去信任以
及相应政治疏离的加剧，这意味着和解可能在某种程度上也会有所妥协。
然而，正如本章所言，抗议反映了对地方政府的信心和信心的减少，地
方社群的行动不仅是与传统的民主参与模式疏远的问题。换言之，抗议
反映了对地方政府能力的较大信心，至少根本上讲，产生当地社群要求
的变化和进步，同时对目前的表现表示出一定程度的不满。在这种情况

───────────────

　　① 市政厅会议。

下，国家机构保持一定程度的合法性和公众信心，因此，继续和解的基础仍存在。

对和解的支持严重不足的界限，可能取决于政府分配政策和做法与当地社群的需要和要求间的差距。二者间的巨大差异，可能导致和解的支持和倾向迅速受损。如果公民认为，地方政府无法满足他们对更好的服务和资源的即时需求，他们将很难保持对和解的支持，因为公民未看到和解以任何方式承认其剥夺感之状态，亦未对其改善做出显著贡献。为当地社群和民族和解，这无疑是一种最应当避免的权衡。

参考文献

Alexander P (2010) Rebellion of the Poor: South Africa's Service Delivery Protests-a Preliminary Analysis. *Review of African Political Economy* 37 (123): 25 – 40.

Atkinson D (2007) Has Developmental Local Government Failed in South Africa? In S Buhlungu, J Daniel & R Southall (Eds) *The State of the Nation: South Africa* 2007. Cape Town: HSRC Press.

Booysen S (2007) With the Ballot and the Brick: The Politics of Attaining Service Delivery. *Progress in Development Studies* 7 (1): 21 – 32.

Booysen S (2009) Public Participation in Democratic South Africa: From Popular Mobilisation to Structured Co-optation and Protest. *Politeia* 28 (1): 1 – 27.

CDE (Centre for Development and Enterprise) (2007) *Voices of Anger: Protest and Conflict in Two Municipalities.* Johannesburg: Centre for Development and Enterprise.

CDS (Centre for Development Support) (2007) *The New Struggle: Service Delivery-related Unrest in South Africa.* CDS Research Report, Social Development and Poverty Issues, 2007 (1). Bloemfontein: University of the Free State.

Connolly L (2013) Fragility and the State: Post-apartheid South Africa and the State – society Contract in the 21st Century. *African Journal on Conflict*

Resolution 13 （2）: 87 – 112.

Gibson JL （2004） *Overcoming Apartheid: Can Truth Reconcile a Divided Nation?* Cape Town & New York: HSRC Press & Russell Sage Foundation.

Gurr T （1970） *Why Men Rebel.* Princeton, NJ: Princeton University Press.

Jain H （2010） *Community Protests in South Africa: Trends, Analysis, Explanations.* Cape Town: Community Law Centre.

Koelble T & LiPuma E （2010） Institutional Obstacles to Service Delivery in South Africa. *Social Dynamics* 36 （3）: 565 – 589.

Lavery J （2012） *Protest and Political Participation in South Africa: Time Trends and Characteristics of Protesters.* Afrobarometer Briefing Paper No. 102, May.

Lefko-Everett K （2012） *Ticking Time Bomb or Demographic Dividend? Youth and Reconciliation in South Africa. SA Reconciliation Barometer Survey: 2012 Report.* Cape Town: Institute for Justice and Reconciliation. Accessed September 2012, https: //www. africaportal. org/dspace/articles/ticking-time-bomb-or-demographic-dividend-youth-and-reconciliation-south-africa.

Lefko-Everett K, Lekalake R, Penfold E & Rais S （2010） 2010 *Reconciliation Barometer Survey Report.* Cape Town: Institute for Justice and Reconciliation. Accessed September 2016, sabarometerblog. files. wordpress. com/ 2011/03/sa-reconciliation-barometer-10th-roundreport-web-final. pdf.

Lefko-Everett K, Nyoka A & Tiscornia L （2011） *SA Reconciliation Barometer Survey: 2011 Report.* Cape Town: Institute for Justice and Reconciliation.

Nleya N, Thompson L, Tapscott C, Piper L & Esau M （2011） Reconsidering the Origins of Protest in South Africa: Some Lessons from Cape Town and Pietermaritzburg. *Africanus* 50 （1）: 14 – 29.

Pithouse R （2007） The University of Abahlali BaseMjondolo. *Voices of Resistance from Occupied London* 2: 17 – 20.

Powell D, O'Donovan M & De Visser J （2014） *Civic Protest Barometer 2007 – 2014.* Cape Town: Multi-Level Government Initiative.

Twala C （2014） The Causes and Socio-political Impact of the Service Delivery Protests to the South African Citizenry: A Real Public Discourse. *Journal of Social Science* 32 （2）: 159 – 167.

Von Holdt K, Langa M, Moplapo S, Mogapi N, Ngubeni K, Dlamini J & Kirsten A (2011) *The Smoke that Calls: Insurgent Citizenship, Collective Violence and the Struggle for a Place in the New South Africa.* Johannesburg: Centre for the Study of Violence and Reconciliation.

Wale K (2013) *Confronting Exclusion: Time for Radical Reconciliation. SA Reconciliation Barometer Survey: 2013 Report.* Cape Town: Institute for Justice and Reconciliation. Accessed September 2016, www. polity. org. za/article/sa-reconciliation-barometer-survey-2013-reportdecember-2013 – 2013 – 12 – 04.

政党和选举作为和解与
社会凝聚力之工具

卡罗尔·默森（Carol Mershon）

殖民主义和种族隔离给予南非的和解与社会凝聚力问题明显的紧迫性。为与本书的首要目标保持一致，我通过集中讨论两个问题鉴定南非的民主经验，即民主政治机构在多大程度上支持南非和解？它们对社会凝聚力做出多大贡献？这里主要调查的机构为政党、选举和选举议会，因为他们将公民同政治领域联系起来，我也对言论自由、意见自由和结社自由进行了调查，因为这些机构允许公民关注政治新闻、讨论政治、参与公民社会和政治生活。

首次调查关注一个概念，虽然该概念对南非民主至关重要，但也引发了众多争论。Charles Villa-Vicencio（2004）认为，和解是种族隔离造成的严重不公后，植根于对话、增进理解、承认真相，以及追求公平的过程。于James Gibson（2004a：203）而言，和解令个人和群体开始"接受所有人……平等，并且平等待人，给予他们尊严、尊重和共同公民身份"。该概念引发了第二次调查，即社会凝聚力。社会凝聚力伴随而来，但并不等同于和解。社会凝聚力关注社会所具有的包容与和谐。在具有凝聚力的社会中，个人和群体和谐共存，并认为享有共同之认同（cf. Murithi 2006；Wale 2014）。构成社会凝聚力的互相共同认同不以同质化为前提，因而可容纳不同的民族。

我同意本书的前提，即民意调查的回应可以阐明民主管理的记录和前景。与此同时，我旨在通过关注政党和其他机构可能引导政治参与的方式，平衡"自下而上"和"自上而下"这两种方法，塑造政治相关知识和影响群众层面的政治相关态度。正如公民的信仰能使他们参与党派政治一样，政党和选举机构也可能影响公民的行为及其信仰。我认为自上而下和自下而上的两种方法均颇具价值。

本章结合了上述两种方法，采用了政治学家对民主的主要定义，即将选举和政党确定为核心且重要的"民主工具"的程序性定义（Powell 2000；参见 Dahl 1971；Katz 1980；Mershon & Shvetsova 2013a，b）。在民主国家，通过自由、公平和定期举行的选举，公民们参与其中，并选出管理者。同时，政党组织选举时争取民众的支持的政治家团队。在民主国家，公民在选举中如何有效选择党派代表，也取决于选举间歇期间对公民言论、意见自由和结社自由的持续保障。

本章旨在解决南非民主中公民、精英和分析人士所面临的两项艰巨挑战：第一，将正式平等的权利和自由与长期存在且明显的经济不平等并置；第二，寻求弥合多分歧维度的团结。然而，这两项挑战均未能恰如其分地反映在征求受访者对和解与统一的观点的问卷调查项上。对经济不平等的重要性持不同意见者，可能对非己种族群体的观点做出类似的回应，如同对团结有不同理解的人，或许对建立统一的南非做出类似的回应。上述关切启发了我对《南非和解晴雨表》（SARB）调查结果的教训和局限性做出了相应的评价。

假说和论点

本章评估指导《南非和解晴雨表》的两个被广泛认为最主要的假说（Gibson 2004a，b；Gibson&Claassen 2010；Wale 2013，2014）。第一个假说启发了真相与和解委员会的工作。该假说曾经认为，且现在仍认为某种程度上南非在种族隔离制度下可以掌握不公正和压迫的真相，开始意识到其他所有的南非人地位平等，并给予其理解和尊重。政治领袖德斯蒙德·图图（Desmond Tutu）大主教，同时也是真相与和解委员会主席，他代表了并传播了这一愿景，并将其作为新民主之基础（Emmanuel 2007；Murithi 2006）。

第二个假说认为，种族间的接触越频繁，对和解的支持便越大。该假说在真相与和解委员会的议事录中也有所提及，该假说旨在建立种族隔离制度下受苦受难者与作恶者之间的联系，更广泛地说，支持建立多个民族在民主制度下团聚的"彩虹之国"。南非政治精英采纳、宣传并传播了这一观点（Emmanuel 2007；Gibson & Claassen 2010）。鉴于对真相、和解和国家统一的共同追求，我通过评估历史对抗和种族间联系与凝聚力信仰间可能存在的关联，将进一步分析上述观点。

真相与和解委员会批评者的主张表明，种族差异应当出现在与真相和联系假说有关的证据上。批评者认为，真相与和解委员会（TRC）寻求种族和解和国家统一呈现，意在压制种族问题，掩盖种族隔离制度国家的机构和权力。这些限制的影响持续存在（Mamdani 2002；Valji 2004）。对一些人而言，反人类罪模棱两可（Mamdani 2002），以至于从某种程度上来说，这些观点一方面能够衡量南非人对真相的接受种族间联系经历的关系，另一方面，亦可衡量对和解与凝聚力的信仰根据种族不同而有所不同。

对真相和联系假说的验证，追溯了一条众所周知的路径，即分析来自南非的调查数据。我在比较政治学现有研究的基础上，发展并验证了另外两个假说。所谓的信息性假说和参与性假说分别意味着，接触政治新闻和讨论者越多，参与者越多，他们就越可能相信和解与社会凝聚力的作用。下文我对两个假说进行简要阐述。

信息性假说认为，关注新闻的频率和与家人及朋友讨论政治的频率，应该与显著的政治信仰相关（Zaller 1991）。于南非而言，这一逻辑意味着对政治事件、进程和决策相对了解的公民应该对种族间和解充满信念，例如纳尔逊·曼德拉（Nelson Mandela）等著名政治人物所体现的那样。同理，这一逻辑表明，密切关注政治新闻者应相信统一南非的愿望和可能性，这是向民主过渡以来表明的政治主题。

参与性假说认为，参与民间社会组织（civil society organisations，CSOs）、政党和选举政治，也应该与显著的政治信仰相关（Baldassarri 2013；Ferree 2010）。该假说包含两个要素，第一个要素与民间社会组织（CSOs）相关。众多传统研究的学者一致认为：这些组织的成员，无论工会抑或社区团体，均有类似的信仰（Dalton 2013；Fishman 2004；Mershon 1989，1992；Walsh 2009）。参与者信仰的共同有助于组织的运作和生存。诚然，将参与者联系在一起的态度，可能源自导致人们进入组织的相似背景和兴趣，亦可能源自组织成员身份对个人的影响，抑或两者兼而有之。无论这种态度的缘起为何，其模式应当是属于某一民间社会组织（CSO）的南非人应对和解和社会凝聚力有类似的信仰。其理由延伸出这样一个概念，即参与公民集体行动（例如参加社群会议）应与共同的信仰相关。

参与性假说的第二个要素与政治参与有关。除政党外，注意现代民主是不可想象的智慧（Schattschneider 1942：1），因此我特别关注公民与政党、选举政治和选举议会中的党派代表间的联系。对例如非洲人国民大会（该政党是向民主过渡后支持种族间和解的主导政党）等政党表示支持的公民，自身也应相对倾向于支持和解。鉴于南非选举运动所宣传的主题，在选举日投票的公民，应不同于不参与选举进程的公民：选民应比非选民更有可能支持和解、肯定建立统一南非的愿望和可能性。此外，与国会议员等政治官员接触的公民，应相对更可能支持和解与社会凝聚力。诚然，政治参与可绕过选举渠道，导致公民在实现政治目的时诉诸暴力，他们不大可能相信和解或社会凝聚力的程序途径：他们对群体间关系和统一国家的失望，应与诉诸某种（非法）胁迫形式齐头并进。

第五种假说认为，一些 2008 年生活在爆发较高程度仇外暴力的省份的个人，在之后相对而言不大可能认为建立统一的南非可行。这一假说提出的动机，来源于一群观察家所描述的政党对 2008 年仇外暴力的失败回应（见 Landau & Misago 2009；Steenkamp 2009）。虽然"严重分裂的非洲人国民大会在政策上几乎没有提供一致的领导"（Everatt 201la：3），但作为三方联盟（Tripartite Alliance）一部分的南非工会大会（Congress of South African Trade Unions，Cosatu）在制止暴力方面几乎不作为（Hlatshwayo 2011）。许多政治精英面对暴力时表现出"否认"的态度（Everatt 2011b）。震惊假说认为，鉴于民主制度和精英阶层的失败以及公民对身边仇外暴力的观察，应该会削弱其对实现统一南非前景的信心。相反，遭受暴力不应将规范性承诺转变为统一的可取性。2008 年前，对社会凝聚力的意愿和可能性的信仰，在不同省份的居民中应未表现明显差异。因此，2008 年爆发的仇外袭击，应该对南非人对人际关系的态度有所影响。

衡量标准和方法

数据分别来自《南非和解晴雨表》第 1 轮、第 9 轮和第 13 轮调查

（2003 年、2009 年 3 月至 4 月和 2013 年 4 月至 5 月），以及非洲晴雨表（*Afrobarometer*）第 2 轮（2002 年）和第 4 轮调查（2008 年 10 月至 11 月）。选择这几轮调查有几大优势。首先，《南非和解晴雨表》和非洲晴雨表的起点几近同时。接下来对民意的简要说明也来源自几乎同时进行的两项调查，即 2008 年仇外暴力事件后的首次调查，因而最适合研究休克假说。2013 年《南非和解晴雨表》不仅是近期开展的调查，也是 2012 年 7 月仇外暴力升级后开展的首次调查（*Times Live* 13 July 2012；Vahed & Desai 2013）。然而，调查内容中的变量成为利用多轮调查的主要挑战，如下文所述。

　　我用两种方法捕获和解的因变量。我建立了和解指数，由三个《南非和解晴雨表》调查项组成，三者均询问了受访者对非己种族群体的观点。与 Gibson（2004a，b；Gibson R. Claassen 2010）的实践相一致，该指数合计了表达和解的回应者数量，并减去了缺乏和解的回应者数量。例如，和解缺乏的一个标志是，认为不能信任另一个种族群体的成员。该指数综合了其他种族群体的风俗习惯、可信度和在政党中的多数地位的观点，是 Gibson（2004a，b；Gibson& Claassen 2010）的开创性研究和 2003—2013 年在《南非和解晴雨表》三轮分析中出现的所有衡量标准。尽管《南非和解晴雨表》第 9 轮和第 13 轮提供了一些可能与和解相关的新调查项，但利用由重复衡量标准组成的三个调查项指数，可使连续性和可比性得到优先考虑（见 Lupia 2014）。为便于解释研究结果，三个调查项指数互为颠倒，并添加了原始的《南非和解晴雨表》调查项评分，因此，较高的值表示与所述项有更大的分歧，从而表示更一致的信仰。①

　　由于和解问题上，非洲晴雨表中没有任何问题同《南非和解晴雨表》调查项重复，我便使用第 2 轮和第 4 轮调查中常见的替代项，即将

---

① 如本章附录所述，该方法评估了受访者同意（或不同意）"难以理解其他南非人的习俗和方式"的程度，同意（或不同意）他人是否值得信任的程度，以及同意（或不同意）他/她"永远无法想象自己是政党（主要由其他群体组成）的一部分"的程度。提及种族群体，《南非和解晴雨表》（SARB）和 Gibson 的衡量标准相似，但并不相同。Gibson（2004a，b；Gibson& Claassen 2010）专注于调查对象以外的最大种族群体，询问黑人对于白人的看法，以及所有其他群体成员对黑人的看法；而《南非和解晴雨表》（SARB）（例如，2009）不仅利用了受访者对于最大种族群体的看法，也调查了除自己外的所有种族群体的看法。

同意（不同意）视作呼吁人们首先认识到自己为南非人，而非根据所属的群体。[①] 所有的非洲晴雨表调查项中，这个问题对群体的关注称得上最符合支撑《南非和解晴雨表》衡量标准的和解概念。《南非和解晴雨表》和非洲晴雨表中，相同调查项允许使用以下两个关于社会凝聚力信仰的标志：在何种程度上"希望建立由所有不同群体组成的统一的南非"，以及在何种程度上有可能做到这一点。

　　主要自变量的测量过程如下所述。分析《南非和解晴雨表》的证据时，我使用两种方法衡量种族隔离制度下对不公正和野蛮真相的接受程度。第一种曾出现在 Gibson（2004a，b；Gibson & Claassen 2010）和《南非和解晴雨表》第 1 轮、第 3 轮和第 13 轮调查，评估了受访者对种族隔离是反人类罪的认知。第二种基于《南非和解晴雨表》的三个调查项指数，不仅利用人们将种族隔离看作反人类罪的态度，同时也调查对南非（或政府）压迫大多数南非人的态度，以及对以往政策下南非现存的收入差异（或贫困）的态度。后两个调查项的文本在《南非和解晴雨表》第 1 轮、第 9 轮和第 13 轮中措辞有所不同，详见本章的附录。与 Gibson（2004a，b；Gibson&Claassen 2010）的做法类似，我给综合指数打分，使其范围为 0（一贯强烈拒绝真相）至 3（一贯强烈支持真相）。非洲晴雨表第 2 轮和第 4 轮提供了两个表示真相被接受的替代项：第一个调查了人们是否支持（反对）恢复种族隔离制度，第二个要求受访者评价南非在种族隔离制度下的治理方式，打分从 0（可能最差）至 10（极好）。

　　我用《南非和解晴雨表》的一个调查项测量家中或朋友家中种族间联系的频率，另一个用于测量在工作场所内外种族间联系的频率。因此，我试图确定，相较于工作场所，种族间互动在何种程度上可能在社会环境中展开（参见 Gibson 2004a；Gibson & Claassen 2010）。非洲晴雨表第 2 轮和第 4 轮均未涉及种族间联系。

　　通过非洲晴雨表确实可以窥见公民对政治的认知参与。为挖掘信息的曝光度，我使用受访者从电台、电视和报纸获取政治新闻的自我报告频率。留心这一项行为可显示，自我报告在收集新闻方面可带有社会意

---

① 非洲晴雨表的调查项未提及种族和民族，因为它提出了一个开放性的问题，允许依据种族或民族进行自我认同。

愿偏见（DeBell 2013；Zaller 1992），同时，我使用了事实政治知识的综合指数，该指数基于非洲晴雨表第4轮中的两个问卷调查项，而非第2轮问卷调查项。① 我捕获了自身宣称的政治兴趣，以及与朋友和家人进行政治讨论的频率。

我用非洲晴雨表的调查项来捕获人们对民间社会组织（CSOs）的参与情况，如宗教组织和志愿组织。《南非和解晴雨表》第13轮调查了参与集体行动的情况，例如示威和罢工，以及涉及武力的非常规行动。非洲晴雨表的受访者还报告了他们在集体行动、社区会议、特定议题的集会和示威活动中的参与情况。鉴于该问题的措辞，非洲晴雨表记录了政治领域使用武力的情况，这是我目前谈及的问题。

我用多种方式衡量政治参与，并意识到学术界达成一致的观点，即人们对待不同类型的参与方式略有不同（Dalton 2013；Verba，Nie&Kim 1978）。首先，我查看受访者是在最近的一次全国选举中是否投票（如非洲晴雨表报道一致），或者声称可能在下一次全国选举中投票（参见《南非和解晴雨表》第13轮）。其次，我建立了联系政治官员的频率指数，由国家立法机构和地方政府代表的联系频率等项组成。第三，正如非洲晴雨表第4轮，我对以"个人问题"为中心的特殊联系与其他形式的联系加以区分，再次关注文献中的经典研究成果（Verba&Nie 1987）。第四，我考虑了以政治为目的使用武力或暴力的情况（如非洲晴雨表所指出）。② 最后，我用非洲晴雨表处理党派支持，即与政党的亲密度，这在概念上不同于政治参与，却在实证上可能与政治参与相关。

我控制了受访者的种族，家庭语言，性别，教育程度，年龄和居住在城市地区等因素。③ 同时，我对生活水平也进行了控制，分析非洲晴雨表数据时，利用《南非和解晴雨表》中使用的综合生活水准测量

---

① 这些调查项评估了受访者说出议员和南非财政部长名字的能力。关于相关问题的措辞，请参阅本章附录。

② 不同于《南非和解晴雨表》，该调查项指定了"出于政治目的的武力或暴力"。

③ 城市哑变量将生活在大都市、城市和大型城镇者（编码1）与其他所有人（编码0）区分开来。年龄调查项在非洲晴雨表和《南非和解晴雨表》（SARB）中有所不同。普通非洲晴雨表调查项编码了人们18岁时的政治时代。（例如，1994年民主到来时以及其后）。我颠倒了《南非和解晴雨表》的定序测量，以便两个调查中年轻人均有数值更高的编码。

（Living Standard Measure，LSM）以及生活水准测量的粗略替代。[①] 为研究仇外暴力的影响，估算中增加一个哑变量（dummy variable），将豪登省、夸祖鲁－纳塔尔省和西开普省分开，因为这些省份在 2008 年集中发生了暴力事件。利用 2013 年的《南非和解晴雨表》，我将 2008 年的事件作为评估 2012 年仇外袭击的基线，包含从自由州省和西开普省得到的哑变量。本章附录列出了利用因变量和主要自变量进行的调查项。

实证分析

开始本节前，我先初步研究了证据，而后讨论了和解信念的相关性，随后讨论社会凝聚力的相关性。于是估算有序的 probit 模型（probit model）（在因变量是《南非和解晴雨表》的和解指数的情况下），并为其他编码为哑变量的因变量估算 probit 模型。[②]

对证据的首次分析

表 1 通过收集党派支持和上届全国大选中自我报告的投票率，列出了南非人对克服群体身份认同的观点。从 1A 组和 1B 组中可以看出，相对而言，支持政党的受访者更倾向于支持这样一种观点，即人们应该首先把自己视为南非人，而非考虑自己所在的群体。[③] 1C 组显示，在 2004 年全国大选中投票的受访者也相对倾向于认为，人们应该停止以自己的群体来进行自我认同。这些数据表明，忠于各政党的南非人持有不同的信仰，行使选择何者管理他们的权利的民众亦是如此。

---

① 非洲晴雨表第二轮的生活水准测量的替代项，省略了对家庭用品和服务的调查，由南非受众研究基金会（South African Audience Research Foundation）（SAARF 2009，2012）中编码的户型和住宅组成。我使用非洲晴雨表第 4 轮中关于家用物品的调查项，为拥有收音机、电视和机动车辆的受访者的 LSM 赋值为 3，为拥有收音机和电视的受访者赋值为 2，为拥有收音机的受访者赋值为 1，为没有这些物品的受访者赋值为 0（参见 Lieberman & amp；McClendon 2013；Robinson 2009）。

② 例如，我将非洲晴雨表和解替代项作为一个哑变量，将同意放弃群体观念编码为 1，而所有其他的回应编码为 0，并分析应用调查权重。关于非洲晴雨表的样本设计，参见非洲晴雨表（2008）和 Bratton，Logan，Cho and Bauer（2004）。

③ 请注意注释 2 中关于"自身群体"模糊性的调查。

表1　　　　民众应停止以党派认同、是否在全国大选中投票等因素来
考量所属群体，2002 年和 2008 年

相关性	强烈反对（%）	反对（%）	既不同意亦非反对（%）	同意（%）	强烈同意（%）	总和（人）
1A 亲近于任一政党（2002 年，第 2 轮）						
不是/否认	1.29	6.93	11.49	49.55	30.74	976
是的	2.31	3.84	7.88	44.37	41.59	1349
总和	1.88	5.16	9.42	46.58	36.97	2325
1B 亲近于任一政党（2008 年，第 4 轮）						
不是/否认	3.39	7.75	13.62	39.89	35.35	969
是的	1.90	4.16	11.95	40.82	41.17	1378
未投票者	3.70	8.36	13.83	37.04	37.07	824
已投票者	1.77	3.93	11.89	42.45	39.96	1523
总和	2.48	5.57	12.61	40.46	38.86	2347

注：和解替代项中省略了信息丢失和表示"不知道"的回应。党派支持者与其他人有所不同。非洲晴雨表第 2 轮省略了上届全国大选的投票问题，自我报告的选民与其他所有选民有所不同。

1A 组：LR Chi^2 = 43.05，$p < 0.001$；1B 组：LR Chi^2 = 23.76，$p < 0.05$；1C 组：LR Chi^2 = 33.12，$p < 0.01$。

资料来源：作者对非洲晴雨表第 2 轮、第 4 轮的分析。

表 2 列出了相信《南非和解晴雨表》记载的对统一南非的意愿。正如 2A 组所示，2003 年《南非和解晴雨表》的首次调查中，超过四分之三的南非人认为建立统一的南非符合意愿。六年后的 2009 年，舆论发生轻微的变化（2B 组）。

表2　　　　建立统一南非的意愿，根据频率及下届选举投票的
可能性分类，2003 年、2009 年和 2013 年

相关性	强烈反对（%）	反对（%）	中立（%）	同意（%）	强烈同意（%）	总和（人）
2A 总和（2003）	1.7	4.9	18.1	45.4	29.2	3375

续表

相关性	强烈反对（%）	反对（%）	中立（%）	同意（%）	强烈同意（%）	总和（人）
2B 总和（2009）	2.36	7.06	15.90	50.84	23.84	3369
2C 2014 年大选的投票可能性，2013 年（%）						
不可能	10.36	17.42	31.64	27.40	13.17	237
不大可能	3.85	11.13	42.18	33.42	9.43	219
中立	1.90	9.46	39.02	35.03	14.60	671
可能	2.16	8.51	27.72	43.55	18.06	1016
非常可能	3.14	7.53	24.97	39.11	25.26	1208
总和	3.20	9.21	30.30	38/31	18.95	3351

注：表中省略了对凝聚力调查项的回应。《南非和解晴雨表》第 1 轮和第 9 轮缺乏投票可能性的调查项。2C 组：LR Chi1 = 162.04. p < 0.001。

资料来源：作者对 2003 年、2009 年 和 2013 年《南非和解晴雨表》调查的分析。

2C 组显示，打算在 2014 年全国大选中投票的公民，相较而言更有可能认为建立统一的南非符合人民意愿。再次，从最初的证据来看，南非人参与选举的态度与未参与选举的同胞们截然不同。当前一个明显的问题是，一旦其他因素发生作用，这种模式是否仍然存在。

讨论该问题前，有两点值得注意。首先，与 2003 年和 2009 年相比，2013 年的总体信仰分布表明，对于建立统一南非意愿的广泛共识得到了巩固——这一共识与一定程度的短期消长一致（Wale 2013，2014）。第二，关于建立统一南非的规范性价值和前景的信仰似乎自然地交织在一起。然而，这两种信仰可能是相互独立的：人们可能希望建立统一的国家，但同时又认为这种理想无法实现，这两种信仰可能相当普遍。事实证明，在此分析的四项调查中（包括上述两项），统一的意愿和可能性信仰间具有较强的相关性，具有统计学显著性（0.31 < r < 0.59；p < 0.001）。① 期待统一的国家的受访者倾向于相信南非能够实现统一。这一二元结果为多元分析奠定了进一步基础。

---

① 《南非和解晴雨表》第 1 轮调查询问有关南非统一的意愿问题，而非可能性。

和解的相关性

调查内容允许的情况下，所有模型均评估了持有和解信仰（或认为统一的国家符合意愿或可能）的可能性与接受真相、种族间联系、政治信息和兴趣、公民参与、政治参与以及社会人口统计学特征间的关系。欲了解调查内容的局限性和优点，请注意非洲晴雨表中忽略种族间联系，但却包含许多政治行为的标志。该例子引出多元分析的第一个特定变体，即基于 2002 年非洲晴雨表进行的民意调查的 1A 模型，这些发现印证了真相和参与性假说。如表 3 的 1A 栏所示，反对恢复种族隔离、支持党派以及居住在城市以外地区的南非人，相对而言更有可能主张群体间和解。① 所有这些关系都具有统计学显著性。同时，种族分类变量的系数也十分显著。这一调查结果需后文开展进一步调查。参加专业或商业协会者相对不大可能认为，南非人不应以自己所在的群体来寻找认同；仅在较低的统计显著性下，这一关联才具有意义。

表3　　　　　　　　**对和解信仰的解释，2002 年和 2008 年**

自变量	2002 年，第 2 轮			2008 年，第 4 轮		
	模型 1A	2A	3A	1B	2B	3B
接受真相						
不支持恢复种族隔离	0.255 ** （0.037）	0.222 ** （0.073）	0.202 ** （0.074）	0.046 （0.068）	0.045 （0.068）	0.041 （0.069）
种族隔离制度十分糟糕	0.067 （0.074）	0.072 （0.074）	0.048 （0.075）	0.226 ** （0.067）	0.225 ** （0.067）	0.226 ** （0.068）
政治信息和兴趣						
从收音机获取信息	0.020 （0.032）	0.021 （0.032）	0.022 （0.033）	−0.023 （0.029）	−0.021 （0.030）	−0.023 （0.030）
从电视获取信息	0.044 （0.028）	0.037 （0.028）	0.044 （0.028）	0.131 *** （0.029）	0.132 *** （0.029）	0.128 *** （0.029）

---

① 关于支持（不支持）恢复种族隔离和种族隔离等级的调查项之间存在弱相关（非洲晴雨表第 2 轮和第 4 轮 r 值分别为 0.22 和 0.36；$p < 0.001$），因而可以进入相同模型。

续表

自变量	2002 年，第 2 轮			2008 年，第 4 轮		
	模型 1A	2A	3A	1B	2B	3B
政治信息和兴趣						
从报纸获取信息	0.024 (0.026)	0.023 (0.027)	0.030 (0.027)	-0.073** (0.027)	-0.072** (0.027)	-0.077** (0.027)
知识指数	—	—	—	-0.073 (0.074)	-0.073 (0.074)	-0.067 (0.074)
感兴趣程度	0.047 (0.049)	0.048 (0.049)	0.046 (0.049)	0.032 (0.037)	0.031 (0.037)	0.033 (0.037)
政治讨论	0.018 (0.028)	0.019 (0.028)	0.022 (0.028)	0.033 (0.039)	0.033 (0.055)	0.028 (0.055)
参与：公民社会						
宗教团体	0.027 (0.039)	0.025 (0.039)	0.022 (0 039)	0.083* (0.038)	0.084* (0.038)	0.079* (0.038)
工会或农民协会	-0.019 (0.062)	-0.017 (0.062)	-0.011 (0.062)	-0.050 (0.045)	-0.050 (0.045)	-0.051 (0.045)
专业或商业协会	-0.120↑ (0.063)	-0.124↑ (0.063)	-0.107↑ (0.063)	—	—	—
社群发展协会	-0.012 (0.053)	-0.015 (0.053)	-0.020 (0.053)	—	—	—
集体行动指数	-0.010 (0.014)	-0.008 (0.014)	0.013 (0.015)	0.006 (0.014)	0.005 (0.014)	0.006 (0.014)
参与：政治						
出于政治原因使用暴力	-0.011 (0.051)	-0.009 (0.051)	-0.002 (0.051)	-0.083↑ (0.043)	-0.083↑ (0.043)	-0.087* (0.044)
政治联系指数	-0.023 (0.022)	-0.023 (0.023)	-0.020 (0.023)	-0.025 (0.021)	-0.026 (0.021)	-0.026 (0.022)
具体联系	—	—	—	-0.046 (0.122)	-0.047 (0.122)	-0.063 (0.123)

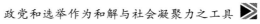

续表

自变量	2002 年，第 2 轮			2008 年，第 4 轮		
	模型 1A	2A	3A	1B	2B	3B
参与：政治						
在最后一次全国大选中投票	—	—	—	0.200 ** (0.073)	0.202 ** (0.074)	0.026 ** (0.073)
政党支持	0.211 ** (0.071)	0.213 ** (0.071)	—	0.177 ** (0.067)	0.176 ** (0.067)	—
非洲人国民大会支持者	—	—	0.309 *** (0.078)	—	—	0.239 ** (0.074)
因卡塔自由党（Inkatha Freedom Party，IFP）支持者	—	—	-0.154 (0.202)	—	—	-1.091 ** (0.391)
民主联盟（Democratic Alliance，DA）支持者	—	—	0.004 (0.157)	—	—	-0.092 (0.135)
社会人口统计学特征						
种族（分类）	-0.070 * (0.034)	-0.075 * (0.034)	-0.062 ↑ (0.035)	0.047 (0.037)	0 048 (0.037)	0.070 (0.038)
家庭语言（分类）	-0.000 (0.001)	-0.000 (0.001)	-0.000 (0.001)	0.000 (0.000)	0.000 (0.000)	0.000 (0.000)
生活水准测量替代项	—	0.097 ↑ (0.057)	—	—	-0.011 (0.034)	—
教育	0.019 (0.023)	0.015 (0.023)	0.022 (0.023)	0.020 (0.024)	0.021 (0.024)	0.029 (0.024)
性别	0.078 (0.067)	0.076 (0067)	0.065 (0.068)	-0.037 (0.064)	-0.038 (0.064)	-0.043 (0.064)
政治年龄	0.026 (0.028)	0.027 (0.028)	0.025 (0.028)	-0.006 (0.028)	-0.009 (0.029)	-0.007 (0.028)

续表

自变量	2002 年，第 2 轮			2008 年，第 4 轮		
	模型 1A	2A	3A	1B	2B	3B
社会人口统计学特征						
城市	− 0. 249 ** (0. 079)	− 0. 310 *** (0. 087)	− 0. 264 ** (0. 080)	0. 133 ↑ (0. 072)	0. 1361 (0. 072)	0. 125 ↑ (0. 722)
所在省份在 2008 年发生仇外暴力袭击	− 0. 082 (0. 075)	− 0. 101 (0. 076)	− 0. 051 (0. 076)	− 0. 081 (0. 069)	− 0. 081 (0. 069)	− 0. 052 (0. 069)
常数	0. 486 * (0. 202)	0. 465 * (0. 203)	0. 480 * (0. 204)	− 0. 070 (0. 236)	− 0. 059 (0. 237)	− 0. 106 (0. 237)
伪 R^2	0. 0397	0. 0393	0. 0422	0. 0449	0. 0449	0. 0518
Prob Chi^2	0. 0000	0. 0000	0. 0000	0. 0000	0. 0000	0. 0000
样本	2125	2125	2125	2142	2142	2142

注：* 非洲晴雨表第 4 轮调查中参加志愿协会的衡量标准（见本章附录）。

括号中的稳健标准差（robust standard errors）；+ $p < 0.10$；* $p < 0.05$，** $p < 0.01$，** $p < 0.001$。

资料来源：作者对非洲晴雨表第 2 轮和第 4 轮的分析。

表 3 模型 2A 栏显示了包括对生活水准测量替代项控制的估算。[①] 尽管该替代项存在主要缺点，使得模型 2A 须单独估算，但是模型 1A 的主要结果完整无损。同时，模型 2A 栏显示，不支持恢复种族隔离、支持政党和居住在城市以外的地区的南非人相较而言可能会支持群体间和解。在模型 1A 和 2A 中，所有关系都具有统计学显著性。种族变量系数仍然具有统计学显著性。无论是否有生活水准测量替代项，专业协会或商业协会的参与者相较于这些协会的非参与者均不大可能表达对放弃群体认同的支持。模型 1A 和 2A 结果的唯一不同之处在于，生活水准测量替代项本身的系数：至少此处捕获的信息可发现，生活水准较高的南非人，相对更可能接受这种观念，即南非人应停止以群体的角度考虑认同。然

① 请注意非洲晴雨表第 2 轮生活水准测量替代项，包括南非受众研究基金会（SAARF）（2009，2012）中的编码房型和住宅。该生活水准测量替代项与城市/非城市哑变量具有较强的相关性（$r = 0.57$，$p < 0.001$）。

而，这种关系几近达到了较低的统计显著性。

截至目前，调查结果提出了一个问题：不同党派的支持者对和解的态度是否有所不同？为解决该问题，我估算了模型3A，该模型与模型1A相同，除替换一党制支持者的哑变量被一组隔离同情三个主要政党的受访者哑变量所替换之外。上述三个哑变量包括：非洲人国民大会的支持者和所有其他受访者（其他党派非支持者和支持者）；民主联盟（DA）的支持者与所有其他受访者；以及因卡塔自由党（IFP）的支持者和其他所有受访者。① 如有关变量的系数所示，仅支持非洲人国民大会的受访者，认为有可能主张南非人应该将自身群体认同的想法搁置一旁的可能性较高。而民主联盟和因卡塔自由党的支持者与其他受访者几乎没有任何不同。否则，模型1A的结果将继续适用。

下一个问题自然是上述南非人对和解的信仰结构在2008年是否依然有效。为便于比较非洲晴雨表第2轮和第4轮调查，我从模型1B开始，在给定调查内容的情况下，使其尽可能与模型1A相似。如表3第5栏所列，认为种族隔离是最糟糕的政府制度，关注电视上无关政治的新闻，属于宗教团体，支持某个政党，以及在上届选举中投票的受访者，持有和解信仰的可能性相对较高。所有这些变量的系数均为正，具有统计学显著意义。相反，负值和具有统计学显著性的系数可看出，从报纸收集新闻并为政治目的素质暴力的南非人，相对不大可能支持群体间和解。2008年不同于2002年，种族与和解的信仰无关。

比较的第二步是控制生活水平。如表中倒数第二列所示，引入的生活水准测量替代项（模型2B中）保留了模型1B的主要结果。按照该衡量标准，生活水平与和解意见无关。②

---

① 我关注因卡塔自由党的支持者，因为在受访者中表达了对政党的支持频率较高。在第2轮选举中，因卡塔自由党拥有第三大支持者群体（占所有受访者的3.42%），紧随非洲人国民大会和民主联盟之后（分别占40.75%和4.04%）。在非洲晴雨表第4轮调查中，43.29%的受访者表示支持非洲人国民大会，4.25%表示支持民主联盟，1.08%表示支持因卡塔自由党。非洲人国民大会第4轮受访者的第三大群体中，2.05%的人对"非洲人国民大会的分裂"表示支持。这是一个不确定的实体，因为调查开始之时（2008年10月至11月），尚未呈现出政党的雏形；2008年12月，人民大会党（the Congress of the People）正式成立。

② 注意非洲晴雨表第4轮中的生活水准测量替代项评估了家庭用品的所有权。因此，非洲晴雨表第2轮和第4轮中的生活水准测量替代项不同于《南非和解晴雨表》中的生活水准测量。

接着，我调查了主要政党中何者可能会获得受访者的支持。如表3中最右边的一栏（模型3B）所示，即使引入了代表非洲人国民大会支持者、民主联盟支持者和因卡塔自由党支持者的三个哑变量，模型3A的主要发现仍然成立。还出现了有趣的发现。最值得注意的是，2008年因卡塔自由党的支持者反对群体间和解的可能性相对较高（通过负值和具有统计学显著性的系数显示）。非洲人国民大会和因卡塔自由党支持者信仰的对比，可能反映了其在2007年12月族裔祖鲁人雅各布·祖玛（Jacob Zuma）一跃成为非洲人国民大会总统职位后展开的高度竞争，并且随着2009次选举的临近而进一步加剧（见 De Kadt&Larreguy Arbesu 2014；Friedman 2009）。此外，作为假定，利用暴力追求其他手段的政治的南非人支持种族间和解的可能性不大。

因此，非洲晴雨表的证据为真相、信息性和参与性假说提供了一些安慰。然而，问题也随之而来。接受真相与和解之间的联系贯穿始终，但在不同的调查中也有所不同：2002年，南非人拒绝恢复种族隔离，但2008年，他们又将种族隔离列为最糟糕的政府制度，这些都与推动和解相关。这些发现为基于《南非和解晴雨表》的和解调查打下基础。《南非和解晴雨表》在调查内容允许的情况下，尽可能遵循了此处的总体分析方案。①

综上所述，表4的结果表明，针对种族间和解，南非人在一定程度上支持真相和联系假说。② 2003年《南非和解晴雨表》的第一次调查证实了真相和联系假说。表4的模型4A中所列的正增长系数表明，更多的南非人认为种族隔离是反人类罪，他们在工作中或工作之余和其他种族的同胞交谈频率越高，便越支持种族间的和解。

当对种族隔离的看法被索引入③模型5A时，对这两种假说的支持仍然存在：越多的南非人接受种族隔离的真相，并且在国内和其他环境中

---

① 请注意《南非和解晴雨表》缺乏关于政治参与和相关信息的调查项。

② 请注意此处使用的"和解指数"值越高，表示信仰越一致。为保证研究的透明性，表3总结并显示了模型中所有变量的系数（Lupia & Elman 2014）。为直观呈现，表4至表8省略了一些控制变量和常量的系数；总结的估算保留了所有控制变量。为直观呈现，表5和表6同样省略了涉及政治联系和公民参与的系数或者变量，除少数本章显示的变量外，这些因素的影响极小，没有统计显著性（详情应要求由作者提供）。

③ 该指数以省略数据为代价提高了可靠性。两个真相调查项不能进入同一个模型（0.742 < r < 0.834），不同于联系调查项（0.541 < r < 0.698，p < 0.001）。

越频繁地进行种族间联系，便越多发出信仰和解的声音。考虑到所有控制因素，这些关系都具有统计显著性。生活水平与种族间和解的信仰有关：正如《南非和解晴雨表》的生活水准测量指出，南非人越富裕，便越支持和解。

如表 4 所示，2009 年的调查显示了不同的情况。与联系假说相一致的是南非人在工作或工作以外与其他种族的公民交谈的次数越多，他们便越相信种族间的和解。尽管这一期望得到了支持，但南非人在 2009 年对种族隔离的看法，无论是以单一标准抑或综合标准衡量，均与他们对种族间和解的看法无关。与联系假说相反，国内的种族间联系也与和解的信仰无关。受访者的生活水平与他们对和解的看法有关，种族亦是如此。①

表4　　　　　　　对和解信念的解释，2003 年、2009 年和 2013 年

自变量	2003 年，第 1 轮		2009 年，第 9 轮		2013 年，第 13 轮	
	模型 4A	5A	4B	5B	4C	5C
接受真相						
针对人性的种族隔离犯罪	0. 309 *** （0 052）	—	− 0089 （0. 060）	—	− 0453 *** （0. 052）	—
接受真相指数	—	0. 133 *** （0. 021）	—	− 0. 007 （0. 027）	—	− 0. 232 *** （0. 021）
种族间联系						
在自己或朋友家交谈	0. 106 *** （0. 019）	0. 109 *** （0. 019）	0. 024 （0. 020）	0. 007 （0. 020）	− 0. 003 （0. 021）	− 0. 003 （0. 021）
工作时交谈或其他	0. 121 *** （0. 018）	0. 117 *** （0. 018）	0. 084 *** （0. 020）	0. 086 *** （0. 020）	− 0. 060 ** （0. 022）	− 0. 061 ** （0. 022）

① 《南非和解晴雨表》第 9 轮没有一个组合的 LSM，但是提供了 29 个 2008 LSM 属性中的 28 个。我建立了一个组合的 LSM，并对衡量标准进行加权和调整，以尽可能地复制南非受众研究基金会（SAARF）（2009）。

续表

自变量	2003 年，第 1 轮		2009 年，第 9 轮		2013 年，第 13 轮	
	模型 4A	5A	4B	5B	4C	5C
参与：政治行动						
示威	—	—	—	—	−0.114 *** (0.029)	−0.119 *** (0.030)
罢工	—	—	—	—	−0.016 (0.030)	−0.000 (0.030)
诉诸暴力	—	—	—	—	−0.097 ** (0.029)	−0.102 *** (0.029)
参与：政治						
可能在下一届全国大选中投票					0.006 (0.042)	0.031 (0.043)
社会人口统计学特征，其中[a]						
种族（分类）	−0.003 (0.029)	0.014 (0.029)	0.066 * (0028)	0.088 ** (0.030)	0.206 *** (0.033)	0.225 *** (0.035)
生活水准测量群体	0.061 *** (0.015)	0.058 *** (0.015)	0.046 *** (0.013)	0.050 *** (0.014)	0.016 (0.015)	0.005 (0.015)
所在省份在 2008 年发生过仇外暴力袭击	0.160 *** (0.044)	0.169 *** (0.044)	0.107 * (0.048)	0.128 ** (0.049)	−0.078 (0.051)	−0.116 * (0.052)
社会人口统计学特征，其中[a]						
所在省份在 2012 年发生过仇外暴力袭击	0.144 ** (0.048)	0.137 ** (0.048)	0.029 (0.055)	0.019 (0.057)	0.191 ** (0.057)	0.169 ** (0.059)
伪 R^2	0.0452	0.0457	0.0218	0.0224	0.0408	0 0455
Prob Chi^2	0.0000	0.0000	0.0000	0.0000	0.0000	0.0000
样本	3162	3162	2887	2718	2998	2885

注：括号内的稳健标准差为：* $p < 0.05$；** $p < 0.01$；*** $p < 0.001$。

[a] 这里的所有控制变量如同所有模型一般，包括语言（分类）、教育、性别、年龄组和城市与非城市居住。

资料来源：作者对 2003 年、2009 年和 2013 年《南非和解晴雨表》调查的分析。概率值按顺序排列。

《南非和解晴雨表》第 13 轮调查所示，南非人的观点和经历再次推翻了真相和联系假说。2013 年，越来越多的人否认种族隔离属于反人类罪，否认种族隔离制度下的不公正。表 4 右边两栏中负值和具有统计显著性的系数，表明赞成种族间和解的人数日益增多，而非减少。然而，在 2013 年，家庭内他种族联系与和解的信仰无关，而工作内外的种族间联系却与这些信仰有关：联系越频繁，对种族间和解的信任就越少，而非越大。南非人参加示威和使用暴力的频率越高，便越不赞成和解：公民社会中的行动主义塑造了参与者的信仰，但却使公民对真相与和解委员会宣传的和解愿景望而却步。

　　从南非人对和解的信仰中，我们能得出什么推论？真相和联系假说得到了一些（混合的）支持。参与性假说表现出非洲人国民大会支持者的特殊性，以及在上届选举中投票者的特性。如表 4 所示，打算在下届选举中投票者看似很像其他南非人，这一点让人犹豫。参与性假说与非洲晴雨表的证据亦不相符。非洲晴雨表证据显示，除少数例外，一系列民间社会组织（CSOs）和集体行动形式的参与者如同其他南非人，对和解的思考也颇多。尽管《南非和解晴雨表》关于集体行动的证据有所不同，如同上文所述，仅与行动相关，而非洲晴雨表则混合了态度和行动（见本章附录）。于是，问题也随之出现。例如，目前尚不清楚为何生活水准在两轮《南非和解晴雨表》调查中与和解的信仰挂钩，而在第三轮调查中与之无关。为深入了解此问题，我将南非人对社会凝聚力的信仰进行了平行分析。

社会凝聚力的相关性

　　分析按照调查和解意见的基本计划进行。即我评价统一南非的态度与接受真相、种族间对话、政治信息和兴趣、公民和政治参与以及社会人口统计学特征之间的关系。我使用该总体设计的第一个具体版本以审视非洲晴雨表之证据。

　　从非洲晴雨表第 2 轮和第 4 轮来看，南非人对国家统一的渴望与真相和参与性假说一致。如表 5 的模型 6A 栏的系数所示，拒绝恢复种族隔离者以及支持某一党派者往往希望建立统一的南非。分析得出了支持信息性假说的新证据。对政治事务抱有较大兴趣者，很可能愿意建立统一的南非，正如正值具有统计显著性的系数所示。此外，为政治目的诉诸暴力的南非人相对不大可能希望统一。虽然这一发现符合人们的预期，但却无法解释另一项发现。

表 5　　　　　　　解释统一南非的意愿信念，2002 年和 2008 年

自变量	2002 年，第 2 轮			2008 年，第 4 轮		
	模型 6A	7A	8A	6B	7B	8B
接受真相						
不支持恢复种族隔离	0.190 ** (0.073)	0.194 ** (0.073)	0.167 * (0.073)	0.146 * (0.066)	0.153 * (0.066)	0.137 * (0.066)
种族隔离制度十分糟糕	0.033 (0.073)	0.026 (0.073)	0.012 (0.074)	0.347 *** (0.067)	0.354 *** (0.067)	0.367 *** (0.068)
政治信息和兴趣						
从收音机获取信息	0.022 (0.032)	0.021 (0.032)	0.024 (0.032)	−0.033 (0.029)	−0.040 (0.030)	−0.030 (0.029)
从电视获取信息	0.074 ** (0.028)	0.084 ** (0.029)	0.074 * (0.029)	0.060 * (0.030)	0.053 ↑ (0.030)	0.058 ↑ (0.030)
从报纸获取信息	−0.035 (0.026)	−0.034 (0.026)	−0.031 (0.026)	−0.044 ↑ (0.026)	−0.048 ↑ (0.026)	−0.050 ↑ (0.026)
知识指数	—	—	—	−0.163 * (0.073)	−0.166 * (0.073)	−0.167 * (0.073)
感兴趣程度	0.128 ** (0.047)	0.125 ** (0.047)	0.127 ** (0.047)	−0.027 (0.037)	−0.025 (0.037)	−0.026 (0.037)
政治讨论	0.026 (0.028)	0.025 (0.028)	0.030 (0.027)	0.087 (0.055)	0.084 (0.055)	0.084 (0.055)
参与：政治						
出于政治原因使用暴力	0.115 * (0.050)	−0.119 * (0.050)	−0.105 * (0.050)	−0.093 * (0.044)	−0.092 * (0.045)	−0.094 * (0.044)
在上届全国大选中投票	—	—	—	0.008 (0.073)	−0.006 (0.073)	0.014 (0.072)
政党支持	0.196 ** (0.070)	0.190 ** (0.070)		0.181 ** (0.067)	0.187 * (0.067)	

自变量	2002 年，第 2 轮			2008 年，第 4 轮		
	模型 6A	7A	8A	6B	7B	8B
参与：政治						
非洲人国民大会（ANC）支持者	—	—	0.290 *** (0.076)	—	—	0.147 * (0.073)
因卡塔自由党（IFP）支持者	—	—	−0.111 (0.206)	—	—	−0.980 ** (0.370)
民主联盟（DA）支持者	—	—	−0.022 (0.152)	—	—	0.297 * (0.148)
社会人口统计学特征，其中[a]						
种族（分类）	−0.069 * (0.032)	−0.0621 (0.032)	−0.060 ↑ (0.033)	0.068 ↑ (0.038)	0.065 (0.037)	0.066 ↑ (0.039)
生活标准测量系数	—	−0.139 * (0.059)	—	—	0.065 ↑	—
所在省份 2008 年发生仇外暴力袭击	−0.022 (0.073)	0.009 (0.075)	−0.008 (0.074)	−0.019 (0.068)	−0.020 (0.068)	0.001 (0.068)
伪 R^2	0.0461	0.0489	0.0498	0.0442	0.0459	0.0478
Prob Chi^2	0.0000	0.0000	0.0000	0.0000	0.0000	0.0000
样本	2125	2125	2125	2142	2142	2142

注：括号内的稳健标准差为：$^+ p < 0.10$；$^* p < 0.05$；$^{**} p < 0.01$；$^{***} p < 0.001$。

[a]与所有模型一样，这里的所有控制变量包括：语言（分类）、教育、性别、年龄组和城市与非城市居住。

[b]请注意非洲晴雨表第 2 轮和第 4 轮中生活水准测量替代项彼此不同，亦不同于《南非和解晴雨表》中的生活水准测量。

资料来源：作者对非洲晴雨表第 2 轮和第 4 轮的分析。

宗教团体和工会或农民团体的活动降低了南非渴望统一的可能性。解释这一发现的难点是，这一发现反映了调查内容的局限性。南非人有许多不同的信仰，更切中要害的是，即使在有组织的宗教传统中，群体参与也可能具有不同内涵。农民协会不同于工会，南非工会大会（Cosa-tu）是南非有组织劳工中最大的工会联盟，但并非唯一的工会联盟。模型 6A 中标记的最后一项结果是不同种族公民间的差异，这是迄今众多分析（尽管不是全部）中的一个特征。

表 5 的模型 7A 和 8A 列记录了分析的结果，表明虽与模型 6A 存在部分出入，但却至关重要，且体现了和解方面所采取的步骤。模型 7A 引入了对生活水准的控制变量，模型 8A 引入了三个哑变量，分别表示非洲人国民大会、因卡塔自由党和民主联盟的支持者。模型 6A 的主要发现也适用于模型 7A 和模型 8A。后者的估值分别表明，较不富裕的南非人相对更有可能希望国家统一，而非洲人国民大会的支持者与支持其他两党不同，相对更有可能支持统一。

表 5 的右侧使用传统的处理非洲晴雨表调查的模式。模型 6B 栏充分证实了真相假说，因为既拒绝恢复种族隔离，且认为种族隔离是最糟糕的政府形式的受访者，希望建立统一的南非的可能性较大。其次，收看政治新闻并支持某个政党者，渴望统一的可能性相对较高。然而，在 2008 年，政治兴趣与建立统一国家的愿望无关。此外，相对经常为获取政治新闻而阅读报纸者，更不可能（而非更可能）希望建立统一的南非。与信息性假说相反，人们对政治了解越少，便越有可能支持凝聚力（正如负值具有统计显著性的系数所示）。与 2002 年相比，模型 7B 表明，相对富裕的南非人支持统一。模型 8B 揭示了 2008 年所有三个主要政党支持者的特殊性：尽管因卡塔自由党的支持者相对不大可能支持建立统一的南非，但非洲人国民大会和民主联盟的支持者均有可能支持统一的南非。民主联盟的研究结果可能源于该党在 2009 年大选临近之际扩大和多样化其追随者的运动（见 Ferree 2010；Friedman 2009）。民主联盟的忠实支持者们不仅在 2002 年至 2008 年之间转变了观点，而且非洲晴雨表的证据也显示，该党在有色人种选民中取得了进展。然而，它并未向大多数黑人扩展。[①]

因此，非洲晴雨表的证据证实了这样一个假说：南非人承认种族隔离错误的真相，同时也渴望建立统一的国家。当人们的注意力转向建立统一南非的前景时，该假说和其他假说如何运作？表 6 再次以熟悉的形

---

① 我借用了南非人口普查、非洲晴雨表和《南非和解晴雨表》中使用的群体标签。

式总结了分析结果。不论模型设置和调查轮次，与真相假说相关的证据出现，审阅表中的"接受真相"行便可发现。2002 年反对祸福种族隔离制度者和 2008 年认为种族隔离是最糟糕的政府形式者，相较而言更有可能认为建立统一的南非近在咫尺。能够为信息性假说带来些许安慰的是：对公共事务感兴趣以及在电视上关注政治新闻，使得人们在 2002 年相信实现社会凝聚力的可能性提高。政党的支持者，尤其是非洲人国民大会的支持者，相对而言更有可能相信统一的南非的前景。2008 年，非洲人国民大会和因卡塔自由党之间的竞争以对立的观点出现，即他们各自的支持者内部可能存在凝聚力。民主联盟的支持者在对待统一国家之承诺的态度上与其他南非人相似。[①]

表 6　　　　解释南非统一的可能性信念，2002 年和 2008 年

自变量	2002 年，第 2 轮			2008 年，第 4 轮		
	模型 9A	10A	11A	9B	10B	11B
接受真相						
不支持恢复种族隔离	0.260 *** (0.068)	0.261 *** (0.068)	0.230 *** (0.068)	0.064 (0.063)	0.064 (0.063)	0.058 (0.063)
种族隔离制度十分糟糕	0.104 (0.068)	0.100 (0.068)	0.070 (0.069)	0.473 *** (0.063)	0.473 *** (0.063)	0.471 *** (0.063)
政治信息和兴趣						
从收音机获取信息	-0.000 (0.031)	-0.001 (0.031)	-0.004 (0.031)	-0.010 (0.027)	-0.010 (0.027)	-0.012 (0.027)
从电视获取信息	0.015 (0.027)	0.022 (0.027)	0.016 (0.027)	0.070 * (0.028)	0.070 * (0.028)	0.068 * (0.028)
从报纸获取信息	-0.030 (0.025)	-0.030 (0.025)	-0.024 (0.025)	-0.020 (0.024)	-0.020 (0.024)	-0.023 (0.024)
知识指数	—	—	—	-0.023 (0.068)	-0.023 (0.068)	-0.012 (0.068)

① 在模型 11A 中，越多人参与集体行动，便越不可能相信统一的实现。当考虑到政体党派支持和生活水准时（分别为模型 9A 和模型 10A），这种边际显著关系的联系逐渐消失，而涉及为达政治目的使用的边际意义上的显著关系映入眼帘。

续表

自变量	2002 年，第 2 轮			2008 年，第 4 轮		
	模型 9 A	10 A	11 A	9 B	10 B	11 B
政治信息和兴趣						
感兴趣程度	0.166 *** (0.045)	0.164 *** (0.045)	0.163 *** (0.045)	0.017 (0.034)	0.017 (0.034)	0.017 (0.034)
政治讨论	0.033 (0.026)	0.032 (0.026)	0.038 (0.026)	0.020 (0.051)	0.020 (0.051)	0.019 (0.050)
参与：政治						
出于政治原因使用暴力	−0.085↑ (0.048)	−0.087↑ (0.048)	−0.071 (0.048)	−0.031 (0.043)	−0.031 (0.043)	−0.034 (0.043)
在最后一次全国大选中投票	—	—	—	0.003 (0.068)	0.003 (0.068)	0.005 (0.068)
政党支持	0.175 ** (0.066)	0.176 ** (0.066)	—	0.198 ** (0.062)	0.198 ** (0.062)	—
非洲人国民大会（ANC）支持者	—	—	0.354 *** (0.071)	—	—	0.282 *** (0.069)
因卡塔自由党（IFP）支持者	—	—	−0.121 (0.200)	—	—	−0.060↑ (0.363)
民主联盟（DA）支持者	—	—	−0.157 (0.142)	—	—	0.009 (0.123)
社会人口统计学特征，其中[a]						
种族（分类）	−0.025 (0.032)	−0.021 (0.032)	−0.010 (0.032)	0.102 ** (0.036)	0.102 ** (0.0361)	−0.025 (0.032)
生活水准测量系数	—	−0.088 (0.053)	—	−0.017 (0.032)	−0.017 (0.032)	—
所在省份 2008 年发生仇外暴力袭击	0.051 (0.069)	0.071 (0.070)	0.094 (0.069)	−0.084 (0.063)	−0.084 (0.063)	−0.066 (0.064)
伪 R^2	0.0486	0.0497	0.0574	0.0445	0.0445	0.0487

自变量	2002 年，第 2 轮			2008 年，第 4 轮		
	模型 9A	10A	11A	9B	10B	11B
社会人口统计学特征，其中[a]						
Prob Chi^2	0.0000	0.0000	0.0000	0.0000	0.0000	0.0000
样本	2125	2125	2125	2142	2142	2142

注：括号内的稳健标准差：$^+$ p < 0.10；* p < 0.05；** p < 0.01；*** p < 0.001。

[a] 与所有模型一样，这里的所有控制变量包括：语言（分类）、教育、性别、年龄组和城市与非城市居住。

[b] 请注意非洲晴雨表第 2 轮和第 4 轮中生活水准测量替代项彼此不同，亦不同于《南非和解晴雨表》中的生活水准测量。

资料来源：作者对非洲晴雨表第 2 轮和第 4 轮的分析。

相对于联系假说，《南非和解晴雨表》为真相假说提供了更为清晰的证据支持。正如表 7 的"接受真相"行所示，越多数南非人了解种族隔离的真相，便越可能希望建立统一的国家。然而，涉及种族间联系时，困惑随之而来。在 2003 年和 2009 年，家庭联系频率相对较低，却在工作和其他方面联系更为频繁的人，相对而言更有可能渴望统一。然而，这种模式在 2013 年逐渐消失。在《南非和解晴雨表》第 13 轮调查中，参与性假说出现了好坏参半的结果：预计在 2014 年大选中投票的人，相对而言希望国家统一，而使用暴力作为参与工具的人，相对而言不大可能这么认为。然而，参加罢工和示威活动对渴望统一没有太大影响。

《南非和解晴雨表》关于南非实现统一的证据亦支持了真相假说。在 2009 年和 2013 年，承认种族隔离是反人类罪以及承认其多重不公正者，相对而言更有可能相信统一是可能的（表 8）。同样，在 2009 年和 2013 年，在国内相对经常与其他种族同胞交谈的南非人，相对而言更有可能相信实现国家的统一，而在其他环境中，种族间联系的频率与对社会凝聚力前景的看法无关。在所有关于联系假说的发现中，上述观点和 Gibson（2004a；Gibson&Claassen 2010）的期望最为一致，即亲密的种族间联系应该比非亲密联系与种族态度有更强的相关性，以此支持参与性假说。2013 年，打算在 2014 年全国大选中投票者，相对更有可能认为统一是可行的。2013 年，相对贫穷的南非人相对更有可能认为凝聚力是可能的，但在 2009 年，生活水准在这方面并未发挥作用。应当注意，在关于实现统一信仰的关系模型中，均未出现与种族类别相关的关系，这在迄今为止的多变量模型集中是首次出现，如表 3 至表 7 所示。

表 7　　**解释统一南非的意愿信念，2003 年，2009 年和 2013 年**

自变量	2003 年，第 1 轮		2009 年，第 9 轮		2013 年，第 13 轮	
	模型 12 A	13 A	12 B	13 B	12 C	13 C
接受真相						
针对人权的种族隔离犯罪	0.748 *** (0.063)	—	0.606 * (0.075)	—	0.313 *** (0.057)	—
接受真相指数	—	0.361 *** (0.026)	—	0.366 *** (0.033)	—	0.184 *** (0.022)
种族间联系						
在自己或朋友家交谈	− 0.012 *** (0.023)	− 0.098 *** (0.023)	− 0.109 *** (0.024)	− 0.109 *** (0.026)	− 0.027 (0.025)	− 0.015 (0.025)
工作时交谈或其他	0.078 ** (0.023)	0.067 ** (0.023)	0.060 * (0.025)	0.060 * (0.026)	0.057 * (0.026)	0.041 (0.027)
参与：集体行动						
示威	—	—	—	—	0.016 (0.037)	0.018 (0.037)
罢工	—	—	—	—	0.044 (0.038)	0.033 (0.039)
使用暴力	—	—	—	—	− 0.082 * (0.035)	− 0.077 * (0.035)
参与：政治						
可能在下一届全国大选中投票	—	—	—	—	0.353 *** (0.048)	0.315 *** (0.050)

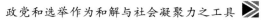

续表

自变量	2003 年，第 1 轮		2009 年，第 9 轮		2013 年，第 13 轮	
	模型 12A	13A	12B	13B	12C	13C
社会人口统计学特征，其中[a]						
种族（分类）	− 0.253 *** (0.037)	0.196 *** (0.038)	0.020 (0.035)	0.031 (0.037)	0.022 (0.037)	0.049 (0.039)
生活水准测量群体	0.007 (0.019)	− 0.004 (0.020)	− 0.016 (0.016)	− 0.013 (0.016)	− 0.001 (0.017)	− 0.003 (0.017)
所在省份在 2008 年发生过仇外暴力袭击	0.085 (0.056)	0.114 * (0.057)	0.123 * (0.058)	0.123 * (0.060)	− 0.107 ↑ (0.017)	− 0.119 * (0.058)
所在省份在 2012 年发生过仇外暴力袭击	0.035 (0.062)	0.019 (0.063)	− 0.037 (0.069)	− 0.000 (0.073)	− 0.023 (0.065)	− 0.010 (0.068)
伪 R^2	0.0848	0.1014	0.0387	0.0607	0.0277	0.0358
Prob Chi^2	0.0000	0.0000	0.0000	0.0000	0.0000	0.0000
样本	3426	3426	3258	3034	3321	3174

注：括号内的稳健标准差：$^+ p < 0.10$；$^* p < 0.05$；$^{**} p < 0.01$；$^{***} p < 0.001$。

[a] 与所有模型一样，这里的所有控制变量包括：语言（分类）、教育、性别、年龄组和城市与非城市居住。

资料来源：作者对 2003 年、2009 年和 2013 年《南非和解晴雨表》调查的分析。

表 8　　　　**解释统一南非的可能性信念，2009 年和 2013 年**

自变量	2009 年，第 9 轮		2013 年，第 13 轮	
	模型 14B	15B	14C	15C
接受真相				
针对人权的种族隔离犯罪	0.595 *** (0.075)	—	0.314 *** (0.057)	—
接受真相指数	—	0.295 *** (0.033)	—	0.226 *** (0.023)

续表

自变量	2009 年，第 9 轮		2013 年，第 13 轮	
	模型 14B	15B	14C	15C
种族间联系				
在自己或朋友家交谈	0.055 * （0.022）	0.049 * （0.023）	0.049 * 0.025	0.049 * ↑ （0.026）
工作时交谈或其他	− 0.028 （0.022）	− 0.029 （0.023）	0.020 （0.026）	0.016 （0.027）
参与：集体行动				
示威	—	—	0.019 （0.037）	0.011 （0.037）
罢工	—	—	0.030 （0.038）	0.016 （0.038）
使用暴力	—	—	− 0.051 （0.034）	− 0.044 （0.035）
参与：政治				
可能在下一届全国大选中投票	—	—	0.338 *** （0.048）	0.302 *** （0.050）
社会人口统计学特征，其中[a]				
种族（分类）	− 0.047 （0.032）	− 0.033 （0.034）	0.042 （0.037）	0.054 （0.039）
生活水准测量群体	− 0.002 （0.015）	− 0.000 （0.016）	− 0.051 ** （0.017）	− 0.045 * （0.018）
所在省份在 2008 年发生过仇外暴力袭击	0.091 （0.055）	0.098 ↑ （0.057）	0.044 （0.057）	0.042 （0.059）
所在省份在 2012 年发生过仇外暴力袭击	− 0.163 ** （0.063）	− 0.155 * （0.066）	0.094 （0.065）	0.120 ↑ （0.069）
伪 R^2	0.0259	0.0335	0.0345	0.0503
Prob Chi^2	0.0000	0.0000	0.0000	0.0000
样本	3258	3034	3321	3174

注：括号内的稳健标准差：$^+ p < 0.10$；$^* p < 0.05$；$^{**} p < 0.01$；$^{***} p < 0.001$。

[a] 与所有模型一样，这里的所有控制变量包括：语言（分类）、教育、性别、年龄组和城市与非城市居住。

资料来源：作者对 2009 年、2013 年《南非和解晴雨表》调查的分析。

对表 3 至表 8 的分析揭示了混淆假说的证据。非洲晴雨表的调查结果未显示出受仇外暴力影响的意见的迹象。如表 3 所示，2002 年和 2008 年的研究中，居住在 2008 年发生仇外暴力事件省份的民众，对和解的态度与其他调查对象相差无几。这一数据的相似表示统一南非的意愿和可能性的意见未受影响（分别见表 5 和表 6）。2003 年的一项调查显示，2008 年和 2012 年发生仇外暴力事件省份的居民，相对强烈地主张种族间和解。这一联系为何在暴力爆发前就已出现，尚不清楚。2009 年，目睹了 2008 年暴力事件的省份的人们相对强烈地支持和解。2013 年，2012 年袭击发生地附近的南非人是相对强烈的和解倡导者；然而，同样在 2013 年，2008 年暴力事件发生地附近的民众是和解意愿相对较弱的支持者（表 4）。2008 年发生仇外袭击事件省份的居民在 2009 年希望统一的意愿相对较高，2013 年意愿相对较低；靠近 2012 年袭击事件发生的地点与希望统一的意愿无关（表 7）。生活在 2012 年发生袭击事件省份的人，在 2009 年相对不大可能相信统一；任何在暴力事件发生之前的因果关系均会再次引发质疑。与预期相反，2009 年出现了一种轻微的趋势，即在经历 2008 年事件的省份中，居民对凝聚力的可能性抱有相对强烈的信仰；2013 年，经历 2012 年暴力事件的省份居民中也出现了类似的轻微趋势（表 8）。这些多样化的数据不符合震惊假说之构想。[①]

反思范围扩大，触及所有假说，便可发现《南非和解晴雨表》和非洲晴雨表的证据也提出了关于真相、联系、信息和参与性假说的问题。有些人支持该主张，即越多数南非人承认种族隔离制度下的压迫，便越拥护种族间和解，渴望社会统一，并认为统一可能实现。然而，接受真相并不总是伴随着和解或统一的愿望，而且有些联想与期望背道而驰。从某种意义上说，同其他种族的同胞交往越多，他们就越可能拥护和解，支持统一，并认为这是可以实现的。即便如此，种族间联系在某些方面与和解和凝聚力无关，或与否定联系假说有关。考虑到政治信息和兴趣被追踪的方式，它们与和解和统一的态度之间的联系是如此之少，不免令人感到惊讶；一些现存的联想与预期背道而驰。诚然，一些证据表明，

———————————

① 请注意，基于居住省份的哑变量仅提供了接近暴力的粗略指数，然而，鉴于样本设计和调查内容，该哑变量亦是唯一可用的衡量标准。此外，理想情况下，对震惊假说的评估将依赖于小组调查。

相对经常从电视上获得政治新闻的人，更有可能持和解的信仰，认为统一的南非符合人民意愿，亦可能实现。[①] 但是，证明政治知识和种族态度之间存在联系的唯一证据却让人们的期望落空：知识越少，对凝聚力的渴望就越大，而非越小。从某种意义上说，参与性假说得到了反复的证实：政党的支持者——首先是非洲人国民大会（ANC）的支持者——相对而言更有可能持有和解的信仰，并认为统一的南非符合人民意愿且可能实现。因卡塔自由党和民主联盟支持者有时是与众不同，考虑到选举竞争，他们可以以不同的方式解读。民主投票权的调查结果与参与性假说一致，但不明确：上届选举中投票的南非人，相对而言更倾向于支持和解，却在统一的意愿和可能性上，态度类似于其他同胞。相反，打算在下届选举中投票者在和解的观点上，对于和解的态度与其他人相似，希望和解和统一并相信实现的可能性相对较大。在其他方面，参与性假说并不成立。参与民间社会组织较少与关于和解、统一的价值和前景的信仰有关，而政治联系与关于和解与统一的意见之间似乎没有联系。

简而言之，本章分析的证据中，没有任何假说能够找到明确的支持。出于理论和实证的原因，这个结果于真相假说而言最令人困惑且烦恼。如题中所述，承认种族隔离丑陋的真相将弥合伤口、团结社会、缔造和平和允许南非实现正义，这一想法是真相与和解委员会的基础。上述想法的确是整个南非民主工程的基础。此外，真相假说不仅遇到不一致的证据，且本章考虑的非洲晴雨表和《南非和解晴雨表》的多轮调查也提供了一致的措施，这些措施针对的概念表面上是评估该假设的核心。请注意，相比之下，非洲晴雨表中没有联系项，《南非和解晴雨表》中没有信息衡量标准和同一轮调查中参与项的差异。

为揭开这些谜团，我找到了贯穿许多证据的线索：种族和阶级在区分信仰方面的作用。不同种族背景和生活水准的南非人中，接受真相与对和解与凝聚力的看法之间的关系存在何种差异（在差异存在的前提下）？

---

① 阅读报纸的人群中，有时会出现相反的情况，这可能反映了媒体使用的党派差异。多变量分析显示，因卡塔自由党的支持者通过读报了解政治新闻的频率相对较高，而非洲人国民大会的支持者则相对较少采取这一做法（结果由作者提供）。这些差异的探究不在本章的讨论范围。

和解，凝聚力和南非社会的各个阶层

为解决该问题，一方面，我将受访者通过种族类别细分，并对其进行习惯分析，以探索信仰和解与凝聚力之间的关系。另一方面，承认种族隔离的真相，同时考虑到先前评估的其他因素，我重复了之前的估算，但是未对除对受访者进行详细分类。表 9 中"种族群体"的首行显示，南非黑人对真相的接受程度与对和解与凝聚力的态度间，始终存在很强的、统计显著性上的关联。[①] 表 9 的上半部分（9A 组），显示了第二个频繁但并不经常出现的发现，南非黑人中，承认真相与种族态度之间的联系，往往比白人、有色人种和印度裔南非人之间的联系更为密切。特别是在南非黑人中，对种族隔离制度下的不公正、压迫和残暴的理解，总与今天对凝聚力的渴望和对统一能够实现的信仰联系在一起。这种重要的、积极的关系在其他种族的南非人中出现的频率较低。9A 组为南非黑人对种族间和解的信仰提供了一种截然不同的模式：根据非洲晴雨表，越多南非黑人承认种族隔离的真相，他们对和解的倡导便越强烈；《南非和解晴雨表》中，更高的事实接受度降低了南非黑人支持和解的可能性。这种模式使南非黑人有别于其他种族的公民。[②]

南非是世界上最不平等的社会之一，自实施民主政治以来，经济不平等加剧（World Bank 2015）。这一现实推动了第二步，即审查接受真相与种族态度间的联系，同时根据生活水准对南非的多数种族进行了细分。[③] 9B 组与 9A 组共同展示了一个频繁但不常出现的发现。在这一情况下，大多数调查中，生活在不同物质条件下的南非黑人对真相的接受程度与对和解与凝聚力的看法之间存在着大致相似的联系。通过种族隔离

---

① 非洲晴雨表真相测量审视凝聚力可能性，是将种族隔离作为一种规则形式进行分级；借此，相较于恢复种族隔离的调查项，能够得出简洁的调查结果。直观起见，表 9 省略了非洲晴雨表第 2 轮和《南非和解晴雨表》第 1 轮的结果（这两个结果也指出了南非黑人与其他种族的不同之处），也省略了南非黑人在不同物质条件下的相似之处。然而，《南非和解晴雨表》第 1 轮调查得出的结果与非洲晴雨表（详细信息由作者提供）显示的结果相比，不够明确。

② 请注意非洲晴雨表和《南非和解晴雨表》提供了不同的和解措施。在《南非和解晴雨表》第 1 轮调查中，南非黑人之间的真相与和解之间的联系为正值，但实质上微不足道，不足以引起重视。代表南非有色人种的系数的显著性水平反映了样本中此类受访者的缺乏。

③ 对于《南非和解晴雨表》，我认为穷人属于生活水准测量 1—5 级，中产阶级属于生活水准测量 6—8 级，而最富裕的人属于生活水准测量 9—10 级（参见 Wale 2014）。

作为管理系统进行分级审视非洲晴雨表第 4 轮调查，可发现这种模式略微更为明显：在贫穷的南非黑人中，衡量真相的系数为正，达到了具有统计显著性的传统水平。因此，在这一轮调查中，贫穷的南非黑人也与中产阶级和最富裕的人相似。更广泛地说，尽管总体调查结果表明，生活水平差异影响种族态度，然而，南非黑人将真相、和解与凝聚力联系起来的信仰结构在各个社会阶层之间极其相似。这一证据表明，南非黑人的阶级分化相对较浅，而种族分裂对南非社会的影响更大。

表 9　　　南非社会各阶层的真相、和解与团结，2019 年和 2013 年

阶层划分	和解			统一南非的意愿			统一南非的可能性		
	非洲晴雨表第 4 轮调查	SARB 第 9 轮调查	SARB 第 13 轮调查	非洲晴雨表第 4 轮调查	SARB 第 9 轮调查	SARB 第 13 轮调查	非洲晴雨表第 4 轮调查	SARB 第 9 轮调查	SARB 第 13 轮调查
9A 种族群体									
黑人	0.179 *	− 0.247 ***	− 0.620 ***	0.306 ***	0.616 ***	0.358 ***	0.334 ***	0.642 ***	0.304 ***
白人	− 0.245	0.211	− 0.010	− 0.218	0.413 *	0.178	0.856 ***	0.199	0.177
有色人种	− 0.208	0.462	− 0.918 ***	− 0.237	1.009 *	0.064	0.377 *	1.114 *	0.343
印度裔	0.111	0.349	− 0.151	− 0.540	0.535 *	0.124	0.222	0.448 ↑	0.395
9B 不同生活水准的黑人									
贫穷	0.206	− 0.337 **	− 0.707 ***	0.222	0.722 ***	0.397 ***	0.400 **	0.471 ***	0.219 *
9B 不同生活水准的黑人									
中等	0.120	− 0.129	− 0.487 ***	0.364 **	0.501 ***	0.268 *	0.328 **	0.760 ***	0.318 **
富裕	0.135	− 0.133	− 0.877 **	0.772 **	0.612 ↑	0.657 *	0.268	1.373 ***	0.957 **

注：单元格项是拒绝恢复种族隔离（或认为种族隔离制度最糟糕，用于研究凝聚力的可能性；以及非洲晴雨表）的系数，以及认为种族隔离是反人类罪的系数（《南非和解晴雨表》）。在早期表格中总结的模型被重新估算为调查对象的子集。

$^{+}p < 0.10$；$^{*}p < 0.05$；$^{**}p < 0.01$；$^{***}p < 0.001$。

资料来源：作者对非洲晴雨表第 4 轮调查和 2009 年、2013 年《南非和解晴雨表》调查的分析。

　　欲明白这一点，我们需要重新考虑调查的两个步骤。南非不同阶层的黑人，对真相的接受与对和解与凝聚力意见之间的关系，存在惊人的

相似之处（9B组），与不同种族类别的黑人之间显著的差异（9A组）一致。承认种族隔离的真相指向希望统一，并深信统一近在咫尺——于任何阶层的南非黑人而言均是如此，且（通常）只发生在黑人南非人中，而不发生在白人、有色人种或印度裔中。接受真相不一定需要使南非黑人之间认可和解。《南非和解晴雨表》第9轮和第13轮调查再次表明，南非黑人对真相的接受减少了对和解的支持；这在其他种族中并不成立，除了样本中少数的有色公民。因此，按种族类别划分分析南非人时，南非人对种族隔离真相的承认，与他们对和解与凝聚力意见间的模糊联系便十分明显。

结　论

本章调查了选举和政党发挥作用的程度，这两者通常被视为民主的基本工具，亦是南非和解与社会凝聚力的工具。此处收集的证据表明，民主政治机构在一些重要方面，有利于后种族隔离的南非的和解与社会凝聚力。具有党派支持的公民，特别是非洲人国民大会的支持者，相较于其他党派的支持者数量庞大。非洲人国民大会的支持者支持和解，认为统一的国家符合意愿且可行。此外，近期大选中的选民支持和解，计划投票的南非人支持团结，并认为团结可能实行。

诚然，从某些角度来看，南非的公众舆论普遍认为，该国的政党破坏了社会团结。自2003年《南非和解晴雨表》开始调查以来，聚合回应一致地将政党描述为该国分裂的四大来源之一，通常排名第二或第三（Wale 2013）。本章研究结果表明，对政党的大众对于政党的聚合认知与南非公民对党派政治和选举政治经历的现实不相协调。然而，本章的证据得出的结论为政党和选举的基本民主程序和工具是和解与凝聚力的基础。

然而，这并非唯一的结论。民主的国家支持多种声音。一些南非人认为，殖民主义和种族隔离后，民主的程序和权利也必须同过去20多年中所取得成果的实质进行权衡。在南非人关于和解与凝聚力的思想结构中，民主体制与种族分歧共存（如本章所示）。尽管南非黑人中产阶级甚至上层阶级已然崛起，但民主制度在补偿经济不平等方面收效甚微。

一些人认为，这些相同机构为种族隔离的"公认的"受害者提供了微薄的赔偿金，该赔偿金仅占民主国家拨款总额的一部分，而被真相与和解委员会承认为受害者的人，仅是南非种族隔离受害者的小部分。（Khulu-mani Support Group 2008；Mamdani 2002；Mphahlele 2014）。一些南非人虽然承认民主制度的运行方式，但拒绝使用"和解"一词，因为该词假定在曾经某个阶段所有群体均平等地生活。这种观点认为，这一过去未曾存在，因此首先要面对的挑战便是和解，这亦是南非民主体制下尚未面临的挑战（Anonymous 2014）。

致　谢

感谢尼克·温特（Nick Winter）和安德烈·日尔诺夫（Andrei Zhirnov）提供的有益意见，感谢珍妮弗·西蒙（Jennifer Simon）提供的研究帮助，感谢本书的编辑提供的指导和宝贵的反馈意见。

附　录

因变量

和解指数：构成项（《南非和解晴雨表》第1轮、第9轮、第13轮）

- 你发现很难理解（群体）的风俗习惯和方式（强烈反对、不同意、既不反对亦不同意、同意、完全同意）。
- 不可信任个人（群体）。
- 你永远无法想象自己是主要由（团体）人组成的政党的一员。

这里的和解指数反转、折叠并添加原始项得分，因此值越高表示与所述项目的分歧越大，和解可能性越大。

和解替代项（非洲晴雨表）

请告诉我你是否不同意，既不反对亦不同意，抑或同意：人们应该首先意识到我们是南非人，停止从所属的群体认同自己。

社会凝聚力（《南非和解晴雨表》和非洲晴雨表）

- 希望在所有居住在该国的不同群体中建立统一的南非国家（强烈

反对、不同意、既不反对亦不同意、同意、完全同意）。

- 在生活在这个国家的所有不同群体中，有可能建立统一的南非国家（强烈反对、不同意、既不反对亦不同意、同意、完全同意）。

选定的自变量

真相接受指数：组合项（《南非和解晴雨表》）

- 种族隔离是反人类罪（正确）。

- 今日的南非收入差异巨大，因为曾经黑人的受教育机会不同于白人（第 1 轮和第 9 轮；第 13 轮：由于种族隔离的遗留问题，许多南非人时至今日仍然贫穷）（正确）。

- 国家曾对反对种族隔离者实施可怕的暴行（第 1 轮和第 9 轮；第 13 轮：种族隔离政府对反对种族隔离者实施了可怕的罪行）（正确）。

接受真相替代项（非洲晴雨表）

- 治理国家的方法很多。你是否会反对或赞同以下替代方案？如果南非恢复种族隔离制度下的旧制度（强烈反对、不同意、既不反对亦不同意、同意、完全同意）。

- 如果衡量国家最好的治理方式是打 10 分（10 分制），衡量最差的治理方式是 0 分，即根本不得分。你认为南非在种族隔离制度下的统治方式如何？

种族间联系（《南非和解晴雨表》；非洲晴雨表第 2 轮和第 4 轮：没有关于种族间联系的问题）

- 在自己家或朋友家里进行社交活动时，你与（群体）人交谈的频率如何（从不，很少，有时，经常，总是）？

- 通常情况下，一周中，无论是在工作抑或其他场所，你与（群体）的人交谈的频率如何（从不，很少，有时，经常，总是）？

信息：自我报告（非洲晴雨表）

你从以下来源获得新闻的频率如何（每天，每周几次，每月几次，每月少于一次，从不）？收音机？电视？报纸？

信息：事实知识指数的构成项（仅适用于第四轮非洲晴雨表）

你能告诉我你的国会议员的名字吗？国家财政部长的名字是什么？

政治兴趣（非洲晴雨表）

- 你认为自己对公共事务的兴趣如何（非常感兴趣、某种程度上讲感兴趣、不大感兴趣、完全不感兴趣）？
- 和亲友团聚时，你会讨论政治事务吗（经常、偶尔、从不）？

参与：民间社会组织（非洲晴雨表）

你能告诉我你是以下机构的官员，活跃的成员，不活跃的成员，抑或不是成员。

- 宗教团体（如教堂、清真寺等）（第2轮和第4轮）；其他自愿协会或社群团体（第4轮）；工会或农民协会；专业或商业协会；社群发展协会（第2轮）？

参与：集体活动（非洲晴雨表）

请告诉我你在过去的一年里是否亲自做过这些事情（如果是，那么频率是经常，几次，一次或两次；如果不是，那么有机会，永远不会这样做）。

- 参加社群会议；与其他人相聚一堂提出问题；参加示威游行或抗议游行。

参与：集体和非常规活动（第13轮《南非和解晴雨表》）

请回想一下去年。如果参加过以下线下活动，请问频率如何（总是、经常、有时、很少或从不）？

- 参加示威；参加罢工；使用更为暴力的措施，如破坏公共财产。

参与：政治和党派（非洲晴雨表）

请告诉我你在过去的一年里是否亲自做过以下这些事情（如果做过，频率是经常，几次，一次或两次；如果未曾做过，若有机会，永远不会这样做）？

- 为政治目的使用武力或暴力。

关于上届（2004年）全国选举，你认为哪一种说法是正确的（第4轮；在这里的分析中，哑变量表示投票者与所有其他群体）？

- 你曾在选举中投票。
- 你未注册或因年龄太小无法投票；决定不投票；无法找到投票站；被阻止投票；没有时间投票；其他原因。

在过去的一年中，你和下列人士联系以便了解一些重要问题或向他们表达你的观点的频率如何？（从不，只一次，几次，经常）

- 当地政府议员；议会议员；政府部门官员（第2轮；政府机构第

4 轮）；政党官员（第 2 轮）。

请回忆最后一次联系上述领导时，讨论的问题是社群问题抑或个人问题？（社群，个人，不适用，第 4 轮；本章分析中，哑变量表示个人联系和所有其他联系）

参与：选举（《南非和解晴雨表》第 13 轮）

你在 2014 年的选举中投票的可能性有多大？（非常不可能、不大可能、中立、可能、非常可能）

党派支持（非洲晴雨表）

你是否认为自己对某一特定政党感到亲近？

参考文献

Afrobarometer （2008） *South Africa Round 4 Survey Technical Information*. Accessed September 2016, www. datafirst. uct. ac. za/dataportal/index. php/catalog/ 541/download/7444.

Anonymous （2014） Comment at Roundtable on Radical Reconciliation. Institute for Justice and Reconciliation, Cape Town, 24 July.

Baldassarri D （2013） *The Simple Art of Voting：The Cognitive Shortcuts of Italian voters*. Oxford：Oxford University Press.

Bratton M, Logan C, Cho W & Bauer P （2004） *Afrobarometer Round 2：Compendium of Comparative Results from a 15-country Survey*. Afrobarometer Working Paper No. 34, March.

Dahl RA （1971） *Polyarchy：Participation and Opposition*. New Haven, CT：Yale University Press.

Dalton RJ （2013） *Citizen Politics：Public Opinion and Political Parties in Advanced Industrial Democracies*. Thousand Oaks, CA：CQ Press.

DeBell M （2013） Harder than it Looks：Coding Political Knowledge on the ANES. *Political Analysis* 21 （4）：393 – 406.

De Kadt D & Larreguy Arbesu H （2014） *Agents of the Regime? Traditional Leaders and Electoral Behavior in South Africa*. MIT Political Science Department Research Paper No. 2014 – 24. Accessed September 2016, papers. ssrn. com/sol3/papers. cfm? abstract_ id = 2500967.

Emmanuel K (2007) *Between Principle and Pragmatism in Transitional Justice: South Africa's TRC and Peace Building.* Institute for Security Studies Papers No. 156, November.

Everatt D (2011a) Xenophobia, Civil Society and South Africa. *Politikon* 38 (1): 1 – 5.

Everatt D (2011b) Xenophobia, State and Society in South Africa, 2008 – 2010. *Politikon* 38 (1): 7 – 36.

Ferree KE (2010) *Framing the Race in South Africa: The Political Origins of Racial Census Elections.* Cambridge: Cambridge University Press.

Fishman RM (2004) *Democracy's Voices: Social Ties and the Quality of Public Life in Spain.* Ithaca, NY: Cornell University Press.

Friedman S (2009) An Accidental Advance? South Africa's 2009 Elections. *Journal of Democracy* 20 (4): 108 – 122.

Gibson JL (2004a) Does Truth Lead to Reconciliation? Testing the Causal Assumptions of the South African Truth and Reconciliation Process. *American Journal of Political Science* 48 (2): 201 – 217.

Gibson JL (2004b) Overcoming Apartheid: Can Truth Reconcile a Divided Nation? *Politikon* 31 (2): 129 – 155.

Gibson JL & Claassen C (2010) Racial Reconciliation in South Africa: Interracial Contact and Changes Over Time. *Journal of Social Issues* 66 (2): 255 – 272.

Hlatshwayo M (2011) Is there Room for International Solidarity within South African Borders? COSATU's Responses to the Xenophobic Attacks of May 2008. *Politikon* 38 (1): 169 – 189.

Katz RS (1980) *A Theory of Parties and Electoral Systems.* Baltimore, MD & London: Johns Hopkins University Press.

Khulumani Support Group (South Africa) (2008) *TRC's Unanswered Questions.* Accessed September 2016, www. khulumani. net/khulumani/in-the-news/item/258-trcs-unansweredquestions. html.

Landau L B & Misago J P (2009) Who to Blame and What's to Gain? Reflections on Space, State, and Violence in Kenya and South Africa. *Africa Spec-*

trum 44 （1）：99 – 110.

Lieberman E S & McClendon G H （2013） The Ethnicity – policy Preference Link in Sub-Saharan Africa. *Comparative Political Studies* 46 （5）：574 – 602.

Lupia A （2014） What is the Value of Social Science? Challenges for Researchers and Government Funders. *PS：Political Science & Politics* 47 （1）：1 – 7.

Lupia A & Elman C （2014） Openness in Political Science：Data Access and Research Transparency. *PS：Political Science & Politics* 47 （1）：19 – 42.

Mamdani M （2002） Amnesty or Impunity? A Preliminary Critique of the Report of the Truth and Reconciliation Commission of South Africa （TRC）. *Diacritics* 32 （3）：33 – 59.

Mershon C （1989） Between Workers and Union：Factory Councils in Italy. *Comparative Politics* 21 （2）：215 – 235.

Mershon C （1992） The Crisis of the CGIL：Open Divisions in the Twelfth National Congress. In S Hellman & G Pasquino （Eds） *Italian politics：A review* （Vol. 7）. New York & London：Pinter.

Mershon C & Shvetsova O （2013a） The Micro-foundations of Party System Stability in Legislatures. *Journal of Politics* 75 （4）：865 – 878.

Mershon C & Shvetsova O （2013b） *Party System Change in Legislatures Worldwide：Moving Outside the Electoral Arena.* Cambridge：Cambridge University Press.

Mphahlele B （2014） Remarks at Roundtable on Radical Reconciliation. Institute for Justice and Reconciliation, Cape Town, 24 July.

Murithi T （2006） Practical Peace-making Wisdom from Africa：Reflections on Ubuntu. *The Journal of Pan African Studies* 1 （4）：25 – 34.

Powell GB （2000） *Elections as Instruments of Democracy：Majoritarian and Proportional Visions.* New Haven, CT：Yale University Press.

Robinson AL （2009） *National vs. Ethnic Identity in Africa：Stage, Group, Individual-level Correlates of National Identification.* Afrobarometer Working Paper No. 112, September.

SAARF （South African Advertising Research Foundation） （2009） *SAARF U-*

niversal LSM. Accessed September 2016, www. saarf. co. za/lsm-presentations/2009/.

SAARF (2012) *SAARF Segmentation Tools*. Accessed September 2016, www. saarf. co. za/lsmpresentations/2012/LSM% 20Presentation% 20-% 20February% 202012. pdf.

SARB (South African Reconciliation Barometer) (2009) *SARB Round 9 Questionnaire*. Accessed September 2016, www. datafirst. uct. ac. za/dataportal/index. php/catalog/ 318/download/6950.

Schattschneider EE (1942) *Political Parties*. New York: Holt, Rinehart and Winston Steenkamp C (2009) Xenophobia in South Africa: What does it Say About Trust? *The Round Table* 98 (403): 439 – 447.

Vahed G & Desai A (2013) The May 2008 Xenophobic Violence in South Africa: Antecedents and Aftermath. *Alternation* 20 (7): 145 – 175.

Valji N (2004) Race and Reconciliation in a Post-TRC South Africa. Paper presented at Ten Years of Democracy in Southern Africa Conference, Southern African Research Centre, Queens University, Canada, May.

Verba S & Nie NH (1987) *Participation in America: Political Democracy and Social Equality*. Chicago, IL: University of Chicago Press.

Verba S, Nie NH & Kim J (1978) *Participation and Political Equality: A Seven-nation Comparison*. Cambridge: Cambridge University Press.

Villa-Vicencio C (2004) Reconciliation. In C Villa-Vicencio & E Doxtader (Eds) *Pieces of the Puzzle: Keywords on Reconciliation and Transitional Justice*. Cape Town: Institute for Justiceand Reconciliation.

Wale K (2013) *Confronting Exclusion: Time for Radical Reconciliation. SA Reconciliation Barometer Survey: 2013 report*. Cape Town: Institute for Justice and Reconciliation. Accessed.

September 2016, www. polity. org. za/article/sa-reconciliation-barometer-survey-2013-reportdecember-2013 – 2013 – 12 – 04.

Wale K (2014) *SARB 2003 – 2013: Over a Decade of Data Reflecting on Reconciliation-Lessons from the Past, Prospects for the Future*. Accessed September 2016, ijr. org. za/ publications/pdfs/IJR % 20SA% 20Reconciliation% 20 Barometer% 20Report% 202014. pdf.

Walsh DM （2009） Citizenship， Gender， and Civil Society in South Africa. In H Britton， J Fish & S Meintjes （Eds） *Women's Activism in South Africa：Working across Divides*. Scottsville： University of KwaZulu-Natal Press.

World Bank （2015） *GINI index* （*World Bank estimate*） . Accessed September 2016， data. worldbank. org/indicator/SI. POV. GINI.

Zaller J （1991） Information， Values， and Opinion. *American Political Science Review* 85 （4）： 1215 – 1237.

Zaller J （1992） *The Nature and Origins of Mass Opinion*. Cambridge： Cambridge University Press.

对政治参与和机构主题的回应

朱迪斯·菲比（Judith February）

民主国家需要具有批判性的公民，然而，政治的不信任程度何时成了社会稳定的威胁？在如南非这样的社会中，这是一个关键问题，正如许多作者在本书中所建议的，南非似乎越来越与自己格格不入。2016年3月，高等法院裁定，谋杀克里斯·哈尼斯（Chris Hanis）的凶手贾纳斯·沃鲁斯（Janus Walusz）应当被释放。这引起了包括哈尼斯遗孀林姆弗（Limpho）在内许多人的强烈批评。林姆弗认为，刺杀这位南非共产党（the South African Communist Party，SACP）领导人的真相尚未被挖掘。高等法院的裁决再次尖锐地指出了一些人所说的真相与和解委员会（the Truth and Reconciliation Commission）进程的缺点以及真相与和解相辅相成的必要性。

南非不断在回顾其过去和曾经为和平所作的妥协。在很多情况下，公民对1994年建立的民主体制的合法性以及1996年宪政民主的巩固表示质疑。正如科勒特·舒尔茨－赫森伯格（Collette Schulz-Herzenberg）和阿曼达·古斯（Amanda Gouws）在《政治信任可以达成和解吗?》一文中所言，《南非和解晴雨表》连续几轮调查显示，2006—2013年，民众对大量机构的信心持续下降。

2015年，"学费必须下降"学生运动（#FeesMustFall）一方面主张学费不再上涨，同时又质疑失去经济自由的政治自由的价值。在这一新兴、有时令人困惑的运动中，有些人对向民主过渡以及民主体制作为实现经济解放手段的合法性，或者实现优等教育的合法性，提出了深刻的批评。2015年底，在开普敦（Cape Town）爆发向议会进发的"学费必须下降"游行中，包括内阁成员在内的民选代表，似乎无法满足学生的需求，并看起来明显与外界脱节。在某些情况下，学生们遭到警察的野蛮对待，仅进一步削弱学生与政府之间的信任，而他学生本来愿同政府协商。雅各布·祖玛（Jacob Zuma）政府毫不犹豫对抗议者采取强硬的警察行动，2012 年发生在马里卡纳（Marikana）的暴力行为便见证了这一点。仅是警察暴行这件事便是南非后种族隔离时代的污点，民众将需要一段时间才可重新恢复对警察和司法制度的信任。法拉姆调查委员会（The Farlam Commission of Inquiry）未就受害者的责任问题或者更广泛的政治责任问题给予过多回复。

近来，政治和社会事件在某种意义上双双联合，以前所未有的方式考验我们的政治机构。在贫困和不平等问题愈加严峻的情况下，作为南非多数党的非洲人国民大会发现，其在面对令人棘手的挑战上缺乏新的政策思路。

法国经济学家 Thomas Piketty 发现，在像南非一样充满不平等的国家中，60%—65% 的财富只掌握在 10% 的公民手中（这很大程度上受种族的影响），并且，政治信任亦加速受损。此外，预计 2016 年经济增长率 0.8%，失业率高达 24.5%，毫无疑问，社会正处于紧张状态，民众正对现状提出质疑。因此，公民们如何相信，即便不参与抗议，政治体系也能够依然为他们提供更为满意的结果？公民对民选领导人的信任以及信任公平和负责任的政府应该产生的结果上，南非显然是一个"大杂烩"，众说纷纭。

《南非共和国宪法》被全世界誉为真正的"革命"。《权利法案》第 2 章首次将可守法院裁决的社会经济权利纳入宪法。然而，宪法首先为新的国家组织方式铺平了道路，规定了行政、立法和司法之间的权力分立（虽然根基薄弱），并设想以上三大机构之间能不断进行对话。

尽管南非在将权利和义务庄严载入《宪法》方面有所成就，但在过去 22 年巩固宪政民主文化的努力中，依旧困难重重。"转型宪政"①之旅在深刻复杂和分裂的历史与政治背景下进行。尽管如此，最高法律规定下的民主已经取得了一些长期、可持续的进展。同时，南非在确保国

---

① 这是首席法官派厄斯·兰加（Pius Langa）于 2006 年 10 月 9 日在斯泰伦博斯大学（Stellenbosch University）发表的著名演讲的题目（见 Langa 2006）。参见 Rosa（2011）、Sibanda（2011）和 Van Huyssteen（2000）。

家对其公民既负责又公开透明方面，也取得了重大进展。① 然而，前路依旧不太明朗。

《宪法》的基本原则（第 1 节）规定了支撑民主国家的价值观，即问责制、责任性②和公开性，为从权威到公正的文化架起了桥梁（Mureinik 1994）。因此，问责制成为民主治理的关键。

《宪法》因其进步的表达和对人权的保护而受到广泛赞扬，但是也被正确地看作是两股对立力量间所作的历史性妥协。司法和惩教署（Department of Justice and Correctional Services）副部长恩戈亚科·拉马特霍德（Ngoako Ramatlhodi）等人则进一步表示，《宪法》的内容受到了历史上某个特定时刻（尤其新自由主义世界观占主导地位的时期）的过度影响（见《泰晤士报》2011 年 9 月 1 日报道；③《卫报》2013 年 6 月 24 日报道）④。这与苏伦·皮莱（Suren Pillay）在回应本书第一部分时的观点相呼应。其他人认为，对当前有关基本法实质意义争论的适当回应，可能不像某些人所言（即改变法律内容），而是重新审视律师

① 稳定和繁荣的民主需要"持续和多种形式的问责制"（Misra-Dexter&February：xx）。政府部门应当对他们的表现和与私营部门的往来负责，以确保民主项目的核心价值——民有、民治和民享的政府——在实践中得到遵守。虽然立法者的责任通过废除跨界立法得到加强，"公众代表的忠诚主要对象是他们的政党，而非选民"（Misra-Dexter&February：xxi）。参见 Pienaar（2010）。

② 责任性表明并需要公众参与。

③ Ramatlhodi N,《非洲人国民大会（ANC）的致命让步》。访问日期：2016 年 9 月，网址：www. timeslive. co. za/opinion/commentary/2011/09/01/the-big-read-anc-s-fatal-concessions。

④ Kasrils R, 非洲人国民大会（ANC）的浮士德协定（Faustian pact）如何出卖了南非最贫穷的人。访问日期：2016 年 9 月，网址：www. theguardian. com/commentisfree/2013/jun/24/anc-faustian-pact-mandela-fatal-error/ print。Kasrils 将持续贫困问题归咎于经济政策而非《宪法》：有人认为，在 1994 年 5 月非洲人国民大会上台前已明朗的是，该政党仅会对南非的社会和经济结构进行有限的改革。非洲人国民大会（ANC）及其在这场斗争中的亲密伙伴南非共产党（SACP），长期以来一直致力于两阶段策略，该策略设法在反对种族隔离的和反对资本的斗争中划清界限。民族解放将通过所有受压迫人民阶层和反种族隔离白人组成包含所有阶级的广泛民主联盟获得。仅达到这一目标之后，才能解决经济问题。并非所有执政联盟成员都理解或接受这种两阶段策略，这可能在一定程度上解释了非洲人国民大会前民主时代的《自由宪章》及重建和发展规划（Reconstruction and Development Programme）的意义和影响引发的激烈辩论。在这一背景下，"经济解放"需求的出现并不令人意外。朱利叶斯·马勒马（Julius Malema）在担任非国大青年联盟（ANC Youth League, ANCYL）领导人期间响应了这一呼吁。马勒马随后以纪律涣散为由被驱逐出非国大青年联盟及上级机构，这一行为被支持者解释为试图压制赞成开始第二次过渡的人。当马勒马的新政党经济自由阵线（Economic Freedom Front）竞选下届大选时，这些担忧以及提议的补救措施在穷人中继续获得支持的程度可能会受到考验。

和法院所用的占据主导地位的法律方法，合理解释和适用其条款，以适应四分五裂的社会背景中不同的现实情况（Albertyn & Davis 2010）。有时，关于在社会转变必要过程中，围绕《宪法》发挥的作用的辩论十分激烈，但这些辩论不应被视作对无法触碰的护身符的无理攻击，而应当作为在帮助或阻碍我们实现社会愿望的过程中，对法律效力基本正常且持续存在的民主讨论的一部分。

早在 2005 年，时任非洲人国民大会秘书长的卡莱马·莫特兰蒂（Kgalema Motlanthe）表示，"腐败的毒瘤"正侵蚀着非洲人国民大会（ANC）。事实证明，情况确实如此，自祖马担任总统以来，明目张胆的腐败一定有所增加。这种腐败似乎主要集中于总统本人，但却不止他一人。总统与巨富古普塔斯（Guptas）家族（该家族从一系列政府合同中获益颇丰）之间不体面的关系已经众人皆知。2015 年 12 月，财政部长恩兰拉·内内（Nhlanhla Nene）被免职，这已经成为祖马将在多大程度上满足其赞助关系网的避雷针。有人或许认为，仅经济破坏行为，便已经大大削弱了人们对祖马、政府和民主制度的信任。

然而，另一方面，很多人将指责指向《宪法》是愤世嫉俗妥协的产物，纳尔逊·曼德拉（Nelson Mandela）也因向国际资本"出卖自我"而受到批评，但面对政治压力，南非的政府机构依然保持生机。监察办公室（the Public Protector's Office）和宪法法院（the Constitutional Court）均是恩坎德拉（Nkandla）灾难的中心。尽管面临越来越多的政治威胁，但两者均保持坚挺。总统自己无法与法院的力量抗衡，公众保护者关于恩坎德拉的报告确实对其具有约束力，因而总统的律师做出了特别的让步。这些法治的增益，对于公民对政治体系的信任而言至关重要。

与腐败案件的增多存在内在的联系的是全国各地社会抗议的增加。2015 年，种族关系研究所（the Institute of Race Relations）称，自 2010 年以来，社会抗议数量几乎翻倍。然而，数据的准确性仍存争议，因为这些数据源于南非警察署（the South African Police Services），该机构记录在案的事件多是聚众相关案件，而非抗议活动。据安全研究所（the Institute for Security Studies 2014）调查，在媒体报道社区组织游行、静坐示威活动，以及设置路障和焚烧轮胎时，"服务提供抗议"被当作一个万能的标签使用。

根据收集针对地方政府的和平和暴力"服务提供抗议"数据的组

织，2010—2014 年数据显著上升。然而，这些数据可能并不具有决定性，因为其主要基于媒体报道，并主要关注市级政府。然而，这的确表明人们对民选代表令人担忧的不满程度。在这种不平等的环境中，民众信任的衰退常常导致民众参加社区暴力抗议。这意味着许多公民认为使用暴力可以让政府官员听取意见。正如 Ebrahim Fakir（2014）对 2014 年拜克斯戴尔（Bekkersdal）公众抗议的研究所指出，这表明了人们对体制中个人的信任，尽管可能正在减弱，但并不体现在体制的运作方式上。当然，如果政府继续依赖公民仅存的善意和希望，忽视公民日益愤世嫉俗和焦躁不安的警示信号，那实在是愚蠢。

2016 年的南非与实行种族隔离的南非截然不同，如今，我们有权发表自己喜爱的言论和写作，更重要的是，内容已发生了改变。然而，我们仍在努力塑造这个我们身处其中的非常混乱的环境。做出成为宪政民主国家的选择并非偶然，亦并非在非洲人国民大会和其他社会组织中没有任何辩论和争论。我们对基本权利和反对任意行使权力的承诺是经过深思熟虑的。但是，在向民主的过渡的过程中，仍存在缺陷，这无可争议。毫无疑问，从根本上改变那些受尽排斥的人的生活，还有许多工作要做。我们正处于一个艰难的政治和社会时刻，若要改变现状，同时又要维护宪法赋予我们的使命（即人人享有尊严和平等），便需要全社会的领导人进行深思熟虑的干预。

参考文献

Albertyn C & Davis D（2010）Legal Realism，Transformation and the Legacy of Dugard. *South African Journal on Human Rights* 26（2）：188 – 216.

Fakir E（2014）*Circling the Square of Protests*："*Democracy in Action or Popular Insurgency*"，*Democracy*，*Development*，*Delivery and Its Discontents – The Story of Protests in Bekkersdal*. Radical re-alignments in South African politics，12th Annual Ruth First Memorial Lecture，University of the Witwatersrand，Johannesburg，14 August. Accessed September 2016，www. journalism. co. za/wp-content/uploads/2015 /07/New _ RuthFirst _ Fakir. pdf.

Institute for Security Studies (2014) *Getting to the Bottom of What Really Drives Public Violence in South Africa*. Accessed September 2016, www. issafrica. org/iss-today/getting-to-the-bottomof-what-really-drives-public-violence-in-south-africa.

Langa P (2006) *Transformative Constitutionalism*. Prestige Lecture Delivered at Stellenbosch University, 9 October. Accessed September 2016, www. msu. ac. zw/elearning/material/1238154663 Pius% 20 Langa% 20 Speech. pdf.

Mackay G (2015) Social Protests have Doubled Since 2010 – IRR. *Politicsweb*, 26 May. Accessed September 2016, www. politicsweb. co. za/politics/social-protests-have-doubled-since-2010 – irr. Misra-Dexter N & February J (2010) Introduction. In N Misra-Dexter & J February (Eds.) *Testing Democracy*: *Which Way is South Africa Going*? Cape Town: Institute for a Democratic Alternative for South Africa.

Mureinik E (1994) A Bridge to Where? Introducing the Interim Bill of Rights. *South African Journal on Human Rights* 10: 31 – 48.

Pienaar G (2010) Accountability and Democracy. In N Misra-Dexter & J February (Eds) *Testing Democracy*: *Which Way is South Africa Going*? Cape Town: Institute for a Democratic Alternative for South Africa.

Rosa S (2011) Transformative Constitutionalism in a Democratic Developmental State. *Stellenbosch Law Review* 22 (3): 542 – 565.

Sibanda S (2011) Not Purpose-made! Transformative Constitutionalism, Post-independence Constitutionalism and the Struggle to Eradicate Poverty. *Stellenbosch Law Review* 22 (3): 482 – 500.

Van Huyssteen E (2000) The Constitutional Court and the Redistribution of Power in South Africa: Towards Transformative Constitutionalism. *African Studies* 59 (2): 245 – 265.

第五部分

身份认同

建设国家：考量不确定结果

卡琳·亚伯拉罕斯（Caryn Abrahams）

实行民主制度 20 年后的南非就"什么构成了国家"这一命题展开一系列杂乱无章却令人着迷的论争。南非人民以众多不同的方式认同自我：地方、城镇、语言或种族。甚至早在 1994 年政治转型到来之前，南非国家就是一个备受争议的概念，置于历史和政治之中，由意识形态和政治国家构建。本章并非南非民族主义（nationalism）立场，而是将建立一个不分种族、团结统一的民主国家视为"荣誉"。然而，获得此荣誉的背后，似乎有一种不确定感。在 2011 年举行的一次焦点组访谈中，[①] 当被问及是什么让南非人团结在一起以及是什么让南非人分裂时，一位来自西开普省（Western Cape）帕尔（Paarl）的男性参与者概括了这种不确定性："我们真的说不清未来对我们意味着什么。"

基于对此回答以及其他访谈文本的分析，我在一篇关注非种族主义（nonracialism）前景的文章中总结道：

> 在南非，过渡民主语境下的非种族主义日常谈判始终以模糊性作为其本质特征（defining feature）。"南非"是什么，"我们"是什么，社会将走向何方，未来非种族社会的样貌又是如何，这一切都模棱两可。有种为他人利益而付出代价的焦虑……（以及）在纠正问题上产生的潜在和公开的冲突。（Abrahams，2012：118）

本章研究了普通南非人的态度和观点，发现南非人认为自己面对的

---

① 焦点小组由豪登城市地区观测站（Gauteng City-Region Observatory，GCRO）以及凯瑟拉达基金会（Kathrada Foundation）组织。文字整理稿可从上述组织处获取。

是无法想象的未来。团结统一、不分种族的国家这一概念虽有远见卓识，但却晦涩抽象。虽然人民仍然坚持这一愿景，但却也是空中楼阁，难以确定。

本章的目的在于，将这种不确定性置于我们对实行民主 20 多年后对国家现状思考的中心。本章并非将不确定性视为恐惧或模糊感的呈现，而是展示不确定性，特别是当社会处于转型期时，如何代表着社会熵（social entropy）或社会扰流的状态。本章不同于本书其他章节的是，我并未呈现反映积极或消极情绪趋势的时间序列。相反，我感兴趣的是不确定性——介于赞同与不赞同之间的中间类别。

在社会心理学文献中（Hammond 1996），不确定性通常被理解为发生在某个范围之内——从矛盾到恐惧——还包括作判断或决定时的焦虑和困惑情绪。在本章中，这一术语的用法借鉴了 Hammond 提出的方法，但更多地基于日常生活，而并非 Hammond 研究的产生于社会政策和法律事务中的司法、生死及其他关键决定。正如 Jose Valencia 和 Fran Elejabarrieta（1994）的观点，日常的理性并非基于权重决策，而在于即时环境下对规范化建议和要求做出回应的个人选择。换言之，本章语境中的社会态度可看作是流动、不固定的理性形式，是对社会呈现的规范化和平常化呈现方式的回应。因此，不确定性虽然包括焦虑和担忧，但其也并非对社会调查中提出的规范性问题作出的消极抑或积极的回应。以上就是"中间类别"在本章的数据中使用和展现的方式。本章用不确定性概括南非国家建构和社会凝聚力话语中人民对更规范性问题的态度。这些态度被看作合理的回应，但不一定代表着态度固定不变。

在一个层面上，不确定性呈现出人民对国家计划的态度，目前虽不容乐观，未来却充满希望。这种不确定性不应被理解为国家计划的失败或社会凝聚力的消解——如果确实存在这样的观点。相反，应将不确定性看作拥有能带来更积极（和更消极）结果的潜力，为民间社会、政府和普通公民提供重大机遇，借此他们有望再度找到建设这一理想未来的共同根基。在另一个层面上，不确定性是对南非政府定义、颁布的国家计划的控诉。如果我们将不确定性解读为流动性，那么数据中不确定性的增加趋势可能就是对国家建构和社会凝聚力中愈加严格的规范性要求作出的回应。

关于自我认同、种族和社会信任问题以及为南非所有种族创造幸福未来的问题已成为后种族隔离时代南非国家建构的典型标志。Vanessa Barolsky（2012）认为，各项指标为南非国家建构和社会凝聚力计划提供了方案。虽然国家建构被看作是国家领导与公民驱动的计划，然而对于南非大多数地区而言，这一计划已然被国家霸占，尽管宣扬的还是需要公民在社会契约下合力建设国家。因此，在国家计划实例化的过程中，国家或许担当了近乎独裁者的角色。事实上，这与现任执政党非洲人国民大会的霸权计划有很大关系（Hart 2013）。从这个角度来看，国家建构计划在探索规范且理性的确定性，使用的社会凝聚力方案既乏味又狭隘，从根本上与流动的（不确定的）社会态度相左。这些狭隘的方案包括：产生南非人的身份认同、忠于民族象征和神话、参加纪念解放斗争的公众集会。

本章为一套不同的指标体系提供理据，这套指标包括对统一的南非国家的理念的回应、社会信任感、强烈归属感、公民对自己在社会中价值的信念以及政治信任等指标。首先应当注意到，虽然这些指标在某些方面也具有规范性，不会引起纷争。这些建议不仅提供了"更为合适"的指标，而且代表了巩固民主所要求的活力、争论、矛盾、流动性，当其中带有不确定性的回应时尤为如此。

Anthony Marx（1998）回顾了南非、美国、巴西民族主义的现代形式，其中一个观点是政治合法性、信任、团结是国家地位的关键标志，反映了国家的实力强弱和团结程度。这些指标不仅具有象征性意义，同时表明了在促进系统管理的机构和政策的支持下，公民、政治、各相关方面如何共同塑造国家。整体上而言，这些指标指向更为庞大的民主计划。但正如上文所述，无须否定不确定性的增加。相反，这可能代表着真正的民主计划所带有的不可预测性。后文将表达，虽然对规范性的国家建构或社会凝聚力问题作出不确定性回应代表着幻灭感，但同时也代表着政治和社会的转型。从规范性的国家计划的角度来看，这些结果呈现的图景引人入胜：虽然无法在宏大民主计划中产生期望的那种确定性，但或许可以认为这些结果有益无害。

南非国家建构和社会凝聚力计划

南非如同其他国家一般，国家建构和社会凝聚力的必要条件包括：寻求社会确定性、某种程度的爱国主义国家决定论、减少社会分歧以及不确定政治结果的变幻莫测。当务之急是不确定、不稳定被视为社会凝聚力的威胁：建构国家和凝聚社会的最终目的是创造社会确定性。毫无疑问，如果我们通过平庸（表演）民族主义形式看待稳定性和民族主义，就能够达到社会确定性——换言之，通过树立民族神话和传说象征衡量国家的团结与凝聚力程度。

南非的《20 年回顾》展现了国家计划的设想图景。我受邀在其中撰写一篇概括性文章。我的概要中包括一项明确的任务：

> 由于南非人的身份是由政治、领土束缚和想象的结构，所以需要不断说服人民相信他们的南非"性"……本研究应该确定创建这种集体身份的国家计划有多远以及如何加速这一进程（Abrahams，2013）。

距南非第一次民主选举已过去 20 年，因此国家实力的强弱如今成为重点关注。《20 年回顾》审视了南非人民是否从根本上自我认同为南非人，抑或坚持各自的种族、语言、民族身份以及是否通过特定象征的密切联系表现出的民族意识。这些均为南非强大的标志，同时也是公民为表现坚决维护国家计划应坚持的象征。

这篇概要通过借鉴其他地区的学术研究和相关政策，特意从理论层面聚焦社会凝聚力。社会凝聚力相关文献基于身份的本质框架，提倡归属和宽容，同时被认为是"我们"和"他者"的规范化群体。

从另一角度看，追求社会凝聚力和国家建构，实际上是追求减少不确定性带来的变幻莫测，营造出井然有序、安定团结的氛围。Caroline Beauvais 和 Jane Jenson（2002）同样考虑了这些概念，分析了社会凝聚力的其他功能。他们认为社会凝聚力与其说是统一的力量，或就其本身而言有益而无害，不如说是在保卫"国家"的过程中显现的，且经常被用作对抗国家遭受的威胁的概念或价值观。

Beauvais 和 Jenson（2002）展示了社会凝聚力如何被用作一种警醒现有社会秩序存在危险策略，同时也包括了排除异议的不同形式。社会凝聚力往往标记"源于内部的威胁"。这一定义由于可能促进保守政治的施行，并且会否认多元社会中冲突的合法性，因而饱受诟病（2002：3），通常在论及民族武装或城市宗教恐怖主义时引用这一概念。此处的社会凝聚力作用是维护社会现状，防止反对的声音出现。

虽然社会凝聚力也被视作是为所有社会群体争取经济平等和/或社会标准平等、倡议重新分配的计划，但主要是"社会以及其组成群体趋向共同的经济、社会、环境标准的和谐发展"（Kearns & Forrest，2000：999；另见 Beauvais & Jenson，2002：3）。在此处，即使是确保公平分配（就其本身而言颇具益处）的需求也被视作是在经济基础上防止公民冲突的手段，换言之，这一需求意在确保社会的稳定、可预测性占据上风。

本章最后讨论了另一种社会凝聚力以及与全体公民的积极参与有关的应用方式，与 Beauvais 和 Jenson（2002：9）提出的"心灰意冷的全体公民、政治机构的去合法性"相左。公民参与被视为有助于社会稳定的民主进程形式。Charles Taylo（1996：119）认为，这种通过公民参与实现的社会凝聚力"不仅需要坚决维护民主计划，还需要人民内部形成特殊的纽带……必须依靠社会成员的自发支持的自由社会需要较强的忠诚度。"

本章通过讨论发现，社会凝聚力在根本上需要社会秩序、可预测性、和谐生活。此外，还需要通过国家建构的过程、超越种族或其他分歧、建立归属感，忠诚，政治团结等方式，形成避免公民冲突的社会工程（social engineering）。在南非，社会凝聚力与国家建构密切相关，后者依赖于稳定性、可预测性、确定性。不确定性在社会凝聚力中无立足之地；社会凝聚力需要国家的建构。

南非政府的社会凝聚力和国家建构概念中包含了积极公民（active citizenship）的问题，而《中期战略框架的国家建构和社会凝聚力支柱》（*the Nation Building and Social Cohesion Pillar of the Medium-Term Strategic Framework*）着眼信任、支持国家体育队、南非人的自豪感，即首先要认同为南非人，并对国家象征持积极态度。Firoz Cachalia（2012）和 Raymond Suttner（2011）等学者观察到，国家的实例化植根于非国大的民族民主革命概念。后者为南非被解放的非裔民族的本质与表达的愿景，尤其关注政治认同以及解放的叙述和象征。重要的是，民族民主革命为当前国民归属和身份认同的叙述提供了根本模板，尽管经常因为其本质化遭受批评，但仍然普遍存在于"南非性"的讨论之中。

当然，对民族主义也有些不同的看法。促进和保护文化、宗教、语言共同体权利委员会（Commission for the Promotion and Protection of the Rights of Cultural，Religious and Linguistic Communities）与德克勒克基金会（FW de Klerk Foundation）相关的宪法权利中心（Centre for Constitutional Rights），主张国家的职权范围应该更广泛，包含少数民族保护，因而谴责现行的语言政策。非国大政府制定的国家计划的特性在于国家的愿景应该包容、欣赏差异，但是整体的民族身份（national identity）凌驾于一切之上。从至高无上的民族主义的角度来看，忠诚与共同象征是将多元的南非人团结在一起的力量。

这些"至高无上"的标记，尤其在过去 20 年内可以被解读为当今国家建构倡议的方法。但这些标记在推动至高无上民族主义的过程中，并非中立，仍然很大程度地反映了非国大的叙事以及政治认同。当然，正如其他国家计划的发展一般，立场不中立倒并不新奇。这一更大的国家建构计划允许特定的、以寻求忠诚和政治计划合法性为目标制定的和解模式存在（Hart 2013）。Gillian Hart 认为，这些历史或自由叙述方式——援引民族神话、象征、英雄——不仅是公民身份（citizenship）的本质化或强制性的比喻，甚至关乎道义，因为这些叙述方式：

> 与种族压迫、种族驱逐、反对种族隔离的斗争的特定历史、记忆、经历密不可分。正是因为官方对民族主义的表述引发人民对自由、正义、从种族压迫中解放的认识，所以这些表述在支持统治集团的霸权计划上起了关键作用。（Hart 2013：23）

此外，正如 Suttner（2011：22）所言："不加批判地使用'社会凝聚力'可能会增加理解国家统一的危险因素，并且同样地将'边缘化'作为一种'包容'的方法。"同样，Steven Friedman 指出，社会凝聚力能经常被利用，使得国家因循守旧、产生分歧。从这个角度来看，虽然南非民族主义理念上属后殖民主义，在宪法问题上属自由主义，但其深层次仍是保守主义。国家计划不具有批判性，居然仅聚焦象征。因此，国家建构和社会凝聚力不仅疏远于政治计划，而且也被规范化了。

实际上，判断南非政治计划的支持度，仅需衡量个人对象征的认同度。这种国家建构和社会凝聚力的规范化模式的实例化也可看作是探索南非统一状态中的确定性。从这个角度来看，国家计划的一部分是期望公民表现出支持或反对"南非性"的理性立场。这些表述的重要目标是国家统一和建立不分种族、互相和解的南非这一崇高理想。

流动的不确定性与规范的确定性

社会心理学区分了判断相关的不确定性和与社会规范相关的更为积极、日常形式的不确定性。后者是更具流动性的理性形式。同样，在哲学领域，关于不确定性或泰然任之（*gelassenheit*）的研究［由 Martin Heidegger（1996）命名，意为"顺其自然的状态"］就社会结果而言，是社会熵或非固定性的形式。不确定性有时被描述为现代主义（modernist）话语中的矛盾心理，正如齐格蒙特·鲍曼（Zygmunt Bauman）所描述的，无处不在的不确定性不再"被宣称为所有社会秩序和政治秩序之敌"（1991：279）。

相反，不确定性对民主巩固的演变过程至关重要。Adam Habib（2013）在这方面提出一重要的论点，他认为，"实质上的不确定性"，顾名思义，既描述了经济转变的政治基础不固定的过渡时期，也描述了民主结果尚不确定也无法确定的实际变化状态。因此，虽然"博弈规则"具确定性，但其结果不需具有确定性（Habib 2004）。Habib（2013）在《暂停的革命》（*Suspended Revolution*）一书中，认为政党过于信奉决定论，在试图降低政治结果的不确定性这一过程中表现出的焦虑狂热本质上将民主进程和这场漫长的博弈置于危险之中。追求确定性会危及民主化的渐进、复杂进程，并以更成熟进步的社会成果为代价换取成功的即时指标。

即使在政治话语之外，追求确定性也可看作是追求可预测性、稳定性、秩序、减少变化（Baker 1993）。Baker 认为，对确定性的痴迷源于追求。他通过使用纯科学的原则，发现自然状态必然与不可预测性、秩序混乱、流动性、无序状态有关。因此，在社会转型期，社会熵、不可预测性、流动性应成为我们研究的核心，从而重新定位我们对"已知"的思考。换言之，实证主义关注确定性。无序状态这一概念则集中于不确定性，因此提供了更批判、动态的社会变化视角。

与 Baker（1993）一样，Kerry Gordon（2003）认为，改变的潜力和倾向来自这些不确定和缥缈的时刻。他注意到：

> 从进化系统（包括范式）的角度来看，尽管人类心理需要抑制危机、避免随之而来的焦虑，但有些现象不可避免……将真实存在的不确定性视作世界的真实、真切的表达，并进一步阐明了朝着新事物的产生、不可预测性、自发变化发展的进化趋势。（2003：102—103）

综上所述，不确定性是社会转型的重要组成部分——既具有创造性的潜力，又是民主化不可或缺的组成部分。然而，在社会科学中，社会熵通常是一个令人无法信服的范畴。下一节将讨论为什么不适合建立一个规范化的国家身份，论述身份问题的不确定性，继续坚持特定身份可能代表着对机会、资源、准入的索取。

探索国家

Ivor Chipkin（2007）认为，南非人事实上并未处于当代政治表达之外，仅是反对压抑的种族隔离国家，并处于"新"南非之中。① 但 Chipkin 并不认为宪法中阐述的当代南非仅是在反种族隔离斗争中建立的政治共同体。相反，是极端对立的政治信仰"团结"在一个政治共同体中的尽人皆知的"多样性"国家。尽管这一点在宪法中有所体现，但这些社会形态在宪法起草时已经存在。新自由阵线党的领导人皮耶特·穆尔德（Pieter Mulder）回应 Chipkin②：

---

① Chipkin（2007）也认为南非民族主义没有脱离反殖民斗争或表述。
② 新自由阵线党为反对党，主要由南非白人组成。

问题在于，如果国家身份以抵抗殖民主义为前提，那么被认为是殖民压迫者的人不属于新的国家身份。在非洲的大多数殖民地国家，殖民者在非洲独立后回到欧洲。在南非，情况却并不相同。南非白人和其他"白人"没有其他归宿，必须融入国家建构或社会凝聚力的方案中。因此，同样的方案在这里行不通。（Mulder，2012：4）

　　同样，正如 Mahmood Mamdani（2013：1）所言，南非政治改革的重点不是"将种族隔离的实施者绳之以法，而是要从法律和政治上废除种族隔离，从而重新定义更具包容性的公民身份"。然而，尽管南非的过渡时期在立法上明确规定——不允许有二等公民，根据法律，白人和黑人平等，宪法规定，正如"我们南非共和国人民"一样，所有人都是"人民"的一部分——南非人的"包容性"认同仍有争议。事实上，正如 Robert Ross 所言，"现在仍然存在着这样的问题：何为南非，何者为南非人"（1999：3）。

　　鉴于这种不确定性，政府建立新国家必须以民族"神话"、国歌、国旗等象征为中心；简而言之，这些象征在国家建构过程中凌驾于其他身份之上。个人身份成为"更为宏大的整体"的基石后，接下来的任务就是说服"少数群体逐渐认同这些象征，以此深化公民身份"。

　　同时，还有许多观点使得追求单一国家身份这一要求漏洞百出。Belinda Bozzoli 和 Peter Delius（1990）指出，经历、社群、历史政治联系以及政治领导，均塑造了南非的身份，因此这些身份并不固定，也不适用于任何规范的认同表达。"我们是谁"无法由"我们应该是谁"这一"长远目光、能够顾大局的"概念之中得出，也常以与政治和其他形式的信仰有关的分裂身份呈现。Taylor（1996：93）认为追求超越民族、种族差异的国家形式，意味着国家认同往往（且错误地）等同于抹杀种族类别，因此剩下的仅是"前分类与反分类身份"作为"构成人类身份的特征"，这一观点使得此问题更为复杂。Annsilla Nyar（2012：101）注意到南非认同问题的复杂性，因为这些问题处于"转型中的渴望非种族主义的多种族社会的背景下"，身份不仅不固定，而且尚在不断变化中。南非的认同并不独立存在，而是与"其他"认同盘根错节。Daniel Hammett（2012）还提出，民主转型使得将个人身份认同与社群中的其他人的共存从根本上联系在一起的非洲精神乌班图（ubuntu）在政治上占据一席之地。Cachalia（2012：53）批判本质主义（essentialism），认为"认同变得难以确定、更加开放，所以本质化的分类愈发过时"。相反，他认为不断演变的新主体性（subjectivety）已出现。

考虑到上述讨论的复杂性，如 Michael MacDonald（2010）所述，强制（施行）统一认同，不允许公民使用不同的表达方式作为其身份的标志，这样的公民身份认同或许带有专制、胁迫性质。建议或鼓励国家认同的规范模式与 MacDonald 提出的观点相比，或许被认为相对温和。然而，正如 Sabelo Ndlovu-Gatsheni（2013）的观点，寻求国家认同或许本质上就具有分裂甚至暴力属性，因为这一过程往往否定和取消"其他"身份的合法性。Ndlovu-Gatsheni 在其他文章中写道：

> 国家建构者认为，南非能够通过教育培养出真正的非部落化、非种族化、非民族化的民主公民。因此时兴的口号将非种族主义融入容纳万物的"彩虹之国（rainbow nation）"这一浪漫理念之中。（2007：42）

Ndlovu-Gatsheni（引自 Maphai 2004：12）将这一刻称为"平等和普通公民身份的喜悦"。他认为这一想法很快会被抛弃，而转向于恢复种族主义身份。这意味着坚持单一的国家认同，不弥补从前的分歧不仅不会保证确定性，而且会加深目前的社会裂痕、产生新的社会裂痕。

Amartya Sen 认为：

> 当世界多种分歧统一成宣称在宗教、社群、文化或国家、文明各个方面（认真对待以上方面在语境中具有独特分量的范畴）占主导地位的分类体系时，我们的共同人性将遭受野蛮挑战。（2007：xiv）

他警告创造单一的统一身份的特权有可能被用作"宗派积极分子的武器"，"极度虚妄，且会导致社会矛盾、滋生暴力"（2007：xiv）；此外，将对他人的看法作为衡量团结、和解、社会凝聚力的依据不够可靠。Pallo Jordan（1997）在一篇探讨"国家问题"的文章中，提出了一个在当代南非仍能够引起共鸣的尖锐观点：

无人能伴装南非人的爱国主义相差无几，更何谈对未来的共同愿景。我们的社会仍然高度种族化，自 20 世纪 70 年代以来，种族主义随着种族态度的尖锐而被放大……目前在有色人种和印度裔社群中的种族意识愈发难以捉摸、飘忽不定。

　　暂不谈主体性和民族意识，形成规范的国家认同还存在另一障碍：人民的身份常与应得利益意识、索取资源联系在一起。

　　Jordan（1997）认为：

　　　　"民族"意识背后的驱动力是与黑人同胞竞争获取稀缺资源。将非洲裔当作明确的、当前的威胁被恐惧变化的强烈偶然性（contingency）情绪进一步加强。这种想法比起冒着改变的不确定性风险，更期望可知的世界保持现状。

　　Gary Younge（2011）认为，身份通常也与物质条件、权力、特权相联系，而这些因素可能在某些时刻对感知收益（perceived benefits）予以还击。他解释道："不同的（非国家的）身份往往是人民对抗任何面临的歧视或反对的政策的主要机制。"（2011：184）国家或社会如何团结在一起，与可能灵活机动、漏洞百出的个人/群体身份如何构成权利要求/他人要求的基础关系密切（Abrahams，2012）。这也关系到人民如何通过与他人比较确定"我们/他们"的身份，以及某些选区如何获得政治资本、实现经济发展。

　　在南非，身份是团体归属的基础。一些历史/自我决定团体也使用身份捍卫特定权利或将其作为包容的基础。简而言之，一些南非人在采用共同的国家认同时很可能会失去利益。此外，当某些人或群体被排除在外（或他们认为被排除在外）时，他们会通过坚守被视为构成排他基础的群体标识符进行抵抗，或形成包容性的飞地。这一模式往往会造成社会不信任。

　　无论是真实的还是想象的经济排斥，都可能引发对立。事实上，当人们感受到攻击时，经济排斥会加强群体认同（例如基于宗教或种族）。正如 Younge 所言：

恐惧会引发人民对立，并将其快步送回原始建造的阵营……当宗教激进主义者（fundamentalist）面对现实或想象中的威胁时，正是他们在通常情况下听起来过于简化且具有排他性的言辞，会因其明确且强硬的简洁性显得诱人无比。（2011：182—183）

他认为，这往往是宗教激进主义、反动分子以及非社会连带主义的温床。

在南非，反动的、两极分化区域往往是种族飞地。关键在于无论是以抵抗感知收益，抑或沙文主义的形式，若无包容和平等，就可能致使人民坚持并暴力维护其身份。这通常发生在有真实不利因素和经济不安全感的国家。真实存在或感知到的排外威胁可能倒行逆施，迫使人民进入某种拥有被美化的虚构过去和安全无忧的未来的民族飞地。这就是社会凝聚力被认为具有经济维度的原因。经济平等不一定是社会凝聚力的先决条件；但社会分裂和冲突基于不平等而爆发。不弥补经济差距可能威胁统一的建立、和平国家的理想。

由于人民的自我认知与自身经济价值的认知密切相关，因此如果继续要求国家认同凌驾于一切，便无法实现社会团结。在某些公民的经济纠正和应得方面，仍存在诸多争论。

数据、方法、概念

本章这一节探讨《南非和解晴雨表》调查的数据选择。我特别选择了一些可以作为国家建构和社会凝聚力的合理指标的调查项。我关注两组问题：第一组关于国家地位或"南非性"的规范性衡量，包括衡量关于国家统一、社会信任、社会团结的看法。虽然这些指标并非对国家队、国旗、国歌等国家象征的直接评价，却提供了人民对构成国家的概念的细微差别。衡量了国家统一和社会凝聚力的重要性以及建设共同归属感的意愿。这些衡量方式因为坚持视统一或国家的概念为理想，并探问这一理想究竟实现程度如何，而仍具规范性。这些指标本质上表明当代南非"理想应该如何呈现"。虽然这一规范性理想本身并非坏事，但是成为谴责或排斥的基础，当表明谁属于或者不属于这一集体时，就沦为分裂的工具。

调查的规范性意味着几乎不允许不确定性存在。在不确定性存在之处，国家计划岌岌可危。然而，如果我们以不同视角看待不确定性，不要将其视为国家统一和社会凝聚力计划的眼中钉，而是将其视为变革的潜力，那么不确定性会对整体民主计划有所启发，这一点在结论中有所讨论。

第二组问题集中在失范和法律犬儒主义（legal cynicism），较难反映南非的规范性统一，事实上，完全与其相悖。选择这组问题意在突出与失范和疏离相关的社会态度的不确定性增加趋势。这种不确定性并非回应规范化计划，而是回应社会和政治转型的经历（见 Valencia & Elejabar-rieta，1994）。根据定义，失范与无规范感相伴而生。这并不意味着规范根本不存在，只是规范对内在的确定感影响有限。也许正是因为对国家、社会凝聚力、团结的规范性观点不允许不确定性存在，规定了人民反应的"对错"，所以一种与博弈规则相关的内在不确定感孕育而生——这正是南非政治民主的本质。

我关注了 2009 年、2011 年、2013 年的《南非和解晴雨表》调查。这些数据或许无法完整呈现南非的民主政治发展历程，但通过如同分析快照一般评价南非"当代时刻"，确实可以使我们感受南非施行民主政治 20 年后的发展状态。上述三年的数据中的观点可分别与同年豪登城市地区观测站（Gauteng City-Region Observatory，GCRO）的大规模的生活质量评分（Quality of Life，Qol）调查相比较。

研究结果虽然按种族分析，但赞同一些学者提出的种族类别将认同本质化、实际上与国家计划南辕北辙的观点（见 Erasmus，2010；Mare，2014）。包括 MacDonald（2010）在内的其他学者认为按种族分析揭示了南非种族分歧仍然持续的现状，否认了"种族的存在违背了南非的基本现实"（2010：95）。

这些结果在种族视角下显示出社会各行各业的公众观点以及变化的有趣模式。在形成结果的过程中（根据生活水准测量、年龄和教育水平分析），可以发现，随着时间的推移，可察觉到不确定性增加，受访者的种族也影响着不确定性的程度。这些发现表明种族差异是影响不确定性程度的重要因素，涉及关于认同的规范性问题和南非未来希望时更甚。然而，种族不同与生活水准测量（LSM）、教育、年龄等变量的关系却并不明显。

如前所述，我意在展示反映不确定性程度的、通常是李克特五分量表的中间值的数据。李克特量表（Likert scales）衡量态度反应，包括从极端积极到极端消极立场的整个范围。正如 John Kulas、Alicia Stachowski、Brad Haynes（2008）的观察，李克特量表的中间类别可表示矛盾、不确定性、缺乏信息。对《南非和解晴雨表》而言，李克特量表的中心（通常是"不确定"或"中立"的回答选项）代表积极（"非常赞同"或"赞同"）与消极（"不赞同"或"非常不赞同"）之间的真实立场。李克特量表不包含"不知道"这一回答，酌情按数据缺失处理。

量表没有显示漠不关心的立场。上述情况下，李克特量表的中间类别用作观察南非人日益增长的不安和不确定性。例如，虽然在建立统一南非相关的项目方面作出积极回应的受访者比例有所增加，但不可忽视在过去五年大幅增长的"不确定"的中间类别。

但是，需注意《南非和解晴雨表》中可用于此类分析的项目数量有限。因为许多项目非李克特量表，没有中点。例如，四分两极化量表由于迫使受访者选择立场，不提供"退出"选项，因而褒贬不一（Kulas, Stachowski & Haynes 2008）。《南非和解晴雨表》中，四分量表总体上可能获得更积极的反应。所选的五点式李克特量表采用态度类问题反映可以称为受访者的"思维体系"。意在显示人民对截然不同的南非价值观的愈发不确定之感。正如上文所言，这源自民主巩固的流动性和无序状态。正如我分析《南非和解晴雨表》调查中选择的数据后表明，分析一段时间的"不确定"类别会显示出相较于某些变量更为积极的态度。而于其他变量而言，人民态度逐渐强硬。后文利用《南非和解晴雨表》2009—2013 年五年间的数据分析后种族隔离时代下的南非建构统一未来的不确定性。

此次分析共使用了 9 项数据：7 项源于《南非和解晴雨表》，第 8 项来自豪登城市地区观测站（GCRO）的生活质量评分（QoL）调查（表1）。后者的中点被标记为"并非赞同也并非反对"。考虑到问题意在测量态度，因此可以推断出"不确定"的回答。总结表示"非常赞同""赞同""不赞同""非常不赞同"类别的回答。对于"不确定"类别是从哪一方"挪用"而来，相关解释将在下文说明。

我选择这些问题的理由是因为他们拓展了通常标志着更无趣或更具象征性的国家建构进步的指标。这并非意味着调查南非认同无关紧要。

将其作为衡量社会凝聚力、国家建构、和解的指标却问题重重。将衡量政治合法性、社会信任、社会团结作为国家团结和国家建构的指标效果更佳。这些指标的选择也参考了将人民归属感（或疏离感）、在社会中的目标或地位（无序状态）的意识与他们对政治领导和法律合法性的态度相联系的社会碎片化（social fragmentation）相关文献（见 Huschka & Mau，2006）[1]。

表 2 显示人民对李克特量表"渴望建立不同群体生活在同一片国度上的团结统一的南非"项目的回应。在作为南非国家的一分子上，团结统一的愿望显示出人民对这一观点心怀希望、极具憧憬、积极主动。或许相较于此处分析的任何其他指标，这一指标能更多地表明个人对实现国家统一这一理想的意愿和兴趣，以及成为这个国家一分子的初心。这些数据表明，整体上团结统一是大多数人的愿望。然而，即使这个指标调查结果为积极，不同种族之间的不确定性也在增加。这表明展望并努力建立团结统一的南非这一憧憬的乐观主义和意愿正在减弱。建立团结统一的南非这一意愿似乎以日益增长的不确定性为代价。有色南非人表现出的不确定回应占比增加最多，从 2009 年的 7% 增至 2013 年的 30%。南非白人的不确定回应紧随其后，从同期的 14% 上升到 34%。截至2013 年，几乎五分之一的印度裔南非人（18%）不愿意建立团结统一的南非。如果这一项是衡量人民对国家未来抱有多少希望的最佳指标，那么不确定性和悲观性的程度着实令人担忧。

表1　　　作为本章分析对象的《南非和解晴雨表》和生活质量评分项目

对民族团结的态度	渴望建立团结统一的南非
	可能建立团结统一的南非
社会信任	其他种族群体的信任（《南非和解晴雨表》第 12 轮调查）
	社会信任（豪登城市地区观测站的生活质量评分）
团结	纠正南非黑人的措施的重要性
	坚信代表性的重要性

---

① 即使本研究许多问题和概念在进行衡量以及从概念上定义国家建构和社会凝聚力方面有所交叉，但局限性在于主要有两个变量。

续表

疏离感和失范	坚信"国家统治阶级并不真正关心发生在像我这样的人身上的事情"	
	坚信"像我这样的人无法影响所在社群的发展"（豪登城市地区观测站的生活质量评分）	
法律犬儒主义	南非议会对所有人（无论种族）一视同仁	

表 2　　　　渴望国家团结，按种族划分，2009 年，2011 年和 2013 年　（单位：%）

种族	年份	赞同/非常赞同	不确定	不赞同/非常不赞同
黑人	2009	74	17	9
	2011	70	22	8
	2013	58	30	12
有色人种	2009	84	7	9
	2011	59	25	16
	2013	57	30	13
印度裔	2009	81	9	10
	2011	76	17	7
	2013	56	26	18
白人	2009	75	14	11
	2011	76	18	6
	2013	52	34	13

资料来源：作者对 2009 年、2011 年、2013 年《南非和解晴雨表》调查的分析。

除建立团结统一的南非这一愿景显示出的不确定性外，下一项衡量指标的分析结果也显示该计划前景渺茫。表 3 显示对《南非和解晴雨表》"有可能建成不同群体团结统一的南非"这一项的回应。之前的衡量指标显示人民对南非团结统一的理想抱有信心，而这一指标要求受访者判断能否真正建立团结统一的南非。分析表明，与是否渴望团结统一的南非相比，认为南非的团结统一可能实现的人数占比明显下降。不确定性占比相对较高，约占南非总人口的三分之一。这一高占比可能被视为对团结统一前景的悲观态度，但却是人民真正的想法。这一数据令人担忧，也颠覆了我们对 1994 年后南非人在工作场所、学校、公共服务、其他地方经历的变革、团结、平等主义（egalitarianism）的看法。

表3　　国家统一团结可实现，按种族划分，2009 年，2011 年和 2013 年

（单位：%）

种族	年份	赞同/ 非常赞同	不确定	不赞同/ 非常不赞同
黑人	2009	64	21	15
	2011	64	25	11
	2013	58	29	13
有色人种	2009	64	18	18
	2011	48	27	25
	2013	53	34	13
印度裔	2009	74	8	18
	2011	64	23	13
	2013	58	29	17
白人	2009	59	19	22
	2011	68	21	11
	2013	41	36	23

资料来源：作者对 2009 年、2011 年、2013 年《南非和解晴雨表》调查的分析。

如表4 所示，我分析的第三项是个人对他人态度的指标。先不谈评论"（其他）人不可信"这一潜在具有分裂性和诱导性的问题，人民对这一问题的回应两极分化。整体上，大多数人不同意"他人"不可信这一观点，这令人感到振奋。然而，南非黑人更可能认为其他种族不可信，这可能反映了历史遗留问题，以及南非社会关系的不显著变化。不信任这一指标很有趣，表示恐惧、脆弱的关系以及对他人的内在美德缺乏信心。印度裔南非人和南非白人在这一项上的回应分歧最大，尤为明显。

如表5 所示，第四个指标来自豪登城市地区观测站的生活质量评分调查。人民对标记为"并非赞同也并非不赞同"的中间类别的反应，几乎没有变化。不确定性下降最明显的群体是南非黑人——从 2009 年的 12% 下降到 2013 年的 8%——他们在这一时期逐渐认同（从 68% 上升到

73%）"黑人和白人永远不会真正彼此信任"。这可能反映出态度逐渐强硬、跨种族信任的下降。其他种族之间的分歧也明显增加。

表4 不信任其他种族群体，按种族划分，2012年 （单位:%）

种族	赞同/非常赞同	不确定	不赞同/非常不赞同
黑人	38	31	31
有色人种	17	35	48
印度裔	17	22	61
白人	15	27	58

资料来源：作者对2012年《南非和解晴雨表》调查的分析。

表5 非种族主义，按种族划分，2009年，2011年和2013年 （单位:%）

种族	年份	赞同/非常赞同	不确定	不赞同/非常不赞同
黑人	2009	68	12	20
	2011	69	10	21
	2013	73	8	16
有色人种	2009	58	11	32
	2011	55	17	28
	2013	61	12	27
印度裔	2009	56	14	30
	2011	55	19	25
	2013	58	17	28
白人	2009	40	17	43
	2011	41	22	37
	2013	44	17	40

注：问题表述为否定式，因此"不赞同"表示积极的结果。
资料来源：豪登城市地区观测站（2009—2013）。

接下来的两项数据关于南非人的团结以及在社会正义方面达成的共识。表6为对《南非和解晴雨表》中"必须保留种族类别衡量政府方案对原先的弱势群体的影响"的回应。这一问题并未区分纠正的多种方法或评估纠正的施行状况。相反，关注的是理想、愿景、支持平等和纠正的理念。有趣的是，2009 年至 2013 年间，南非黑人的不确定性水平有所下降，这导致了表示赞同和不赞同的回应有所增加。其他种族群体的回应也呈现相同趋势。南非白人和有色人种越发不同意使用种族类别衡量纠正方案的影响，而印度裔南非人表示赞同的占比有所增加。在这一问题上持不赞同意见的南非白人（53%）远高于其他人种，这表明他们或许认为自己会损失最多。

表6　　团结和支持纠正问题，按种族划分，2009 年，2011 年和 2013 年

（单位:%）

种族	年份	赞同/非常赞同	不确定	不赞同/非常不赞同
黑人	2009	54	31	15
	2011	52	32	16
	2013	57	23	20
有色人种	2009	51	25	24
	2011	46	29	25
	2013	29	32	39
印度裔	2009	39	25	36
	2011	44	28	28
	2013	52	22	25
白人	2009	37	32	31
	2011	31	29	40
	2013	26	21	53

资料来源：作者对 2009 年、2011 年、2013 年《南非和解晴雨表》调查的分析。

如同支持纠正问题一般，体现代表性的劳动力是社会公正的标志，也是对平等主义原则的承诺，尤其在就业和劳动力方面。同样，这些项目并未包含关于代表性的方法或有效性的更多细节。整体上讲，令人鼓舞的是，人民不赞同体现代表性的劳动力至关重要这一观点的程度不高。结合前一项的分析，不赞同纠正原则和代表性的观点占比较低。然而，仍然存在高度的不确定性，整体上约四分之一的南非人不确定建设有代

表性的劳动力群体是否应该成为国家的工作重点。随着时间的推移，不确定性有所上升，而赞同的比例有所下降（表7）。

表7　　　支持劳动力改革，按种族划分，2009 年，2011 年和 2013 年

（单位:%）

种族	年份	赞同/非常赞同	不确定	不赞同/非常不赞同
黑人	2009	74	20	6
	2011	74	18	8
	2013	62	25	13
有色人种	2009	88	7	5
	2011	74	17	9
	2013	62	30	8
印度裔	2009	79	8	13
	2011	77	20	3
	2013	58	26	16
白人	2009	80	12	8
	2011	71	16	13
	2013	63	22	15

注：对问题"所有南非机构的员工构成体现种族代表性应该成为国家的工作重点"的回应。
资料来源：作者对 2009 年、2011 年、2013 年《南非和解晴雨表》调查的分析。

第七个指标是对问题"统治阶级并不真正关心发生在像我这样的人身上的事情"的回应，涉及更广泛的疏离感问题。不确定的回应反映了人民对国家官员和领导人处理问题的方式（感知到的或实际情况上的）感到失望。如果国家建构意味着为所有公民创造归属感和价值感，那么被关心或被重视的感觉极其重要。这种信念无疑也会影响社会交往、投票行为、对他人福祉的贡献。高疏离感可能会导致怨恨其他被认为得到更多关心的人，或者怨恨领导层。另一种可能的情况是，若是领导人对不同群体所面临问题表现出不同关心程度，也可能会滋生怨恨（豪登城市地区观测站，2015）。令人鼓舞的是，分析《南非和解晴雨表》数据表明，这种疏离感的概率可能随着时间下降（表8）。虽然不确定性还在

上升，但不认同"统治阶级"对民众漠不关心的占比也在上升。

表8　　对国家的疏离感，按种族划分，2009年，2011年和2013年

（单位：%）

种族	年份	赞同/非常赞同	不确定	不赞同/非常不赞同
黑人	2009	58	13	29
	2011	49	22	29
	2013	63	20	17
有色人种	2009	71	6	23
	2011	73	12	15
	2013	61	20	19
印度裔	2009	75	8	17
	2011	71	11	18
	2013	69	16	15
白人	2009	68	11	21
	2011	68	17	15
	2013	67	17	16

注：问题表述为否定式，因此"不同意"代表积极的态度。
资料来源：作者对2009年、2011年、2013年《南非和解晴雨表》调查的分析。

　　健康民主国家的人民认为自身能够影响发展。失范与此相反：对社会绝望、感到无所事事、行使民主权利无果。当失范程度上升时，人民感到疏离、孤立无援，并且更有可能丧失对社会和政治参与的兴趣。因此生活质量评分的调查结果表示乐观，表明人民越来越不认同"像我这样的人无法影响所在社区的发展"这一说法。针对这一项，大多数种族群体的不确定性均在下降（表9）。

　　主权空间的政治合法性被认为是国家形成的关键部分（Heywood，2007）。学者Ruohui Zhao和Linqun Cao（2010）认为，失范程度的上升会导致人民对政治制度的信心也随之丧失。他们把这种幻灭描述为法律犬儒主义。他们认为，如果人民愈发感到漫无目的、无权利改变社会，那么人民就越不可能尊重在社会中维持这种状态的领导人或权威

机构。最后的指标是对与法律犬儒主义相关的问题的回应，衡量了人民对议会是否公平、公正、平等的看法（表10）。调查结果再次表明，各种族间的不确定性正在上升。随着民主进程的推进以及人民更容易感受到民主的成果，人民对政治制度的信心应该与日俱增。与此同时，虽然不确定性在上升，但越来越多人认为议会平等地对待所有南非人。①

表9　　　　　失范，按种族划分，2009年，2011年和2013年　　　（单位:%）

种族	年份	赞同/非常赞同	不确定	不赞同/非常不赞同
黑人	2009	53	17	30
	2011	36	16	48
	2013	32	15	53
有色人种	2009	66	11	23
	2011	35	14	43
	2013	29	13	58
印度裔	2009	45	28	27
	2011	39	15	46
	2013	33	10	57
白人	2009	50	20	30
	2011	38	20	42
	2013	30	12	57

资料来源：豪登城市地区观测站（2009—2013）。

表10　　　制度犬儒主义，按种族划分，2009年，2011年和2013年　（单位:%）

种族	年份	赞同/非常赞同	不确定	不赞同/非常不赞同
黑人	2009	54	22	23
	2011	58	24	18
	2013	59	25	16

① 2015年初发生在议会的冲突等事件可能最终影响了这一积极趋势。

续表

种族	年份	赞同/非常赞同	不确定	不赞同/非常 不赞同
有色人种	2009	31	14	55
	2011	28	20	52
	2013	41	29	30
印度裔	2009	35	13	52
	2011	40	27	33
	2013	57	27	16
白人	2009	21	19	60
	2011	31	26	43
	2013	35	22	43

注：对"南非议会平等对待在其建立之前就已经在南非的黑人、白人、有色人种、印度裔"的回应。

数据来源：作者对2009年、2011年、2013年《南非和解晴雨表》调查的分析。

结论：考量不确定的结果

经过对《南非和解晴雨表》和豪登城市地区观测站的生活质量评分调查中所选数据的分析，南非各种族群体的不确定性程度均有所上升。对于建立团结统一南非持有的乐观态度有所下降，而悲观态度虽然上升速度缓慢，却仍在持续。令人担忧的是一些人的态度逐渐强硬，这可能与失范状态有关。这些因素联通排外，导致了法律犬儒主义。这不再是对其他南非人的持有的不确定性或矛盾心理，更确切地说，其是对国家地位、政治格局、建立统一包容的国家的愿景失去信心。若要创造真正有凝聚力的社会，需重建国家建构话语，将团结、认同、包容相关事宜纳入其中。

南非民族团结和社会凝聚力的理想由解放话语和非国大的应该如何实现这些理想的规范性和规定性愿景深刻塑造。正如前文《20年回顾》的概念简报中所述，这一方向包括关注象征主义和至高无上的南非认同。具有讽刺意味的是，追求超越其他认同的单一国家认同具有分裂性。这一愿景不允许不确定性存在，可能会导致不稳定、不安全。

本章还从两个方面批判国家建构的规范性模式。我选择并分析了一些能够对衡量国家统一和社会凝聚力进行其他更细微的解释的指标。同时，我还研究了随着时间推移的不确定性水平。

在第一点上，重要的是，人民在民族团结、社会信任、归属感、政治信任等问题上普遍持积极态度被理解为国家建构和社会凝聚力取得进展的指标。尽管这些指标本身具规范性，但不一定具分裂性——这与如何看待"不确定性"有关。这些国家规范性模式被视为日益具有规定性，漫画般夸张地假设了真实主题，使人民两极分化。当这种情况发生在种族分裂和不信任的背景时，规定谁构成了"人民"、谁不是"人民"的规范化愿景成为潜在的分裂因素，可能会导致人民被粗鲁分组，特定的身份认同遭荼毒，进而导致社会暴力。

社会凝聚力这一计划具规范性，核心是预测结果，旨在创造社会确定性。这可能引起分裂，增加政治保守主义，并可能导致权威主义（authoritarianism）。在这种国家建构的模式中，几乎没有不确定性的空间，而这正是症结所在。

关于第二点，本章认为尽管不确定性通常仅与矛盾心理或焦虑有关，特别是在社会转型的背景下，但不确定性也正是民主的非固定因素的固有特点。换言之，不确定性增加往往不是坏事。民主的性质和目的需要质疑社会规范和日常互动。从这个意义上说，不确定性对于民主健康必不可少。错误将不确定性建构为社会不稳定因素，会导致过度注重维持秩序的规范化治理形式，可能导致日益保守甚至专制的政治格局。因此，问题的关键不仅在于南非性的理念或国家的象征，而是在于本国的民主状态。

不过，有意义的国家象征主义和充满活力的民主并非水火不容。2015 年初，南非就殖民地和种族隔离象征展开了激烈的争论，不同意见者直言不讳。即使观点两极分化，这为人民积极参与提供了机会。尽管这一点值得进一步研究，就本章而言，这一系列事件强调的不仅仅是特定象征对特定人和群体的重要性。事实表明，去除如开普敦大学的塞西尔·约翰·罗德斯（Cecil John Rhodes）雕像这样的象征，既能鼓励对话，也可加强国家建构。

尽管民主巩固过程中的不确定性应被视为积极元素，但从社会失范和法律犬儒主义的角度来看，不确定性指向博弈规则的局限之处。当人民对政治制度和社会运作失去信心，这于政治社会领导人和决策者而言，的确令人担忧。这暗示着国家和社会之间存在间隙，以及人民对存在消极因素的南非感到失落。

在试图推进国家的特定规范性观点时，特定的群体和个人也许会分为两个对立阵营，在归属感上产生失范或不规范之感，如此这般便颇具讽刺意味。结果是，高度的失范和排他感导致法律犬儒主义，并且人民不愿为团结社会或建设国家做出贡献的倾向随之产生。

尽管应该激烈讨论国家建构和社会凝聚力相关问题，但应确定是否应该重视南非和管理机构存在的所有意见。或许人民日益感到无序和产生法律犬儒主义的原因在于过分关注制造可预测的社会结果。这使人们两极分化，创造出何者属于南非、何者不属于南非的概念，导致南非日益保守、独裁。相反，关键在于为竞争和不可预测的结果创造空间，让人民可以在更广泛的人民社群里寻找认同感。这种情况必须发生在每个声音和观点都被人重视的背景下，而且不怀疑国家机构的公允。这是国家能够强大和团结的契机。

参考文献

Abrahams C（2012）"We Can't Really Say What the Future Holds for Us"：Non-racialism in a Transitional Democracy. *Politikon* 39（1）：113 – 126.

Abrahams C（2013）Twenty Years of Social Cohesion. Unpublished Paper as Expert Input，Used with Permission. Department of the Presidency，Monitoring and Evaluation，Pretoria.

Baker P（1993）Chaos，Order and Sociological Theory. *Sociological Inquiry* 63（2）：123 – 149.

Barolsky V（2012）The "State" of Social Cohesion：Re-stating the Question of Social Cohesion and "Nation-building". In V Barolsky，U Pillay，G Hagg & F Nyamnjoh（Eds）*State of the Nation：South Africa 2012 – 2013*. Cape Town：HSRC Press.

Bauman Z（1991）*Modernity and Ambivalence*. Ithaca，NY：Cornell University Press.

Beauvais C & Jenson J（2002）*Social Cohesion：Updating the State of the Research*. Ottawa：Department of Canadian Heritage & Canadian Policy Research Networks.

Bozzoli B & Delius P（1990）Editors' Introduction：Radical History and South African Society. *Radical History Review* 46 – 47：13 – 45.

Cachalia F（2012）Revisiting the National Question and Identity. *Politikon* 31 （4）：53 – 69.

Chipkin I（2007）*Do South Africans Exist?：Nationalism，Democracy，and the Identity of the People*. Johannesburg：Wits University Press.

Erasmus Z（2010）Contact Theory：Too Timid for "Race" and Racism. *Journal of Social Issues* 66 （2）：387 – 400.

GCRO（Gauteng City-Region Observatory）（2009 – 2013）*Quality of Life Survey （rounds 1 – 3）*. Accessed October 2016, gcro1. wits. ac. za/qolviewer/.

GCRO（2015）*Quality of Life 2013：City Benchmarking Report*. Accessed October 2016, www. gcro. ac. za/media/reports/GCRO_ Quality_ of_ life_ 2013_ Benchmarking_ report_ for_ web_ x. pdf.

Gordon K（2003）The Impermanence of Being：Toward a Psychology of Uncertainty. *Journal of Humanistic Psychology* 43 （2）：96 – 117.

Habib A（2004）The Politics of Economic Policy-making：Substantive Uncertainty，Political Leverage，and Human Development. *Transformation：Critical Perspectives on Southern Africa* 56 （1）：90 – 103.

Habib A（2013）*South Africa's Suspended Revolution*. Johannesburg：Wits University Press.

Hammett D（2012）Requiring Respect：Searching for Non-racialism in Post-apartheid South Africa. *Politikon* 39 （1）：71 – 88.

Hammond KR（1996）*Human Judgement and Social Policy：Irreducible Uncertainty，Inevitable Error，Unavoidable Injustice*. New York：Oxford University Press.

Hart G（2013）*Rethinking the South African Crisis：Nationalism，Populism，Hegemony*. Durban：University of KwaZulu-Natal Press.

Heidegger M（1996）*Being and Time*. Translated by J Stambaugh. Albany，

NY：University of New York Press.

Heywood A （Ed）（2007）*Politics：The Third Edition*. Hampshire：Palgrave Macmillan.

Huschka D & Mau S （2006）Social Anomie and Racial Segregation in South Africa. *Social Indicators Research* 76 （3）：467 – 498.

Jordan P （1997）*The National Question in Post 1994 South Africa*. Discussion paper in Preparation for the ANC's 50th National Conference. Accessed September 2016， www. marxists. org/subject/africa/anc/1997/national-question. htm.

Kearns A & Forrest R （2000）Social Cohesion and Multilevel Urban Governance. *Urban Studies* 37 （5 – 6）：995 – 1017.

Kulas JT， Stachowski AA & Haynes BA （2008）Middle Response Functioning in Likert-responses to Personality Items. *Journal of Business and Psychology* 22 （3）：251 – 259.

MacDonald M （2010）*Why Race Matters in South Africa*. Cambridge， MA：Harvard University Press.

Mamdani M （2013）*Beyond Nuremberg：The Historical Significance of the Post-Apartheid Transition in South Africa*. Mapungubwe Institute for Strategic Reflection Annual Lecture， Johannesburg， 18 March. Accessed September 2016， www. mistra. org. za/ Library/Publications/Documents/Mamdani. pdf.

Maphai V （2004）Race and the Politics of Transition：Confusing Political Imperatives with Moral Imperatives. In N Chabani Manganyi （Ed）*On Becoming a Democracy：Transition and Transformation in South African society*. Pretoria：Unisa Press.

Maré G （2014）*Declassified：Moving Beyond the Dead End of Race in South Africa*. Johannesburg：Jacana.

Marx AW （1998）*Making Race and Nation：A Comparison of South Africa， the United States， and Brazil*. Cambridge & New York：Cambridge University Press.

Mulder P （2012）Unity in Diversity：What it Means for Nation-building and Non-racialism. Paper Presented at the Conference "South Africa Must Not Be an Either/Or Country", Kathrada Foundation, Johannesburg, 8 October.

Ndlovu-Gatsheni SJ (2007) *Tracking the Historical Roots of Post-apartheid Citizenship Problems: the Native Club, Restless Natives, Panicking Settlers and the Politics of Nativism in South Africa.* ASC Working Paper No. 72. Leiden: African Studies Centre.

Ndlovu-Gatsheni S J (2013) *Coloniality of Power in Postcolonial Africa: Myths of Decolonization.* Dakar: Codesria. Accessed September 2016, www. codesria. org/ spip. php? article1791.

Nyar A (2012) Some New Perspectives on South African Indians and "Non-racialism": Findings from the AKF Non-racialism Focus Group Data. *Politikon* 39 (1): 89 – 112.

Presidency (2014a) *Twenty Year Review: South Africa 1994 – 2014.* Accessed September 2016, www. thepresidency-dpme. gov. za/news/Documents/ 20% 20Year% 20Review. pdf.

Presidency (2014b) *Medium-Term Strategic Framework, 2014 – 2019.* Accessed September 2016, www. poa. gov. za/MTSF% 20Documents/MTSF% 202014 – 2019. pdf.

Ross R (1999) *A Concise History of South Africa.* Cambridge & New York: Cambridge University Press.

Sen A (2007) *Identity and Violence: The Illusion of Destiny.* New Delhi: Penguin Books.

Suttner R (2011) *Revisiting National Democratic Revolution (NDR): The "National Question"*. Paper presented to History/African Studies seminar, University of KwaZulu-Natal, Durban, 11 May. Accessed September 2016, www. kznhass-history. net/files/seminars/ Suttner2011. pdf.

Taylor C (1996) Why Democracy Needs Patriotism. In J Cohen (Ed) *For Love of Country: Debating the Limits of Patriotism.* Boston, MA: Beacon Press.

Valencia J F & Elejabarrieta F (1994) *Rationality and Social Representations: Some Notes on the Relationship between Rational Choice Theory and Social Representations Theory.* Accessed September 2016, psych1. lse. ac. uk/psr/ PSR1994/3_ 1994Valen2. pdf.

Younge G（2011）*Who are We – and Should it Matter in the 21st Century?* London：Nation Books.

Zhao R & Cao L（2010）Social Change and Anomie：A Cross-national Study. *Social Forces* 88（3）：1209 – 1229.

少数族裔对"彩虹之国"的
支持增长势头喜人

罗伯特·马特（Robert Mattes）

　　南非和解的一个重要维度是，与过去种族隔离有不同关联者能够在何种程度上与不分种族的、民主的新南非民族政治共同体和解并建立身份认同。从表面上看，这一进程对新南非成立以来一直在政治上占主导地位的南非黑人的要求似乎最低。但同时，民主宪政要求他们容忍从前的压迫者在这个新的政治共同体中继续存在，而与这些压迫者相比，他们（至少绝大多数）在物质福利方面仍旧落后。而且，黑人被要求认同保留了"南非"原名、令人不免联想到曾逃离出的极度压迫的所谓新国家共同体。虽然对南非的有色人种和印度裔而言，抛弃等级制（Horowitz，1986）种族隔离社会的偏见看似容易（他们在种族隔离社会中地位高于黑人，却低于白人），但与班图语者之间的语言和阶级差异对他们快步与新的共同制度建立认同造成了障碍，因为他们当中许多人担心仍然不会被看作是新的黑人多数派的一部分而获得完全接纳。常言道，"那时我们不够白，现在我们不够黑"。对白人而言，这一过程意味着学习认同新的民族政治共同体——建立在对所有出生于本国境内者均适用的平等、公民自由、政治自由之上——完全不同于整个 20 世纪由白人主导并构成的绝对政治少数派的民族政治共同体。与此同时，能够保留他们在种族隔离时期积累的财产和财富意味着他们经历的经济变化相对较小。

　　获得国家身份认同这一件事或许本身并不简单，而南非的歧视、分裂、否认公民身份的历史对于获取国家认同更是火上浇油，因为这不仅是普通公民与总体的政治共同体建立心理契约的纵向过程，亦是接纳其他群体并将其视作共同体平等成员的横向过程。人民能够形成何种程度的共同国家认同，不仅是改善以前分裂群体内个人之间的人际关系的重要方式，亦是巩固本国新的宪政民主的重要途径。虽然民主（或者"人民—统治"）（*demos-kratia*）允许"人民"通过定期选举、政党、代表性立法机构和行政部门管理自己的事务，却无法告诉我们在特定的政治单元内自主管理的过程中怎样的人民应该被纳入其中或排除在外。"人民"或"国家"的身份认同本应是自我管理的政治单元，须由前民主和无民主过程产生（对这一问题的其他见解，见 Gellner 1983；Held 1996；Smith 1991）。也许 Dankwart Rustow 最有力地说明了这一点，他认为，相较于特别的经济发展状态或民主规范的统一，国家团结作为"单一的背景条件"（1970：350，重点补充）更需要在国家民主化之前便出现，"走向民主的国家的大多数公民必须对自己属于何种政治共同体毫无疑问、毫无心理保留"（1970：350）。

南非实施民主之前的传统观念

在审视新南非国家认同发展状况的现有证据之前，有必要退回至20世纪80年代民主过渡之前，并意识到几乎所有的学者和主要的政治人物均认为，共同的南非国家认同并不存在，亦不易建立。这一普遍的假设自然导致了一场关于如何促进或建立共同的国家认同的激烈辩论。

一个极端是，一些研究种族冲突和多元或分裂社会的学者强调种族或不同群体的国家主义存在持久的情感内含，并警告说一旦种族隔离消失，这种力量可能（重新）出现（Connor 1986；Du Toit 1995；Giliomee 1989，1995；Horowitz 1991）。诚然，部分学者甚至警告不要试图进行雅各宾派的国家建设（雅各宾派意味着将新国家对文化或民族的任何单一共同定义强加于人，特别是仅与现任政府结盟的群体的文化）（Degenaar 1991，1994）。这些担忧并非空穴来风，执政党非洲人国民大会极左翼关于"国家问题"的辩论、"民族民主革命"（National Democratic Revolution，NDR）的说辞、"非洲化"政治、教育、社会、文化机构的呼吁（ANC 1989；Neuberger 1989）均加剧了上述担忧。引用非洲人国民大会（1989）的话说："国家政策应该是促进对所有南非人具有约束力的单一民族认同和忠诚的增长。"根据哲学家 Johannes Degenaar（1994：27）的观点，国家建构的此类言辞解放了不同群体文化的国家抱负，鼓励他们成为本不该成为的人，即不满的爆发点（类似的观点见 Gagiano 1990；Hanf 1989）。

然而，Heribert Adam 和 Kogila Moodley（1993）等其他分析家在承认社会分裂存在的同时，坚持种族隔离结束后创造新的国家认同的可能性，仅仅因为人民可能会拒绝那个令人不齿的国度曾强加给他们的身份。一些担心国家建构存在危险的人呼吁另一种方案，即建设一个不以共同国家为基础，而以宪政、共同的民主文化、公民身份为基础的市民政体（Adam 1994；Degenaar 1991）。另一些人则尝试想象出利用在种族隔离体现的多样性创造新的团结的方法：也许其中最为著名的当数大主教德斯蒙德·图图（Desmond Tutu）的想法，把新兴的南非国家想象成国家的团结来自其自身的种族和民族多样性的"彩虹之国（rainbow nation）"。但 Neville Alexander（1994）拒绝了这一特殊的形象，认为"彩虹"的比喻接受了种族和民族之类的构想，同时他也试图基于他的首选形象"葛瑞普之国（Gariep nation）"［葛瑞普（Gariep）是纳马族（Nama）语言中从国家腹地一直流入大西洋的奥兰治河（the Orange River）］将多样性变为优势，这一形象象征着多种颜色、语言、文化汇入共同的溪流。①

非洲人国民大会明确而积极关注国家建构计划。种族隔离曾按照种族把人民划分为四个群体，把南非黑人进一步分为九类不同的种族黑人定居地（homeland），应对这一情况，非洲人国民大会致力于在统一的、能够产生对新南非的国家团结的认同和共同忠诚的领土实体中创造单一的公民身份（Johns & Davis 1991）。此外，非洲人国民大会一贯认为这一计划本质上是向新国家认同产生态度转变的一部分，在官方文件中以不同的方式称这一计划为"共同的南非性意识"（ANC 1992）、"广泛的南非主义""作为南非人的最首要身份"（ANC 1997）。然而，非洲人国民大会对态度转变的愿景并不要求破坏现有的地方认同。相反，认识到南非社会庞杂的文化、宗教、语言多样性，并经常不厌其烦地称非国大会保护文化、并给予包括欧洲英语和南非荷兰语（Afrikaan）的 11 种不

---

① "我们梦想着如同大葛瑞普河（the Great Gariep）一般的南非，由许多发源于不同流域、不断变化的支流汇合而成……由新支流和主流的回流形成，威严地流入人性之大洋：这一比喻相较于转瞬即逝的彩虹之国（彩虹的尽头没有任何珍贵之物），更为长久、更具本地特色"（引自 Davis G，寻找大葛瑞普河，《邮政卫报》周刊（Mail & Guardian），25 - 31，1995 年 8 月，第 26 页；另见 Alexander 1994）。

同的国家语言同等地位（Johns & Davis，1991）。这一占首要地位的新国家认同需要通过普遍公民身份的宪政建立、平等权利、避免由种族定义的联邦主义，通过国家对新国旗、地名、节日、盾徽、国家奖牌等象征的积极宣传，通过国家媒体、校园，通过支持博物馆、遗址、艺术的发展等上述手段实现（ANC 1992，2002）。

然而，非洲人国民大会对国家建构这一主题的思考具有内部冲突。尽管非国大从根本上把国家建构看作是态度转变的功能，但党内许多人却将其等同于社会经济变化，或者至少把态度转变看作是物质条件变化的结果。同样，在相同的 1992 年的政策文件中，该党宣布其基本目标"鼓励南非属于所有生活在其中者感到蓬勃发展之生机，（并）促进对南非的共同忠诚和自豪感"，非国大直截了当地表明："如果一半人民生活在黑暗里，一半人民生活在阳光下，南非便国不成国。"（ANC 1992：parts 1，6）。的确，非国大 1994 年选举的纲领文件《重建与发展规划》（Reconstruction and Development Programme）（RDP）将国家建构视为旨在消除第一世界和第三世界分歧的共同发展努力中的重要部分（ANC 1994）。许多人认为《重建与发展规划》（RDP）是一个"起点"，其将"为国家建构创造物质基础。如果我们的人民被巨大的社会差距和经济差距所分隔（这些差距会反映在种族、地理和性别方面），国家建构将难以实现"。（ANC 2002：第 162 部分）1999 年时任副总统塔博·姆贝基（Thabo Mbeki）的议会演讲也许最能体现这种思路，他认为，"国家建构是对现实的建设，是对共同的国家感的建设，这将通过消除南非人生活质量、基于从过去继承下来的种族、性别和地域的不平等产生的差距来实现"。

非洲人国民大会在国家建构的思考还表现在如何定义南非这一国家之冲突。非洲人国民大会致力于遵循其 1955 年自由宪章首次阐释的原则，即"南非属于所有生活在这里的人们"（Johns & Davis 1991：81），然而一些政党的思想家对大主教德斯蒙德·图图（Desmond Tutu）和纳尔逊·曼德拉（Nelson Mandela）首次提出的"彩虹之国"形象的意义提出了质疑，呼吁在多元文化和非种族社会的背景下需要继续战斗以显示非洲人的霸权，认为彩虹的所有部分都应该形成"一个新的非洲国家"。在这种意义上，国家建构被视为一个"在非洲大陆最南端建立非洲国家"的任务，视角变得完全不同（ANC 1997，2002：第 5 部分）。

国家认同的初步证据

虽然 1994 年之前几乎所有关于南非和南非国家建构的争论都假定国家认同不存在，但一些问题调查项目提供的证据表明，早在 1995 年，对于共同的南非公民身份就已经有了极为普遍的共识以及自豪感。在南非民主替代研究所（the Institute for a Democratic Alternative in South Africa，Idasa）进行的一项调查中，受访者被问及他们对被称为南非公民是否感到自豪。不到92%的人表示"自豪"（60%）或"非常自豪"（31%）。然而，这一发现存在几个潜在的问题。首先，它基于单一指标，可能并不可靠。而且，值得注意的是，另一个大型的国家调查，即南非版的世界价值观调查（the World Values Survey），在几乎相同的时间内提出非常相似的问题，并得出了极其相似的回答：95%的人表示，"作为南非人"他们感到"非常自豪"（80%）或"相当自豪"（15%）。然而，问题依然存在，即需要用更可靠的多项目量表衡量国家认同。

第二个潜在的问题在于，这一项目是一个模糊的"母性"问题，引出的是简单的答案。一些人认为，人们对"南非人"可能有十分广泛的不同理解，以至于严重限制了这个问题的价值。一些怀疑论者质疑，在白人受访者中，这些结果是否仅仅采用了对南非种族隔离的旧露天烤肉、南非生肉干和南非农夫香肠概念的一种预先存在的认同。不过，Robert Mattes（1999）发现了一些从效度标准中得出的证据（基于以下事实得出），即在对"自豪感"问题的回应中能较好预测人们愿意履行关键性公民义务（如在国家紧急情况下在军队服役）。

另一种批评是，这一发现可能是"有时限的"，因为在调查的几个月前，南非刚赢得橄榄球世界杯，爱国主义的旗帜在全国飘扬。然而，即便如此，南非的黑人和白人通过从橄榄球这样一项历史上备受争议的运动获胜（事实上，橄榄球队几乎全员白人，仅有一名有色人种球员，没有非洲人）而找到共同的自豪感，这种潜力本身就是一种令人印象深刻的壮举。然而，重点仍然是，历时性的分析显然必不可少。

南非个人的国家认同，1997—2015 年

为弥补上述缺陷，建立一个更有效、更可靠的多项目国家认同量表，南非民主替代研究所（Idasa）开发了一系列项目以衡量人民对新南非政治共同体的认同。除了继续询问被称为南非人是否感到自豪以外，受访者还被问及这种身份是否为他们自我概念的重要组成部分，以及他们是否希望将这种身份传递给他们的孩子。

> 从以下的一系列事项中可能说明人们如何看待自己所在群体与其他南非人的关系。答案没有对错之分。我们仅调查你的意见。请告诉我，对以下说法你持"不赞同""并非赞同亦非不赞同"抑或"赞同"的意见。
> ——被称为南非人让你很自豪。
> ——你希望孩子将自己视作南非人。
> ——南非人的身份是你看待自身的重要部分。

对于这些问题的回答，至少可以得出两个基本的观察结果。首先，1995 年测得的高水平的国家自豪感是南非赢得橄榄球世界杯后爱国主义情绪短暂高涨的结果，因而人们对目前这些项目的反应显示出极高且持久的国家认同感。事实上，1995 年以后，在国家自豪感问题上持肯定看法的受访者比例略有增加，从91%增至1997 年的94%。自1997 年以来，有80%—90%的受访者经常告诉采访者，他们因"能被称为南非人而感到自豪"，"南非人的身份"是他们看待自身的"一个非常重要的部分"，他们希望他们的孩子"将自己视作南非人"。虽然2002 年到2008 年之间的调查显示，肯定这些说法的受访者占比适度减少，大约从受访者中90%—100%降至80%，但2011 年这一数据又重回90%，在2015 年的非洲晴雨表调查中这一数据亦保持在相同的水平（图1）。

南非的集体国家认同，1997—2015 年

请注意对高水平国家认同发现的一方面批评在于，不同背景者可能会基于对"南非人"含义截然不同的意象来进行回答，从而威胁到不同群体之间回应的可比性。为处理这一或许存在的反对意见，南非民主替代研究

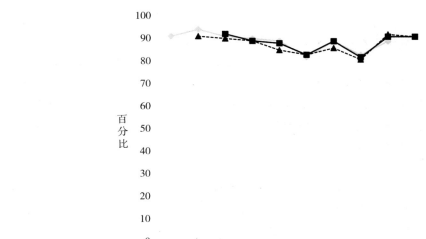

	1995	1997	1998	2000	2002	2004	2006	2008	2011	2015
◆ 作为南非人感到自豪（%）	91	94	91	90	89	82	89	83	89	
■ 想要孩子成为南非人（%）			92	89	88	83	89	82	91	91
▲ 南非人的身份是自我重要的一部分（%）		91	90	89	85	83	86	81	92	91

图1　南非的个人国家认同，1995—2015 年

资料来源：作者对南非民主替代研究所（Idasa）调查报告（1995 年/1997 年/1998 年）的分析以及对非洲晴雨表调查（2000 年/2002 年/2004 年/2006 年/2008 年/2011 年/2015 年）的分析。

所设计了一套附加的问题，以挖掘超越个人、超越与国家政治集体的纵向联系水平的、包容的横向共同认同感。受访者被问及对以下表述的认同抑或反对的态度：公民身份的自豪感、国家认同对他们自我形象的重要性、被称为南非人而非使用种族标签的意愿以及建立团结统一国家。

　　从以下的一系列事项中可能说明人们如何看待自己所在群体与其他南非人的关系。答案没有对错之分。我们仅调查你的意见。请告诉我，对以下说法你持"不赞同""并非赞同亦非不赞同"抑或"赞同"的意见。

　　——人们应该首先意识到他们是南非人，停止思考自己隶属哪个群体。

　　——希望能由所有生活在这一国度的不同群体共同创造一个团结统一的南非。

——由所有生活在这一国度的不同群体共同创造一个团结统一的南非是有可能的。

人们对这些项目的回应同样显示出高水平的认同，虽然低于个人国家认同中的项目。在过去20年里，75%（2008年）至90%（1998年）的受访者认同人们应该首先把自己看作"南非人，停止思考自己隶属哪一群体"，"希望能由所有生活在这一国度的不同群体共同创造一个团结统一的南非"。如同个人国家认同的指标，自2002年至2006年，对这两项指标回应的认同降至80%左右，2008年甚至降至80%以下，但到2015年有所恢复，达87%。虽然仅略多数人认同"有可能建成这样一个团结统一的南非国家"，但随着时间的推移，他们的人数已大幅增加。而1997年认为国家建构计划可行的受访者比例为三分之二（67%），截至2015年，认为这一计划可行的南非成年人达五分之四（83%）（图2）。

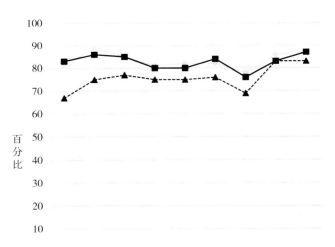

	1997	1998	2000	2002	2004	2006	2008	2011	2015
南非人的身份优先（%）	81	89	85	81	82	82	78	86	87
渴望建立一个团结统一的南非（%）	83	86	85	80	80	84	76	83	87
团结统一的南非是有可能建成的（%）	67	75	77	75	75	76	69	83	83

图2　南非的集体国家认同，1997—2015年

资料来源：作者对南非民主替代研究所（Idasa）调查报告（1997年/1998年）的分析以及对非洲晴雨表调查（2000年/2002年/2004年/2006年/2008年/2011年/2015年）的分析。

认同共同的过去和共同的命运，1995—2015 年

据 Timothy Sisk（1995：28）所言，"共同命运的共同感受"（以及共同的过去）是国家建构的关键元素（Habib 2013 亦有提及）。在南非民主的前夕，白人（或许南非的有色人种和印度裔）感受到未来的恐惧，有可能带着怀旧之感怀念着种族隔离时的生活，而黑人则对未来充满期望，过去于他们而言是噩梦。南非人在何种程度上形成了对过去和未来的一致看法？为挖掘这些观点，南非民主替代研究所（Idasa）采用了一系列问题①询问受访者：

> 我们现在要讨论你对政府的不同形式的打分。
> 请用十分制打分。治理国家的最好模式得 10 分，治理国家的最差模式不得分。请为以下表述赋分：
> ——种族隔离制度下的国家治理方式？
> ——我们目前的政府制度是否能够定期选举，允许普选，至少存在两个政党？
> ——你所期望的十年内能实现的政治体制？

虽然这些问题中的每一个表述都可被视为衡量不同政治政权类型产出满意度的方式，但在我看来，南非语境中他们的排序和并置提供了一种衡量新旧南非态度对比的方式。

关于当前的政治体制和国家共同体，1995 年仅三分之一（36%）的成年人对新南非政治共同体持积极态度（得分为 6—10 分）。不过，在接下来的 10 年里，这一比例上升了 29 个百分点，2006 年达到 65%，尽管对当前体制的乐观看法在 2015 年略微回落至 60%。然而，尽管南非人在 1995 年对新的政治共同体表达了悲观情绪，但他们对政治体制的走向要更为乐观。尽管只有 36% 的人对现行制度给出了及格分数，但 60%

---

① 理查德·罗斯（Richard Rose）和他的同事在面向后共产主义的中欧和东欧公众的调查中首次提出了这一问题（见 Rose，Mishler Haerpfer 1998）。

的人对他们认为 10 年后南非的治理方式给出了肯定的分数。对未来的积极看法在十年中增加了整整 17 个百分点，截至 2006 年，四分之三（77%）的公众都接受了这种看法。然而，在 2008 年的调查中，乐观情绪缩减了三分之一，大跌至 51%，而此次调查前刚遭遇了一段时间出人意料、空前绝后的电力短缺和轮流停电，雅各布·祖马（Jacob Zuma）战胜塔博·姆贝基（Thabo Mbeki）当选非国大主席，姆贝基随后被免去总统职务。但公众的乐观情绪迅速重新开启上升趋势，2011 年达到 82% 的高点。不过，2015 年的最近调查结果又大跌至 67%，而这次调查前又出现了电力中断、公众对南非总统雅各布·祖马几个高层职位（特别是安全领域内的）任命的质疑，以及公共景观（spectacle），比如祖马发表国情咨文演讲时在议会内发生的暴力冲突。

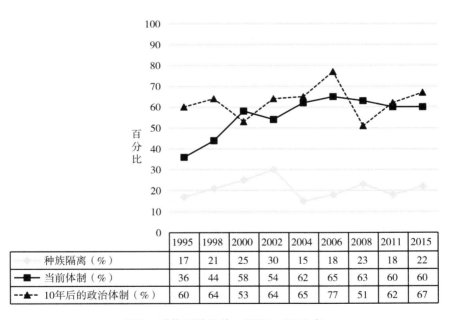

	1995	1998	2000	2002	2004	2006	2008	2011	2015
种族隔离（%）	17	21	25	30	15	18	23	18	22
当前体制（%）	36	44	58	54	62	65	63	60	60
10年后的政治体制（%）	60	64	53	64	65	77	51	62	67

图 3　对体制的评价，1995—2015 年

资料来源：作者对南非民主替代研究所调查（1995 年/1997 年/1998 年）的分析以及对非洲晴雨表调查（2000 年/2002 年/2004 年/2006 年/2008 年/2011 年/2015 年）的分析。

随着公众对当前和预期未来民主体制的乐观情绪上涨，有人可能会认为许多人（即使算不上大多数）将给予旧的种族隔离体制负面评价，而且这些比例在过去 20 年里或许已经增长。事实上，1995 年，五位南非人中仅有一位（17%）给予"种族隔离下的国家治理模式"积极评价。但是，当南非进入持续的民主实践后，这一比例并未下降，相反，对种族隔离的怀旧情绪显著增加，这一数据于 2002 年上升至 30%。虽然在 2004 年（当时正值持续庆祝民主十周年之际）的调查中，这一数字下降了一半，但是对种族隔离的正面看法开始再次缓慢上升。2015 年的调查显示，南非成年人中给予正面评价的比例与 1995 年大致相同（约五分之一，22%）。因此，并非所有公民均认为种族隔离根本上讲是非法的体制。考虑到 2015 年所有成年受访者中白人所占比例明显低于1995 年，而且白人群体中有许多年轻人并没有在种族隔离下生活的直接经历，这一结果便更令人错愕（图 3）。

国家认同中的种族差异和趋势

虽然这些总体性的国家趋势笼统来看是积极向上且令人安心的，但一旦我们按种族对这些数据进行分解，便会显现出一组更为重要的趋势。虽然 1997 年对个人国家认同的三个指标的回应仅有较小的种族差异（图4），但对集体国家认同的三个指标的回应存在明显差异。白人对统一南非的意愿（58%）和可能性（32%）的肯定态度相较于黑人（分别为86% 和 72%）低 28 个百分点和 40 个百分点（图 5）。1998 年，白人对当前（21%）和未来（7%）的积极看法分别比黑人受访者低 55 个百分点和 48 个百分点（图 6）。相反，白人对种族隔离的正面评价（44%）比黑人（14%）高 30 个百分点。

鉴于此，人们可能会合理预期：随着 1994 年大选和曼德拉政府的光芒消退，随着新的姆贝基政府掌权并着重于转型和黑人赋权，白人、有色人种和印度裔受访者将对南非的未来继续持悲观态度，并对拥抱彩虹之国持疑。此外，人们甚至可能会预计，他们最初对南非的高度个人认同感会随着时间的推移而减弱。也许这种观点最尖锐的表达是在 21 世纪初，由民主联盟和诸如南非种族关系研究所等其他自由组织提出，他们经常批评姆贝基政府对平权行动和黑人经济振兴法案（Black Economic Empowerment）的热情，以及"两个民族"的形象——将其与曼德拉政

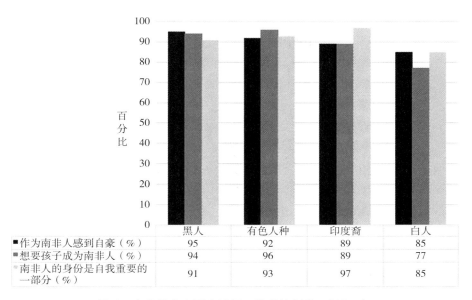

	黑人	有色人种	印度裔	白人
■作为南非人感到自豪（%）	95	92	89	85
■想要孩子成为南非人（%）	94	96	89	77
南非人的身份是自我重要的 一部分（%）	91	93	97	85

图4　南非的个人国家认同，按种族划分，1997 年

资料来源：作者对南非民主替代研究所1997年调查的分析。

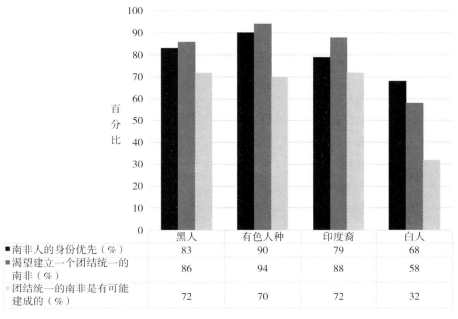

	黑人	有色人种	印度裔	白人
■南非人的身份优先（%）	83	90	79	68
■渴望建立一个团结统一的 南非（%）	86	94	88	58
团结统一的南非是有可能 建成的（%）	72	70	72	32

图5　南非的集体国家认同，按种族划分，1997 年

资料来源：作者对南非民主替代研究所1997年调查的分析。

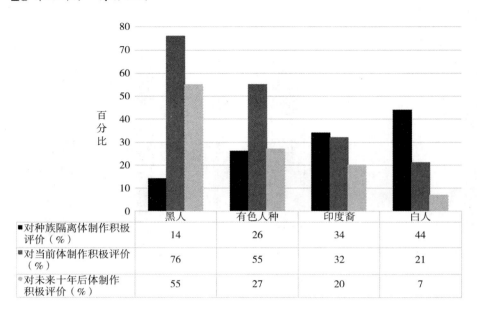

	黑人	有色人种	印度裔	白人
■对种族隔离体制作积极评价（%）	14	26	34	44
■对当前体制作积极评价（%）	76	55	32	21
■对未来十年后体制作积极评价（%）	55	27	20	7

图 6　南非的共同国家命运，按种族划分，1998 年
资料来源：作者对南非民主替代研究所 1998 年调查的分析。

府着重于种族和解进行对比——并警告说，这种方式将撕裂 20 世纪 90 年代中期建立起来的少数族裔内的和解、民族认同和爱国主义，无论上述几项演化到哪一阶段均可能遭受破坏（Johnson 2009）。此外，新闻媒体的报道以及 21 世纪政治和社会权威人士的分析经常凸显出少数族裔疏离感日益增强的明显迹象，可从选举结果、民意调查，甚至更为常见的日常事件中的偶发事件窥见一二。2007 年新闻记者和社会分析家围绕一首歌的反思分析的爆炸式增长，该歌曲名为"De la Rey"，在白人青年中广受欢迎，几乎所有白人青年均认为这是对新南非的广泛疏离感，焦虑和不满的清晰表达。另一个广泛使用的指标可从常规评论中看到，国家假日的大型活动中没有白人，有色人种或印度裔的参与，或者在橄榄球或板球（与足球）比赛的人群中缺乏黑人的参与。

　　然而，虽然这些预想和社会评论看似很合理，但现实却截然不同。至少截至 2006 年，有色人种和印度裔受访者对南非计划的态度相对坚定，而白人在国家认同感的层次上表现出了深刻而积极的变化。换言之，施行民主的前十年里，人们对共同的国家认同和共同的命运达成了愈发普遍的共识。1997—2015年，认为南非团结统一符合意愿的白人受访者比例稳步上升了25个百分点（从58%上升至83%）（图7）。认为有可能建立一个统一南非的受访者比例在同一时期内甚至上升了41个百分点（32%—73%）（图8）。认为将自己视为南非人的身份认同应先于其他认同的白人比例上升了23个百分点（从68%上升至91%）（图9）。

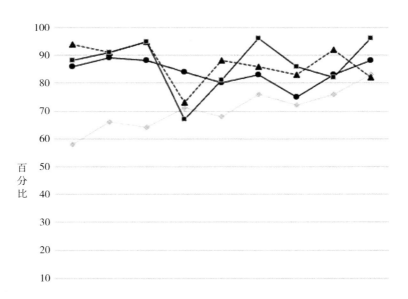

	1997	1998	2000	2002	2004	2006	2008	2011	2015
黑人（%）	86	89	88	84	80	83	75	83	88
白人（%）	58	66	64	71	68	76	72	76	83
有色人种（%）	94	91	95	73	88	86	83	92	82
印度裔（%）	88	91	95	67	81	96	86	82	96

图7　渴望建立一个团结统一的南非，按种族划分，1997—2015年

资料来源：作者对南非民主替代研究所调查报告（1997年/1998年）的分析以及对非洲晴雨表调查（2000年/2002年/2004年/2006年/2008年/2011年/2015年）的分析。

与共同的国家命运（和共同的过去）相关的纵向模式同前三个图中的内容略有不同。在对当前南非政治体制的看法方面，白人——也包括有色人种和印度裔——的意见在1995年和1998年远比黑人消极。然而，随后十年里，这三个群体或其中受访者的信心全都有所增强，并于2008

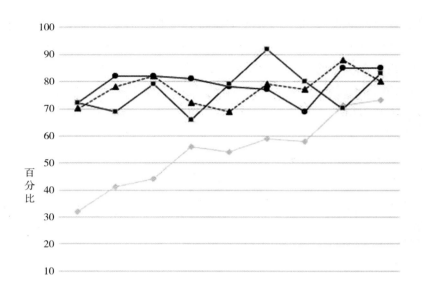

	1997	1998	2000	2002	2004	2006	2008	2011	2015
黑人（%）	72	82	82	81	78	77	69	85	85
白人（%）	32	41	44	56	54	59	58	71	73
有色人种（%）	70	78	82	72	69	79	77	88	80
印度裔（%）	72	69	79	66	79	92	80	70	83

图8　有可能建立一个团结统一的南非，按种族划分，1997—2015 年

资料来源：作者对南非民主替代研究所调查报告（1997 年/1998 年）的分析以及对非洲晴雨表调查（2000 年/2002 年/2004 年/2006 年/2008 年/2011 年/2015 年）的分析。

年达到高点，使得社会中所有种族群体的受访者更接近于达成共识。然而，在 2011 年和 2015 年的调查中，这一新发展起来的共同观点急剧减弱（图10）。就他们对未来的信心而言，1995 年黑人和白人之间几乎有 60% 的差异（有色人种和印度裔受访者的这一数据几乎恰好处于黑人和白人数据一半的位置）。同样，截至 2006 年，少数族裔对国家政治前景的信心倍增（白人的信心上升了 40 个百分点，从 24% 上升至 64%）。然而，虽然 2008 年成为少数族裔对当前政治体制看法的转折点，2006 年仍是少数族裔对国家未来信心的制高点。截至 2008 年，所有南非人的信心均受到动摇，印度裔和白人尤甚，他们的信心水平在两年内下降的幅度与过去 10 年积累的幅度相当。尽管 2011 年的调查中人们恢复了信心，但在 2015 年，少数族裔受访者的信心再次下

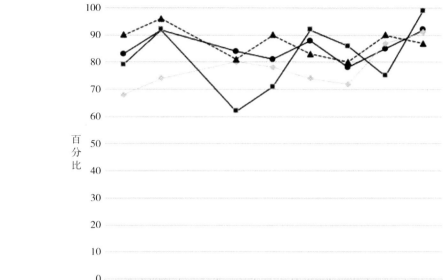

	1997	1998	2000	2002	2004	2006	2008	2011	2015
黑人（％）	83	92	？	84	81	88	78	85	92
白人（％）	68	74	？	80	78	74	72	87	91
有色人种（％）	90	96	？	81	90	83	80	90	87
印度裔（％）	79	92	？	62	71	92	86	75	99

图 9　人们应该首先将自己视作南非人，按种族划分，
1997—2015 年

资料来源：作者对南非民主替代研究所调查报告（1997 年/1998 年）的分析以及对非洲晴雨表调查（2000 年/2002 年/2004 年/2006 年/2008 年/2011 年/2015 年）的分析。

降，这一年的特点仍是持续的电力危机、人们对总统腐败但未受惩罚的控诉以及议会的冲突景观。

因此，在民主的第一个十年里，对当前和未来政治共同体的信心而言，南非人之间的种族差异急剧缩小，这主要是由于少数族裔的信心水平不断提高，这表明南非人正在朝着国家命运的普遍共识迈进。然而，不同意见在祖马执政期间再次出现。相比之下，南非人对过去的评价则呈现出截然不同的模式。1995 年，所有种族群体中的大多数人对"南非过去在种族隔离制度下的治理方式"给予了负面评价，尽管白人占比仅是微弱多数（51％）。20 年后，所有种族群体对种族隔离制度的负面看法都有所下降，而白人和印度裔受访者中下降最为明显：70％的黑人受

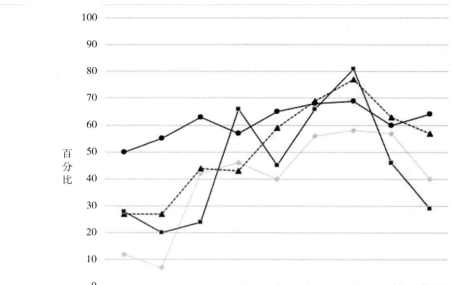

	1995	1998	2000	2002	2004	2006	2008	2011	2015
黑人（%）	50	55	63	57	65	68	69	60	64
白人（%）	12	7	42	46	40	56	58	57	40
有色人种（%）	27	27	44	43	59	69	77	63	57
印度裔（%）	28	20	24	66	45	66	81	46	29

图10　对当前制度的积极评价，按种族划分，1995—2015 年

资料来源：作者对南非民主替代研究所调查报告（1995 年/1998 年）的分析以及对非洲晴雨表调查（2000 年/2002 年/2004 年/2006 年/2008 年/2011 年/2015 年）的分析。

访者从负面角度看待种族隔离，相比之下，南非有色人种为 51%，印度裔为 39%，白人仅有 27%。因此，尽管白人、有色人种和印度裔受访者对新南非及共同的未来愈发抱有信心，但相当大一部分人（取决于讨论的年份）仍然对种族隔离的过去抱有怀旧的看法。

对身份差异的分析

在本章的最后一节，我将对这些进展作一些解释，特别是白人受访者集体国家认同的急剧增长，以及有色人种和印度裔受访者程度较低的增长。首先讨论最明显的出发点，即这样一种假设：个别的少数族裔受访者并未改变他们的观点，但整个社会集体发生了变化。因此，在种族隔离秩序下社会化并作为等级社会中的主导或中间群体的年长者（Horowitz，1986），连同关于种族分层和种族定义的文化与能力的一系列规范，逐渐老去，为在新南非逐渐被社会化，并在取消种族隔离的学校中接受新的去种族隔离化课程的教育的年轻一代所取代。因此，要检验的第一个假设便是"代际更替"。

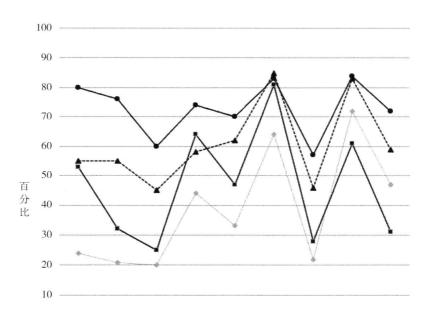

	1995	1998	2000	2002	2004	2006	2008	2011	2015
黑人（%）	80	76	60	74	70	83	57	84	72
白人（%）	24	21	20	44	33	64	22	72	47
有色人种（%）	55	55	45	58	62	85	46	83	59
印度裔（%）	53	32	25	64	47	81	28	61	31

图11 对十年后体制的乐观预期，按种族划分，1995—2015 年

资料来源：作者对南非民主替代研究所调查（1995 年/1997 年/1998 年）的分析以及对非洲晴雨表调查（2000 年/2002 年/2004 年/2006 年/2008 年/2011 年/2015 年）的分析。

然而，另外两个假设认为，个人的态度实际上随着时间发生改变。两个假设均关注新南非中少数族裔日益增长的信心所发挥的作用。然而，它们的不同之处在于一方认为政治原因使人们的信心不断增强，而另一方则认为信心增强出于经济原因。"政治表现"假设指出，人们从1995年起也许便已开始幻想的最可怕的噩梦并未发生。无内战、无革命、无政治动荡，只有日常的时间流逝，这一切让人们断定他们的未来是稳固的。因此，对民主政体的整体表现及其政治机构的可信赖性，以及对新政治体系保障法律秩序和保障人身安全的能力，应是预测人们对国家政治共同体的态度的最佳指标。

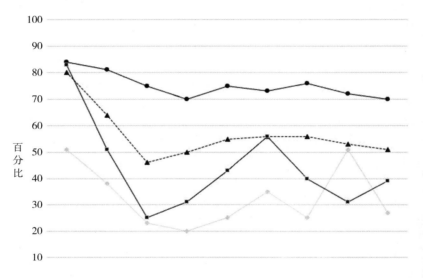

	1995	1998	2000	2002	2004	2006	2008	2011	2015
黑人（%）	84	81	75	70	75	73	76	72	70
白人（%）	51	38	23	20	25	35	25	51	27
有色人种（%）	80	64	46	50	55	56	56	53	51
印度裔（%）	83	51	25	31	43	56	40	31	39

图12　对种族隔离的消极评价，按种族划分，1995—2015年

资料来源：作者对南非民主替代研究所调查（1995年/1997年/1998年）的分析以及对非洲晴雨表调查（2000年/2002年/2004年/2006年/2008年/2011年/2015年）的分析。

　　相反，"经济表现"假设的论断基于白人、有色人种和印度裔受访者（他们中的绝大多数属于专业、中上层阶级，或者至少是有抱负的中下层工薪阶级）对南非共同体的感情建立在对其生计和财产状况的安全性的判断上。再次，这一观点指出，于个人而言最糟糕的经济噩梦，如失控的通货膨胀（由大规模的政府支出引起），上涨的税收（为推动再分配），减少的就业机会（由平权引起），下跌的房地产价格（由土地改革和移民造成）和急剧贬值的货币（由国际信心下降引起）大多没有发生。事实上，除个例，南非经济在过去的 20 年里表现出相当稳定的增长，2001 年到 2006 年更是创下了 60 个月连续增长的纪录。白人、有色人种和印度裔受访者因此能够推断出，不仅他们的物质未来远远比他们原先预期的更为稳固，并且事实上他们可以获得更多物质收入。因此，物质保障指标［就业、生活贫困（缺少一篮子基本生活必需品的频率）、资产］与经济评估应能为国家认同提供最强有力的预测指标。

最后，当个人对南非共同体的态度已经转变，这一转变是出于更具原则性、内在性以及更少重要性的原因（Bratton & Mattes 2001）。这一观点认为，白人、有色人种和印度裔受访者认同新的南非，因为他们已经经历了价值观转移，在这层意义上，他们已经学会了接受多样性、容忍和差异，对南非黑人的恐惧减少。

为对这些相互矛盾的解释进行检验，我确定了一系列变量对关键概念进行操作，并按时间顺序将其展现在多个非洲晴雨表调查中。出于当下目的，我采用了在南非进行的第一次非洲晴雨表调查（2000 年）和最近一次调查（2015 年）的数据，对两次相同的模型进行比较，旨在以倒序的形式解释本章中所覆盖的各个变量：对种族隔离的怀旧情绪（表 1）、对新南非的信心（表 2），个人的国家认同（表 3）以及集体的国家认同（表 4）。

从这些分析中可以得出的第一个结论是，在过去二十年中观察到的聚合态度变化是个体态度变化的结果。没有证据能证明代际更替的论点，只有一个例外。自 1994 年以来政治上逐步成熟的人不再更有可能拒绝种族隔离、表现出对新南非的信心、或带有集体的南非国家认同。然而，他们表达个人认同的程度却有所不同，但结果与人们的期望相反。2015 年的调查中，18—34 岁的受访者实际上比年长的受访者更不可能对南非的国家认同表示自豪、认为国家认同对他们的自我概念至关重要、或者希望他们的孩子拥有这样的身份认同。

表 1　　　　　对种族隔离的怀旧情绪（0 - 10）——2000 年和
2015 年解释性因素的比较

	2000		2015	
	b	Beta	b	Beta
窃听	4. 450		2. 239	
政府打击犯罪和腐败的表现	1. 112 ***	0. 086	无统计学差异	
政府的腐败程度	− 0. 196 **	− 0. 059	0. 478 ***	0. 150
对总统的信任和认可	− 0. 273 ***	− 0. 100	− 0. 158 ***	− 0. 074
对国家经济的评估	− 0. 223 ***	− 0. 065	无统计学差异	
政府在宏观经济方面的表现	− 0. 585 ***	− 0. 155	无统计学差异	
政府在供电方面的表现	—	—	0. 143 ***	0. 071
国家走在正确的方向上	− 0. 184 *	− 0. 053	无统计学差异	
白人	2. 570	0. 275	2. 340 ***	0. 238
有色人种	1. 666 ***	0. 142	1. 032 ***	0. 118
印度裔	2. 450 ***	0. 119	2. 061 ***	0. 133
女性	0. 275	0. 043	无统计学差异	
农村	无统计学差异		− 0. 367 **	− 0. 061
调整后的 R^2		0. 238		0. 148
N		2168		2387

注：单元条目是非标准化的（b）和标准化的（Beta）普通最小二乘回归系数。*** p = <
0. 00；** p = <0. 01；* p = <0. 05。
资料来源：作者对 2000 年和 2015 年非洲晴雨表调查的分析。

表 2　对新南非的信心（0 - 10）——2000 年和 2015 年解释性因素的比较

	2000		2015	
	b	Beta	b	Beta
窃听	3. 383		4. 379	
政府的腐败程度	0. 309 ***	0. 122	− 0. 289 ***	− 0. 150
对总统的信任和认可	0. 273 ***	0. 131	0. 272 ***	0. 166
生活贫困	无统计学差异		0. 193 ***	0. 065
对国家经济的评估	0. 179 ***	0. 069	0. 376 ***	0. 152
政府在提供服务方面的表现	0. 438	0. 150	0. 340 ***	0. 150
国家走在正确的方向上	0. 337	0. 127	无统计学差异	

续表

	2000		2015	
	b	Beta	b	Beta
对非国大党的忠诚	0.328	0.086	0.219 ***	0.083
白人	− 0.588	− 0.082	− 0.598 ***	− 0.078
有色人种	− 0.633	− 0.071	无统计学差异	
印度裔	− 1.087	− 0.069	− 0.728 ***	− 0.062
女性	无统计学差异		0.168 *	0.039
农村	0.244 *	0.047	无统计学差异	
调整后的 R² 值		0.271		0.237
N		2148		2300

注：单元条目是非标准化的（b）和标准化的（Beta）普通最小二乘（OLS）回归系数。
*** p = < 0.00；** p = < 0.01；* p = < 0.05。
资料来源：作者对 2000 年和 2015 年非洲晴雨表调查的分析。

表3　个人的国家认同（0−5）——2000 年和 2015 年解释性因素的比较

	2000		2015	
	b	Beta	b	Beta
窃听	3.107		3.478	
政府打击犯罪和腐败的表现	无统计学差异		− 0.075 ***	− 0.095
政府的腐败程度	− 0.034	− 0.047 *	− 0.057 **	− 0.068
对总统的信任和认可	无统计学差异		− 0.043 **	− 0.077
生活在对犯罪的恐惧之中	0.056	0.089 ***	无统计学差异	
对种族隔离的怀旧情绪	无统计学差异		− 0.015 **	− 0.057
生活贫困	− 0.067	− 0.078 *	无统计学差异	
对国家经济的评估	无统计学差异		0.041 *	0.048
政府在宏观经济方面的表现	无统计学差异		− 0.075 **	− 0.095
政府在提供服务方面的表现	0.119	0.145 ***	0.088 **	0.114
对非国大党的忠诚	无统计学差异		0.054 **	0.059
白人	− 0.366	− 0.183 ***	NS	
有色人种	− 0.166	− 0.065 **	− 0.161 ***	− 0.070
印度裔	− 0.236	− 0.054 **	0.335 ***	0.083
农村	0.124	0.086 ***	无统计学差异	

续表

	2000		2015	
	b	Beta	b	Beta
年龄	无统计学差异		− 0.004 *	− 0.068
生而自由一代	无统计学差异		− 0.116 *	− 0.078
教育	无统计学差异		0.024 *	0.054
调整后的 R^2 值		0.098		0.054
N		2134		2292

注：单元条目是非标准化的（b）和标准化的（Beta）普通最小二乘回归系数。*** p = <
0.00；** p = <0.01；* p = <0.05。

资料来源：作者对 2000 年和 2015 年非洲晴雨表调查的分析。

相反，存在确凿一致的证据，表明公众对政治表现和经济表现的考量存在重要影响。在政治方面，三个问题不断涌现：感知的政府腐败的程度、政府努力打击腐败和犯罪，以及受访者对是否认同总统处理工作的方式、是否信任总统的评价。个人对犯罪的恐惧会产生间歇性的影响，但通常远低于人们认为的水平。经济方面，受访者对国家经济趋势、政府对宏观经济（增长、通货膨胀、失业和不平等）的处理以及服务提供的评估亦对国家认同以及人们看待过去和未来的方式产生了重要影响。然而，尽管在参与调查的各个年份里（国家电网均出现了重大故障），所有受访者对国家未来的看法都发生了大幅下降，但受访者对政府在特定电力供应领域（提供服务的地区之外）的表现的评估仅产生适度的影响。

表4 集体的国家认同（0 – 5）——2000 年和 2015 年解释性因素的比较

	2000		2015	
	b	Beta	b	Beta
窃听	2.797			
政府打击犯罪和腐败的表现	无统计学差异		− 0.055 ***	− 0.086
政府的腐败程度	无统计学差异		− 0.151 ***	− 0.196
对总统的信任和认可	0.027	0.045 *	无统计学差异	
对种族隔离的怀旧情绪	无统计学差异		− 0.025 **	− 0.104

续表

	2000		2015	
	b	Beta	b	Beta
对新南非的信心	0.037	0.129***	0.016*	0.052
政府在宏观经济方面的表现	− 0.127	− 0.152***	− 0.062***	− 0.085
政府在提供服务方面的表现	0.155	0.182***	无统计学差异	
白人	− 0.568	− 0.272***	无统计学差异	
有色人种	0.115	0.044*	− 0.110**	− 0.052
印度裔	0.295	0.064*	0.322**	0.086
农村	0.062	0.042*	无统计学差异	
年龄	0.003	0.051*	无统计学差异	
调整后的 R^2		0.136		0.082
N		2171		2387

注：单元条目是非标准化的（b）和标准化的（Beta）最小二乘回归系数。*** p = < 0.00；** p = <0.01；* p = <0.05。

资料来源：作者对 2000 年和 2015 年非洲晴雨表调查的分析。

在这些模型中可以观察到的另一个趋势是，2000—2015 年，解释力（以调整后的 R^2 统计数据表示）持续下降。理解哪些受访者对种族隔离抱有怀旧的看法，哪些受访者拥有集体国家认同（下降了五分之二），哪些受访者拥有个人国家认同（下降了一半）之后，便发现解释力的下降幅度尤其巨大。特别是在个人认同和国家的集体认同方面（上述方面这些模型的解释力统计之初已较低），国家认同正变得愈发弥漫，而非"特殊"（采用了 David Easton 提出的著名区别），愈发内在而非重要（Bratton & Mattes，2001）。

然而，即使我们将代际、教育、物质和评价因素考虑在内，种族差异仍然存在。即纵观受访者对当前政治体制、自身教育水平和生理、心理（不）安全感水平的看法，白人、有色人种和印度裔受访者仍更有可能对种族隔离抱有某种怀旧之感。白人和印度裔受访者更不大可能对新南非的未来表现出信心。然而，我们也发现，2015 年，仅有色人种受访者不大可能表现出较低水平的个人认同或集体认同（比较对象为黑人；事实上，印度裔受访者的个人国家认同水平更高）。因此，虽然我们尚不能表明种族与人们对新南非的看法无关，但有重要的证据表明，种族的重要性正在下降。

表5　　　　认同的多项目指标的有效性，1997年/2000年/2011年/2015年

	1997		2000		2011	2015
	1	2	1	2	1	1
作为南非人感到自豪	0.801		0.807		0.291	0.307
南非人是自我概念的一部分	0.796		0.759		0.690	0.790
希望孩子把自己看作南非人	无统计学差异		0.848		0.601	0.638
人们应该首先把自己当作南非人	0.361	0.238	0.202	0.490	0.683	0.570
渴望建立一个团结统一的南非		0.773		0.866	0.681	0.477
团结统一的南非是有可能建成的		0.691		0.535	0.640	0.513
特征值	2.317	1.143	3.110	1.080	2.837	2.260
方差百分比解释	46.3	22.9	51.8	17.9	47.3	43.7
N =	3500		2109		2399	2388

　　注：单元条目是非标准化的（b）和标准化的（Beta）普通最小二乘回归系数。*** p = < 0.00；** p = < 0.01；* p = < 0.05。
　　资料来源：作者对1997年南非 Idasa 调查的分析，以及2000年和2015年非洲晴雨表调查的分析。

　　这可能与最后一种趋势有关，为确定个人认同和集体认同的多项目指标的有效性而所进行的因素分析中便能发现这一趋势。当1997年南非民主替代研究所的研究和2000年的第一份非洲晴雨表调查首次问及这些建构时，对六个问题的因素分析提取出不同因素和维度，表明受访者对个人认同和集体国家认同的看法大不相同。将这一结果与最近两次非洲晴雨表调查（2011年和2015年）中对这些量表的相同分析进行比较，发现最近的两次调查中的因素分析提取了一个单一维度。换言之，至少截至2010年，大多数受访者认为，是否将自己、自己的孩子或任何其他人看作南非人已不再是一项有意义的区别（见表5）。

结　　论

　　通过区分人们对其政治共同体、政权、机构和现任政客的评价的分

析性框架视角，本章所涉及数据均有力表明，南非政治共同体强于许多人对其的预期。与许多学者、分析家和政治家的前民主时代预期形成鲜明对比的是，尽管少数族裔群体的受访者对建造一个身份认同差异让位于集体国家认同的新南非的意愿和必要性不大确信，南非人在 20 世纪 90 年代中期仍表现出非常高水平的个人国家认同（受访者中每 10 人中超过 9 人均表达了这一情感）。

随后的几年内，任何数量的、以流行歌曲（如"De le Rey"）和国家法定假日（如"国家烧烤日"）的形式体现的明显不满和疏离感，导致了分析家们得出结论，即认为南非人的"我们感"（"we-ness"）一直下降，白人、有色人种和印度裔南非人群体感受有甚。然而，本章显示的数据却恰恰相反。尽管南非人在抱怨经济、政府和民主运作方式方面上的能力不俗，但他们同时也培养了另一种重要的能力，即区分看待上述情况以及看待整个南非的看法的能力。换言之，他们并未因经济和政治问题而放弃尚处于襁褓之中的南非。

参考文献

Adam H（1994）Ethnic versus Civic Nationalism：South Africa's Non-racialism in Comparative Perspective. *South African Sociological Review* 7（1）：15 – 31.

Adam H & Moodley K（1993）*The Opening of the Apartheid Mind*：*Options for the New Democratic South Africa.* Berkeley，CA：University of California Press.

Alexander N（1994）Comment on Liebenberg. In I Liebenberg & N Rhoodie（Eds）*Democratic Nation-building in South Africa.* Pretoria：HSRC Publishers.

ANC（African National Congress）（1989）*Constitutional Guidelines for a Democratic South Africa.* Accessed September 2016，www. anc. org. za/content/constitutional-guidelines-democraticsouth-africa.

ANC（1992）*Ready to Govern*：*ANC Policy Guidelines for a Democratic South Africa.* Adopted at the National Conference，Marshalltown，28 – 31 May.

ANC (1994) *The Reconstruction and Development Programme: A Policy Framework.* Marshalltown: African National Congress.

ANC (1997) *All Power to the People 1 Building on the Foundation for a Better Life, Draft Strategy and Tactics of the African National Congress.* Marshalltown: African National Congress.

ANC (2002) Social Transformation: Fighting Poverty and Building a Better Life. *Umrabulo* No. 16. Marshalltown: African National Congress.

ANC (n. d.) *Nation-formation and Nation Building: The National Question in South Africa.* Marshalltown: African National Congress.

Bratton M & Mattes R (2001) Support for Democracy in Africa: Intrinsic or Instrumental? *British Journal of Political Science* 31 (3): 447 – 474.

Connor W (1986) Ethnonationalism. In M Weiner & S Huntington (Eds) *Understanding Political Development.* Boston, MA: Harper Collins.

Degenaar J (1991) *The Myth of the South African Nation.* Idasa Occasional Paper No. 40. Cape Town: Institute for a Democratic Alternative in South Africa.

Degenaar J (1994) Beware of Nation-building Discourse. In I Liebenberg & N Rhoodie (Eds) *Democratic Nation-building in South Africa.* Pretoria: HSRC Publishers.

Du Toit P (1995) *State-building and Democracy in Southern Africa: A Comparative Study of Botswana, South Africa and Zimbabwe.* Cape Town: HSRC Press.

Easton D (1957) An Approach to the Analysis of Political Systems. *World Politics* 9 (3): 383 – 400.

Gagiano J (1990) The Contenders. In W Esterhuyse & P du Toit (Eds) *The myth-makers: The elusive bargain for South Africa's future.* Johannesburg: Southern Books.

Gellner E (1983) *Nations and Nationalism.* Oxford: Basil Blackwell.

Giliomee H (1989) The Communal Nature of the South African Conflict. In H Giliomee & LSchlemmer (Eds) *Negotiating South Africa's Future.* Johannesburg: Southern Books.

Giliomee H (1995) Democratization in South Africa. *Political Science Quarter-*

ly 110（1）: 83 – 104.

Habib A（2013）*South Africa's Suspended Revolution: Hopes and Prospects*. Johannesburg: Wits University Press.

Hanf T（1989）The Prospects of Accommodation in Communal Conflicts: A Comparative Study. In H Giliomee & L Schlemmer（Eds.）*Negotiating South Africa's Future*. Johannesburg: Southern Books.

Held D（1996）*Models of Democracy*. Cambridge: Polity Press.

Horowitz D（1986）*Ethnic Groups in Conflict*. Berkeley, CA: University of California Press.

Horowitz D（1991）*A Democratic South Africa?* Berkeley, CA: University of California Press.

Johns S & Davis RH（1991）*Mandela, Tambo and the African National Congress: The Struggle against Apartheid, 1948 – 1990: A Documentary Source*. New York: Oxford University Press.

Johnson RW（2009）*South Africa's Brave New World: The Beloved Country Since the End of Apartheid*. London: Allen Lane.

Mattes R（1999）Do Diverse Social Identities Inhibit Democracy? Initial Evidence from South Africa. In M Palmberg（Ed）*National Identity and Democracy in Africa*. Uppsala: Nordic Africa Institute.

Neuberger B（1989）Nationalisms Compared: ANC, IRA and PLO. In H Giliomee（Ed）*The Elusive Search for Peace: South Africa, Israel and Northern Ireland*. Cape Town: Oxford University Press.

Rose R, Mishler W & Haerpfer C（1998）*Democracy and Its Alternatives: Understanding Postcommunist Societies*. Baltimore, MD: Johns Hopkins University Press.

Rustow D（1970）Transitions to Democracy: Toward a Dynamic Mode. *Comparative Politics* 2（3）: 337 – 363.

Sisk T（1995）*Democratization in South Africa: The Elusive Social Contract*. Princeton, NJ: Princeton University Press.

Smith A（1991）*National Identity*. London: Penguin.

对身份认同主题的回应

在一个不确定时代的身份认同

沙梅拉·西达特（Shameela Seedat）

正如本书所示，民主20多年以来，有关国家统一、社会凝聚力、身份认同和国家建构的问题一直处于热烈的辩论和争论中。在过去20年南非的国家话语中，深厚的悲观主义和鲜明的乐观主义之间出现了一种不寻常、或许是站不住脚的共存状态，反映在社交媒体、报纸、广播节目和街头对话中。然而，这种共存似乎已经被2015年和2016年初占据公共视野的戏剧性的抗议事件所中断，抗议事件包括种族紧张局势的集中爆发，再次质疑建立团结、和谐、不分种族的南非的前景，而这一前景建立于对过去的共同理解和对未来的共同愿景之上。

一般而言，我们对国家团结的程度、身份认同程度、归属感以及对未来的积极展望受到我们自身的经历以及政治、宗教领袖和媒体专家的言论和观点之影响。实证数据和分析通常不易获得。

因此，卡琳·亚伯拉罕斯（Caryn Abrahams）和罗伯特·马特（Robert Mattes）分别在文中对有关国家建设和国家认同的问题作出了全面且及时的回答，这些回答基于自1994年向民主过渡以来大部分时期的多层次调查数据所得。《南非和解晴雨表》和其他分析调查都通过具有代表性的公民样本衡量了自我认同、种族认同和国家认同的优势、作为南非人的自豪感以及个人与政治共同体之间的关系。在最后的分析中，两位作者均为经常由社交媒体或权威人士之口表达的悲观和厄运情景提供了切实的缓解意见，并提出了及时和重要的观点以便继续反思。

马特（Mattes）的分析表明，随着时间的推移，我们与这一新兴的不分种族的民主南非国家计划之间的联系实际上得到了加强，并保持在一个相对健康的状态。他让我们回想起 20 世纪 90 年代末，尤其是前总统塔博·姆贝基（Thabo Mbeki）执政期间，南非白人、印度裔和有色人种的悲观情绪会加深，因为担心国家转型议程会于他们不利。然而，事实却恰恰相反：具备了相对稳定的生计以及在民主南非中生存甚至成功的能力，人们对政府和整个政治体系的稳定性和功能的信心已经增加。尽管人们会担心在职场中受到排斥、语言权利遭到削弱等——在某些情况中或许就是他们的实际经历——但这些数据表明，作为南非人的"我们之感"并未下降。

此外，正如马特（Mattes）、科勒特·舒尔茨·赫森伯格（Collette Schulz-Herzenberg）以及阿曼达·古斯（Amanda Gouws）所述，《南非和解晴雨表》的数据证实，现今的各色事件——无论是总统雅各布·祖马的宪法法院案件、对腐败和犯罪之关切、电力危机抑或最近议会的政治辩论——均影响了公众对民主运作和政府运作的信心。然而，南非人仍然能够将他们对这些问题的不满同他们对整个政治共同体实力所抱有的信念区分开来。

因此，这些分析证实了自民主诞生 21 年以来，关乎我们的民主状况的一个基本命题：面对每天的政治和公共辩论，我们不应忘记，一个稳定、持久和包容的民主国家已然牢固于此。尽管在执行方面会存在一些缺陷，但我们独立的司法机构、支持民主的国家机构以及生机勃勃的民间社会和媒体（尽管最近对言论自由框架构成威胁）被大多数南非人视为提供了稳定的框架，能够保护不同民族的民主地位，尽管存在不同的历史、经验和利益，但仍能将他们团结凝聚。少数群体和利益集团的关切，例如文化遭受威胁，甚至可以最终由法院根据宪法规范作出裁决。

最近的事件亦证明了我们牢固且合法的政治制度的持续力量。这一点在 2015 年 12 月基本上得到了体现，时任祖马总统任命相对不知名、缺乏经验的国会议员戴维·范鲁因（David van Rooyen）取代了财政部长恩兰拉·内内（Nhlanhla Nene）。公众的强烈抗议立即导致范鲁因于几天内从名单中被除名。整体而言，南非似乎仍能继续体现多样性、包容公民权和民主的精神，促进了整个国家的民族自豪感和归属感。

在此背景下，我们应该如何理解 2015 年大学校园里明显表达出的愤怒——主要在于种族和阶级——这似乎表明了全国范围内紧迫而广泛的不满情绪的存在吗？

亚伯拉罕斯（Abrahams）就此问题提供了一些见解，在《南非和解晴雨表》调查中她着重强调了一个特定方面，即越来越多的南非人对包含不同群体在内的统一未来的可能性和意愿感到"不确定"。尽管她的分析发现，有些人仍然对不分种族的未来抱有憧憬，但这种憧憬正愈发抽象，他们对未来的信念亦脆弱而不确定。可以认为亚伯拉罕的命题提供了一个有用的视角，通过这一视角可以对南非当前发生的事件有所反思。

2015年、2016年大学校园的抗议活动引起人们关注一系列影响学生的问题，从高昂的教育成本到工人的外包以及国家遗产景观整体缺乏改造。学生们向学校管理层和政府抱怨，教育成本实际上阻碍了他们在社会上的进步。鉴于种族隔离的遗留问题仍然在大学、学校、工作场所以及医疗和司法系统中发挥作用，学生运动实际上提醒人们注意这样一个事实：大多数贫穷的黑人仍然被排除在后种族隔离时代南非的福利之外。

重要的是，在开普敦大学（University of Cape Town），黑人学生坚持自己的身份认同，并重建自己的历史（其本身而言便是一种政治行为）。首先呼吁拆除英国帝国主义者塞西尔·约翰·罗兹（Cecil John Rhodes）的塑像，后来演变成对该大学内以欧洲为中心的课程设置和更广泛意义上的机构父权性质的批评。学生们希望他们所处的环境能够反映他们自己的历史和身份认同，"去殖民化"的呼声取代了早年"彩虹之国"时代老一辈使用的非种族主义与和解的话语。

少数族裔的某些身份认同诉求亦受到严密监视，这被视为种族隔离制度下特权的延续。斯坦陵布什大学（University of Stellenbosch）和比勒陀利亚大学（University of Pretoria）已经见证了一场黑人学生和讲南非荷兰语（Afrikaans）的学生之间的语言政策之争。黑人学生认为，南非荷兰语教学政策实际上剥夺了他们接受高等教育的权利。相反，讲南非荷兰语的学生则反驳道：他们练习自己语言和文化的权利受到侵犯。

亚伯拉罕斯提醒道：国家团结一致的能力在某种程度上取决于如何对待、平衡和解决相互矛盾的身份认同要求。与此同时，南非人必须真正认识到，人们的身份认同是流动的、多样的，而且，身份认同的概念本身亦永远不能完全反映我们是谁。

去年也出现了许多丑陋的种族歧视和仇恨言论事件，从而爆发了大规模的愤怒和辩论［尤其是在房地产经纪人佩妮·斯帕罗（Penny Sparrow）在社交媒体发布种族主义言论、在橄榄球比赛上抗议的黑人工人遭受人身攻击、政治领导人发表一系列针对特定群体，以及以多种方式怀念种族隔离时代的声明之后］。社交媒体的反应推动了对白人特权的审问和对体制性、结构性种族主义的揭露（正如饶勒拉·芒库在本书第二部分的回应中所讨论的内容一般）。这些反应令人不禁怀疑，非种族主义（或反种族主义，就此而言）的种子是否曾在南非有意义地生根发芽。

贯穿这些辩论的一个中心主题是种族和解与经济公正之间的联系，这一主题掩盖了该国日益增长的激进左派的要求。尽管自 1994 年以来黑人精英人数不断增加，但在种族隔离结束 20 多年后，黑人仍然承受着不成比例的贫困和不平等负担。因此，许多人呼吁进行更深入的经济改革，进一步减轻社会和经济排斥。在这方面若未取得重大进展，南非实现真正和解似乎前景渺茫。

过去几个月里，人们愈发清楚地认识到，有关经济公正的辩论本身便呈两极分化——人们在土地再分配、国有化和劳工政策等关键问题上存在分歧。在公共场所，人们就谁应该为纠正"付出代价"以及如何"付出代价"的问题交换反对意见，这些意见有时充满敌意。同样，人们对构成"种族主义"的行为类别亦存在分歧，比如，在各种艺术作品对祖马的描绘中存在争议。对"祖马必须下台"（Zuma Must Fall）运动的支持（包括 2015 年底在开普敦竖起一块巨大的布告牌，以及参与公共游行）似乎也因民众种族不同而存在意见分歧。

然而，这些事件的积极结果可能在于人们围绕对反对一切形式歧视所需要的新尝试获得了更为丰富的认识和更为激烈的辩论。在这方面，政府最新的政策蓝图《2030 年国家发展规划》（National development plan 2030）依旧设想建立一个团结、繁荣、无性别主义和无种族主义的社会。政府同时还认识到，仅通过持续努力改变人们的物质生活，社会才具有凝聚力——这反映了许多南非人期待在这方面取得更好成果的强烈感受。

在两极分化和不确定性日益增加的情况下，就如何实现更公正、更和谐的社会展开包容、平衡的对话，是更为紧迫的需要。重要的是，本章中的分析提供了及时的现实感检验，提醒我们大多数南非人仍然致力于国家统一和巩固国家结构，这一行为背后的理由是坚定不移和令人鼓舞的。因此，我们应该确保有关社会凝聚力、身份认同、和解和经济公正等关键问题的任何对话和行动均不会被视为黑人或白人的自发性行动，而应被视为南非的自发性行动。

结论 南非失误：没有社会补偿的恢复性司法

吉米特里·伊拉斯谟（Zimitri Erasmus）

哈利·加鲁巴（Harry Garuba）

> 究竟如何调节赔偿呢……通过和解抑或宽恕错行？
>
> 单靠真相永远不足以保证和解。真相与犯罪和惩罚关系微乎其微，但与创造性密切相关——创造一种社交套话，一来搪塞剥夺的错行，二来惩戒那些背离人道社区秩序者，作为该社会未来的行为准则，即使是在压力时期，
>
> 也只有在那时，治愈。（Soyinka 2000：23，81）

2015 年 3 月 9 日，开普敦大学的一名学生在公众、媒体和其他学生的众目睽睽之下，向该校詹姆森堂（Jameson Hall）台阶下的塞西尔·约翰·罗兹（Cecil John Rhodes）塑像投掷粪便。这点燃了"罗兹必须倒下"（RhodesMustFall）的学生抗议运动，并蔓延至南非其他校园和国外，成为南非和国际头条新闻。结合背景来看这一行为，应该注意到这种性质的抗议，通常被称为粪便抗议，在西开普省并不罕见。此类抗议通常发生或开始于城镇和非正式定居点，通常是抗议马桶设施不够、住房破旧、生活服务不到位以及一些贫困、边缘化社群遭受的其他不公平待遇。但这次行动的不同之处在于，行动并非因为缺少马桶或生活服务不到位，亦非发生在城市中不起眼的角落。相反，这一切都发生在这所大学的辖区内，这所大学骄傲地称自己为整个国家、整个非洲的顶级大学。这是一次对以罗兹形象为代表的后种族隔离南非备受争议的遗留问题的抗议，亦是对罗兹的遗留问题仍然以某些方式存在于南非的日常生活中、建筑中、点缀南非的风景雕像之中的抗议。因此，此次抗议与其说事关物质

生活条件（此为穷人抗议活动通常聚焦的关切），不如说事关构成日常生活经验的象征性条件。

该年晚些时候，恰好在第一轮抗议活动逐渐平息之际，位于约翰内斯堡的威特沃特斯兰德大学（University of Witwatersrand，Wits）提出的学费上涨计划又将学生们拉回了街头。"学费必须降"（FeesMustFall）的抗议活动始于威特沃特斯兰德大学，几乎波及全国所有大学。学生们游行到开普敦议会和比勒陀利亚联合大厦，课堂被中断，大学管理者不得不关闭这些高等教育机构，直到学生们的一个主要诉求——下一年学费不再上涨——终于实现。他们的抗议让不平等和变革的问题（尽管这些问题似乎已然失去活力）重新回到公共领域，并被提上议程。对学生们而言，变革不仅仅是人口统计和数字——他们呼吁的内容仅是机构变革和教育课程的"去殖民化"。

回到1994年，纳尔逊·曼德拉就任新南非总统，承诺自由与和解。上述两件事之间的对比再鲜明不过了。那一刻曼德拉为这一厌倦冲突的国家带来了希望，并高举宽恕与和解大旗使之作为通向全新、包容和民主未来的道路。学生抗议从根本上打破了这一叙事，用不平等、社会正义和变革的问题将这一叙事取而代之。这一运动要求我们用全新视野、全新手段对待罗兹（Rhodes）、种族隔离以及歧视的后续影响，而非承诺冲向新的黎明。学费的问题似乎连接了物质与象征和认识论两条展开的故事线。"转型"和"去殖民化"两个词语终于突然之间具有了曾经反殖民和去殖民化理论家所坚持的全部意义。

这几年发生了什么，使得和解的话语于这些抗议的年轻男女（他们中的许多人或许在曼德拉承诺的辉煌时刻尚未出生）而言变得如此鸡肋？是什么令1994年这个仅仅二十年前的过去，正如俗话所言，仿佛发生在异国他乡？难道为南非赢得许多国际荣誉的和解话语和国家建构计划突然成为明日黄花？难道新精英们茧缚在自由乐逸之中，而把他们的人民抛诸脑后？

这些是我们在反思本书收录论文和其所依据的《南非和解晴雨表》（South African Reconciliation Barometer，SARB）时的突出问题。

悖　论

本书以看似似非而是的论调开篇。一方面，由司法与和解研究所开展的焦点小组访谈发现，南非人已经开始以普通人之间的相互交往，而非作为固定种族群体的成员。另一方面，日常的社会现实揭示了黑人①仍屈从于暴力：身体、心理、存在和认识论的暴力。鉴于我们的殖民和种族隔离历史，以及最近"罗兹必须倒下"和"学费必须降"两大去殖民化运动的呼声，人们该如何理解这种明显的矛盾？这于个人和政治之间的关系而言意味什么？在不断变化的南非，这些矛盾和呼吁对当前形式的《南非和解晴雨表》的未来和司法与和解研究所的使命意味着什么？

回答上述问题前，有必要认识到《南非和解晴雨表》的重要价值，以及它自成立以来在跟踪不同族群体内部和彼此之间的态度变化方面所做的艰苦研究。②其多年来收集的关于态度和看法的资料汗牛充栋，可以合理地看作是对南非和解计划进展（或缺乏进展）看法的最全面记录，价值连城。对其理论和概念基础及方法论手段的批判会对其收集的数据的质量和数量产生质疑但不会使之失效。如果可能，收集的大量信息应作为批判工作的出发点，其必要性不言而喻，而且在当前的事件背景下，这一行为更符合大众意愿。这些信息可以为我们指明现在应该提出的问题，我们应该如何去探索这些问题，以及我们应该如何探究构成现状的沉积历史。当以态度和看法为重点的调查结果呈现的答案与事实特别明显地产生冲突时，这些悖论应该成为我们调查若干新问题的切入点，例如，作为受访者的主体产生，更广泛地说，即和解话语相关的后种族隔离主体之形成。例如，当调查发现，上层"黑人中产阶级"受访者回答提出的关于不平等是否正在加剧的问题时，大多数人说正在减少，

---

① 我们使用"黑人"一词指代白人至上的幸存者中反对这一压迫的政治立场和身份认同。

② "种族群体"并非世界已然存在的、等待被发现的客观事实。相反，人类由"种族群体"组成的观点是在一些历史时刻（再）提出的，其标志是一个现在已然失效的观点，即种族是生物学事实，借此统治的实践以种族差异的等级制度为前提。

这应令我们探索比调查所能提供答案的更为深层次的问题。

正如路易·阿尔都塞（Louis Althusser，2001）和安东尼奥·葛兰西（Antonio Gramsci，1971）的理论研究，以及苏伦·皮莱（Suren Pillay）在本卷书他的论文中提醒我们的那般，在意识形态和权力的间隙中、在话语的密度中人们被塑造为主体。就此而言，后种族隔离时代的主题亦不例外，在南非没有比和解的话语更充满意识形态的话语。因此，受访者以这样抑或那样的方式被这种话语所询唤（interpellated）。问一个人与另一"种族群体"成员接触的次数，或如何看待政府及其机构的"平权行动"或民众赋予的"信任"，而非简单地询问客观事实，方可进入并激活已经预设好的离散的社会领域。这一离散的领域需要我们仔细关注，才可充分理解我们所接收到的所有回应。

对《南非和解晴雨表》等研究的概念基础的批判有助于扩大我们应该提出（或无须提出）的问题，以及寻找答案时应采用的"方法"之范围。正如本卷的许多撰稿人所指，这一性质的悖论的反复出现弥漫在整个调查结果中，这也许正是我们反复面临的主要特征之一。

我们建议，寻找其他概念和方法论基础来锚定这些问题时，应该从比较后殖民性的层级出发。① 正如《厘清问题》（*Getting the Question Right*）一书（该书由 Mahmood Mamdani 主编，是一本跨越不同视角、不同学科的学术研究书籍）中所暗指，厘清问题与找到合适的手段研究问题同等重要。

因此，我们所面临的问题在于我们是否能够厘清问题。我们是否需要其他问题和其他手段补充或替代我们正部署的问题？概念和理论之锚是否足够稳固且能充分执行它本应执行的任务？如果答案是否定的，是否存在其他方法可以产出能够充实研究的结果？

比较后殖民性：和解和民族主义想象

弗朗兹·法农（Frantz Fanon）在他著名的文章《民族意识的陷阱》

---

① 比较后殖民性并不关注对"客体"的比较，而关注比较时的基础。于 Natalie Melas 而言，这一前提意味着"不能通约的特殊形式"：空间条件提供了比较（或共现）之基础，但并未给出等效之依据。（2006：xii）

（The Pitfalls of National Consciousness）首行便提醒我们，"历史清楚地告诉我们，反对殖民主义的斗争并非径直沿着民族主义的路线前行"（1990：119）。法农在这里提醒人们不要沦为民族主义目的观点的牺牲品，该观点认为历史的进程可被整齐地划分为各个时代，线性地、不间断地驶向个人和集体自由和完美的目标。在这一民族主义叙事中，开头是和谐而完整的前殖民天堂。这一伊甸园随后被殖民主义所破坏，带来压迫、异化，最终导致个人自我和群体自我（collective self）的创伤与分裂（fragmentation）。反对殖民主义的斗争（民族主义叙事的下一阶段）随即被设想为解放和愈合的斗争。这一叙事的结尾是自由的实现和完整性的恢复。事实上，在这一叙事中，《南非和解晴雨表》将自身定位于政治独立的节点上，即人们认为恢复的工作何时何地开始。在南非民族主义者的想象中，和解是未来信仰的主要支柱之一。

关于这一叙事有种诱人的、令人神往的简单性，法农对不要"径直沿着民族主义路线奔跑"的警示承认、同时又质疑这一叙事；他认为，这条路上有诸多扭曲和瓦解这一叙述简单线性的挑战与陷阱。众所周知，阻碍南非殖民主义、种族隔离和自由叙事的重大挑战之一是和解问题。真相与和解委员会的成立旨在开启处理压迫和隐匿历史的进程，设法揭露真相，从而实现宽恕与和解。按照同样的逻辑，《南非和解晴雨表》将衡量和监测这方面的进展。这一测量是通过关注人们对国家种族和解的态度和看法而实现。利用《南非和解晴雨表》10年间收集的数据，本卷各章试图解释和评估民族主义想象已然规划的方向上所取得的进展。

对这项工作所依据的前提与范式、指导性的假设和轨迹，以及由数据和结果显现出来的问题和议题的不乏批评。但该项工作没有得到切实严密解决之处在于其依赖于自由民主的规范模式及其公民主体的概念，这些观点在后殖民社会的研究中受到越来越多的质疑。例如，每到选举周期，"公民"便全体出动投票将某个政党推上台，翌日（实际上贯穿该政党整个统治期）便又出动抗议这同一政府。我们需要何种理论方能解释这一事实？在此，我们的情形显然是与我们所具有的概念和分析手段背道而驰，而当我们对此提出问题时，我们会采用自由民主词汇中的"政治信任"来描述。虽然我们知道存在一些问题，但我们是否厘清了问题？我们是否应该提问其他问题？而且，如果我们的调查结果显示，人民"信任"他们的政府机构，仅要求他们工作得更好，为什么不在下届选举时赶走表现不佳的官员呢？这里存在一些问题，一些与我们正在研究的民主理论不相一致的部分。

理论家帕萨·查特杰（Partha Chatterjee）在他的著作《被治理者的政治——思索大部分世界的大众政治》（*The Politics of the Governed：Reflections on Popular Politics in Most of the World*）（2004）以及《政治社会的世系：后殖民民主研究》（*Lineages of Political Society：Studies in Postcolonial Democracy*）（2011）对这一偏差作了评论，他提出不同于传统观念中公民社会（civil society）的政治社会（political society）。在后一本书中，他主张：

> 政治空间实际上被狭域的公民社会领域（公民通过法律上可执行的权利的相互认可与国家相联系）和更为广泛的政治社会领域所分离（政府机构不与公民打交道，而与居民打交道，通过政治谈判过程提供具体的利益或服务）。（2011：13—14）

在围绕选民行为提出问题或分析问题时，尤其是涉及"信任"、合法性等问题时，"公民"和"居民"间的区别至关重要。通俗地讲，我们需要知道我们提出问题的对象是哪类主体：他或她是公民主体抑或居民主体？公民主体与国家、政治、政治机构以及角色扮演者间的关系不同于其他主体类型。一种主体的反应可能与另一种主体的反应相似，但不一定等同。同样，这是查特杰看待这两种主体形式的差异的方式，他以印度和泰国的选民行为为出发点展开分析。

> 有趣的是，当代西方民主国家中日益严重的普遍且完全不信任民选代表和明显的选民冷漠的现象使得理论家们密切关注民众的警觉、谴责、消极联盟、模拟审判等行为。皮埃尔·罗桑瓦隆（Pierre Rosanvallon）称此类非选举形式为"反民主"。如果拜访后殖民民主国家，人们会发现在城市中产阶级的公民社会领域中有许多这种反民主形式……城市中产阶级对选举的效力表现出明显的不信任，以及大多情况下利用政治社会的手段与政府打交道的人群——即城市和乡村中较贫穷的人群——是坚持投票的大多数。因此，后殖民又一次被打上了不同的印记。（2011：25）

考虑这些不同类型的主体——这种后殖民时代的差异——不仅对提出有关政府和政府机构的问题非常有益，而且对作为国家建构的民族主义轨迹中一个节点的和解亦裨益匪浅。西文·雷迪（Thiven Reddy）在他的著作《南非、殖民者殖民主义以及自由民主的失败》（*South Africa, Settler Colonialism and the Failures of Liberal Democracy*）中承认了南非政治主观性的这些不同模式和维度，他解释道："中产阶级关注的是公民社会领域的权利话语……属下阶层民众（关注）政治社会中的认同话语。"（2015：63）同时，在批判南非研究的方向时他坚称："对官方的制度政治的狭隘关注使政治沦为主权和法律：并未回应权力如何通过暴力和巨大差异构成主体，这是殖民者殖民主义现代性的关键特征。"（Reddy 2015：49）

对统一的自由民主公民身份的假设，作为一个狭隘的焦点，使得权力和政治领域的异质地带无人问津，在此领域中，主体表现的身份认同可能适合／不适合现代国家之框架（Reddy 2015；Scott 1999），正是这一框架成为后殖民国家的现代化精英们看待世界的视角。对于在政治独立或解放时接管南非的精英们而言，为参与国家建构的任务以及巩固民主的合法性，他们倾向于对民族主义斗争的时空去历史化，使用他们最为熟悉的手段与制度开展任务，其中大部分手段和制度均基于不受质疑的公民身份、国家身份和私人财产的概念。即使世界的经验为他们呈现全然不同的面貌时，这些经验抛出的差异偏离规范，精英们仍将其视为例外并坚持他们拥有的过渡叙事，把这些"差额"视为伴随新兴国家身份产生的挫折或失败。但这意味着现实世界必须服从于遗传下来的理论的观点。这一态度可以概括为基本上认为错误在于世界，而非理论。这种态度或许不像上句话看似的那般离谱。查特杰告诫道：

> 需要强调的是，西方政治理论的规范性原则作为值得效仿的典范，仍在世界范围内大行其道。然而，现代政治生活的实际做法产生的结果并非抛弃这些规范，而是在执法过程中堆积了大量例外情况，而对这些即兴创作的理论化已成为后殖民政治理论的任务。（2011：19）

就规范性而言，南非证实了这些例外的大量堆积以及将公民身份、政治生活和经济生活的非规范性表现理论化的必要性。

这项任务的迫切性和必要性在本书的章节中并未触及，这正是需要面向未来深入思考的问题。詹姆斯·吉布森（James Gibson）在其关于真相与和解委员会的重要著作和面向《南非和解晴雨表》的开创性研究《克服种族隔离：真相是否能令分裂的国家和解？》中谈及："这本书的中心论点是，真相与和解是可以（也应该）用严格和系统的社会科学方法衡量和评估的概念。"他继续说道：

> 因此，这项研究的部分动机是我希望使用重要的政治心理学和群体间关系理论以及先进的方法论技巧、并将上述理论和方法论嫁接研究转型社会面临的最重要的问题之一：即真相是否会促成和解？（2004：xi）

这一理论和方法的工具箱中缺少的是比较后殖民理论或某一种理论视角，该理论视角不会简单地将后殖民社会作为沿着目的论的线路（其终点是预先设定和给定的）移动的转型社会进行构建和处理。在吉布森的想象中，这些社会正在向哪一方向过渡？吉布森所述的"政治"作何解？

相比和解的话语和将其目标具体化并加以解决的社会科学方法（和解、政治信任等）的运用，还有一些更为深刻的问题。这些问题在众多抗议活动中奋力浮出水面；试图找到一个便于表达的概念性、理论性习语，并要求我们（学者和知识分子）阐明一个合理的问题模式（阿尔都塞式意义上）以构建我们的问题，并指导我们不断地寻找解决方案。

部分、章节和焦点小组中的讨论

坦诚而言，这本书的几位撰稿人均认识到这一点，而且这一认识反复出现在各个章节中。例如，在兹维勒图·祖罗博（ZwElethu Jolobe）对本卷的供稿《为什么后种族隔离时期的南非人反叛：社会抗议、公众参与和机构信任》中，他表示，"鉴于正式民主在确保服务交付方面的能力不足，社群开始将公民抗议融入他们的政治参与"，他还补充道：

"公民抗议亦是另一种公众参与模式，意在支持政府更好地运作而非挑战系统"。采用公民抗议晴雨表（Civic Protest Barometer）的数据说明这一点时（数据显示越来越多的抗议活动有时会伴随暴力行为），他同样避开了将这些抗议归咎于人们对机构缺乏信任。他的解释似乎更符合Chatterjee（2004，2011）和Reddy（2015）关于政治社会运作的叙述，而非自由民主理论所认可的叙述。前一种叙述并未将引导规范性的自由民主得以实现的过渡视为动力因素。

　　再举一个关注和解具体化的例子，克里斯蒂·范德韦斯特休森（Christi van der Westhuizen）曾在本书中问道：南非日益增加的复杂性是否已经压倒和解，使和解变得无关紧要。她认为"二十年来，和解作为一种使民主颇具意义的模式之所以丧失魅力，是因为民主与转型脱节"。此处，"转型"而非"过渡"的叙事似乎正在抬头，尽管其指代的表达方式似乎仍牢固地植根于规范性。

　　尽管总体目标是根据《南非和解晴雨表》提供的数据进行工作，并衡量朝向一方向或另一方向的趋势和运动，但几乎在每一章中均可读出脱节的感受。因此本卷试图扩大问题和概念的范围，细化以及差异化我们的方法，承认多元解读的可能性，仅需我们把视角稍微转向不同的方向（接触假说以此方式被审视）。

　　本书由五部分构成，每一部分的标题再现了过渡叙事的线性脉络。第一部分侧重于转型正义（transitional justice），第二部分侧重于社会关系（"种族群体"间真正意义上的接触及其与和解的关系）。第三部分以转型为主题，探讨了工作场所的种族、阶级和平权行动（affirmative action）问题。第四部分和第五部分分别讨论政治参与、政治机构以及身份认同。这几部分与《南非和解晴雨表》数据类型相匹配，并模拟了撰稿人必须使用的《南非和解晴雨表》数据类型。他们对所揭示的趋势的分析为我们提供了诸多值得思考的内容，但更为有趣的是我们所注意到的对矛盾、悖论和缺失的暗示，特别是与实证研究所依赖的规范性理论相关。

　　再者，在我们与编辑和部分撰稿人的讨论中，他们含蓄地表达了批评，他们认为调查依赖于不容置疑的种族隔离类别，明确地批评了接触假说，认为该假说未超越数据层面而深入挖掘。毫不意外，鉴于本卷的调查结果，宽恕的话语深刻地塑造了南非人的和解概念，尽管也代表了对大多数南非人生活现实的否认。与这一否认形成对比的是，"学费必须降"运动、争取基本权利和服务的长期抗议以及马里卡纳（Marikana）大屠杀不过是几个强有力的警示，提醒南非的日常生活中以各种方式充满着秘鲁社会学家 Anibal Quijano（2013：24）所指的"权力殖民性"：在知识生产、主体形成、经济、权威和日常生活表现等领域的权力和不平等模式，其持久性远远超出了殖民政府的破坏。这些权力模式的标志，就像本书中呈现的研究发现一样，在南非各地景观的雕像中随处闪现，标志着当代南非社会。它闪现在为全球资本积累服务之中（Escobar 2013）的对种族和劳动力、地理、不平等和社会距离的表述中；它闪现在新老精英之间特权和财富的集中之中，它闪现在贫困的分布之中（Coronil 2000）。

因此，这些发现至少要求对《南非和解晴雨表》进行概念重建。

对《南非和解晴雨表》的概念重建

将这些调查结果的构想作为权力殖民性的指标对于重释这些调查结果以期重新设计《南非和解晴雨表》意义非凡。例如，这种纵向数据的值一定程度上反映在 2003—2013 十年期间公众舆论的变化中，从和解与社会经济正义之间联系甚微，发展至面对日益加剧的不平等和绝大多数在种族隔离中幸存者的持续贫困时，和解的概念变得无法企及（见本书的绪论）。我们与本卷的编辑和部分撰稿人对话时发现，于《南非和解晴雨表》的核心研究人员而言，这一发现更多地引发了对其基本假设的批判性思考，而非对南非个人关系是否变得更加和解的思考。换言之，《南非和解晴雨表》背后的自由主义和解概念——"真相导致和解"（Gibson 2004）——沉浸于南非例外主义（exceptionalism）和方法论上的个人主义（individualism）。这一概念既未考虑全球权力结构，亦未考虑地方权力结构，而且正如苏伦·皮莱（Suren Pillay）在其对本书的供稿中的提醒，这一概念对历史的影响微乎其微。伴随着《南非和解晴雨表》的催化剂，即真相与和解委员会，对这一基本假设的科学探索假设以自愿披露、与他人和解、受害者原谅肇事者、个人赔偿为前提。鉴于殖民和种族隔离权力结构的碎片不断被重塑，服务于既有的和新兴的权力精英，未来的《南非和解晴雨表》调查能够运行良好，将权力和社会结构问题置于其研究的中心位置。

这意味着不会过多澄清和解的意义，而是能够改变对话的措辞。这意味着改变其作为调查手段的概念：正义，而非和解；社会集体之间关系［例如，能够诉诸实质正义（substantive justice）的居民与能够诉诸形式正义（formal justice）或根本无法获得正义的居民之间］以及个人间的关系；社会良知，而非容忍；除权利之外，亦包括生计和不公。这也意味着接受这一复杂、颇具争议的挑战，摒弃种族隔离类别被用作分析的应用，条件是不丢失目前用来探索这些类别的影响的工具［见 Erasmus（2012）和《转型》（*Transformation*）特刊的其他论文］。换言之，鉴于南非的殖民和种族隔离历史，未来《南非和解晴雨表》调查的概念框架需要考虑几个世纪以来的种族不平等，而非种族中立。此外，这一解释需要从少数族裔的话语中转移——Syed Alatas（2000）追溯英国在印度的殖民主义——而本卷中该话语屡见不鲜。这一话语亦统治了欧洲和北美的流散（diaspora）社群的概念。

此外，这一看待问题的方式长期以来备受南非黑人激进传统的挑战，而这种传统本身亦受到了跨大西洋和泛非洲反殖民主义和社会主义思想的影响。而这一传统的影响在南非主流学术、研究和课程中均不见踪影。而且，正如饶勒拉·芒库（Xolela Mangcu）在对本卷的供稿中所指，这一传统的影响亦缺席《南非和解晴雨表》的基础研究。《南非和解晴雨表》的核心研究人员将竭力处理这一问题，尤其是考虑到这一传统的方式在知识生产和政治主体的形成中强调反殖民主义、反种族主义和反资本主义的方式，及其提供一种新兴话语而非预设的未来蓝图的可能性。黑人意识思想是这一传统的一部分，虽然并非其社会主义历史的一部分。除史蒂夫·比科（Steve Biko）对南非白人自由主义的批判［见本卷中芒库（Mangcu）撰写部分］之外，黑人意识思想对我们今日的价值在于比科的反种族隔离实践，即超越传统种族立场，以及比科留给读者的不确定性（Ratele 2003）。如同比科将黑人意识视为其他一切可能到来的前奏一般（2004：22，重点补充），以同样的方式看待南非反殖民非种族主义的传统或许有所裨益［见本书沙梅拉·西达特（Shameela Seedat）的文章］。在试图用新的语言和概念框架为南非的现在和未来提出新的问题时，考虑这一传统的各个方面或许亦有所裨益。鉴于南非特有的权力模式，这一语言需要对冲突后和/或致力于社会凝聚力或社会包容的南非概念提出质疑。有凝聚力的社会形态往往依赖于对权力的认同。而且，"学费必须降"运动明确质疑招安的想法，招安相关表述正是这一运动挑战的对象。毕竟，"学费必须降"运动不仅是物质条件之斗争（大多数学生预期会在这种条件下生活、学习、拔尖），演变为对学院持续的欧美中心认识论取向的批判，及其批判为日常生活的物质，认识和象征领域为更公正的未来提供的产品有限。

为什么真相与和解不是一个值得效仿的模式

　　Wole Soyinka 将 1994 年后的南非最为准确地描述为一个"受害者和违反者均存活，并被锁在同居的必要性之中……（在这里）……违反者（受益者）……追求优越的存在，在那段肮脏历史中虏获的战利品中感到怡然自得"（2000：24）。南非的真相与和解进程为世界提供了四个重要的教训：第一，个人说出真相便能实现民族和解的观点有瑕疵。第二，不提及社会补偿的恢复性司法在被虐待和统治的历史所构建的社会中，并非社会恢复和政治完整之良方。没有社会补偿的恢复性司法为种族隔离的受益者免除因白人特权受益而所需承担的责任。第三，有个人赔偿而无社会赔偿的和解是一种空洞的姿态。援引 Soyinka 的原文："赔偿是真相与和解间缺失的一环"（2000：35）。虽然我们意识到修复几个世纪被剥夺的历史的可能性仿佛天方夜谭，但我们明白赔偿作为"共存条件"的重要性（2000：82）。第四个教训是，对涉及野蛮的非人化和大规模屠杀的政治犯罪的赦免，在作恶者和当时的受害者以及昔日的精英间培育了一种有罪不罚的文化。鉴于这些教训，编辑们对南非和解模型的对外传播忧心忡忡，符合 Soyinka 的告诫："南非的例子不是我们胆敢为（非洲大陆）的苦难和开启将纠正迄今为止对其人类持续攻击的进程而树立的完好无缺的榜样。"（2000：75）

　　这些教训并不意味着选择报复、慈善或仁爱。相反，迫使南非人为恢复而采取各种形式的集体行动，不仅需要着手处理过去的遗留问题，还需为未来建构可能性。在这点上，重要的是一方面提醒我们南非社会经济不公正的历史和程度，另一方面提醒我们社会持有的希望。在 2015 年举行的第 13 届纳尔逊·曼德拉年度演讲上，Thomas Piketty 指出，总收入的 60%—65% 被国内收入最高的 10% 者收入囊中。与此同时，

Piketty（2015）以及司法与和解研究所 2012 年的"转型中的内部审计"（Transformation Audit）均指出，南非的年轻人口有望成为"人口红利"（demographic dividend）（Hofmeyr 2012）。这些青年呼吁南非人不仅要革新和重新执行我们对社会正义的承诺，而且要明确这一承诺的内容。他们的呼吁并不令人惊奇，因为 71% 的 15—34 岁的年轻人既失业，亦未曾接受教育或训练，原因在于南非的教育体系（在全世界提供最差劲的教育资源的 144 个国家中排第 140 名）（Hofmeyr 2012：46）严重地限制了年轻人包括子孙后代谋求生计的可能性。这促使人们提出这样一个问题：为使更可持续的未来成为可能，我们需要做什么？

Darrick Hamilton 和 William Darity（2010）提请人们关注政府计划。该计划在美国进行试验，并于 2005 年在英国实施，政府计划通过对储蓄和债券的公共投资，在穷人中建立资产能力。这些计划基于 Piketty（2015）所称的累进财富税和针对遗产和继承之物征税（Hamilton & Darity 2010）。有两个例子对南非颇具价值：儿童发展账户（亦被称为婴儿债券）为新生儿创造捐赠信托，并为教育储蓄（Hamilton & Darity 2010）。例如，如果自 1994 年起，每一过度受益于种族隔离，其收入和资产超过规定水平的南非人均需要为儿童发展账户和教育储蓄账户捐款以帮助收入少或极少的家庭，有资格接受高等教育的新生如今便能够将这笔资产投资在他们的教育上。如果自 1994 年起，每个南非最富裕阶层者亦均购买公共住房公债，那么如今便有更多的南非人能够使用基本的洗浴设施，如马桶。这些努力可能会使更多的南非人对他们眼前的、或许是更长期的未来有一定的规划。

我们的知识体系何过之有？

"学费必须降"运动使正式和非正式的教育地位急剧缓解，成为磨砺和实践新概念语言的一口大锅。与本书的编辑们的批判性反思精神一致，《南非和解晴雨表》的核心研究人员开始围绕向学院施压的学生运动提出尖锐的问题：学者和研究机构（比如司法与和解研究所）与允许日常非人化地对待黑人的世界概念有何关联？生活在郊区、受穷人的非人化牵连的黑人情况如何？为什么人类的概念和被认为不值得当作人类对待的人的概念与"种族"有如此紧密的联系？

这些问题绝非新问题。22 年前，美国洛杉矶袭击罗德尼·金（Rod-ney King）的警察被判无罪后，加勒比哲学家、激进黑人思想内容的主要撰稿人西尔维娅·温特（Sylvia Wynter）给她的同事们写了一封信。她告诉他们，亦告诉我们，在美国洛杉矶，年轻、贫穷的黑人男性的权利受到侵犯的法律案件被正式归类为"不涉及人类"。她指出，提出这一分类的司法官员往往是最聪明、最优秀的美国毕业生（她和她的同事们在大学课堂上可能会遇到）。在这封信中，她问她的同事们：培养出仅认为白人和中产阶级属于人类的毕业生，我们的责任在哪里？面对一个将黑人从我们对人类同胞的道德义务中驱逐出去的世界，学者们应该如何做？她指出，如果知识体系是我们看待世界的方式的关键，那么今天学术界内外的知识分子便掌握着"解构我们这个时代规约的种族、阶级、性别和殖民类别的关键"（Wynter 1994：52）。如果我们掌握了这把钥匙，我们便有责任呼吁并创造新的知识体系，削弱并挑战令我们最优秀、最聪明的毕业生提出"不涉及人类"等类别的体系。换言之，我们需扪心自问：我们的教育出了什么问题？我们教学的内容和方式有什么问题？我们怎样才能改变这一点呢？Wynter（1994）的大致观点如下：如果这种杀害没有从教室开始，那么马里卡纳的矿工便不会遇害，我们应该怎样面对这一现实？简而言之，我们在教室和研究项目中教授和学习的知识体系究竟如何才可以再现出基于以下观念的社会想象：第一，资源是稀缺的，因此人类生命便是最强大、最具创造精神的生命才能生存，第二，种族、本质、文化的分类是否为社会秩序的唯一逻辑？

这些问题迫使人们在努力争取充分和有意义的补偿时进行象征性和物质考量。已故的内维尔·亚历山大（Neville Alexander）强烈警告南非要注意语言的重要性及语言在南非的象征领域的地位。目前，除"国家"和"种族"的静态概念之外，《南非和解晴雨表》极少关注象征性政治。考虑到南非语言的政治重要性，《南非和解晴雨表》的研究人员或许要考虑（重新）设计关于这一方面的问题。例如，一方面，英语和各种官方的南非荷兰语的差别价值和显著高排名，在学校里设置有二者语法规则、词典规则和翻译词典规则的课程，而另一方面，非洲语言的教学情况极差，甚至相关课程的开设大多数情况下亦得不到支持，没有相关课本和学校（Gqola 2013），而且公共生活里使用非洲语言者人数逐渐减少（Gqola 2013；Painter 2006）。因此非洲语言在南非的殖民和种族隔离历史之外，由这些重要历史组成的"现代/殖民世界体系"之外，无法被理解（Alexander 1989，2000，2003；Ndebele 2006）。作为一个重要的反叙事（counternarrative），Pumla Gqola 提醒道：

> 排除一方语言，亦是精神和概念的排斥，不仅代表不能使用另一种语言交流。作为南非人，如果我们认真对待和解的可能性，思维需要彻底转变的关键领域之一便是语言（2013：84，重点强调）。

此外，Desmond Painter（2006：34）提醒我们，少于 10% 的南非居民称英语为他们的第一语言，而大约 45% 的人称自己精通英语。此外，超过 40% 的南非人讲柯萨语（isixhosa）和祖鲁语（isiZulu）（Desai 2013：203）。考虑到这种语言景观，Gqola（2013）所指的地点不仅是作为地理语言学领域的南非和非洲大陆。敦促人们注意南非、大多数居民、其最广泛使用的语言以及所属的大陆在现代/殖民世界体系中的地位。敦促人们关注这种定位对我们行为方式的影响，关注这种行为如何促成和（或）阻碍南非社会政治变革，关注这种历史定位对语言政治、社会变革和知识生产意味着什么。Fanon（1986：38）认为，"讲一种语言便是承载一个世界、一种文化"。一个人可以"承载"一个世界、一种文化以达到统治的目的。这一通过语言进行的实践我们感到习以为常，特别当农村和城市地区的南非黑人工人阶级的白人雇主选择利用白人的语言能力支配、约束和诋毁黑人。然而，一个人可以承载一个世界、一种文化，以便能够成为"一个地方"并与差异共生。在后一种情况下，熟练掌握大多数南非人讲的语言是成为"这个地方"的一种途径。当代南非的语言政治向"对话是修复残酷历史的基础"的观点提出挑战。证据表明事实正好相反。修复是主体间性对话的基础。

结　语

Gqola（2013）对"地方"的调用恰如其分。她提出的挑战呼吁南非人，尤其是那些被视为白人的人，一方面要超越简单地要求宽恕和解，另一方面，不要轻易聊表歉意。她提出的挑战呼吁南非人为南非的变革做一些有意义的事情。同样，唐·福斯特（Don Foster）和金·威尔（Kim Wale）得出的结论是，重要的并非南非人的相处情况是否得到略微改善，而是居民为建立一个更加平等、公平和公正的社会秩序付出了何种集体努力。如果真相更多关乎创造而非关乎犯罪与惩罚（正如 Wole Soyinka 在本章的题词所建议），如果另一边权力的世界在"厘清问题"方面占据了一席之地，那么这些问题并不需要始于和解和宽恕，而需始于扩大再分配和认知正义相遇的空间的方式，从而努力将南非打造成一个更人性化的社会空间。

参考文献

Alatas SH （2000） Intellectual Imperialism：Definition，traits，and problems. *Asian Journal of Social Science* 28 （1）：23 – 45.

Alexander N （1989） *Language Policy and National Unity in South Africa/Azania.* Cape Town：Buchu.

Alexander N （2000） *English Unassailable but Unattainable*：*The Dilemma of Language Policy in South African Education.* Praesa Occasional Papers. Accessed September 2016，www. praesa. org. za/files/2012/07/Paper3. pdf.

Alexander N （2003） Language Education Policy，National and Sub-national Identities in South Africa. In Council of Europe，*Guide for the Development of Language Education Policies in Europe*：*From Linguistic Diversity to Plurilingual Education.* Accessed September 2016，www. coe. int/t/dg4/linguistic/source/alexanderen. pdf.

Althusser L （2001 ［1971］） Ideology and Ideological State Apparatuses：Notes Towards an Investigation. In "*Lenin and Philosophy*" *and Other Essays.* Translated by B Brewster. New York：Monthly Review Press.

Biko BS （2004） *I Write What I Like*：*A Selection of Writings.* Edited by CR Stubbs. Johannesburg：Picador.

Chatterjee P （2004） *The Politics of the Governed*：*Reflections on Popular Politics in most of the World.* New York：Columbia University Press.

Chatterjee P（2011）*Lineages of Political Society：Studies in Postcolonial Democracy.* New York：Columbia University Press.

Coronil F（2000）Towards a Critique of Globalcentrism：Speculations on Capitalism's Nature. *Public Culture* 12（2）：351 – 374.

Desai Z（2013）Local Languages：Good for the Informal Marketplace but not for the Formal Classroom? *Education as Change* 17（2）：193 – 207.

Erasmus Z（2012）Apartheid Race Categories：Daring to Question their Continued Use. *Transformation：Critical Perspectives on Southern Africa* 79（1）：1 – 11.

Escobar A（2013）Worlds and Knowledges Otherwise：The Latin American modernity/coloniality Research Program. In D Mignolo & A Escobar（Eds.）*Globalization and the Decolonial Option*（1st edition）. New York：Routledge.

Fanon F（1986）*Black Skin，White Masks.* London：Pluto Press.

Fanon F（1990）*The Wretched of the Earth.* London：Penguin Books.

Gibson J L（2004）*Overcoming Apartheid：Can Truth Reconcile a Divided Nation?* Cape Town：HSRC Press.

Gqola P D（2013）*A Renegade Called Simphiwe.* Johannesburg：MF Books.

Gramsci A（1971）*Selections from the Prison Notebooks of Antonio Gramsci.* Edited and Translated by Q Hoare & G Nowell Smith. London：Lawrence & Wishart.

Hamilton D & Darity W（2010）Can "Baby Bonds" Eliminate the Racial Wealth Gap in Putative Post-racial America? *The Review of Black Political Economy* 37（3）：207 – 216.

Hofmeyr J（2012）Introduction & Skills and Education at Glance. In J Hofmeyr（Ed）*Transformation Audit 2012 – the Youth Dividend：Unlocking the Potential of Young South Africans.* Cape Town：Institute for Justice and Reconciliation.

Mamdani M（2013）*Getting the Question right：Interdisciplinary Explorations at Makerere University.* Kampala：Makerere Institute of Social Research.

Melas N（2006）*All the Difference in the World：Postcoloniality and the Ends of Comparison.* Stanford，CA：Stanford University Press.

Ndebele NS（2006）The English Language and Social Change in South Africa. In N S Ndebele, *Rediscovery of the Ordinary*：*Essays on South African Literature and Culture*. Scottsville：University of KwaZulu-Natal Press.

Painter D（2006） "All Black People Speak English or Afrikaans, so it doesn't matter. . ." – Ideologies of Language and Race on a South African School Ground. In G Stevens, V Franchi & T Swart（Eds）*A Race against Time*：*Psychology and Challenges to Deracialisation in South Africa*. Pretoria：Unisa Press.

Piketty T（2015）Thirteenth Nelson Mandela Annual Lecture. University of Johannesburg, Soweto. Accessed September 2016, www. nelsonmandela. org/news/entry/transcript-of-nelsonmandela-annual-lecture-2015.

Quijano A（2013）Coloniality and Modernity/Rationality. In WD Mignolo & A Escobar（Eds）*Globalization and the Decolonial option*（1st edition）. New York：Routledge.

Ratele K（2003）We Black men. *International Journal of Intercultural Relations* 27（2）：237 – 249.

Reddy T（2015）*South Africa, Settler Colonialism and the Failures of Liberal Democracy*. London：Zed Books & Nordic Africa Institute.

Sachs A（2009）*The Strange Alchemy of Life and Law*. Oxford：Oxford University Press.

Scott D（1999）*Refashioning Futures*：*Criticism after Postcoloniality*. Princeton, NJ：Princeton University Press.

Soyinka W（2000）Reparations, Truth, and Reconciliation. In W Soyinka, *The Burden of Memory, the Muse of Forgiveness*. London：Oxford University Press.

Wynter S（1994）"No Humans Involved：An Open Letter to My Colleagues" *Forum N. H. I. Knowledge for the 21st Century* 1（1）：42 – 73.

附　　录

2012 年《南非和解晴雨表》调查问卷

引言：我现在想问你一些关于南非人的关系问题，以及你对政府处理种族和解问题的看法。

展示卡：请告诉我你在多大程度上同意或反对以下观点：非常同意，同意，不确定，反对或者强烈反对

		非常同意	同意	不确定	反对	强烈反对	不知道
1	官员们并不真正关心发生在像我这样的人身上的事情	5	4	3	2	1	99
2	大多数时候，我相信国家领导人会做正确的事情	5	4	3	2	1	99
3	只要不犯法，你就可以不受法律约束	5	4	3	2	1	99
4	从居住在这个国家的所有不同群体中建立统一的南非国家符合意愿	5	4	3	2	1	99
5	如果政府官员对像我这样的人的想法不感兴趣，我也别无他法	5	4	3	2	1	99
6	有可能从这个国家的所有不同群体中建立统一的南非国家	5	4	3	2	1	99
7	像我这样的公民也有权影响地方政府的决策	5	4	3	2	1	99

		非常同意	同意	不确定	反对	强烈反对	不知道
8	我可以信任我的地方政府能够为我提供我想要得到的服务	5	4	3	2	1	99
9	如果大公司不公平地对待像我这样的人，我也别无他法	5	4	3	2	1	99

展示卡：请说明你对下列机构有多少信心：很多，不少，不多抑或一点也没有

		很多	不少	不多	一点也没有	不知道
10	总统职位	4	3	2	1	99
11	国家政府	4	3	2	1	99
12	省政府	4	3	2	1	99
13	地方政府	4	3	2	1	99
14	大公司	4	3	2	1	99
15	议会	4	3	2	1	99
16	政党	4	3	2	1	99
17	警察	4	3	2	1	99
18	纸媒，如报纸	4	3	2	1	99
19	广播媒体，如电台及电视	4	3	2	1	99
20	宪法法院	4	3	2	1	99
21	公共利益监护者	4	3	2	1	99
22	宗教机构	4	3	2	1	99
23	法律制度	4	3	2	1	99

展示卡：请告诉我你是否：非常同意、同意、不确定、反对抑或强烈反对以下观点

		非常同意	同意	不确定	反对	强烈反对	不知道
24	南非议会对所有人一视同仁，不论黑人、白人、有色人种抑或印度裔	5	4	3	2	1	99

		非常同意	同意	不确定	反对	强烈反对	不知道
25	能够相信议会为整个国家做出正确的决定	5	4	3	2	1	99
26	如果议会开始做出许多大多数人都反对的决定，那么最好废除议会	5	4	3	2	1	99
27	南非法院的裁决应该符合宪法，即使违背大多数南非人的意愿	5	4	3	2	1	99

展示卡：以下是关于投票和政党的问题。请告诉我你在多大程度上同意或反对以下观点：非常同意，同意，不确定，反对抑或强烈反对

		非常同意	同意	不确定	反对	强烈反对	不知道
28	我会考虑加入代表我观点的政党，即使我的大多数朋友支持其他政党	5	4	3	2	1	99
29	像我这样的人有影响政党的政策的力量	5	4	3	2	1	99
30	与其把选票从你一直支持的政党改投给另一个政党，不如根本不投票	5	4	3	2	1	99

展示卡：2014 年南非将举行全国选举和省级选举

		非常可能	可能	不确定	不可能	非常不可能	不知道
31	你参与 2014 年的选举投票的可能性有多大？	5	4	3	2	1	99

展示卡：我想听听你对未来的期望，以及未来两年内，你觉得如你一般的人的境遇如何？请告诉我你是否认为境遇会变得更好，稍好，保持不变，更糟或非常糟

		变得更好	变得稍好	保持不变	变得更糟	变得非常糟	不知道
32	你认为在未来两年内，如你一般的人的经济状况会发生什么变化？	5	4	3	2	1	99
33	你认为未来两年内，如你一般的人的人身安全会发生什么变化？	5	4	3	2	1	99

展示卡：宪法要求政府保护如你我一般的公民的权利，这样我们便可以弘扬文化和宗教，使用母语。你对此持何种观点：非常同意，同意，不确定，反对，抑或强烈反对

		非常同意	同意	不确定	反对	强烈反对	不知道
34	在南非，所有宗教团体享有平等的权利	5	4	3	2	1	99
35	我的母语在民主的南非得到了应有之认可	5	4	3	2	1	99
36	促进其他文化群体的权利有损于我所在团体的利益	5	4	3	2	1	99

展示卡：现在我想了解你的生活条件。请告诉我你认为生活条件是否会：变得非常好，变好，保持不变，变得更糟抑或变得非常糟

		变得非常好	变好	保持不变	变得更糟	变得非常糟	不知道
37	与 12 个月前相比，你现在的财务状况如何？	5	4	3	2	1	99
38	与 12 个月前相比，你现在的生活条件如何？	5	4	3	2	1	99
39	不管你现在是否在职，与 12 个月前相比，你找到工作的机会如何？	5	4	3	2	1	99

展示卡［文本缺失？］

		贫穷	挣扎在温饱线上	生活舒适	生活富足	不知道
40	你如何描述你所居住社群的大多数人的生活条件？	4	3	2	1	99
41	你如何描述自己的生活条件？	4	3	2	1	99

展示卡：和大多数南非人的生活条件相比，你自己的生活条件如何呢

		非常之好	较好	差不多	较差	非常之差	不确定
42	你觉得自己的生活是否非常之好，较好，差不多，较差，非常之差？	5	4	3	2	1	99

展示卡：请告诉我你在多大程度上同意或反对以下陈述：非常同意，同意，不确定，反对抑或强烈反对。

		非常同意	同意	不确定	反对	强烈反对	不知道
43	不管你是否有工作，你都很有可能在明年的某个阶段失业	5	4	3	2	1	99
44	你的孩子或是朋友的孩子，接受着高标准教育	5	4	3	2	1	99
45	你的孩子或是朋友的孩子受到的教育能让他们找到工作	5	4	3	2	1	99
46	政府在保障年轻人就业方面卓有成效	5	4	3	2	1	99
47	如果想要赚大钱，认识合适的人比努力工作更重要	5	4	3	2	1	99

展示卡：你觉得与 1994 年刚刚成为民主国家的南非相比，今日的南非如何？如果你在 1994 年以前未曾生活在南非，或者以前你尚年幼，不记得 1994 年以前的南非情况如何，请把今天的南非和从年长的亲友口中听到的南非相比较。你觉得情况是否：有极大改善，有所改善，保持不变，有所恶化，抑或极大恶化了

		有极大改善	有所改善	保持不变	有所恶化	极大恶化	不知道
48	你和家人的经济状况	5	4	3	2	1	99
49	种族关系	5	4	3	2	1	99
50	道德价值观	5	4	3	2	1	99
51	家庭生活	5	4	3	2	1	99
52	贫富差距	5	4	3	2	1	99
53	就业机会	5	4	3	2	1	99
54	你和家人对未来的期待	5	4	3	2	1	99
55	你和家庭的安全	5	4	3	2	1	99

展示卡：现在我想让你回想南非的过去，即种族隔离时期。如果你在 1994 年以前未曾生活在南非，或者 1994 年以前你尚年幼，不记得当时的南非如何，请把今日的南非和你从年长的亲友口中听到的南非相比较。请告诉我你认为以下观点：千真万确，或许正确，或许不正确，或者一定不正确

		千真万确	或许正确	或许不正确	一定不正确	不知道
56	种族隔离是反人类罪行	4	3	2	1	99
57	种族隔离政府对那些与种族隔离作斗争者犯下了骇人的罪行	4	3	2	1	99
58	种族隔离政府错误地镇压了大多数南非人	4	3	2	1	99
59	受种族隔离的持续影响，许多南非黑人今天仍然贫穷	4	3	2	1	99

展示卡：如果政府无视、侵犯或违背了人们的权利，人们可以采取以下几种不同的行动。如果有人做了下面的事情，你的看法是：完全合理，或许合理，不确定，或许不合理抑或完全不合理

		完全合理	或许合理	不确定	或许不合理	完全不合理	不知道
60	参加示威活动	5	4	3	2	1	99
61	参加罢工	5	4	3	2	1	99

展示卡：如果这些行动不起作用，是否有理由这样做

		完全合理	或许合理	不确定	或许不合理	完全不合理	不知道
62	使用武力或暴力手段，如破坏公共财产或劫持人质	5	4	3	2	1	99
63	当政府不听你的诉求时，最后只能采取违法手段	5	4	3	2	1	99

请回忆一下去年发生的事情。如果你曾参加以下活动的话，频率如何？总是，经常，有时，很少或从不参加

		总是	经常	有时	很少	从不	不知道	拒绝回答
64	参加示威活动	5	4	3	2	1	99	98
65	参加罢工	5	4	3	2	1	99	98
66	采取更有力的措施，比如破坏公共财产	5	4	3	2	1	99	98

展示卡：请告诉我你是否同意或反对以下观点？你的态度是：完全同意，同意，不确定，反对抑或强烈反对

		完全同意	同意	不确定	反对	强烈反对	不知道
67	我认为在种族隔离期间曾歧视他人者今日受到他人歧视是公平的	5	4	3	2	1	99

		完全同意	同意	不确定	反对	强烈反对	不知道
68	有时候，无视法律，立即解决问题或许好于等待法律途径解决	5	4	3	2	1	99
69	没有必要遵守那些我未曾投票支持的政府的法律	5	4	3	2	1	99

展示卡：现在我想询问你关于政府在经济和劳动力中发挥的作用。请再次告诉我你是否完全同意，同意，不确定，反对抑或强烈反对以下观点

		完全同意	同意	不确定	反对	强烈反对	不知道
70	政府应继续使用种族类别衡量其针对以前的弱势群体采取的方案之影响	5	4	3	2	1	99
71	令劳动力具有所有种族的代表性应成为国家的优先事项	5	4	3	2	1	99
72	令劳动力具有性别代表性应成为国家的优先事项	5	4	3	2	1	99
73	令劳动力具有四肢健全者和残疾者的代表性应成为国家的优先事项	5	4	3	2	1	99
74	南非人过于依赖政府改善个人生活	5	4	3	2	1	99

受访者注意事项：将［群体］替换如下：
如受访者是白人，请填写（黑人、有色人种或印度裔）
如受访者是黑人，请填写（白人、有色人种或印度裔）
如受访者是有色人种，请填写（白人、黑人或印度裔）
如受访者是印度裔，请填写（白人、黑人或有色人种）
你必须通读括号内列出的三个人口组别。我们的兴趣点是受访者与受访者所属群体以外的其他群体的总接触，不论受访者同一个群体的接触是否多于同另一个群体的接触

展示卡：现在我们想问你一些关于你与［群体］人接触的问题。以下情况的发生频率如何：总是，经常，有时，很少或从不

续表

		总是	经常	有时	很少	从不	不知道
75	在一个典型的工作日中，在职场抑或其他场合，你和［群体］人交谈的频率如何？	5	4	3	2	1	99
76	当你在家里或友人家里进行社交活动时，你与［群体］人交谈的频率如何？	5	4	3	2	1	99

展示卡：

		经常	同现在相差无几	更少	从不	不知道
77	如果可以选择，你愿意和［群体］人交谈吗？	4	3	2	1	99

展示卡：现在我想让你思考种族隔离结束后，发生在南非的种族和解。如果你在1994年以前未曾生活在南非，或者1994年以前你尚年幼，不记得当时的南非的情况，请把今日的南非和你从年长的亲友口中听到的南非相比较。你会非常同意、同意、不确定、反对或强烈反对以下观点吗？

		非常同意	同意	不确定	反对	强烈反对	不知道
78	自种族隔离结束以来，南非人在和解方面取得了进展	5	4	3	2	1	99
79	南非人应该尝试忘记种族隔离，并作为国家团结的国民携手前行	5	4	3	2	1	99
80	我的朋友和家人在种族隔离结束后经历了和解	5	4	3	2	1	99
81	原谅种族隔离期间伤害他人者的时候已到	5	4	3	2	1	99
82	在向种族隔离制度下侵犯人权的受害者提供支持方面，政府仍然发挥着重要作用	5	4	3	2	1	99

续表

		非常同意	同意	不确定	反对	强烈反对	不知道
83	据我的见闻，真相与和解委员会成功地为南非实现了和解	5	4	3	2	1	99
84	只要种族隔离制度下弱势群体仍然贫穷，便不可能实现和解	5	4	3	2	1	99

说明：将群体替换为相关群体。展示卡：回想前面提及的群体组合（选择第75问之前选定群体的名称），请回答你是否十分同意，同意，不确定，反对或强烈反对以下观点

		十分同意	同意	不确定	反对	强烈反对	不知道	拒绝回答
85	你发现很难理解"群体"人的风俗习惯和生活方式	5	4	3	2	1	99	98
86	你想更深入了解"群体"人的风俗习惯和生活方式	5	4	3	2	1	99	98
87	"群体"人不值得信任	5	4	3	2	1	99	98
88	你永远无法想象加入主要由"群体"人成员组成的政党	5	4	3	2	1	99	98
89	除你自己所处群体外，你认为以下哪一个群体最难相处？请通读一遍答案，仅选出一项作为答案	1	南非黑人					1
		2	南非印度裔					2
		3	南非白人					3
		4	南非有色人种					4
			拒绝回答					98
			不知道					99
			无					96

展示卡：请你告诉我你对下面情况的看法。[请再次回想第89问中提及的群体] 请告诉我你是否坚决赞成，赞成，不确定，反对，抑或坚决反对下列任何一项（如果第89问中回答了"无"或"不知道"或"拒绝回答"，则无须回答本题）

		坚决赞成	赞成	不确定	反对	坚决反对	不知道	拒绝回答	无须回答本题
90	生活在半数邻居均是"群体"人的社区	5	4	3	2	1	99	98	97
91	不得不为"群体"人工作并服从其指令	5	4	3	2	1	99	98	97
92	有近亲与[群体]人通婚	5	4	3	2	1	99	98	97
93	在学校，有"群体"人坐在和我的孩子或我亲戚的孩子旁	5	4	3	2	1	99	98	97

				第一选择群体	第二选择群体
94	写有1—12项陈述的展示卡：在所有的社会中，人们属于一个或多个社会群体。我们自愿选择加入其中一些群体，比如社会俱乐部；而另一些群体，比如宗教、种族抑或性别群体，可能并非自愿加入，却是与生俱来；在这个列表中，你会发现一些人们通常会与之联系的社会群体。请回想你以及与他人的日常互动时，最常与哪一群体互动？你认为自己属于哪一个第二选择群体的成员？（温馨提示：每项仅能选出一项答案）	1	和我说同样母语者	1	1
		2	和我属于同一种族的人，例如祖鲁人、科萨人、阿非利卡人、文达人、塞索托人	2	2
		3	和我属于同一种族的人，例如黑人、有色人种、印度裔、白人	3	3
		4	和我属于同一经济阶层的人，例如穷人、中产阶级、高收入阶级	4	4

			第一选择群体	第二选择群体
94	写有1—12项陈述的展示卡：在所有的社会中，人们属于一个或多个社会群体。我们自愿选择加入其中一些群体，比如社会俱乐部；而另一些群体，比如宗教、种族抑或性别群体，可能并非自愿加入，却是与生俱来；在这个列表中，你会发现一些人们通常会与之联系的社会群体。请回想你以及与他人的日常互动时，最常与哪一群体互动？你认为自己属于哪一个第二选择群体的成员？（温馨提示：每项仅能选出一项答案）	5	和我住在同一个社区的人	5	5
		6	和我有相同宗教信仰者，例如基督徒信徒、穆斯林、犹太教信徒、无神论者，不可知论者	6	6
		7	认为自己是南非人者	7	7
		8	和我属于同一社会俱乐部、储蓄俱乐部或体育俱乐部者	8	8
		9	同事或同学	9	9
		10	同龄人	10	10
		11	认为自己首先是非洲人者	11	11
		12	同性：男性或女性	12	12
			无	96	96
			拒绝回答	98	98
			不知道	99	99
95	展示卡：请看右边列表，这些主要群体对你的重要程度如何？非常重要，稍显重要，并非很重要，抑或很不重要？		非常重要	4	4
			稍显重要	3	3
			并非很重要	2	2
			根本不重要	1	1
			不知道	99	99
			拒绝回答	98	98

展示卡：因为人们属于不同群体，因此人们的感受不同。以下哪一项特征描述了你对自己所处群体的感受，即（阅读第 94 问中提及的群体）【上述问题中提及的主要群体】【如果第 94 问中答案为"无"或"不知道"或"拒绝回答"，则无须回答此问题】

	阅读每句话。你在多大程度同意……	坚决赞成	赞成	中立	不赞成	坚决反对	不知道	拒绝回答	无须回答此问题
96	属于这个群体会令你自我感觉良好吗？	5	4	3	2	1	99	98	97
97	属于这个群体会令你觉得自己很重要吗？	5	4	3	2	1	99	98	97
98	属于这个群体会令你感到安全吗？	5	4	3	2	1	99	98	97

		初次提及	再次提及
99	展示卡：人们有时谈论南非人之间的分歧，有时这些分歧导致人们受到排挤，或受到歧视，在其他情况下，可能导致愤怒，甚至群体之间的暴力。根据你的经历，现在南非最大的分歧是什么？请记录初次提及。 通读 问：除此以外，你认为今天南非第二大的分歧是什么？请记录再次提及	4	3
A	不同政党支持者之间的分歧	1	1
B	南非的穷人、中产阶级和富人间的贫富差距	2	2
C	艾滋病毒感染者及其他传染病患者与社群其他人之间的分歧	3	3
D	不同宗教成员之间的分歧	4	4
E	南非黑人、白人、有色人种和印度裔之间的分歧	5	5
F	南非讲不同语言的群体之间的分歧	6	6
	无	96	96
	拒绝回答	98	98
	不知道	99	99

缩略语 （Abbreviations and acronyms）

平权行动 （Affirmative Action, AA）
非洲人国民大会 （African National Congress, ANC）
非洲人国民大会青年联盟 （African National Congress Youth League, ANCYL）
种族隔离工作制度 （Apartheid Workplace Regime, AWR）
黑人觉醒运动 （Black Consciousness Movement, BCM）
《黑人经济振兴法案》 （Black Economic Empowerment, BEE）
就业公平委员会 （Commission for Employment Equity, CEE）
南非工会大会 （Congress of South African Trade Unions, Cosatu）
《公民抗议晴雨表》 （Civic Protest Barometer, CPB）
民间社会组织 （Civil Society Organisation, CSO）
民主联盟 （Democratic Alliance, DA）
经济自由斗士党 （Economic Freedom Fighters, EFF）
豪登城市地区观测站 （Gauteng City – Region Observatory, GCRO）
南非民主替代研究所 （Institute for a Democratic Alternative in South Africa, Idasa）
因卡塔自由党 （Inkatha Freedom Party, IFP）
司法与和解研究所 （Institute for Justice and Reconciliation, IJR）
国际劳工组织 （International Labour Organisation, ILO）
生活水准测量 （Living Standards Measure, LSM）
国会议员 （Member of Parliament, MP）
非政府组织 （Nongovernmental Organisation, NGO）
国民收入动态研究 （National Income Dynamics Study, NIDS）

南非国民党　　　　　　　　　（National Party，NP）
民族团结与和解委员会　　　　　［National Unity and Reconciliation Commission（Rwanda），NURC］

生活质量评分　　　　　　　　　（Quality of Life survey，QoL）
重建与发展计划　　　　　　　　（Reconstruction and Development Programme，RDP）

卢旺达爱国阵线　　　　　　　　（Rwandan Patriotic Front，RPF）
《卢旺达和解晴雨表》　　　　　（Rwandan Reconciliation Barometer，RRB）
南非受众研究基金会　　　　　　（South African Audience Research Foundation，SAARF）

南非人权委员会　　　　　　　　（South African Human Rights Commission，SAHRC）

《南非和解晴雨表》　　　　　　（South African Reconciliation Barometer，SARB）

真相与和解委员会　　　　　　　（Truth and Reconciliation Commission，TRC）
世界价值观调查　　　　　　　　（World Values Survey，WVS）

供稿人列表

主编

凯特·莱夫科·埃弗雷特（Kate Lefko-Everet）是一位独立的社会科学研究员，亦是司法与和解研究所（IJR）的高级研究员。

拉詹·戈文德（Rajen Govender）是开普敦大学社会学副教授，亦是社会科学研究中心的高级研究员。

唐·福斯特（Don Foster）是开普敦大学的心理学教授，亦是该领域的国际知名专家。

供稿人

卡琳·亚伯拉罕斯（Caryn Abrahams）是威特沃特斯兰德大学管理学院的高级讲师。

欧文·克兰肖（Owen Crankshaw）是开普敦大学的社会学教授。

雅克·德威特（Jacques de Wet）是开普敦大学社会学系的高级讲师。

吉米特里·伊拉斯谟（Zimitri Erasmus）是威特沃特斯兰德大学的社会学副教授。

朱迪斯·菲比（Judith February）是安全研究所的高级副研究员。

哈利·加鲁巴（Harry Garuba）是开普敦大学非洲研究中心副教授，同时兼职于英语系。

阿曼达·古斯（Amanda Gouws）是斯泰伦博斯大学政治学教授，美国伊利诺伊大学厄巴纳–香槟分校哲学博士。

菲西·古梅德（Vusi Gumede）是南非大学塔博·姆贝基非洲领导学院的教授和负责人。

兹维勒图・祖罗博（Zwelethu Jolobe）是开普敦大学政治研究系的高级讲师。

饶勒拉・芒库（Xolela Mangcu）是开普敦大学社会学教授，哈佛大学哈钦非洲与非裔美国人研究中心（the Hutchins Centre for African and African American Research）的奥本海默奖得主（Oppenheimer fellow）

卡罗尔・默森（Carol Mershon）是弗吉尼亚大学政治系教授，亦是该校休・S和温妮弗雷德・卡明政治系主任。她亦是弗吉尼亚大学全球卫生中心的教职研究员。

苏伦・皮莱（Suren Pillay）是西开普大学人文研究中心的教授。

科勒特・舒尔茨・赫森伯格（Collette Schulz-Herzenberg）是斯泰伦博斯大学政治科学系的高级讲师。

沙梅拉・西达特（Shameela Seedat）在开普敦大学学习法律、政治和人权，并在纽约市哥伦比亚大学担任富布莱特学者。

杰里米・西金斯（Jeremy Seekings）是开普敦大学社会学和政治学教授，社会科学研究中心主任。他亦是耶鲁大学的客座教授。

凯瑟琳・森莎巴（Kathleen Senabaugh）是开普敦大学转型正义（Transitional Justice）研究方向的哲学硕士。她是弗吉尼亚州哈里森堡詹姆斯・麦迪逊大学恢复性措施项目的协调员和兼职讲师。

乌戈・范德梅韦（Hugo van der Merwe）是暴力与和解研究中心的研究主任，亦是《国际转型正义期刊》（The International Journal of Transitional Justice）的联合主编。

克里斯蒂・范德韦斯特休森（Christi van der Westhuizen）是比勒陀利亚大学社会学副教授，亦是开普敦大学非洲人文研究所的前博士后研究员。

金・威尔（Kim Wale）是斯坦林布什大学历史创伤与转型中心的博士后研究员。

科里・维纶加（Cori Wielenga）是比勒陀利亚大学治理创新研究中心的高级研究员